세속의 철학자들

시대를 이끈 위대한 경제학자들의 사상과 생애

세속의 철학자들

초판 1쇄 인쇄 2005년 11월 28일
초판 1쇄 발행 2005년 12월 02일

개정판 1쇄 인쇄 2023년 8월 15일
개정판 1쇄 발행 2023년 8월 25일

옮긴이 장상환
펴낸이 백유창
펴낸곳 도서출판 더 테라스

신고번호 2016-000191호
주 소 서울 마포구 서교동 양화로길 73 체리스 빌딩 6층
Tel. 070.8862.5683
Fax. 02.6442.0423
seumbium@naver.com

- 가격은 표지 뒤에 있습니다
- 잘못 만들어진 책은 구입하신 서점에서 바꾸실 수 있습니다.

ISBN 979-11-979568-5-0

값 23,000원

WORLDLY PHILOSOPHERS
ROBERT L. HEILBRONER

세속의 철학자들

시대를 이끈 위대한 경제학자들의 사상과 생애

저자 로버트 L. 하일브로너
역자 장상환

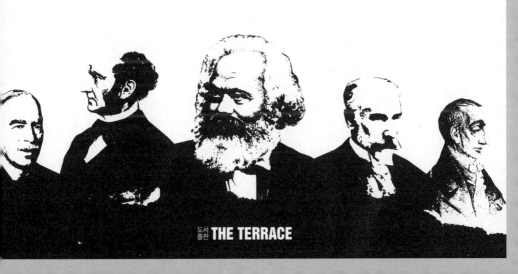

도서
출판 THE TERRACE

경제사상의 비전이라는 새로운 과제

이 책《세속의 철학자들(Worldly Philosophers)》은 내가 46년 전에 쓴 책의 일곱번째 개정판이다. 따라서 이 책은 초판이 출판될 당시의 내 나이보다 더 오래된 셈이다. 대학원 재학 당시에 시도한 이 모험이 예상을 넘어 오래 계속되었기 때문에, 이번 개정판—나는 최종판이 될 것으로 생각하고 있다—에서(이 책은 그의 말대로 결국 최종판이 되었다—옮긴이) 중요하게 변화된 내용을 소개하기에 앞서, 초판 출판 당시의 상황을 간략히 밝히고 넘어가는 것도 좋을 듯하다.

1950년대 대학원 재학 당시, 나는 프리랜서 작가로 활동하며 생활비를 벌고 있었다. 그때 필요와 경우에 따라 쓴 글들은 경제학과는 거리가 먼 것이 많았다. 내가 쓴 이러저러한 글을 본 인연으로 사이먼앤슈스터 출판사의 편집자 조지프 바네스는 나와 점심을 함께 하면서 책에 대한 몇 가지 출판 구상을 상의했다. 그 구상들은 모두 마음에 들지 않았고, 샐러드가 도착했을 즈음 나는 편집자의 첫 점심 대접이 출판계약이라는 결과로 연결되기는 어려울 것 같다고 생각했다. 그러나 바네스는 쉽게 포기하지 않는 사람이었다. 그는 뉴스쿨대학교에서의 내 연구주제에 대해 묻기 시작했고, 나는 자신도 모르게 애덤 스미스(Adam Smith, 1723~1790)에 관한 정말 흥미 있는 세미나에 대해 열정적으로 이야기하기 시작했다. 이 세미나는 아돌프 로웨(Adolph Lowe, 1893~1995) 교수가 지도하는 것으로, 이분에 대해서는 본문에서 다시 언급할 예정이다. 후식이 나오기 전에 이미 우리는 내가 쓸 책의 주제를 찾은 상태였다. 다음 수업을 마치자마자 나는 로웨 교수에게 경제사상의 역사적 발전에 대한 책을 쓰기로 했다고 말씀드렸다.

아주 좋은 의미로 전형적인 독일 학자였던 로웨 교수는 물론 완강히 반대했다. "자네가 할 수 있는 일이 아닐세."라는 대가다운 결론을 내렸지만, 나는 '할 수 있다'는 강한 확신이 있었다. 다른 글에서 쓴 것처럼 나는 확신과 함께 대학원생만이 가질 수 있는 무지를 겸비하고 있었던 것이다. 프리랜서 계약을 맺고 나서 본격적인 연구에 착수한 뒤, 나는 세 개의 장을 써서 로웨 교수에게 들고 갔다. 몇 쪽을 읽고 난 교수가 한 말은 꼭 그다웠다.

"이것은 자네가 꼭 해야 할 일일세."

(그는 102세로 돌아가실 때까지 나의 가장 따뜻하고 엄격한 비판자였다.) 이 책은 바로 그의 도움을 받아 내가 이룬 성과이다.

책은 다 썼으니, 책이름을 찾아야 했다. '경제학'은 서점에서는 곧 '죽음'을 의미한다는 것을 알고 있던 나는 다른 책 이름을 찾아 머리를 굴렸다. 마침 『하퍼스매거진(Harper's Magazine)』의 편집자인 프레더릭 루이스 앨런과 점심식사를 하게 되었는데, 이 식사는 책과 관련된 두 번째의 결정적인 식사가 되었다. 그 잡지에 몇 편의 글을 실은 적이 있는 나에게 그는 아주 친절하게 대해 주었고 많은 도움을 주었다. 그에게 제목을 결정하는 일이 너무 어렵다고 하소연하고 내가 생각하고 있던 제목인 《돈의 철학자들(The Money Philosophers)》을 말하면서 '돈'은 아직 확실하게 결정된 단어가 아니라고 말하자, 그는 대뜸 "당신이 염두에 두고 있는 것은 바로 '세속(worldly)'이라는 단어군요."라고 답했다. 나는 기쁜 나머지 "점심은 내가 사죠."라고 응답했다.

책을 펴낸 출판사는 제목에 대해 나처럼 달가워하지 않았고, 모든 이들이 놀랄 정도로 책이 잘 팔리자 책이름을 《위대한 경제학자들(The Great Economists)》로 바꾸자고 제안했다. 다행히 변경은 하지 않았다. 아마 그들은 독자들이 '세속'이라는 말의 뜻을 쉽게 이해하지 못할 것이라고 생각한 듯하다. 실제로 수천 명의 학생들은 숙제를 하거나 논문을 쓰면서 worldly를 wordly로 잘못 표기하기도 했다. 또 아마 출판사측은 내가 수년 후에나 들었던 것과 같은 곤란한 상황을 예견했는지도 모르겠다. 대학 구내서점 주인이 책이름을 대라고 하자 저자를 잘 기억하지 못한 어떤 학생은 책이름이 희한했다는 것을 생각해내고서 기억을 더듬어 "바닷가재로 가득 찬 세상(A World Full of Lobsters)"이라고 답했다고 한다.(발음의 혼동으로 일어난 에피소드다—옮긴이)

해를 거듭하면서 《세속의 철학자들》은 내가 예상한 것보다 훨씬 많이 팔렸고, 듣기에는 애꿎게도 수만 명의 무고한 학생들을 경제학 분야로 유혹했다고 한다. 그 결과 그들이 겪었을 고통에 대해서는 뭐라 할 말이 없지만, 여러 경제학자들로부터 이 책이 제공한 경제학의 비전 때문에 자신들이 경제학에 처음 흥미를 느끼기 시작했다는 말을 듣고서는 기뻤다.

이번 판은 종전의 판과는 크게 두 가지 면에서 다르다. 첫째로 이전처럼 책을 꼼꼼히 살펴보면서 글을 작성하는 과정에서 불가피하게 발생했거나 출판 후에 연구를 통해 드러난 오류들을 바로잡았다. 또 내 견해가 잘 드러나도록 강조하는 부분과 해석을 바꾸었다. 그러나 이러한 변화는 사소한 것이어서 해당 분야의 학자들만 알아차릴 것이며, 증보판을 낼 정도는 아니다.

두번째 변화는 훨씬 중요하다. 오랫동안 나는 내 책에 중요한 줄거리가 빠진 것이 아닌가 하고 고민했다. 그 줄거리는 책의 여러 장이 흥미 있는 사상가들의 연대기로 단순하게 나열되는 것이 아니라 내용상 서로 밀접하게 맞물릴 수 있도록 해주는 그런것이었다. 나는 몇 년 전에 바로 그러한 줄거리가 '비전'이라는 변화하는 개념 속에 있음을 확신하게 되었다. 비전이란 모든 사회분석의 배후에 존재한다. 이 개념은 세속의 철학자들 가운데 특히 상상력이 풍부했던 분으로 손꼽히는 조지프 알로이스 슘페터(Joseph Alois Schumpeter, 1883~1950)가 1950년대에 창안한 것이다. 슘페터가 이 통찰력을 경제사상사에 도입하지 않았으므로, 오랫동안 내가 이 개념의 중요성을 알아차리지 못했음을 용서해주기 바란다.

서문에서 세속철학의 흐름에 대한 나의 새로운 생각을 더 이상 논하고 싶지는 않다. 그렇게 하는 것은 추리소설을 읽으려는 사람에게 줄거리를 알려주는 일이 될 것이므로. 따라서 비전의 사회적 역할이 앞으로 여러 번 언급되겠지만 마지막 장에 도달할 때까지 우리 시대에 그 개념이 타당한지 여부를 고민하는 것을 멈추지 않을 것이다.

이제 마지막 언급을 할 차례이다. 이미 여기까지 읽은 독자는 마지막장의 제목이 '세속철학의끝?'으로 되어 있어서, 좀 이상하다고 느꼈을 것이다. 그 이유는 경제학의 미래가 암울하다는 것을 선언하는 것이 아니라 주제의 성격 변화를 분명하게 함축하고 있기 때문이다. 어떤 변화가 될지는 책의 마지막에 다다를 때까지 기다려주기 바란다. 독자들을 애먹이려는 것이 아니라, 실제로 마지막으로 말하자면 되어서야 나의 이러한 변화가 '경제사상의 본질과 의미를 추구한다'는 주제에 도달할 수 있기 때문이다.

그러나 모든 것은 앞으로 설명해야 할 과제로 남아 있다. 교정기록과 이견, 동의 등 고마운 의견을 보내주신 사려 깊은 독자들, 특히 학생들과 선생님들께 감사드린다. 그리고 《세속의 철학자들》이 앞으로도 바닷가재 어부나 출판인이 될 독자, 용감한 정신을 가지고 경제학자가 되려는 여러분들에게 계속 경제학에 대한 밝은 전망을 열어주기를 희망하면서 개인적인 인사말을 끝맺는다.

로버트 L. 하일브로너
뉴욕 시, 뉴욕 주
1998년 7월

CONTENTS 차례

chapter 1

서론 : 흥미로운 모험과 위험한 탐구의 학문

'산업혁명'의 초기에는 그 흐름을 탈 정도로 충분히 재빠르고 영리하며 또한 근면한 사람들이 상당한 재물보따리를 취할 수 있었다.

어린이들은 독립생활에 익숙하지 않았기 때문에 어른들보다 공장생활의 규율에 쉽게 적응할 수 있었다. 어린이를 고용하는 일은 박애주의적 제스처로 환영을 받았다.

이 책은 좀 이상하게 들리겠지만 명성을 얻을 권리가 있는 몇몇 사람들에 관한 책이다. 초중등학교 역사 교과서의 규칙에 따르면 그들은 모두 보잘것없는 사람들이다. 그들은 대군을 지휘한 적도 없고, 사람들을 죽이거나 제국을 다스린 적도 없으며, 역사를 좌우하는 결정에 별로 참여하지도 못한 사람들이다. 그중 소수는 명성을 얻기도 했지만 그 누구도 국민적 영웅은 되지 못했다. 몇몇은 신랄하게 비난당하기도 했지만 그렇다고 국가적인 적으로 취급받지는 않았다. 그러나 그들이 한 일은 그들보다 더 많은 영광을 누렸던 정치가들의 행적보다 인류의 역사 발전에 더 결정적인 요소로 작용했다. 국경선을 넘나드는 군대의 함성보다 더 깊은 동요를 야기했으며, 국왕과 입법부의 포고령보다 손익을 좌우하는 데 더 강력한 힘을 발휘했다. 말하자면 이렇다. 그들은 그야말로 인간의 정신을 형성하고 지배했던 것이다.

인간정신을 지배하는 자가 칼이나 왕관보다 당연히 더 위대한 힘을 행사한다고 할 수 있으므로, 이들은 사실 세계를 형성하고 지배한 셈이다. 그들 가운데 손가락을 처들고 행동한 사람은 없다. 그들은 주로 학자로서 조용히 그리고 눈에 띄지 않게 일했고, 세상 사람들이 자신을 어떻게 말할까에 대해 별로 신경쓰지 않았다. 그러나 그들은 발자취 뒤에 붕괴된 제국과 폭발한 대륙을 남겼다. 그들은 정권을 뒷받침하기도 하고 약화시키기도 했으며, 계급 대립을 부추기고 국가 간 대결을 야기하기도 했다. 물론 이것은 그들이 음모를 꾸몄기 때문이 아니라 그들의 사상이 아주 특별한 역할을 했기 때문이다.

이들은 과연 누구인가? 우리는 그들을 '위대한 경제학자'로 알고 있다. 그러나 이상한 것은 우리가 그들에 대해 아는 것이 별로 없다는 사실이다. 물론 우리는 경제적 문제로 말미암아 분열된 세계, 끊임없이 경제적 문제로 고민하고 경제적 이슈를 이야기하는 세계에 살고 있으므로 사람들은 위대한 경제학자들이 위대한 철학자나 정치가만큼 사람들에게 친숙할 것이라고 생각할지도 모른다. 그러나 현실은 그렇지 않다. 그들은 다만 과거의 그림자에 가려진 어렴풋한 존재일 뿐이다. 그리고 그들이 그렇게 열정적으로 토론한 문제들은 외경심을 불러일으키는 멀리 있는 대상에 불과할 뿐이다. 말하자면 경제학은 중요하기는 하지만 차갑고 난해한 학문이므로 심오한 사고에 익숙한 사람들에게나 맡겨 두는 것이 상책이다.

이러한 사고방식은 진실과 거리가 멀다. 경제학이 다만 교수들만의 일이라고 생각하는 사람은, 경제학이야말로 사람들을 위험한 바리케이드 앞까지 몰아세우는 학문이라는 사실을 잊고 있다. 경제학 서적을 읽고 경제학을 지루한 학문이라고 결론짓는 사람은, 병참술에 대한 초보 안내서를 읽고 전쟁학은 권태롭다고 단정하는 사람과 다를 바 없다.

절대로 그렇지 않다. 위대한 경제학자들은 알려진 어느 학문 분야보다도 흥미롭고 위험한 탐구를 추구했다. 그들이 취급한 사상은 위대한 철학자들의 사상과 달리 우리의 일상생활에 큰 영향을 미쳤다. 그들이 수행하는 실험은 자연과학자들처럼 실험실에서 현실과 분리되어 수행할 수 있는 것이 아니었다. 위대한 경제학자의 생각은 세계를 뒤흔들었고, 그들의 오류는 큰 재앙에 버금가는 폐해를 초래했다.

스스로도 위대한 경제학자인 존 메이너드 케인스(John Maynard Keynes, 1883~1946)는 이렇게 적었다.

경제학자와 정치철학자의 사상은 옳건 그르건 일반인들이 생각하는 것보다 큰 영향을 남긴다. 사실 세계는 그들 이외의 다른 사람들에 의해서는 별로 지배를 받지 않는다. 자신은 어떠한 지적 영향도 받지 않았다고 자부하는 현실적인 사람도 실은 이미 사망한 어떤 경제학자의 정신적 노예에 불과하다. 하늘에서 영감을 얻는다고 큰소리치는 미친 위정자도 실은 몇 년 전에 어떤 학구적인 삼류작가에게 얻은 지식으로부터 자신의 광증을 뽑아낸 것이다. 기득권 세력의 힘은 점진적으로 스며드는 사상의 영향에 비해 지나치게 과장되어 있다고 나는 확신한다.[1]

확실히 모든 경제학자가 이러한 거인은 아니었다. 수천 명의 경제학자들이 교과서를 집필했다. 그러나 그 책 가운데 일부는 무미건조한 기념비라 할 수 있고, 중세의 고리타분한 학자들과 같은 정열로 사소한 것을 추구한 데 불과했다. 만약 오늘날의 경제학이 매력 없고 위대한 모험심을 결여하고 있다면 그것은 당연히 경제학 종사자들의 책임이다. 왜냐하면 위대한 경제학자들은 단순히 지적인 허풍쟁이는 아니었기 때문이다. 그들은 전 세계를 연구주제로 삼고 분노, 절망, 희망 등 여러 가지로 대담한 관점에서 세계를 묘사했다. 그들의 이단적 의견이 점차 상식이 되어가고 그들에 의해 기존의 상식이 미신으로 폭로되는 과정은, 현대생활의 지적 구조를 점차적으로 구축하는 과정 그 자체였다.

무질서 속의 질서를 찾아 떠나는 여행

세계를 재창조할 운명을 타고났다고까지는 할 수 없지만 이런 이상한 사람들이 과연 어떤 사람들인지 상상하기란 쉽지 않다.

그들 가운데에는 철학자와 광인, 성직자, 증권브로커, 혁명가, 귀족, 미학자, 회의론자, 방랑자 등이 있었다. 또한 출신국가도 다양하고 인생경력도 다채로웠으며 성격도 각양각색이었다. 재기발랄한 사람도 있었지만 따분한 사람도 있었다. 매력 있는 사람도 있었지만 구제불능인 사람도 있었다. 그 가운데 적어도 세 사람은 재산을 모았지만 다른 세 사람은 가족의 생계에 관한 기본적인 경제학도 터득하지 못했다. 두 사람은 뛰어난 사업가였지만 한 사람은 떠돌이 상인 정도였고 다른 한 사람은 가산을 모두 탕진했다.

그들의 세계관 역시 그들의 운명처럼 다양했다. 그들보다 더 논쟁적인 사상가는 없었을 것이다. 한 사람은 평생토록 여권옹호론자였던 반면 다른 한 사람은 여성은 남성보다 현저하게 열등하다고 주장했다. 한 사람은 신사는 위선적인 야만인일 뿐이라고 주장한 반면 다른 사람은 비신사가 곧 야만인이라고 주장했다. 아주 부유했던 한 사람은 부의 철폐를 주장한 반면 아주 가난했던 다른 한 사람은 자선을 용인하지 않았다. 몇 사람은 허다한 약점에도 불구하고 오늘의 현실이 최상의 세계라고 주장한 반면 다른 사람들은 전혀 그렇지 않다는 것을 입증하는 데 평생을 바쳤다.

그들은 모두 책을 저술했다. 그들의 책을 모두 모아놓으면 이보다 더 다채로운 도서관은 아마 없을 것이다. 한두 사람은 아시아의 오막살이에서도 찾아볼 수 있는 베스트셀러의 저자였다. 그러나 다른 몇 사람은 저서를 자비로 출판했고 극소수의 제한된 사람 외에는 독자가 없었다. 몇 사람은 수백만의 가슴을 뛰게 하는 말로 저술한 반면,

그들 못지않게 중요한 몇 사람은 머리에 쥐가 나도록 고약한 문체로 글을 썼다.

그러므로 그들을 한 그룹으로 묶는 것은 그들의 개성도, 경력도, 편향도, 심지어 사상도 아니었다. 그들의 공통분모는 전혀 다른 것이었다. 즉 공통된 호기심이었다. 그들은 모두 자신을 둘러싼 세계가 복잡하면서도 얼핏 보면 무질서하다는 사실에 매혹을 느꼈다. 또한 그들은 종교적 위선으로 가려진 냉혹성과 세상사람들이 미처 깨닫지 못한 가운데 얻은 성공에 매료되었다. 그들은 모두 물질적 부를 창조할 때와 그 몫을 차지하기 위해 이웃의 발을 밟고 올라설 때 취하는 동료 인간들의 행위를 탐구하는 데 빠져들었다.

따라서 그들을 세속의 철학자(worldly philosopher)라고 부르는 데에는 별 무리가 없을 것이다. 그들은 철학체계 속에 모든 인간행위 가운데 가장 세속적인 부분, 즉 부를 향한 욕구를 포함시키려는 시도를 했기 때문이다. 아마 가장 우아한 철학은 아닐지 몰라도 이보다 더 흥미롭고 중요한 철학은 없을 것이다.

거지 가족이나 숨을 죽이고 파탄을 기다리는 도박꾼 속에서 '질서와 계획'을 찾으려는 사람이 어디 있으며, 거리를 행진하는 폭도와 손님에게 미소 짓는 식품점 주인 가운데서 '일관된 법칙과 원리'를 찾으려는 사람이 어디 있겠는가? 그러나 얼핏 보기에는 제각각인 실들이 한데 짜여져서 양탄자가 될 수 있고, 혼돈의 세계도 일정한 거리를 두고 보면 질서정연한 진행으로 보일 수 있으며, 격동도 조화로 귀결될 수 있다는 것이 위대한 경제학자들의 신념이었다.

정말 대단한 신념이었다. 그러나 놀랍게도 이 신념의 정당성은 입증되었다. 일단 경제학자들이 동시대인의 눈앞에 그들의 구도를 펼쳐보이자 사람들은 거지와 도박꾼, 식품점 주인과 폭도가 아무렇게나 떠밀려 무대 위로 올라간 어울리지 않는 배우가 아니라 행복하든 불행하든 인간 드라마의 전개에 필수적인 역할을 맡고 있는 것으로 이해하게 되었다. 경제학자들이 관여하자 단지 혼란스럽게만 보이던 세계가 의미있는 자체의 역사를 가진 질서정연한 사회로 변모한 것이다.

경제학의 핵심은 이렇게 사회 역사의 질서와 의미를 추구하는 것이다. 이것은 이 책의 핵심 테마이기도 하다. 우리는 경제학의 원리를 이해하기 위한 강연 여행을 떠나는 것이 아니라 역사를 창조한 사상을 찾는 여행길에 오르는 것이다. 여행길에서 우리는 따분한 선생들만 만나지는 않을 것이다. 거지들, 파멸하거나 흥한 도박꾼들, 폭도들 그리고 여기저기서 식품점 주인들까지 볼 수 있을 것이다. 과거로의 시간 여행에서 위대한 경제학자들이 식별한 여러 사회유형을 통해서 현재 우리가 살고 있는 사회의 뿌리를 발견하게 될 것이다. 그리고 이러한 과정에서 우리는 위대한 경제학자 개개인의 진정한 모습을 알게 될 것이다. 경제학자들의 개성이 다양하기 때문만이 아니라 사상은 그 사상을 빚어낸 인간의 흔적을 담고 있기 때문이다.

여행은 최초의 위대한 경제학자였던 애덤 스미스로부터 바로 시작하는 것이 편할 듯하다. 그러나 애덤 스미스는 미국 혁명의 시대에 살던 인물이므로, 우리는 먼저 인류의 역사가 6000년이나 지나는 동안 그 시대를 지배하는 세속의 철학자가 전혀 없었다는 당혹스러운 사실을 설명해야 한다. 정말 이해할 수 없는 일이다. 파라오의 시대 이전부터 인간은 경제문제와 씨름해왔다. 그 긴 세월 동안 수많은 철학자, 과학자, 정치사상가가 있었고 많은 역사가와 예술가 그리고 수천 명의 정치가들이 나왔는데도 왜 경제학자는 존재하지 않았을까?

그것을 해명하는 데는 하나의 장(章)이 필요할 것이다. 우리 시대보다 훨씬 이전에 있었고 오래 지속된 세계, 다시 말해서 경제학자들이 불필요했을 뿐만 아니라 존재할 수도 없었던 세계의 본질을 규명하고 나서야 비로소 경제학자들이 자리를 차지할 무대를 설치할 수 있을 것이다. 우리의 주된 관심은 최근 300년을 살았던 몇몇 경제학자들에게 있다. 그러나 우리는 우선 그들이 등장하기 이전의 세계를 이해해야 하며, 그 과거의 세계가 경제학자의 시대이자 폭동과 거대한 혁명의 소용돌이 속에 놓인 시대인 현대를 낳는 과정을 지켜보아야 한다.

chapter 2

경제혁명 : 새로운 비전의 탄생

윌리엄 페티
William Petty, 1623 ~ 1687
정치경제학자이자 통계학자. 사환, 행상인, 재봉사,
내과의사, 음악교수 등의 일을 했으며, 정치수학
학파의 창시자로 활약했다.

안톤 푸거
Anton Fugger, 1493 ~ 1560
15~16세기 유럽의 상업계를 독점하며 자본주의
경제 개념을 발전시키고 유럽의 정치에 영향력을
행사한 푸거가를 이어받은 인물.

나무에서 내려온 이후부터 인간은 살아남는 문제에 직면해왔다. 각 개인이 아니라 사회집단의 일원으로서 어떻게 살아남는가 하는 문제였다. 인간이 계속 생존해온 사실 자체가 인간이 이문제를 해결하는 데 성공했음을 말해준다. 그러나 가장 부유한 국가에서도 빈곤과 비참이 여전히 존재한다는 사실은 이 문제에 대한 인간의 해결이라는 것도 결국은 부분적인 것에 불과했음을 말해준다.

그러나 지상 천국 건설에 실패했다고 해서 인간을 심하게 나무랄수는 없다. 지구라는 별에서 생계를 이어가는 것은 어려운 일이다. 인류가 야생동물의 가축화, 파종기술의 발견, 광물자원의 채굴에 들여야 했을 끝없는 노력은 상상을 초월한다. 인간이 생존에 성공한 것은 오로지 인간이 사회적으로 협력하는 존재이기 때문이다.

그렇지만 인간은 동료에 의존해야 한다는 바로 그 이유 때문에 생존 문제가 대단히 어렵게 되었다. 인간은 태생적으로 사회적 본능을 가지고 있는 개미가 아니며 이와는 반대로 자기중심적(self-centered) 본능을 강하게 지니고 있는 듯하다. 인간은 비교적 허약한 육신 때문에 어쩔 수 없이 협력을 해야 하지만 내적 본성으로 인해 항상 그 사회적 협력관계를 깨뜨릴 위험을 안고 있다.

원시사회에서는 자기중심적 성향과 협력 사이의 갈등이 환경의 제약 때문에 별로 드러나지 않았다. 예컨대 에스키모처럼 공동체가 늘 기아의 유령과 마주치는 경우에는 생존을 확보해야 한다는 단순한 필요성 때문에라도 매일의 노동을 협력해서 마치지 않을 수 없었다. 인류학자들의 연구에 따르면 이보다 덜 절박한 상황에서는 가족관계와 상호관계에 대한 일반적으로 용인된 사회규범이라는 강력한 힘에 따라 일상적인 일을 수행한다. 엘리자베스 마셜 토머스(Elizabeth marshall Thomas, 1931~)는 아프리카 부시맨에 대한 그녀의 놀라운 책에서 사냥한 겜즈복(아프리카산 대형 영양)이 친족과 친족의 친족에게까지 분배되어 결국 "누구도 다른 사람보다 더 많이 먹지 못하는" 상태에 이르는 과정을 잘 그리고 있다.[1] 그러나 진보된 사회에서는 피부로 느끼는 이러한 환경의 압력이나 사회적 의무의 그물망이 없다. 남녀가 더 이상 생존과 직결된 과업에 어깨를 나란히 하지 않게 될 때, 즉 인구의 3분의 2는 흙을 만지지 않고 광산에도 들어가지 않고 손으로 집을 짓지도 않으며 심지어 공장에서 일하지도 않게 될 때 또는 친족의 의무가 거의 사라질 때 인간이란 동물의 존속은 뚜렷하게 사회적 운명에 달려 있게 된다.

이것은 사회의 생존이 머리카락 한 올에 달려 있는 것과 같은 참으로 놀라운 상황이다. 현대의 사회공동체는 수많은 위험에 좌우되고 있다. 만일 농부들이 충분한 곡물을 재배하지 않는다면, 철도노동자들이 경리사원이 되겠다고 하거나 경리사원이 철도노동자가 되겠다고 결심한다면, 광부나 철강노동자 또는 공학박사학위 지원자가 너무 부족하다면, 간단히 말해 사회의 뒤얽힌 수천 가지 직종 가운데 어느 하나라도 제대로 수행되지 못한다면 산업사회는 곧장 절망적으로 붕괴될 것이다. 사회는 매일 붕괴의 가능성에 직면한다. 자연의 힘 때문이 아니라 단지 인간의 예측불가능성 때문에.

생존문제 해결을 위한 제3의 방법

수세기에 걸쳐 애써왔겠지만 인간은 이러한 재앙에 대항하여 자신을 지키는 방법으로 겨우 세가지를 찾았을 뿐이다.

인간은 전통에 따라 사회를 조직함으로써 영속성을 확보해왔다. 필요한 다양한 과업을 관습과 관례에 따라 다음 세대로 계속 물려주는 방법이다. 아버지의 일을 아들이 이어받는 식의 이러한 양상은 지속되어왔다. 애덤 스미스에 따르면 고대 이집트에서는 "모든 인간은 종교원칙에 따라 아버지가 하던 직업을 계승해야만 했다. 만일 다른 직업으로 바꾸면 무서운 신성모독을 범하는 것으로 여겨졌다".[2] 마찬가지로 인도에서는 최근까지도 일부 직종이 카스트 제도의 전통에 따라 대를 이어가고 있다. 사실 공업화되지 않은 많은 국가에서는 아직도 사람들이 자신의 직업을 타고 난다.

사회는 문제를 다른 방법으로 해결할 수도 있다. 사회는 권위적통치라는 채찍을 사용해서 과업이 수행되도록 할 수 있다. 고대 이집트의 피라미드는 어떤 진취적인 사업가가 그것을 건설하겠다고 생각해서 건립된 것이 아니다. 또한 소련의 경제개발5개년계획도 전래하는 관습이나 이기심에 우연히 부합되었기 때문에 수행된 것이 아니다. 소련이나 이집트는 모두 '명령(command)'사회였다. 정치적인차이를 제쳐 둔다면 그 사회들은 당국의 포고령과 최고당국이 발포하는 것이 적절하다고 생각한 형벌에 의해서 **경제적 생존**을 확보했다.

오랜 시간동안 인간은 이렇게 전통이나 명령이라는 해결책에 따라 자신의 생존문제를 다루어왔다. 그리고 문제를 이러한 방식으로 다루는 동안에는 '경제학'이라는 특수한 연구분야가 생겨날 수 없었다. 비록 역사 속의 여러 사회가 경제적으로 아주 다양한 모습을 보여주었다 하더라도, 그 사회가 왕이나 인민위원들의 지위를 높이고 대구포와 잘 마모되지 않는 금속을 화폐로 사용하며 가장 간단한 공산사회의 방식이나 고도의 종교적 양식에 따라 물품을 분배했다 하더라도, 경제생활이 관습과 명령에 따라 이루어지는 한 그런 활동을 이해할 수 있도록 뒷받침해줄 경제학자는 필요하지 않았다. 신학자, 정치이론가, 정치가, 철학자, 역사학자는 필요했다. 그러나 이상하게 보일지 모르겠지만 경제학자는 필요 없었다.

경제학자의 출현은 생존문제를 해결할 제3의 방법이 나타날 때까지 기다려야 했다. 경제학자들은 사회가 각 개인에게 스스로 보기에 적절한 방법으로 행동하도록 허용함으로써―핵심적인 규칙을 따른다는 것을 전제한다면―사회의 생존을 확보하는 놀라운 제도적 장치가 개발되고 나서야 나타날 수 있었다. 그 장치는 시장체제(market system)로 불렸고, 그 규칙은 믿을 수 없을 정도로 간단했다. 바로 개인은 자신의 금전적 이득에 가장 도움 되는 일을 해야 한다는 것이었다. 시장체제 하에서 대다수 사람들은 전통이나 권위의 채찍이 아니라 이익의 유혹 때문에 과업을 수행했다. 개개인이 이익 추구의 코가 이끄는 대로 이익이라는 냄새를 따라 자유롭게 이익을 추구하는데도 불구하고, 사람들 상호간의 작용과 반작용이 일어난 결과 사회에 필요한 여러 활동들이 제대로 수행될 수 있었다.

이렇게 생존문제 해결책이 역설적이고 오묘하며 어려워지게 되자 경제학자가 필요하게 되었다. 관습과 명령이 가진 단순성과는 달리 각 개인에게 자신의 이익만을 추구하도록 하면서 사회가 실제로 잘 유지될 수 있을지 확신할 수 없었기 때문이다. 세상이 더 이상 관습과 명령으로 움직이지 않아도 안락한 일과 궂은 일 등 사회의 모든 직무가 잘 수행될 수 있을지는 결코 보장할 수 없는 일이었다. 사회가 지배자의 명령에 복종하지 않을 때 그 사회가 어디로 향할지 누가 알 수 있겠는가?

이러한 수수께끼를 푸는 일을 떠맡은 것이 경제학자들이었다. 그러나 시장체제의 개념이 받아들여지기 전까지는 풀 수수께끼가 없었다. 수세기 전까지만 해도 시장체제를 의심과 혐오 그리고 불신의 눈으로 보아서는 안 된다는 사실을 사람들은 확신하지 못했다. 세계는 관습과 명령이라는 안락한 틀 속에서 잘 지내왔던 것이다. 안락한 틀 대신 시장체제의 의심스럽고 혼란스러운 작동에 의존해서 경제생활을 해나가기 위해서는 혁명 못지않은 변화가 필요했다.

현대사회의 형성이라는 관점에서 볼 때 그 혁명은 지금까지 일어난 그 어떤 것보다 중요했다. 프랑스 혁명 또는 미국 혁명, 심지어 러시아 혁명보다 더 근본적으로 사회를 뒤흔들었던 것이다. 그 혁명의 규모를 평가하고 그것이 사회에 준 고통을 이해하기 위해서는 오랫동안 잊혀졌던 초기의 세계로 들어가보아야 한다. 바로 이 세계로부터 마침내 우리가 사는 오늘날의 사회가 솟아났기 때문이다.

부의 추구는 곧 탐욕의 죄

첫번째 방문지, 프랑스. 때는 1305년.[3]

우리가 방문하는 곳은 장터다. 행상들이 무장 경비병을 데리고 아침에 도착하여 화려한 줄무늬의 천막을 치고 상인들끼리 그리고 지방 주민들과도 거래하고 있다. 비단, 호박단, 향료와 향수, 가죽과 모피 등 이국적인 다양한 상품들이 판매되고 있다. 어떤 것은 지중해 연안의 레반트(레바논, 시리아, 팔레스타인 등―옮긴이)에서 수송되어 온 것이고, 어떤 것은 스칸디나비아로부터 온 것이다. 불과 몇 백 킬로미터 밖에서 온 것도 있다. 평민들과 함께 그 지방의 영주와 귀부인들도 노점을 자주 방문한다. 따분한 장원 생활의 지루함에서 벗어나 기분전환을 하기 위해서다. 그들은 아랍의 낯선 상품들과 함께 민을 수 없이 먼 곳에서 온 이름도 생소한 상품을 사려고 혈안이 되어 있다. 긴 의자, 시럽, 요금표, 식용 엉겅퀴, 시금치, 그릇 등등.[4]

그러나 우리는 천막 안에서 이상한 광경을 보게 된다. 탁자 위에 펴놓은 영업장부는 때로는 단순한 거래명부인 경우가 있다. 한 상인의 장부에는 다음과 같이 쓰여 있다. "위슨타이드의 어떤 사람이 10굴덴 어치를 외상으로 가져갔다. 그의 이름은 잊었다."[5] 계산은 대부분 로마숫자로 한다. 합산도 자주 틀린다. 장부를 길게 구획지어 놓았는데 왜 그랬는지는 알 수 없다. '0'을 어떠한 의미로 사용했는지도 정확하게 이해할 수 없다. 진열된 상품이 화려하고 사람들도 들떠 있지만 장터의 규모는 작다. 한 해에 생고타르 통로(역사상 최초의 현수교)를 통해 프랑스로 반입되는 상품의 총량은 현재의 화물열차 한 대도 채우지 못할 정도로 소량이었다.[6] 아마 거대한 베네치아 선단으로 수송해오는 상품의 총량도 현대의 화물선 한 척을 채우지 못할 것이다.

다음 방문지, 독일. 때는 1550년경.

턱수염을 기르고 털외투를 입은 상인 안드레아스 라이프가 바덴에 있는 집으로 돌아가고 있다. 그는 아내에게 보내는 편지에서 서른 군데의 시장을 방문했으며, 말안장에 쓸려서 가랑이가 아프다는 이야기를 쓴다. 그를 힘들게 하는 것은 이것뿐만이 아니다. 당시의 각종 성가신 방해물은 그를 더 괴롭힌다. 여행을 하는 동안 관세를 지불하기 위해 대략 16킬로미터마다 한 번씩 정지를 당한다. 바슬과 쾰른 사이를 지나는 동안 31레비나 지불한다.[7]

그것이 전부가 아니다. 그가 방문하는 각 고장은 각각의 화폐와 규칙과 규제가 있으며, 각기 다른 법률과 질서가 있다. 바덴 인근지역에서만 112개의 서로 다른 길이 단위, 92개의 다른 면적 단위, 65개의 다른 고체량 단위, 163개의 다른 곡물 단위, 123개의 다른 액체

량 단위, 63개의 특별한 주류 단위가 있고, 서로 다른 무게 단위도 80 가지나 된다.[8]

우리는 이동한다. 1639년 보스턴에 와 있다.[9]

재판이 진행되고 있다. '뛰어난 실력을 가지고 있고, 부유하며, 단 한 명의 자식만 있고, 양심을 지키며 복음을 전도하기 위해 살아온 나이 든 신학교수인' 로버트 키인이라는 사람이 가증스러운 죄를 지었다고 고발당한다. 1실링당 6펜스 이상의 엄청난 이익을 올렸다는 것이 바로 그 죄목이다. 재판부는 죄의 대가로 그를 파문시킬 것인가를 두고 토론하고 있다. 그러나 오점 없는 그의 전력을 참작하여 결국 중벌 대신 200파운드의 벌금형을 선고하고 풀어준다. 그렇지만 가없은 키인 씨는 너무나 당황한 나머지 교회 장로들 앞에서 '눈물을 흘리며 자신의 탐욕적이고 부패한 정신을 시인한다'. 보스턴의 목사는 이런 큰 범죄자의 살아 있는 사례를 이용할 수 있는 절호의 기회를 놓치고 싶지 않다. 그래서 키인 씨가 보여준 탐욕의 사례를 이용하여 주일 설교 때 잘못된 상거래 원칙을 소리 높여 비난한다. 그 가운데 몇몇은 다음과 같다.

    I. 최대한 비싸게 팔고, 최대한 싸게 사는 것
    II. 해상 재난 등으로 상품을 잃은 경우 이를 핑계로 나머지의 값을 올리는 것
    III. 아무리 비싸게 지불하고 구입했다 하더라도 살 때의 값 그대로 파는 것

이런 것은 모두 잘못이고, 잘못이며, 또 잘못이라고 목사는 부르짖는다. 부를 위한 부의 추구는 탐욕의 죄라는 구렁텅이로 떨어진다는 것이다.

이제 영국과 프랑스로 돌아가보자.

영국에서는 거대한 상업조직인 '모험상인조합(Merchant Adventurers Company)' [10]이 단체운영규약을 만든다. 참가상인들이 지켜야 할 규칙 중에는 점잖지 않은 말을 쓰지 말 것, 조합원끼리 싸우지 말 것, 노름하지 말 것, 사냥개를 키우지 말 것 등과 같은 조항들이 있다. 조합원들은 누구라도 길을 갈 때 보기 흉한 보따리를 들고 다녀서는 안 된다. 마치 빈민합숙소의 규칙처럼 들리는 규약을 가진 정말 이상한 단체다.

프랑스에서는 최근 직물업체들 간의 주도권 다툼이 너무나도 많았다. 그래서 1666년에 장 바티스트 콜베르(Jean-Baptiste Colbert, 1619~1683)는 이러한 위험하고 파괴적인 경향을 저지하기 위해 법규(règlement)를 제정한다. 이에 따르면 디종과 셀링기의 포목은 가장자리를 포함하여 1408개 올을 담아야 하고 그 이상도 이 이하도 허용하지 않는다는 내용이다. 오세르, 아발롱 그리고 다른 두 공업도시에서는 1376개의 올이 규격이고 샤티용에서는 1216개가 규격이다. 이것을 위반한 천은 거리에 내걸어 창피를 당하게 된다. 규격을 위반한 천이 세 번 발각되면 상인이 대신 칼을 쓰고 거리에 나앉아 창피를 당해야 한다. [11]

이러한 과거의 단편적 사례에는 공통점이 있다. 그것은 다음과 같다. 첫째, **개인적 이익**(personal gain)을 바탕으로 조직된 체제에 필요한 적절성(필요가 아니라)의 개념이 아직 뿌리내리지 못했다. 둘째, 분리되고 자율적인 경제세계가 아직 그것을 둘러싼 사회적 환경의 제약을 벗어나지 못하고 있었다. 일상생활이 이루어지는 세계는 정치적 · 사회적 · 종교적 세계와 뒤엉켜 있었다. 두 세계가 분리될 때까지는 현대생활의 속도나 감정과 유사한 것은 생겨날 수 없었다. 두 세계가 분리되기 위해서는 길고 치열한 투쟁이 일어나야 했다.

시장체제 이전의 사회

이익이라는 개념이 비교적 현대적인 것이라는 사실을 우리로서는 좀 이해하기 어려울지도 모르겠다. 인간이란 본질적으로 취득 본능을 가진 존재이고, 자유롭게 행동할 수 있다면 누구나 자기중심적인 기업가처럼 행동할 것이라고 믿도록 우리는 교육받아왔다. 또한 이윤을 추구하려는 동기가 인간의 역사만큼이나 오랜 것이라고 끊임없이 들어왔다.

그러나 사실은 그렇지 않다. 우리가 알고 있는 것과 같은 이윤 추구의 동기는 겨우 현대인과 함께 시작되었을 뿐이다. 심지어 오늘날에도 이익을 위한 이익이라는 개념은 세계 인구 가운데 상당수의 사람들에게는 생소하다. 그리고 이 개념은 유사 이래 대부분의 기간 동안 전혀 존재하지 않았다는 사실 때문에 더욱 눈에 띈다. 17세기의 놀라운 인물인 윌리엄 페티(William Petty, 1623~1687) 경은 임금이 후하면 "노동자를 구하기가 어렵다. 그들은 너무 방종해서 단지 먹거나 마시기 위해서 노동한다."고 주장했다.[12] 페티 경의 이러한 주장은 단순히 당시의 부르주아적 편견을 드러낸 것만은 아니었다. 그는 실제로 지금도 세계의 공업화되지 않은 지역주민들 가운데서 나타나고 있는 현상을 보고 있었던 것이다. 임금노동에 익숙하지 않고, 공장생활에 불편을 느끼며, 생활수준의 향상이라는 개념을 배우지 못한 신출내기 노동자들은 임금이 오르면 더 열심히 일하지 않을 것이다. 그들은 좀더 빈둥거리는 쪽을 택할 것이다. 이익이라는 개념, 즉 노동하는 모든 사람은 물질적 안락을 개선하기 위해 끊임없이 노력할 뿐만 아니라 또한 마땅히 그러해야 한다는 생각은 이집트, 그리스, 로마와 중세문화의 대다수 하층 및 중산계층 사람들에게는 생소한 개념이었다. 그러한 개념은 서구에서 르네상스와 종교개혁을 거치는 동안에도 일부에서만 관찰되었다. 그리고 이러한 이익 개념은 대부분의 동양 문화권에서는 거의 존재하지 않았다. 지금은 사회의 보편적인 특징이 된 이 개념은 인쇄술과 마찬가지로 현대적인 발명품이었다.

이익이라는 개념은 우리가 흔히 생각하는 것과는 달리 보편적이지도 않았을 뿐만 아니라 이익을 사회적으로 용인한 것은 근대에 들어와서이고, 그것도 점차적으로 이루어져왔다. 중세시대에 교회는 기독교인은 누구나 상인이 되어서는 안 된다고 가르쳤다. 이러한 가르침 뒤에는 상인은 사회의 효모 중에서도 교란적인 존재일 뿐이라는 생각이 깔려 있었다. 세익스피어 시대에 귀족을 제외한 대부분의 보통 시민들에게 인생의 목표는 자신의 지위를 향상시키는 것이 아니라 그것을 유지하는 것이었다. 심지어 우리들의 청교도 조상도 이익이 인생에서 용납될 수 있으며 나아가 유익한 목표가 될 수 있다는 생각을 악마의 교리로 여겼을 것이다.

물론 부라는 것은 항상 존재했고 물질에 대한 탐욕은 구약성서만큼이나 오래된 역사를 가졌다. 그러나 소수 유력자의 부를 보고 시기심을 느끼는 것과 부를 향한 전반적 투쟁이 사회에 널리 퍼져 있는 것 사이에는 크나큰 차이가 있다. 모험상인은 멀리 페니키아 선원들의 시대부터 존재했고, 그 이후 모든 시대에 존재했다. 로마 시대의 투기꾼, 베네치아 상인, 한자 동맹 그리고 인도항로를 발견해 한몫 잡으려 했던 포르투갈과 에스파냐의 위대한 탐험가 등이 그들이다. 그러나 소수의 모험은 전체 사회가 투기정신으로 움직이는 것과는 전혀 다르다.

16세기 독일의 대은행가였던 푸거가(Fugger Family)라는 특별한 가족을 예로 들어보자. 전성기에 푸거가는 금광과 은광을 소유했고, 교역 조차지(租借地)를 소유했으며, 자신들의 화폐를 주조할 권한까지

가지고 있었다. 그들의 신용 규모는 그들이 전쟁비용(그리고 생활비도)을 대준 왕이나 황제보다도 훨씬 더 거대했다. 그러나 늙은 안톤 푸거(Anton Fugger, 1493~1560)가 세상을 떠나자 그의 장조카인 한스야코프(Hans Jacob)는 도시를 운영하는 임무와 사적인 용무가 자신에게 너무 큰 부담이 된다는 이유로 은행제국을 떠맡기를 거부했다. 그의 동생 게오르게(George)도 편안히 사는 것이 낫다고 말했다. 셋째 조카인 크리스토프(Cristoph)도 마찬가지였다. 이 부의 왕국을 상속받을 자격을 갖춘 후계자 가운데 누구도 그것이 괴로움을 감수할 만큼 가치 있는 일이라고 생각하지 않았다.[13]

지급능력이 있는 왕이나 푸거가와 같은 몇몇 가문을 제외하고 초기의 자본가들은 사회의 기둥이 아니라 사회에서 추방당한 자이거나 뿌리를 내리지 못한 떠돌이인 경우가 많았다. 이곳저곳에서 핀칼레의 성 고드릭(Saint Godric)같은 사업정신을 가진 소년이 나타나 부두 건달로 시작하여 난파선으로부터 많은 도자기를 모아 상인이 되었다가 돈을 모으고 나서는 은둔자로 고결하게 은퇴하곤 했다.[14] 그러나 이러한 사람은 극소수였다. 지상에서의 삶이 영생을 위한 준비기간이라는 생각이 지배적인 한, 기업정신은 격려될 수 없었고 자생을 위한 자양분을 얻을 수도 없었다. 제왕들은 보물을 원했고, 이를 위해 전쟁을 했다. 귀족들은 토지를 원했고, 자존심 있는 귀족은 대대로 물려받은 토지를 매각하려고 하지 않았기 때문에 토지 획득을 위해서는 정복전쟁이 필요했다. 그러나 농노, 기능공, 길드의 장인 같은 대다수의 사람들은 아버지가 살았던 대로 살고 또 자식들이 자신의 뒤를 이어 살아가는 데 아무런 간섭을 받지 않기를 원했다.

일상생활의 기본지침으로서 이익의 개념이 존재하지 않기 때문에—사실상 교회가 이런 개념을 적극적으로 백안시했기 때문에—10세기에서 16세기에 이르는 이상한 세계와 우리 시대를 닮은 애덤 스미스 이전의 1, 2세기 사이에는 엄청난 차이가 있었다. 더욱 근본적인 차이는 '생활비를 번다'는 생각이 16세기 전에는 존재하지 않았다는 것이다. 당시에는 경제생활과 사회생활이 아직 분화되지 않은 상태였다. 일은 목적—물론 여기서 목적이란 돈과 돈이 사들일 수 있는 물품을 말한다—을 위한 수단이 아니었다. 일 자체가 목적이었고 일을 하면 당연히 돈과 일용품을 얻을 수 있었다. 사람들은 전통의 일환으로서 그리고 자연스러운 생활방식으로서 그 일에 종사했다. 한마디로 '시장'이라는 위대한 사회적 발명품이 아직 만들어지지 않은 시대였다.

시장은 유사 이래 존재해왔다. 아마르나 문서〔기원전 14세기 무렵 이집트와 종속관계에 있던 나라의 왕들이 보낸 서간으로, 세계 최고(最古)의 점토판 외교문서다—옮긴이〕에는 기원전 1400년경의 파라오와 레반트 지역 왕들 사이의 활발한 교역이 기록되어 있다.[15] 당시에는 금과 전차가 노예 및 말과 물물교환되었다. 이처럼 교환이라는 개념은 인간의 역사만큼 오래되었지만 이익 개념의 경우에는 다르다. 온 세계 사람들이 20세기 미국 학생들이 가진 흥정성향을 지니고 있다고 가정하는 것은 잘못이다. 순전히 기이한 사례이기는 하겠지만 뉴질랜드 마오리족 사이에서는 가다랑어 낚싯바늘의 값어치가 곡식 얼마만큼과 같으냐고 물어볼 수 없다. 왜냐하면 그러한 거래가 아예 없으니 질문 자체가 우스꽝스러운 것으로 간주되기 때문이다.[16] 그러나 전혀 다른 경우로, 아프리카 어떤 곳에서는 여자 한 명의 값어치가 소 몇 마리에 해당하느냐고 물어도 아무런 문제가 되지 않는다. 마오리족이 식량과 낚싯바늘의 교환을 생각하지 못하듯이, 우리 사회도 이런 아프리카인의 거래를 있을 수 없는 일이라고 여긴다(물론 아직도 존재하는 결혼지참금이 우리와 아프리카인 사이의 괴리를 어느 정도 좁혀주기는 하지만).

그러나 물품을 우연히 땅바닥에 떨어뜨려서 하는 원시종족 사이의 물물교환이건 중세의 재미난 이동박람회이건 그러한 시장은 현재의 시장체제와는 달랐다. 시장체제는 단순히 상품을 교환하는 수단만은 아니었기 때문이다. **시장체제란 전체 사회가 지속되고 유지되도록 하는 메커니즘이었다.**

중세시대의 사람들은 그러한 메커니즘을 선명하게 이해할 수 없었다. 위에서 본 것처럼 보편적 이익이라는 개념은 신성모독이 되고도 남았다. 이익을 좇는 전반적 투쟁이 실제로 공동체를 결속시킬 수도 있다는 더욱 넓은 생각은 미친 것으로 취급될 뿐이었다.

이러한 맹목에는 이유가 있었다. 시장체제가 배분하는 생산의 기본요소인 '토지, 노동, 자본'이 그때까지 존재하지 않았던 것이다. 이러니 중세와 르네상스와 종교개혁시대, 즉 16~17세기까지의 모든 세계가 시장체제를 상상할 수 없었던 것은 매우 당연한 일이다. 흙과 인간과 도구라는 의미의 토지와 노동과 자본은 물론 사회와 공존했다. 그러나 사람들은 추상적인 토지나 추상적인 노동이라는 개념을 추상적인 에너지나 추상적인 물질이라는 개념처럼 머리로 그릴 수 없었다. 생산의 '요소'로서 그리고 비개인적이며 비인격화된 경제적 실체로서의 토지와 노동과 자본은 미적분학처럼 대단히 현대적인 개념이다. 실제로 그 개념의 역사는 그리 오래되지 않았다.

예컨대 토지를 가지고 생각해보자. 14~15세기까지도 토지는 자유롭게 사고팔며 지대 수입을 올리는 재산이 아니었다. 물론 영지나 장원이나 공국(公國)과 같은 토지는 있었다. 그러나 이런 것들은 결코 사정에 따라 사고팔 수 있는 부동산은 아니었다. 그러한 토지는 사회생활의 핵심을 이루고, 명예와 지위의 기초를 제공했으며, 사회의 군사·사법·행정 조직의 기초가 되었다. 어떤 조건 하에서는 토지를 팔 수도 있었지만(물론 많은 단서를 붙여서) 일반적으로 **파는 것**(for sale)은 아니었다. 현재 미국의 코네티컷 지사가 로드아일랜드 지사에게 몇 개 군(郡, county)을 팔 수 없는 것처럼 신분이 높은 중세의 귀족이 그의 토지를 판다는 것은 생각할 수도 없는 일이었다.

매매할 수 없는 것은 노동력의 경우도 마찬가지였다. 오늘날 우리가 말하는 노동시장은 노동자가 가장 높은 임금을 주겠다는 자에게 자신의 노동력을 파는 거대한 네트워크를 뜻한다. 자본주의 이전의 세계에는 그러한 네트워크가 없었다. 농노와 도제와 직인의 무리가 일을 했지만 이러한 노동력의 대부분은 사고 팔리는 시장에서 거래된 것이 아니었다. 농민은 영주의 영지에 매여 일생을 지냈다. 그는 영주의 오븐에서 빵을 굽고, 영주의 방아에서 곡식을 찧고, 영주의 땅을 경작했으며, 전쟁이 일어나면 영주를 위해 싸웠다. 그러나 그가 자신의 봉사에 대한 보수를 받는 경우는 설령 있다 해도 아주 드물었다. 그것은 농노로서의 의무이지 결코 자유로운 계약자의 '노동'이 아니었던 것이다. 도시에서는 도제가 장인의 휘하에서 봉사했다. 그의 도제수업기간, 동료의 수, 보수수준, 작업시간, 그가 사용할 생산 방법 등 모든 것을 길드가 규제했다. 작업조건이 도저히 참을 수 없을 때 일어난 간헐적인 파업을 예외로 한다면 하인과 주인 사이에 흥정은 거의 없거나 전혀 없었다. 이것은 수련의들이 병원에서 하는 봉사와 마찬가지로 정상적인 노동시장의 노동이 아니었다.

자본의 경우를 보자. 사적인 부라는 뜻의 자본은 자본주의 이전의 세계에도 분명히 존재했다. 그러나 자금은 있었지만 그 자금을 새롭고 의욕적인 용도로 활용하도록 하는 자극이 없었다. 모험과 변화대신에 '안전제일'이 지상목표였다. 가장 짧은 기간 내에 가장 큰 효율을 올리는 것보다 가장 긴 시간에 가장 많은 노동력을 소모하는 생산기술을 더 높이 쳤다. 광고는 금지되었고 길드에 가입한 어떤 장인이 동료보다 더 좋은 물건을 생산하겠다고 하면 그것은 반역적인 행동으로 간주되었다. 16세기에 영국에서 직물업 분야의 대량생산이 처음으로 그 추한 머리를 들었을 때 길드들은 국왕에게 항의했다. 200개의 직조기를 가지고 종업원들을 위해 도살업자와 제빵 일꾼을 포함한 다수의 직원까지 거느렸던 '경이로운 공장'[17]은 이 때문에 국왕으로부터 위법 판결을 받았다. 그러한 능률과 부의 집중은 나쁜 선례를 남긴다는 것이 이유였다.

따라서 중세의 세계가 시장체제를 상상할 수 없었던 것은 확실하고 충분한 이유에 근거를 두고 있었다. 그 세계가 아직 생산의 추상적인 요소를 상상할 수 없었다는 것이 바로 그 이유이다. 중세에는 토지와 노동과 자본이 없었기 때문에 시장이 없었다. 시장이 없었기 때문에―물론 다채로운 시골시장이나 박람회는 있었지만―사회는 지방적 수준의 명령과 관습으로 움직였다. 영주들은 명령을 내렸고 생산은 그에 따라 증가하기도 하고 감소하기도 했다. 명령이 없을 경우 사람들의 생활은 고정된 궤도를 따랐다. 애덤 스미스가 1400년 이전에 살았더라면 그도 정치경제학 이론을 정립할 필요성을 느끼지 못했을 것이다. 중세사회를 서로 묶는 것이 무엇인가를 이해하는 데는 뚫고 들어가야 할 아무런 신비도 없었고 질서와 계획을 발견하기 위해 파고들어야 할 장막도 없었다. 윤리와 정치는 있었다. 하급 영주와 상급 영주의 관계, 상급 영주와 국왕과의 관계 같은 것에는 설명하고 합리화해야 할 많은 것이 있었다. 그리고 교회의 가르침과 상인계급의 교정하기 어려운 이익추구 성향은 상충되었고, 따라서 해결해야 할 문제 또한 적지 않았다. 그러나 경제학은 없었다. 책을 펴고 보는 시험처럼 장원과 교회 및 도시의 법률과 평생토록 변함없는 관습 속에 세계에 대한 모든 설명이 있는데 누가 수요공급이나 비용이나 가치라는 추상법칙을 찾아 헤매겠는가? 애덤 스미스도 그 시대에 살았다면 위대한 도덕철학자가 되었을 뿐, 결코 위대한 경제학자가 되지는 못했을 것이다.

여러 세기 동안 경제학자들이 할 일은 없었다. 스스로 재생산하고 자족(自足)하는 세계가 폭발해서 18세기의 요란하고 허둥대며 자유로운 세계로 바뀔 때까지 그 상태는 지속되었다. '폭발'이라는 용어는 너무 극적인 단어일지 모른다. 변화란 단 한 번의 격렬한 경련보다는 수세기에 걸쳐 서서히 이루어지는 것이기 때문이다. 오래 끌기는 했지만 이 변화는 결코 평화스러운 진화는 아니었다. 그것은 사회의 고통스러운 격변, 즉 혁명이었다.

토지를 상품화하는 행위—사회관계의 위계질서를 많은 공백과 유익한 직책으로 바꾸는 행위—만으로도 완강하게 고수되어 온 봉건적 생활방식을 뿌리 뽑을 수 있었다. 가부장제도의 허울이 아무리 수탈을 내포하고 있었다 하더라도 보호받던 농노와 도제를 노동자로 만들기 위해서는 무산계급이라 불리는, 놀라고 방향 잃은 계층을 창조할 필요가 있었다. 길드 장인을 자본가로 만드는 것은 포도원의 소심한 주민에게 정글의 법칙을 교육해야 한다는 것을 의미했다.

이 어느 것도 평화로운 전망은 아니었다. 누구도 이러한 생활의 상업화를 **원하지** 않았다. 이러한 경제혁명이 일어나는 장면을 되돌아보기 위해 마지막 여행을 떠나보자. 반발이 얼마나 격렬했는가를 이해할 수 있을 것이다.

변화와 혁신이 몰고 온 공포

우리는 프랑스에 돌아와 있다. 때는 1666년.[18]

당시의 자본가들은 확대되고 있는 시장기구가 잠에서 깨는 과정에서 어쩔 수 없이 초래하는 혼란스러운 도전에 직면한다. 즉 변화라는 도전이다.

직물업 분야의 한 장인에게 혁신적인 생산방법을 도입하는 것을 허용해야 하느냐 하는 문제가 제기된다. 판결문은 이렇다. "자신이 발명한 방법으로 천을 짜려는 제조업자는 직조기를 이용해서는 안 되며, 신품목을 생산하기 위해서는 그가 요구하는 실의 수와 길이를 사용할 수 있도록 도시 재판부의 허가를 받아야 한다. 허가 신청을 위해서는 네 명의 최고참 상인과 길드 조직에 소속된 네 명의 최고참 직조공의 의견을 첨부해야 한다." 이런 상황이었으니 변화가 얼마만큼 허용되었을지 상상이 갈 것이다.

직물업의 문제가 해결되자마자 단추제조업 길드가 분노의 목소리를 높인다. 양복제조업자가 천으로 단추를 만들기 시작한 것이다. 이 것은 전례 없는 일이다. 기술혁신이 안정된 산업구조를 위협하는 데 성난 정부는 천으로 된 단추 제조업자들에게 벌금을 부과한다. 그러나 단추제조업 길드의 감시원들은 그것으로 만족하지 않는다. 그들은 각 가정과 옷장을 수색할 권리, 나아가서 이 파괴적 상품을 부착하고 다니는 사람들에게 벌금을 매기고 체포할 수 있는 권리까지 요구한다.

변화와 혁신에 대한 이러한 공포는 소수의 놀란 상인들이 벌인 단순한 희극적 저항이라고 볼 수만은 없다. 자본이 변화에 심각하게 저항하고 있었으며 변화는 그것을 막을 아무런 힘도 없었다. 영국에서는 양말기계의 혁명적인 특허 신청이 기각되었을 뿐만 아니라 추밀원은 그 위험한 발명품을 폐기하라고까지 명령한다.[19] 프랑스에서는 염색된 캘리코 면직물의 수입이 직물업계의 멸망을 위협하고 있다. 그리하여 1만 6000명의 생명을 희생시킨 조치가 단행된다! 발랑스 한 곳에서만 금지된 캘리코 직물을 거래했다는 죄목으로 77명이 교수형에 처해지고 58명이 형거(刑車)로 몸을 찢기고 631명이 갤리선의 노예가 되는데, 그 가운데 운 좋은 한 사람만 석방된다.[20]

그러나 시장체제의 위험을 회피하려고 필사적으로 애쓰는 생산요소는 자본만이 아니다. 노동에서 일어나는 일은 더욱 필사적이다.

다시 영국으로 돌아가자.

때는 16세기 말, 영국이 확장과 모험을 펼치던 위대한 시대이다. 엘리자베스 1세(Elizabeth I, 1558~1603 재위)는 자신이 통치하는 왕국을 의기양양하게 순찰한다. 그러나 여왕은 불평만을 품고 돌아온다.

"가는 곳마다 거지들이구나!"[21] 하고 여왕은 외친다.

이것은 이해할 수 없는 광경이다. 100년 전만 해도 영국 농촌 주민의 대부분은 자신의 땅을 경작하는 농민, 즉 영국의 자존심으로서 세계에서 가장 많은 수를 자랑하는 독립적이고 자유를 누리며 사는 부유한 시민인 자작농이었기 때문이다. 그런데 "가는 곳마다 거지들이구나!"라니 그동안 무슨 일이 일어난 것일까?

그 일은 수탈이라는 거대한 움직임이었다. 또는 그러한 움직임의 시작이었다. 왜냐하면 수탈은 겨우 태동단계였기 때문이다. 이제는 양모가 이익이 남는 새로운 상품이 되었다. 양모를 얻기 위해 양모생산자들은 양에게 풀을 뜯어 먹일 초원이 필요했다. 초원은 공유지를 폐쇄함으로써 마련되었다. 울타리 없이 겨우 나무 한 그루나 바위를 가지고 경계를 지은 땅과 자유롭게 소에게 풀을 뜯기고 이탄(泥炭)을 캐오던 공유지가 갑자기 영주의 땅으로 공포되어, 교구민들이 더 이상 이용할 수 없게 된다. 전에는 공동소유지였던 곳이 이제는 사유재산이 된 것이다. 자작농민이 살던 곳에 이제는 양떼가 있다. 존 헤일스라는 사람은 1549년에 이렇게 썼다. "사십 명이 살던 곳에 이제 한 사람과 양떼만 있다. 그래, 저 양떼가 이 모든 재앙의 원인이다. 양떼가 시골로부터 농민들을 몰아냈다. 이 시골의 땅에서 모든 양식을 수확했는데 이제는 양들뿐이다."[22]

울타리치기(enclosure)가 진행된 범위와 영향은 상상할 수조차 없다. 18세기 중엽에 벌써 그에 반대하는 폭동이 일어난다. 어떤 봉기에서는 3500명이 살해된다.[23] 이는 18세기 중엽에 절정에 이르고, 19세기 중엽에 이르러서야 비로소 끔찍한 역사적인 행로가 끝난다. 미국이 독립하고 거의 50년이 지난 1820년에도 서덜랜드의 공작부인은 79만 4000에이커의 땅을 1만 5000명의 소작인들에게서 몰수하고 대신 그곳에 13만 1000마리의 양을 들여 놓는다. 내쫓긴 가족들에 대한 보상으로는 평균 2에이커씩 변두리 땅을 빌려주었을 뿐이다.[24]

그러나 주목할 것은 이러한 대규모의 토지 약탈만이 아니다. 비극은 농민에게 일어났다. 공유지 사용권을 박탈당한 농민은 더 이상 '농부'의 위치를 유지할 수 없었다. 당시에는 일할 공장도 없었기 때문에 농민은 비록 갈망한다고 해도 공장노동자로 변신할 수 없었다. 그는 가장 비참한 사회계층인 농업 무산자로 전락한다. 농사일이 없으면 거지가 되었고 때로는 강도짓도 했으며, 흔히는 빈민이 되었다. 전국적으로 빈민의 수가 무섭게 증가하는 데 놀란 영국 의회는 그 문제를 지방화하는 방법으로 해결을 시도한다. 의회는 빈민들을 소속 교구에 묶어놓고 겨우 연명할 정도의 적은 구호식량을 제공하고, 이탈하는 방랑자는 채찍질과 낙인과 사지를 자르는 형벌로 다스린다. 애덤 스미스의 시대에 한 성직자는 빈민이 수용되는 교구 구빈원을 '공포의 집(Houses of Terror)'이라고 명명한다.[25] 빈민들로부터 국가를 보호하려고 취한 국가의 조치는 최악이라 할 만하다. 형편없는 구호로 겨우 연명하도록 하면서 빈민들을 교구에 묶어둔 것은 가능한 단 하나의 해결책을 가로막은 것이다. 영국의 지배계급이 너무나도 무정하고 잔인하다는 것이 아니다. 그들은 시장의 명령에 따라 일거리가 있으면 어디건 찾아가는 유동적이고 이동성을 가진 노동력이라는 개념을 이해하지 못한 것 뿐이다. 모든 단계에서 사람들은 자본의 상업화와 마찬가지로 노동의 상업화를 제대로 인식하지 못하고 두려워하며 이것에 저항한다.

토지 · 노동 · 자본이라는 본질적인 구성요소와 함께 시장체제는 수난을 겪으면서 태어났다. 시장체제는 13세기에서 19세기까지 순탄한 여정을 달리지 못했다. 이 혁명처럼 잘 이해되지 못하고 환영받지 못하고 계획되지 않은 혁명은 없을 것이다. 그러나 시장을 형성하려는 거대한 힘은 절대로 거부할 수 없었다. 그 힘은 음험하게 관습의 틀을 부수었고 무례하게 전통의 관례를 찢어버렸다. 단추제조업자들의 아우성에도 불구하고 천으로 만든 단추가 시대의 승자가 되었다. 추밀원의 모든 조치에도 불구하고 양말제조기는 매우 귀중한 것으로 평가되어 70년이 지난 후에는 바로 그 추밀원이 그 기계의 수출을 금지하려 했다. 형거의 형벌이 위협적이었지만 캘리코 직물의 거래는 크게 증가했다. 수구파(Old Guard)의 필사적인 반대를 뛰어넘어 조상의 영지로부터 경제적 토지가 창조되었다. 그리고 피고용자와 장인들의 저항의 울부짖음을 넘으면서 실직한 도제나 재산을 잃은 농장노동자로부터 경제적 노동이 탄생했다.

오랫동안 전통의 완만한 경사면을 굴러 내려오던 사회라는 거대한 수레는 이제 내연기관을 장착하고 굴러가게 되었다. 매매, 매매, 매매 그리고 이익, 이익, 이익이 새롭고 대단히 강력한 동기의 힘을 제공했다.

경제적 인간의 탄생

대체 어떠한 힘이기에 안락한 기성세계를 무너뜨리고, 새롭기는 하지만 사람들은 별로 탐탁해하지 않는 이러한 사회를 거뜬히 세울 만큼 강력했을까?

단 하나의 거창한 원인이 따로 있었던 것은 아니다. 마치 나비가 번데기 속에서 자라듯 새로운 생활방식은 낡은 생활방식 속에서 성장하고 있었다. 그리고 생명의 꿈틀거림이 충분히 강해지자 그것은 낡은 껍질을 깨버렸다. 경제혁명을 가져온 것은 거창한 사건도, 일회적인 모험도, 개별적인 법률도 그리고 강력한 개인도 아니었다. 그것은 자생적이고 다면적인 변화의 과정이었다.

첫째, 유럽에서 국민적 정치단위가 점진적으로 대두했다. 고립되어 존재했던 초기 봉건주의는 농민전쟁과 왕의 정복이라는 소용돌이를 거치면서 중앙집권적 군주 국가로 변모되었다. 군주국이 대두하자 이에 병행하여 국가정신이 태동했다. 이것은 거대한 프랑스 왕실에서 선호하는 산업을 후원하거나 여러 위성산업을 거느린 해군과 육군을 양성하는 것을 의미했다. 앞에서 살펴본 상인 안드레아스 라이프나 16세기에 그의 동료 상인들을 괴롭히던 수많은 규칙이나 규제는 공통 법규, 공통 도량형 그리고 공통 화폐로 통합되었다.

유럽에 혁명을 가져온 정치정세의 변화 가운데 한 측면은 해외를 향한 모험과 탐험을 격려하는 것이었다. 13세기에 마르코폴로(Marco Polo, 1254?~1324)는 국가의 보호를 받지 않는 상인의 신분으로 거대한 칸국(Khan)을 향해 용감한 여행을 떠났다. 15세기에 크리스토퍼 콜럼버스(Christopher Columbus, 1451~1506)는 에스파냐의 여왕 이사벨 1세(IsabelI, 1479~1504 재위)의 후원으로 자신이 희망한 목적지를 향해 항해를 시작했다.[26] 사적인 탐험에서 국가적인 탐험으로 변화하는 것은 사적인 생활로부터 국가적 생활로 변화하는 것의 일부이면서 한 꾸러미였다. 이리하여 국가 차원의 모험, 즉 영국·에스파냐·포르투갈 선박 자본가들의 모험은 홍수와 같이 많은 양의 재화와 재화 의식을 유럽으로 가져왔다. 콜럼버스는 이렇게 말했다. "황금을 가진 자는 세계에서 자신이 바라는 모든 것을 만들고 성취할 수 있으며, 심지어 영혼을 천국에 보낼 수도 있다."이러한 콜럼버스의 생각은 바로 그 시대의 정서였다. 이러한 정서는 이익과 기회를 지향하고 돈을 추구하는 사회가 오는 것을 촉진했다. 말이 나온 김에 하는 이야기인데 동양의 보화는 정말로 환상적이었다. 엘리자베스 1세는 프랜시스 드레이크(Francis Drake, 1540~1596) 경의 골든하인드호 항해에 투자하여 받은 배당금으로 영국의 외채를 모두 갚고 균형예산까지도 달성했다. 그리고 해외에 큰 돈을 복리로 투자했는데, 그 액수가 1930년 영국의 전체 해외재산과 맞먹었다.[27]

두번째 거대한 변화의 물결은 이탈리아에서 일어난 르네상스의 회의적 · 탐구적 · 휴머니즘적 세계관의 영향을 받아 종교적 정신이 서서히 쇠퇴한 것에서 찾을 수 있다. '오늘'의 세계가 '내일'의 세계를 밀어냈다. 현세의 생활이 더욱 중요해짐에 따라 사람들은 물질적인 기준과 일상생활의 안락을 중요시하게 되었다. 종교적 관용도가 변화한 배경에는 신교의 발흥이 있었다. 신교는 일과 부에 대한 새로운 태도가 탄생하도록 부추겼다. 로마 가톨릭교회는 상인을 불신의 눈으로 보았고 고리대금업을 죄라고 부르기를 주저하지 않았다. 그러나 상인계급의 사회적 지위는 나날이 높아지고 있었고, 그들은 단순히 유용한 부속물이 아니라 새로운 세계에 필수불가결한 부분이었기 때문에 상인의 기능에 대한 재평가가 필요하게 되었다. 개신교 지도자들은 정신생활과 지상생활이 융합되는 길을 열었다. 세속적인 생활과 동떨어진 빈곤과 정신적 명상의 생활을 찬양하기는커녕 그들은 신으로부터 받은 재능을 매일의 살아가는 일에 최대로 이용하는 것이 신도다운 행위라고 설교했다. 찰나적인 환락을 위해서가 아니라 신의 영광을 위한 축재 의지는 공인된 미덕이 되었다. 이로부터 부를 정신적 우월과 동일시하고 부유한 인간을 성스러운 사람과 동일시하는 단계로 나아가는 데는 한 발자국만 내딛으면 되는 일이었다.

12세기부터 구전되는 지방 민담에 고리대금업자가 결혼하기 위해 교회로 들어가고 있을 때 서 있던 동상이 쓰러져 압사당했다는 이야기가 있다. 자세히 보니 그 동상은 또 다른 고리대금업자의 동상이었는데, 이것은 돈을 만지는 자들에 대한 하나님의 불쾌감을 드러낸 것이라고 한다. 16세기 중엽에도 우리가 기억하는 가엾은 로버트 키인이라는 사람은 사업활동 때문에 청교도 지도자와 신경전을 벌였다. 그러한 적대적 분위기 속에서 시장체제가 확대되기란 쉽지 않은 일이었다. 따라서 정신적 지도자들이 시장활동은 아무런 해가 없고 오히려 이익이 된다는 사실을 점진적으로라도 수용한 것은 시장체제의 본격적 성장에 크게 기여했다.

또 하나의 깊은 흐름이 시장체제를 성립시킨 물질적인 변화 가운데에 있었다. 우리는 흔히 중세를 침체, 즉 진보의 부재 시대로 생각해왔다. 그러나 500년 동안의 봉건시대에 1000개의 도시가 성장했고(이것은 대단한 업적이다), 조악하지만 그런대로 사용할 만한 길로 도시들을 서로 연결시켰고, 농촌에서 가져오는 식량으로 도시인구를 먹여 살렸다. 이 모두로 인해 사람들은 돈과 시장과 사고파는 생활방식에 친숙하게 되었다. 이러한 변화가 일어나는 동안 자연히 권력은 돈을 모르는 냉소적인 귀족의 손에서 그것을 이해하는 사람, 즉 상인의 손으로 넘어가기 시작했다.

진보란 단순히 이러한 점진적인 화폐화의 문제만은 아니다. 극히 중요한 기술적인 발전이 있었다. 어떤 형태로든 합리적인 회계법이 발달되기까지 상업혁명은 시작될 수 없었다. 베네치아의 상인들은 12세기에 벌써 세련된 회계요령을 도입했지만 유럽의 상인들은 계산능력 면에서 초등학교 아동만큼 무식했다. 부기의 필요성이 인식되기까지는 오랜 세월이 걸렸다. 17세기에 와서야 비로소 복식부기법이 표준적인 회계법으로 자리잡았다. 그리고 돈을 합리적으로 계산하고 나서야 비로소 대규모 사업을 성공적으로 운영할 수 있었다.

영향의 범위 면에서 가장 중요한 변화는 과학적 호기심이 높아진 것이다. 애덤 스미스의 시대 이후가 되어서야 기술이 눈부시게 꽃피었지만 기초적인 하위산업에서 연속된 발명으로 그 터전이 마련되지 않았다면 산업혁명은 일어날 수 없었을 것이다. 자본주의시대 이전에 벌써 인쇄술, 제지공장, 풍차, 시계, 지도, 그밖에 수많은 발명품들이 등장했고, 발명이라는 개념이 뿌리를 내렸다. 말하자면 사람들이 처음으로 실험과 혁신을 우호적으로 대하기 시작한 것이다.

이러한 여러 흐름 가운데 어느 하나만으로는 사회를 뒤집어놓을 수 없었을 것이다. 여러 요인은 마치 인체 내에 엄청난 경련을 일으키는 여러 원인과 같은 효과를 발휘했다. 역사는 날카로운 모서리의 형태를 띠지는 않는다. 따라서 이 거대한 반란도 시간을 두고 퍼져나갔다. 전통적인 생활방식 속에서 시장적인 생활방식이 솟아났으며, 실제적인 목적 때문에 시장이 경제조직의 지도원리가 된 후에도 오랫동안 전 시대의 잔재가 존속했다. 프랑스에서 길드와 봉건영주의 특권은 1790년이 되어서야 철폐되었고, 영국의 길드 관례를 규제하던 장인법(Statute of Artificers)도 1813년까지는 폐지되지 않았다.

그러나 1700년, 즉 애덤 스미스가 태어나기 23년 전에는 로버트 키인을 괴롭히고 볼썽사나운 보따리를 가지고 다니는 상인들을 처벌하고 '정당한' 가격을 걱정하며 선대의 직업을 계승하는 특권을 지키기 위해 투쟁하던 세계는 이미 기울기 시작했다. 그러한 세계 대신 사회는 새로운 격언을 '자명한' 것으로 받아들이기 시작했다. 그중 몇 가지는 다음과 같다.

"모든 인간은 천성적으로 이익을 갈구한다."

"이익과 맞서서 통용되는 법은 없다."

"이익은 상거래 활동의 핵심이다."[28]

새로운 개념이 생겨났다. '경제적 인간', 즉 계산기 같은 두뇌가 이끄는 대로 따라가는 창백한 유령 같은 존재가 생겨난 것이다. 교과서는 곧 무인도의 로빈슨 크루소들이 마치 스스로 구두쇠 회계사가 된 양 자신의 일을 해나간다고 이야기하기 시작했다.

현실사회에서는 부와 투기의 새로운 열풍이 유럽을 사로잡았다. 1718년 프랑스에서는 존 로(John Raw, 1671~1729)라는 스코틀랜드 출신 모험가가 미시시피회사라는 엉터리 부정증권회사(blue-sky venture)를 설립하여 미국에서 막대한 금을 채굴한다고 선전하며 주식을 팔았다. 사람들은 그 주식을 살 수 있는 특권을 얻기 위해 거리에서 다투었고, 살인사건이 일어났으며, 하룻밤 사이에 떼돈을 번 사람도 있었다. 한 호텔의 종업원은 3000만 리브르(옛 프랑스의 화폐단위―옮긴이)를 벌기도 했다. 그 회사가 많은 투자가에게 엄청난 손실을 끼칠 상황에 임박하자 프랑스 정부는 급히 수천 명의 거지들에게 삽과 곡괭이를 들려 마치 '엘도라도의 땅'으로 출발하는 광부 무리인 것처럼 파리 거리를 행진하도록 시켰다. 이렇게 해서라도 곧 다가올 대참사를 막아보려고 한 것이다. 물론 그 미봉책은 실패로 돌아갔다.[29] 그러나 100년 전의 수줍음 많던 자본가가 파리의 대로에서 법석을 떨며 일확천금을 꿈꾸는 군중으로까지 변하다니, 얼마나 큰 변화인가! 그렇게 뻔뻔한 사기꾼의 말을 쉽게 믿다니 얼마나 돈에 굶주린 군중들인가!

잘못된 것은 없다. 산고(産苦)의 진통은 지나고 시장체제가 탄생했다. 이제부터 생존의 문제는 관습이나 명령에 의해서가 아니라 이윤을 추구하는 인간들의 자유로운 행동에 의해 해결될 수 있게 되었다. 그런 인간들을 결속시킬 수 있는 것은 오직 시장뿐이었다. 자본주의라는 용어는 19세기 후반까지는 그렇게 광범위하게 쓰이지는 않았지만 이러한 체제가 바로 자본주의라고 불리는 것이다! 자본주의

체제의 기초가 되는 이익 개념은 너무나 뿌리 깊은 것이어서 사람들은 곧 그것이 인간의 본성 가운데 영원하고 보편적인 부분이라고 강력히 주장하게 되었다.

경제의 철학적 이해가 요구되는 시대

이익이라는 사상에는 철학이 필요했다.

되풀이되는 말이지만 인간이라는 동물은 무엇보다도 자아의식이 있다는 점에서 다른 동물과 구별된다. 인간은 사회를 건설하고 나서 일이 되는 대로 놓아두려 하지 않는다는 뜻이다. 인간은 자신이 사는 특정 사회가 모든 사회 가운데 최고이며, 그 사회 내부의 질서가 밖에서 신의 섭리가 만든 질서를 작게나마 반영한다고 자부하고 싶어한다. 따라서 모든 시대는 그 시대의 철학자와 옹호자 그리고 비판가와 개혁가를 배출한다.

그러나 초기의 사회철학자들에게 관심의 초점이 되었던 문제는 삶의 경제적 측면보다는 정치적 측면이었다. 관습과 명령이 세계를 지배하는 동안에는 빈부문제가 초기 철학자들의 관심을 끌지 못했다. 철학자들은 한숨을 내쉬며 빈부문제를 받아들이거나 인간의 내면이 원래 형편없다는 것을 보여주는 증거라고 비난했다. 벌의 경우와 마찬가지로 인간이 수벌로 태어나는 한, 누구도 노동하는 빈민이 존재하는 근거에 대해 신경쓰지 않았다―여왕들의 기행(奇行)을 지켜보는 것이 훨씬 더 기분좋고 또 흥미진진했다.

"태어날 때부터 어떤 사람은 예속될 운명을, 어떤 사람은 명령할 운명을 타고 난다."라고 아리스토텔레스는 말했다.[30] 이 말은 초기 철학자들이 일상 세계를 경멸했다기보다는 그것에 무관심했음을 요약해서 말해주고 있다. 다수를 차지하는 하층 노동계급의 존재는 당연한 것으로 간단히 간주되었고, 금전이나 시장에 관련된 일은 신사나 학자가 진지하게 고려하기에는 너무나 땀내 나고 천한 것이라고 치부해버렸다. 사상의 경연장에 무대를 제공한 것은 왕의 권리가 신성한지 아닌지 하는 문제이거나 현세와 정신계의 권력이라는 거창한 문제들이었다. 시시한 상인들의 허세는 경연장의 토론대상이 될 수 없었다. 이미 개인의 부가 세계를 움직이는 역할을 하고 있음에도 불구하고 부를 향한 투쟁이 일반적이고 보편화되며 사회에 아주 긴요한 것이 되기 전까지 부에 대한 일반적인 철학은 필요 없었다.

사람들은 시장이라는 세계가 더러운 싸움과 같은 면을 갖고 있다는 사실을 상당 기간 무시했는지 모른다. 그 다음에는 그것을 맹렬히 비난했을 것이다. 마지막으로 그것이 철학자 자신들의 성역으로 뚫고 들어오는 상황에 이르러서도 이를 정면으로 탐구하기보다는 어떤 기본 유형이 형성된 증거가 아직은 보이지 않는 것이 아니냐고 묻는 것이 편리했다. 이러한 목적으로 애덤 스미스 이전 200년동안, 철학자들은 일상생활에 대한 자신들의 이론을 만들어냈다.

그러나 세계의 근본 목적을 파헤치려고 애쓰는 철학자들이 얼마나 기상천외한 틀로 세계를 파악했던가!

무자비한 생존경쟁은 처음에는 황금의 축적을 궁극 목표로 삼았다. 콜럼버스나 에르난 코르테스(Hernan Cortes, 1485~1547)나 드레이크는 국가가 파견한 모험가였을 뿐만 아니라 동시에 **경제적 진보**의 담당 주체로 간주되었다.

중상주의자들(교역에 대한 팸플릿을 발간하고 논문을 썼던 그룹)은 국력은 모든 경제적 노력의 자연적 목표이고 국력을 형성하는 가장 중요한 요소는 황금이라고 굳게 믿었다. 그들의 철학은 거대한 무역함대와 모험의 철학이었고 국왕의 부와 국가적 인색에 대한 철학이었다. 또한 보물을 추구하는 과정이 순조로우면 국가는 반드시 번영할 수 있다고 확신하는 철학이었다.

이러한 사상의 배후에 통일된 개념이 존재하는가? 여기서 우리는 처음으로 서문의 마지막에 언급한 개념을 만나게 된다. '비전'이 실천을 뒷받침하고 또 그것에 선행한다는 생각이 그것이다. 사실상 1651년에 영국의 철학자이자 정치이론가인 토머스 홉스(Thomas Hobbes, 1588~1679)에 의해 출판된 《리바이어던(Liviathan)》의 권두에 장식된 그림에서 그러한 비전은 실현되었다. 동판화에는 평온한 농촌을 내려다보고 보호하는 거대한 인물이 그려져 있다. 바로 한손에는 칼을 들고 다른 한 손에는 제왕의 홀을 든 왕이다. 그가 입고 있는 갑옷을 자세히 들여다보면 하나하나의 갑옷 판이 인간의 머리를 묘사하고 있다는 것을 알 수 있다.[31]

이것은 경제적 비전이 아니라 정치적 비전임을 말해둔다. 《리바이어던》의 핵심 주장에 따르면 전능한 국가는 홉스가 설명한 상태, 즉 인간이 "쓸쓸하고 가난하고 더럽고 야만적이고 부족한" 상태로 전락하지 않도록 보호하는 역할을 해야 한다는 것이다. 비록 상업활동이 중요한 역할을 한다 하더라도 그것은 지존의 존재인 국가를 지원할 뿐만 아니라 혼란스럽게도 한다. 따라서 금을 축적하는 데 관심이많음에도 불구하고 모든 왕실의 공통 관심은 왕실 금고에서 돈이 빠져 나가더라도 금을 해외로 내보내서 비단과 사치품을 사는데 그 금이 쓰이도록 하는 것이었다.

여기에서도 비전은 우리가 경제분석이라고 부르는 것을 형성하기위한 첫번째 노력의 기초가 된다. 《리바이어던》이 출판되기 전에도 상업계의 대변인은 템스 강을 따라 운항하는 상선이 국왕에게 위협이 되는 것이 아니라 자산이라는 것을 보여주기 위하여 팸플릿을 만들어 뿌리고 있었다. 그렇다. 그들이 해외로 운반하는 금의 일부는 외국 상품을 구매하기 위해 쓰이기도 하지만 그들이 실어가는 상품은 더 많은 금을 받고 팔 수 있는 것들이었다. 실제로 동인도회사의 사장이었던 토마스 먼(Thomas Mun, 1571~1641)은 『해외무역에 의한 영국의 부(England's Treasure by Foreign Trade)』에서 한 국가가 부를 늘리는 '통상적방법'은 교역을 통해서라고 하면서 다음과 같이 기록했다. "교역에서 우리는 언제나 다음과 같은 규칙을 지켜야 한다. 매년 우리가 소비하는 외국상품보다 더 많은 국산품을 외국인에게 판매할 것."[32]

18세기에 와서야 황금에 대한 초기의 강조가 약간 순진한 것으로 간주되기 시작했다. 새로운 학파가 대두하여 상업이 국력의 위대한 원천이라는 것을 더욱 강조했다. 그들이 제기한 철학적 문제는 황금시장을 어떻게 차지하느냐가 아니라, 신흥 상인계급이 더 많은 과업을 수행하도록 도와줌으로써 어떻게 더욱 많은 부를 만들어낼 것인가하는 것이었다.

이 새로운 철학은 새로운 사회문제를 수반했다. 가난한 사람들을 어떻게 가난한 상태로 있게 할 것이냐는 문제였다. 가난한 자들이 가난한 상태로 있지 않으면 그들은 정직한 하루의 노동을 하는 데 엄청난 임금을 요구할 것이 뻔했다. 18세기 초기의 교활하고 사악했던 사회비평가 버나드 맨더빌(Bernard Mandeville, 1670?~1733)은 "사회를 행복하게 하기 위해서는…… 대다수 사람들은 '가난'하면서 또한 '무식'해야 한다."고 말했다.[33] 중상주의 저술가들은 영국의 저렴한 농업노동자와 공장노동자들을 바라보면서 근엄한 표정으로 그 말에 수긍했다.

일상생활의 혼돈위에 일종의 질서를 가져다준 것은 황금과 상업만이 아니었다. 그들이 처한 사회를 다양한 설명으로 정당화 또는 저주하려는 수많은 팸플릿 저술가, 목사, 괴짜와 고집불통들이 있었다. 그러나 문제는 그들이 제시한 모델이 모두 불만족스러웠다는 것이다. 어떤 사람은 국가가 외국에 파는 양보다 더 많은 것을 사들여서는 안 된다고 말했고, 다른 사람은 국가가 교역을 통해 외국으로 내보내는 것보다 더 많은 것을 들여와야 더 윤택해질 수 있다고 완강히 주장했다. 어떤 사람은 한 국가를 부유하게 만드는 것은 무역이라며 무역상을 찬양한 반면 다른 사람은 무역이란 농민의 강한 육체에 기생하는 존재에 불과하다고 주장했다. 어떤 사람은 가난한 자들이 가난한 이유는 하나님의 의지이며 비록 그렇지 않다고 해도 그들의 빈곤은 국가의 부에 불가결한 것이라고 주장한 반면 다른 사람은 빈곤을 사회악의 근원으로 보고 빈곤이 어떻게 부를 창조할 수 있는지 이해할 수 없다고 주장했다.

서로 상반되는 합리화의 격론 속에서 한 가지 사실은 분명했다. 자신이 사는 세계에 대한 이해를 돕기 위해 일종의 지적 질서가 있어야 한다고 사람들이 주장한다는 점이다. 거칠고 당혹스러운 경제 세계가 더욱 중요하게 부가되었다. "교역보다 더 철학에 의해 설명될 필요가 있는 것은 없다."라고 사무엘 존슨(Samuel Johnson, 1709~1784)이 말한 것도 당연한 일이다. 한마디로 말해서 경제학자들의 시대가 온 것이다.

이러한 격론으로부터 놀라울 정도로 넓은 시야를 가진 한 명의 철학자가 나타났다. 애덤 스미스가 1776년에 《국부의 본질과 원인에 관한 연구(Inquiry into the Nature and Causes of the Wealth of Nations)》[흔히 《국부론(The Wealth of Nations)》이라고 부른다— 옮긴이]라는 저서를 출판함으로써, 저 숙명적인 해에다 제2의 혁명적 사건을 더한 것이다. 정치적 민주주의가 대서양의 한쪽 연안에서 탄생했는데, 다른쪽 연안에서는 경제적 청사진이 펼쳐졌다. 그러나 모든 유럽국가가 미국의 정치이념을 따르지는 않았던 반면 애덤 스미스가 현대사회의 진짜 그림을 처음으로 공개하자 서구 전체는 애덤 스미스의 세계가 되었다. 그의 식견과 예견은 향후 여러 세대에 걸쳐 펼쳐질 광경을 설명해주는 처방이 되었다. 애덤 스미스는 결코 자신을 혁명가라고 생각하지 않았을 것이다. 다만 그가 보기에 분명하고, 감지할 수 있으며, 지속되고 있는 것을 설명할 뿐이었다. 그러나 그는 세계가 찾고 있던 세계의 모습을 제공했다. 《국부론》이 발표된 이후 사람들은 새로운 눈으로 자신들의 세계를 바라보기 시작했다. 그들은 자신이 행하는 일이 전체 사회와 어떻게 조화를 이루는지 알게 되었다. 그들은 전체로서의 사회가 멀기는 하지만 분명히 가시적인 목표를 향해 당당한 발걸음으로 나아가고 있다는 것을 알게 되었다. 한마디로 새로운 비전이 나타난 것이다.

chapter 3

애덤 스미스의 놀라운 세계

애덤 스미스
Adam Smith, 1723~1790
사회철학자이자 정치경제학자. 저서 《국부론》은 자
유방임주의를 표방한 최초의 경제학 저서이며, 유
명한 '보이지 않는 손' 명제가 이 책에 등장한다.

그 새로운 비전은 무엇이었던가? 예상은 했겠지만 그것은 '국가'가 아니라 하나의 '체제'였다. 더 정확하게 말하자면 '완전한 자유의 체제(System of Perfect Liberty)'였다. 그러나 이 개념을 창안한, 특이하고 정말로 유별난 저자를 알아보지 않고 이 특이한 개념에 바로 뛰어드는 것은 잘못일 것이다.

1760년대에 영국을 방문한 사람이라면 누구나 글래스고대학교의 애덤 스미스라는 사람에 대해 무언가를 들었을 것이다. 스미스 박사는 유명하지는 않았지만 잘 알려진 사람이었다.[1] 볼테르(Voltaire, 1694~1778)도 스미스 박사의 이름을 듣고 있었고, 데이비드 흄(David Hume, 1711~1776)은 박사의 친구였다. 어렵지만 열띤 그의 강의를 들으려고 러시아처럼 먼 곳에서 찾아온 학생들도 있었다. 스미스 박사는 학문적 업적뿐만 아니라 특이한 개성의 소유자로도 세상에 널리 알려졌다. 예를 들면 그는 악명 높도록 얼빠진 행동을 잘했다. 하루는 친구와 함께 길을 걸어가다가 어떤 문제에 대한 논쟁에 열중한 나머지 그만 길가에 있는 가죽제조용 웅덩이에 빠진 일이 있었다. 그리고 식사 때 자신이 차를 끓였으면서도 먹어본 차 가운데 가장 맛없다고 말한 일도 있다고 한다. 그러나 이러한 우스꽝스러운 행동이 많왔다고 해도 그의 지적 능력에 영향을 주는 것은 아니었다. 애덤 스미스는 그 시대의 일류철학자 가운데 한 사람이었다.

글래스고대학교에서 스미스 박사는 도덕철학을 강의했다. 당시에는 도덕철학이 오늘날보다 훨씬 광범위하다고 여겨지던 학문분야였다. 도덕철학은 자연신학, 윤리학, 법철학, 정치경제학 등을 포괄하고 있었다. 따라서 그것은 질서와 조화를 지향하는 인간의 가장 숭고한 충동에서부터 자신을 위해 생활수단을 장만하는 너저분한 일상의 질서와 조화가 다소 결여된 활동에 이르기까지 매우 광범위한 분야를 다루었다.

우주의 혼돈속에서 진리를 탐구하는 학문인 자연신학은 태고 때부터 자신의 충동을 합리화하려는 인간의 연구대상이었다. 여행객들은 스미스 박사가 이 표면상의 혼돈스러운 우주를 움직이는 자연법칙을 자세히 설명하는 것을 들었을 때 마음을 놓을 수 있었을 것이다. 그러나 정반대편—일상생활의 혼란과 복잡함 밑에 있는 거대한 구조를 탐구하는 것—에 이르면 방문객들은 훌륭한 박사가 정말로 철학의 적정 한계 밖으로 도덕철학의 범위를 무리하게 넓히고 있다고 느꼈을 것이다.

왜냐하면 18세기 후반 영국의 사회 상황은 결코 합리적 질서라든가 도덕적 목적을 보여주고 있지 않았기 때문이다. 유한계급의 화려한 생활에서 눈을 돌리면 바로 그 옆에는 가장 처참한 모습의 동물적 생존경쟁이라는 사회상이 드러났다. 런던의 화려한 객실 창문 밖이나 농촌의 사치스러운 장원의 바깥에서 눈에 띄는 것은 비합리적이고 놀라운 습관 그리고 이전 시대의 시대착오적인 전통과 뒤엉킨 탐욕과 잔인, 타락뿐이었다. 당시의 사회구조는 각 부분이 전체에 기여하도록 잘 만들어진 기계라기보다는 검고 소음이 심하며 비능률적이고 위험한 제임스 와트의 증기기관을 닮아 있었다. 이러한 것을 놓고 스미스 박사가 질서와 설계 그리고 목적 운운했으니 얼마나 신기했겠는가!

예컨대 우리의 방문객이 콘월의 주석광산에 갔다고 하자.[2] 거기서 그는 광부들이 캄캄한 굴속을 내려가 바닥에 다다른 뒤 허리춤에서 양초를 꺼내 불을 붙이고는 양초가 꺼질 때까지 드러누워 눈을 붙이는 것을 보게 될 것이다. 그들은 자고 일어나서는 두서너 시간 광석을 캐고 담배 한 대 피울 시간만큼의 휴식을 취한다. 반나절은 빈둥거리고 반나절만 석탄을 캔다. 그러나 방문객들이 더 북쪽으로 가서 더햄이나 노섬벌랜드 지방 탄광의 갱내를 용기를 내어 내려가본다면 전혀 다른 광경을 보게 될 것이다. 이곳에서는 웃통을 벗은 반나체의 남녀들이 한곳에 섞여서 일하며 때로는 단순히 피로 때문에 낑낑 소리를 내는 반동물적 상태에 이른 것을 볼 수 있을 것이다. 가장 야성적이고 동물적인 행동도 거리낌 없이 일어난다. 남녀가 서로 눈만 맞으면 갱내 구석진 곳에서 성행위를 감행하기도 한다. 겨울 내내 일곱 살에서 열 살 가량의 어린아이들이 광부들로부터 이름뿐인 품삯을 받는 대가로 온종일 햇빛도 못 본 채 석탄을 갱 밖으로 나르며 혹사당한다. 임신한 여자들이 말처럼 석탄차를 끌고, 심지어 어두운 광산 굴 속에서 아이를 낳는 경우도 있다.

대중의 생활이 다양하고 전통적이며 잔혹하게 드러난 곳은 광산뿐만이 아니었다. 농장도 마찬가지였다. 아무리 관찰력 있는 방문객이라 할지라도 그곳에서 질서나 조화, 계획의 인상을 주는 광경을 발견하기란 어려웠을 것이다. 전국 곳곳에서 가난한 농사꾼들이 일거리를 찾아 헤매고 있었다. 추수기에는 웨일스의 고원으로부터 자신들을 '고대영국인단(Companies of Ancient Britons)'이라고 부르는 무리가 내려왔다.[3] 이들은 일행 전체를 통틀어 오로지 안장도 멍에도 없는 말 한 필만 가지고 있기도 했고, 그마저도 없어서 모두 걸어다니기도 했다. 대개 무리 중에는 영어를 할 줄 아는 사람이 하나 정도는 있어 추수 일감을 따내는 중개 역할을 하곤 했다. 그들의 품삯은 겨우 6펜스에 지나지 않았지만 당시로서는 별로 놀랄 일도 못 되었다.

마침내 방문객이 공업도시에 들어서면 거기서도 놀랄 만한 광경을 보게 될 것이다. 그러나 이 역시 교육받지 않은 보통 사람들의 눈에 질서로 이해될 만한 것은 아니다. 그는 1742년에 럼브 형제가 세운 공장을 보고 놀랄지도 모른다. 당시로서는 거대한 편인 그 공장은 152미터 길이에 높이가 6층이며 내부에 굉장한 기계장치가 설치되어 있다. 그 기계를 다니엘 디포(Daniel Defoe, 1660~1731, 영국의 소설가이자 저널리스트―옮긴이)는 이렇게 설명했다.[4]

> 일 분 동안에 수차가 세 번 도는데 수차바퀴가 한 번 돌 때마다 2만 6586개의 물레바퀴와 9만 7746개의 작업기가 7만 3726야드의 견사를 뽑아낸다.

또 한 가지 언급할 가치가 있는 것은 이곳의 어린 직공들에 대한 것이다. 그들은 12~14시간 교대로 24시간 이 공장의 기계를 돌보면서 때 묻고 시커먼 보일러에서 밥을 해 먹고 교대로 막사에서 잠을 잤다. 말 그대로 그들의 침대는 이들의 체온 덕분에 식을 새가 없었던 셈이다.[5]

이러한 광경들은 오늘날 우리와 마찬가지로 18세기 사람들에게도 이상하고 잔인하고 엉뚱한 사회로 보였을 것이다. 더욱 놀라운 사실은 이러한 이상한 사회가 스미스 박사에 의해 제시된 '도덕철학'의 체계와 조화를 이룰 수 있었다는 것이다. 그리고 이 유식한 학자가 실제로 혼란스러운 현실 속에서 중요하고 의미 있는 전체와 부합하는 위대한 법칙의 명확한 개요를 찾을 수 있다고 주장한 것도 놀랄 만한 일이다.

기이한 성격의 위대한 통찰자

이 세련된 철학자는 과연 어떤 사람인가?

애덤 스미스는 언젠가 친구에게 자신의 서재를 자랑스레 보여주면서 "나는 내 책들의 애인일 따름"이라고 자신을 설명했다.[6] 그는 확실히 미남자는 아니었다. 그의 초상화를 보면 돌출된 아랫입술은 앞으로 구부러져 올라가 큼직한 매부리코로 향해 있고, 툭 튀어나온 부리부리한 눈은 두꺼운 눈두덩 속에서 내다보고 있다. 스미스는 일생 동안 신경통으로 고생했고, 머리를 흔들었으며, 말투도 이상한 데다 말을 더듬기도 했다.

게다가 그는 얼빠진 사람으로도 유명했다. 1780년경 그가 오십 대 후반이었을 때 에딘버러 주민들은 이 유명한 인물의 재미난 모습을 종종 볼 수 있었다. 그는 엷은 색의 코트와 무릎까지 덮는 하의를 입고 흰색 비단 양말에 버클 장식이 달린 구두를 신었으며 챙이 넓은 모자와 단장을 짚고 눈은 멀리 허공을 향한 채 무어라고 말을 하는 것처럼 입술을 움직이며 돌이 깔린 길을 걸어 내려갔다. 그리고 한두 발짝마다 방향을 바꾸거나 뒤돌아서려는 듯이 우물쭈물하곤 했다. 이러한 걸음걸이를 보고 그의 친구는 "지렁이 기어가는 것 같다."고 묘사했다.

넋 나간 듯한 그의 행동은 이외에도 많았다. 잠옷만 입고 정원을 거닐다가 공상에 빠져 24킬로미터나 걸어갔다 온 적도 있었다. 한번은 높은 지위에 있던 친구와 에든버러 거리를 함께 걷고 있었다. 위병이 창을 들고 경례를 하자(스미스는 전에도 이러한 경례를 수없이 받았다) 그는 갑자기 최면술에 걸린 듯 단장을 들어 답례를 하더니 그 위병을 따라다니며 손에 든 단장으로 일일이 동작을 따라하여 일행을 깜짝 놀라게 했다. 저만치 앞에서 단장을 번쩍 들고 서 있다가 정신이 돌아온 스미스는 자신이 이상한 행동을 했다는 것을 전혀 알지 못한 채 단장을 내리더니 중단되었던 대화를 태연히 이어갔다고 한다.

건망증 심한 이 교수는 1723년에 스코틀랜드 파이프 주의 커콜디에서 출생했다. 커콜디는 당시 인구 1500명 규모의 도시였으며, 스미스가 태어날 무렵 그 지역의 일부 사람들은 여전히 못을 화폐로 사용하고 있었다. 그는 네 살이 되던 해에 집시 무리에게 유괴된 적이 있었다. 그의 삼촌(그의 부친은 그가 태어나기도 전에 사망했다)이 백방으로 노력하여 집시들을 추적하자 그들은 어린 스미스를 길가에 버리고 도망갔다. 후에 스미스의 전기 작가들 가운데 한 사람은 이렇게 썼다. "하마터면 그는 가난뱅이 집시가 될 뻔했다."

어린 시절, 공상에 잠겼다가 깜짝 놀라는 버릇이 있기는 했지만 스미스는 총기 있는 학생이었다. 그는 교육자로서의 운명을 타고난 듯 열일곱 살에 옥스퍼드대학교에 장학생으로 입학했다. 그곳까지 스미스는 말을 타고 갔다고 한다. 그가 6년 동안 공부한 옥스퍼드대학교는 훗날 학문의 아성이 되지만 당시에는 전혀 그렇지 못했다. 교수들은 수업은커녕 수업하는 시늉을 내는 것조차 포기하고 있었다. 1788년에 그 대학의 공개토론회를 구경하게 된 어떤 외국 여행객은 놀란 심정을 기록으로 남기기도 했다. 이에 따르면 네 명의 토론 참가자는 각자 주어진 시간에 아무 말도 하지 않고 태연하게 앉아서 당시 인기 있던 소설만 읽고 있었다고 한다. 강의 자체가 예외적으로 이루어지던 상황에서 스미스는 수년 동안 지도나 교수를 받는 일이 없이 그저 적당하다고 생각하는 책만 읽으면서 지냈다. 사실 그는 방에 데이비드 흄의 《인간본성론(A Treatise of Human Nature)》을 두었다는 이유로 거의 퇴학당할 뻔한 적도 있었다. 흄은 철학자 지망생들에게도 적합하지 않은 저자로 인식되고 있었다.

채 스물여덟 살도 되기 전인 1751년 스미스는 글래스고대학교에서 논리학 강좌를 맡게 되었고 곧이어 도덕철학의 강좌도 맡게 되었다. 옥스퍼드와는 달리 글래스고대학교는 스코틀랜드 계몽운동이라 불리게 되는 학문 조류의 중심지였고, 많은 석학을 자랑하는 대학이었다. 그러나 이곳 역시 오늘날의 대학과는 상당히 달랐다. 점잔 빼는 교수들은 스미스의 행동에 나타나는 경박성과 열정을 좋지 않게 생각했다. 스미스는 종교의식 중에(물론 몽상에 빠진 상태에서 그랬겠지만) 웃기 일쑤고, 괴이하기 이를 데 없는 흄과 절친하게 지내고, 신앙 간증을 위한 주일 강좌를 열지 않았으며, 강의 시작 때 하는 기도의 폐지를 원하는 진정서를 학술원(Senitus Academicus)에 제출하고, '자연종교'의 낌새가 있는 기도를 한다는 등의 이유로 비난당했다. 스미스의 선생이었던 프란시스 허치슨(Francis Hutcheson, 1694~1746)이 라틴어로 강의하는 것을 거부함으로써 글래스고에서 신기원을 열었다는 사실을 상기한다면 이러한 사태는 충분히 이해될 수 있을 것이다.

그렇다고 스미스에 대한 교수들의 거부감이 아주 심한 정도에까지 이르지는 않았던 듯하다. 1758년에 그는 학장으로 승진했기 때문이다. 분명히 스미스는 글래스고에서 행복한 생활을 했다. 저녁에는 휘스트(whist, 카드놀이의 일종—옮긴이)를 즐겼는데, 고질적인 건망증으로 그다지 믿을 만한 선수는 못 되었던 것 같다. 학술모임에나 참석하면서 조용한 생활을 보낸 그는 학생들로부터 사랑을 받았으며, 제임스 보즈웰(James Boswell, 1740~1795)도 그의 강의를 들으러 올 정도로 명 강의로 소문이 났다. 그의 이상한 걸음걸이와 말투가 사람들 사이에 유행했으며, 심지어 스미스의 작은 흉상이 서점의 진열대에 놓이기도 했다.

그의 명성을 높여준 것은 단지 기이한 성격 때문만은 아니었다.

1759년 출간된 그의 책은 즉시 높은 평판을 얻었다. 《도덕감정론 (Theory of Moral Sentiments)》이라는 제목의 이 책으로 스미스는 영국 철학자들 가운데 선두적인 위치를 차지하게 되었다. 이 책은 도덕적 용인과 금지의 근원을 탐구한 것이다. 이기적 존재인 인간은 어떻게 이기심을 누르고 더 높은 차원으로 변화시키는 도덕적 판단을 할 수 있는가? 스미스는 그 해답이 자신을 제삼자, 즉 불편부당한 관찰자의 위치에 놓음으로써 사건의 객관적(이기적인 것과는 반대로) 장점을 공감할 수 있는 우리의 능력에 있다고 주장했다.

스미스의 책과 그것이 제기한 문제는 폭넓은 관심을 불러일으켰다. 독일에서는 '애덤 스미스 문제(das Adam Smith Problem)'가 사람들이 토론하기 좋아하는 주제가 되었다. 우리가 볼 때 더 중요한 것은, 이 저작이 찰스 타운센드(Charles Townshend, 1725~1767)라는 흥미로운 인물의 호감을 샀다는 점이다.

18세기에는 유독 훌륭한 인물들이 눈에 많이 띄는데, 타운센드 역시 그중 한 사람이다. 기지와 교양을 갖춘 인물이었던 타운센드는, 호레이스 월폴(Horace Walpole, 1717~1797)에 따르면 "천부적 재능이 있는 사람으로서, 만약 보통 정도의 진지한 태도와 꾸준함 그리고 보통의 상식만 가졌어도 당대에 가장 위대한 인물이 되었을 사람이었다".[7] 그러나 그의 변덕스럽고 경솔한 행동은 악명이 높았다.[8] 당시 사람들은, 타운센드가 옆구리에 통증이 있는데 어느 쪽인지 지목하는 것은 하지 않았다고 빈정거리곤 했다. 얼마나 상식이 결여되었던지, 재무장관 재직 시절 그는 아메리카 식민주의자들이 자기네 재판관을 직접 선출할 권리를 거부하고 미국산 차에 과도한 세금을 부과함으로써 미국 독립혁명이 발발하는 데 일조하기도 했다.

정치적 근시안을 가졌음에도 불구하고 타운센드는 정치학과 철학에 관한 진지한 학도였으며 애덤 스미스의 추종자 가운데 한 사람이었다. 더욱 중요한 것은 그가 스미스에게 특별한 요청을 할 수 있는 위치에 있었다는 사실이다. 1754년 타운센드가 부호인 버클루 공작의 미망인 댈키스 백작부인과 결혼했을 때 그는 부인의 전남편 아들을 가르칠 가정교사를 물색해야 할 처지에 놓였다. 그 당시 상류계층의 젊은이를 위한 교육은 '성대한 여행(Grand Tour)'이 주를 이루었는데, 이는 체스터필드 경이 그토록 높이 칭찬한 교양을 얻기 위해 유럽 전역을 주유하는 것이었다. 타운센드는 애덤 스미스가 젊은 공작의 이상적인 동반자가 될 것이라고 생각하여, 그에게 연간 500파운드의 보수와 실 경비 그리고 평생 연금으로 연간 500파운드를 지급하겠다고 제안했다. 너무 좋은 조건이라 스미스의 입장에서는 거절하기가 어려웠다. 당시에는 교수가 학생들로부터 직접 수업료를 거둬들이고 있었는데, 이렇게 하여 스미스가 올리는 수입은 일 년에 기껏해야 170파운드에 불과했던 것이다. 스미스가 학교를 떠나기로 결정하자 학생들은 이미 그에게 그 이상의 것을 배웠다며 남은 수업료를 돌려받지 않겠다고 했다는 훈훈한 일화도 전해진다.

1764년 가정교사 스미스는 젊은 공작과 함께 프랑스로 떠났다. 18 개월 동안 툴루즈에 머물렀는데, 아주 따분한 동반자와 자신의 서툰 프랑스어 실력 때문에 스미스는 글래스고에서의 수수한 생활이 오히려 그리울 지경이었다. 그들은 프랑스 남부로 갔다. 거기서 스미스는 볼테르를 만나 그를 존경하게 되었고, 추파를 던지는 어떤 후작부인의 구애를 물리치기도 했다. 이어서 그들은 제네바를 거쳐 마침내 파리로 갔다. 그 사이 스미스는 시골생활의 무료함에서 벗어나기 위해 정치경제학에 관한 논문을 집필하기 시작했다. 논문의 주제는 글래스고에서 계속 강의해왔고 에든버러 '상류사회'에서 여러 번 논쟁도 했으며 또한 절친한 친구인 데이비드 흄과 오랫동안 토론해온 내용이었다. 이것이 바로《국부론》인데, 책으로 완성되기까지는 그로부터

12년의 시간이 더 걸려야 했다.

파리에서는 지내기가 좀 더 나았다. 이 무렵 스미스의 프랑스어 실력은 능숙하지는 않더라도 프랑스의 저명한 경제학자와 장시간 논쟁할 만큼은 되었다. 이 학자는 루이 15세의 궁정의사이자 퐁파두르 부인의 주치의였던 프랑수아케네(Francois Quesnay, 1694~1774)였다. 케네는 중농주의로 알려진 경제학파를 창시했고 '경제표(tableau économique)'로 불리는 국민경제 순환표를 고안해낸 인물이었다. 경제표는 정말로 그의 의사적인 식견에서 나온 것이었다. 부를 금이나 은과 같은 고형 물체로만 생각하던 당시의 지배적인 사고방식과는 달리 케네는 부가 생산에서 나오며 손에 손을 거치면서 마치 혈액이 순환하는 것처럼 사회라는 몸을 살지게 한다고 주장했다.[9] 이 경제표는 엄청난 반향을 불러일으켰으며, 마르키스 드 미라보(Marquis de Mirabeau, 1715~1789)는 문자와 화폐에 맞먹는 발견이라고까지 극찬했다.[10] 그러나 중농주의의 문제는 농업노동자만 진정한 부를 생산한다고 주장하는 것이었다. 자연이 농업노동자의 편에서 작용하는 반면 제조업 노동자는 아무런 가치도 생산하지 않고 단지 물체의 형체만 바꿀 뿐이라고 보았다. 따라서 케네의 경제표는 실용적인 정책의 측면에서는 유용성이 떨어졌다. 사실 경제표는 '자유방임(laissez-faire)'이라는 급진 정책을 옹호한 것이었다. 그러나 이는 공업부문을 단지 비생산적으로 조작하기만 하는 것으로 기술함으로써, 토지뿐 아니라 어디에서든 노동이 이루어지면 부가 생산될 수 있다는 점을 파악하지못했다.

자연이 아니라 노동이 '가치'의 원천임을 파악한 것이 바로 애덤 스미스의 위대한 통찰 가운데 하나다. 이는 아마도 그가 농업적 환경이 압도적인 프랑스와는 달리 상업거래로 북적대는 영국에서 성장한 결과일 것이다. 이유야 어떠하든 스미스는 중농주의 숭배자들(미라보

와 같은 케네의 후계자들은 아첨꾼에 불과했다)의 농업 편향을 받아들일
수 없었다. 스미스는 개인적으로는 이 프랑스인 의사를 열렬히 존경
했다. 아마 케네가 죽지 않았다면 스미스는 《국부론》을 케네에게 바
쳤을 것이다. 그러나 중농주의는 근본적으로 스미스의 스코틀랜드적
안목에는 맞지 않는 것이었다.

1766년 여행이 갑자기 중단되었다. 그들과 합류한 공작의 동생이
열병에 걸린 것이다. 스미스는 케네까지 불러들일 정도로 극진하게
간호했으나 환자는 정신착란 증세를 보이며 결국 숨을 거두었다. 공
작은 댈키스의 장원으로 돌아갔으며, 스미스는 런던에 들렀다가 커
콜디로 돌아갔다. 흄이 여러 번 간곡히 청했음에도 불구하고 그는 그
후 10년간 대부분의 시간을 커콜디에 머물면서 위대한 저서를 완성
해갔다. 구술을 통해 글을 써가는 동안 그는 대개 벽난로에 기대 서
서 벽에 머릿기름 자국이 시커멓게 생길 정도로 머리를 신경질적으
로 비벼대곤 했다.

그는 전에 그가 돌보던 공작을 만나러 가끔씩 댈키스의 장원을 찾
았으며, 가끔은 런던으로 가서 자신의 견해에 대해 당대의 학자들과
토론을 벌이기도 했다. 그 가운데 한 사람이 사무엘 존슨이었다.[11] 존
슨 박사는 스미스가 속한 상류사회 클럽을 이끌고 있었는데, 이 저명
한 사전 편찬자와 스미스의 만남은 그다지 온화한 분위기에서 이뤄
지지 못했다. 월터 스콧(Walter Scott, 1771~1832) 경에 따르면, 존슨은
스미스를 처음 보았을 때 그가 했던 몇 마디 말을 가지고 공격했다고
한다. 스미스는 자신의 진의에 대해서 그에게 해명했다.

"그래 존슨이 뭐라고 하던가요?" 하고 사람들이 물었을 때 스미스
는 깊은 유감의 빛을 보였다.

"뭐, 그가 나를 보고 '너는 거짓말을 하고 있다.'고 합디다."

"그래 당신은 어떻게 응수했소?"

"'개자식'이라고 했지요."

이 두 위대한 도덕학자들은 이렇게 처음 만나 헤어졌고, 두 위대한 철학 교수들이 나눈 고전적인 대화도 그런 식이었다고 스콧은 전했다.

스미스는 또한 매력적이고 지성적인 미국인 한 사람을 만났다. 그는 바로 벤저민 프랭클린(Benjamin Franklin, 1706~1790)이었다. 프랭클린은 그에게 아메리카 식민지에 관해 여러 가지 사실을 풍부하게 이야기해주었다. 이를 통해 스미스는 아메리카 식민지가 향후 수행하게 될 중요한 역할을 충분히 이해하게 되었다. 스미스가 아메리카 식민지에 대해 "이 세상에 존재한 어떤 나라보다 가장 위대하고 강력한 국가로 발전할 가능성이 있는" 국가를 수립했다고 기술한 것은 분명 프랭클린의 영향 때문이었다.

1776년에 《국부론》이 출판되었고, 2년 후에 스미스는 연봉 600파운드의 에든버러 세관국장에 임명되었다. 그는 이흔 살까지 생존한 모친과 함께 평화스럽고 조용한 독신생활을 보냈다. 평온하고 만족스러운 생활이었으며, 죽는 날까지 넋이 나간 듯한 행동도 멈추지 않았다.

개인과 시대의 혁명적 산물, 《국부론》

그의 저서는?

이 책은 '한 인간의 위대한 사상뿐만 아니라 당대 전체의 산물' [12] 이라고 평가받는다. 그러나 엄격한 의미에서 그것은 '독창적인 (original)' 책은 아니었다. 스미스 이전에도 그와 비슷한 세계관을 가진 인물들이 많았다. 앞에서 언급한 케네와 흄은 말할 것도 없고, 로크, 스튜어트, 맨더빌, 페티, 캉티용, 튀르고 등이 그들이다. 스미스가 책 속에 언급한 인물은 100명이 넘는다. 여러 사람들이 여기 저기 낚시질을 한 데 비해 스미스는 그물을 넓게 쳤던 것이다. 다른 사람들이 이러저러한 이슈를 밝힌 데 비해 스미스는 전체의 모습을 밝혀냈다. 완전히 독창적인 책은 못된다 하더라도 《국부론》은 대작임이 분명하다.

무엇보다 이 책은 거대한 파노라마다. 이 책은 바늘의 생산과정에서 일어나는 분업을 해설한 유명한 구절에서 시작하여 '아메리카 식민지의 최근 소요' (분명 스미스는 이 책이 인쇄될 즈음에는 미국의 독립전쟁이 종결되어 있을 것이라 생각했다), 옥스퍼드 대학생들의 시간 낭비, 1771년 이후 청어 어획통계 등과 같은 다양한 주제까지 다루고 있다.

후에 에드윈 캐넌(Edwin Cannan, 1861~1935)이 편집한 《국부론》의 색인을 살펴보면 스미스가 참고한 자료와 사상의 분야가 얼마나 광범위한 것이었는지 알 수 있다. 여기에 알파벳 에이 자로 시작되는 예를 몇 가지 들어보면 다음과 같다.

아바시데스(Abassides): 칼리프 치하 사라센 제국의 부

아브라함(Abraham): 중량으로 사용한 유대 화폐

아비시니아(Abyssinia): 소금 화폐

배우(Actors): 자신의 직업에 수반하는 모욕의 대가를 받는 사람들

아프리카(Africa): 가장 강한 왕이 유럽의 빈농보다도 못사는 곳

맥주집(Alehouses): 주정뱅이의 원인이 아니라 주정뱅이의 수효를 나타내는 것

대사(Ambassadors): 그들을 임명하게 된 첫 동기

아메리카(America): (이것에 관한 설명은 한 쪽이 넘는다.)

도제(Apprenticeship): 노예적 예속관계의 본질을 설명하는 말

아랍인(Arabs): 전쟁에 대한 그들의 지지방식

군대(Army): 모반한 성직자로부터는 군주를 지켜주지 않는 존재

작고 촘촘하게 인쇄된 이 색인의 분량은 무려 63쪽에 달하는데, 모든 분야를 망라하고 있다. 예를 들면 "부: 그 주된 즐거움은 과시하는 데 있다. 빈곤: 때로는 한 나라를 비인간적 행위로까지 몰아넣는다. 위: 음식을 향한 욕망은 이것의 조그만 수용능력에 의해 제한된다. 도살업자: 잔인하고 비천한 직업." 등의 설명을 볼 수 있다. 900쪽에 달하는 이 책을 다 읽고 나면 1770년대 영국을 생생하게 그려볼 수 있다. 당시 견습공과 장인, 신흥 자본가들, 지주, 성직자, 국왕에 대해서나 공장, 농장, 외국무역에 관해서도 마찬가지다.

이 책은 읽기 어려운 편이다. 백과사전식으로 상세히 설명을 하고는 있지만 정확히 순서를 갖추어 서술하고 있지는 않다. 이 책이 만들어진 때는 저자가 자신의 사상을 서술하기 위해서 '만약에' '그리고' '그러나' 등의 단어를 사용하여 문장을 꾸미는 일이 없는 시대였다. 또한 스미스만큼 학식 있는 사람이면 거리낌 없이 당대의 방대한 지식을 다 포괄할 수 있던 시대였다. 따라서 《국부론》은 피하는 것이 없고, 간략히 취급하는 것이 없으며, 두려워하는 것도 없다. 이 얼마나 독자를 화나게 만드는 책인가! 이 책은 결론을 간단한 구절로 표시하지 않고 그것에 도달하기 위한 설명을 하는 데 50쪽이나 할애하기도 한다. 그의 주장은 자세한 설명과 관찰로 가득 차 있기 때문에 그 골자를 알아내려면 매번 여러 가지로 꾸민 서술을 벗겨내야 한다. 은의 문제를 다루면서 스미스는 그에 관한 '여담'을 쓰느라 75쪽에 걸쳐 우회하고 있다. 종교에 이르러서는 아예 도덕사회학에 관해 별도의 장을 할애하며 헤맨다.

그러나 부담스러운 방대함에도 불구하고 이 책에 가득한 통찰과 관찰, 세련된 구절들은 이 위대한 강연에 생명력을 불어넣고 있다.

영국을 '장사꾼의 나라'[13]라고 부른 것은 애덤 스미스가 처음이었다. "철학자는 본질적으로 천재가 아니며 철학자와 거리 짐꾼의 차이는 마스티프 개와 그레이하운드 개의 차이 정도에 불과하다."[14]고 쓴 것도 스미스다. 당시 동양을 약탈하던 동인도회사에 관해서 그는 다음과 같이 썼다.

참으로 이상한 정부다. 모든 관리는 외국으로…… 그것도 될 수 있으면 하루라도 빨리 빠져나가기를 원한다. 정부의 이해관계에 대해서도, 일단 그가 모든 재산을 가지고 나갈 수만 있다면 떠난 다음 날 지진이 발생해 나라 전체를 삼켜버린다 해도 전혀 아랑곳하지 않을 것이다.[15]

《국부론》은 결코 교과서가 아니다. 그는 교실의 학생들이 아니라 당대인들을 대상으로 저술하였으며, 학자들을 위한 추상적 연구가 아니라 국가를 운영하는 데 중요하다고 생각되는 원리를 개진했다. 그가 죽인 용들(중상주의도 그중 하나인데, 그 용이 죽기까지 무려 200쪽이나 할애되었다)은 그 시대에 아직 살아 있었고, 약간 힘이 빠지기는 했지만 여전히 숨을 헐떡이고 있었다.

마지막으로 이 책은 혁명적인 책이다. 정확히 말해서 스미스가 귀족계급을 뒤집어엎거나 평범한 빈민들이 지배하게 되는 대변혁에 찬동한 것은 아니다. 그럼에도 불구하고 《국부론》의 취지는 혁명적이다. 일반인들이 짐작하는 것과는 달리 스미스는 신흥 부르주아지를 변호한 사람은 아니었다. 반면 앞으로 알게 되겠지만 그는 자본가의 사업 자체에 대해서는 존경했으나 그 사업 동기에 대해서는 의심을 품었다. 뿐만 아니라 노동계급의 요구에 대해서도 마음을 썼다. 그러나 그의 목적은 어떤 계급을 지지하는 것이 아니었다. 그는 나라 전체의 부를 증진시키는 데 관심을 가졌다. 애덤 스미스에 의하면 부란 사회성원 **'전체'**가 소비하는 상품으로 구성된다. 물론 사람에 따라 소비하는 양이 같을 수는 없다. '자연적자유의사회(Society of Natural Liberty)'에서는 빈곤도 있고 부유함도 있을 것이다.

그럼에도 불구하고 이것은 민주적이고, 나아가 급진적인 부의 철학이다. 황금과 보물과 국왕의 재산이라는 개념은 사라진다. 상인이나 농부나 길드 조직의 특권도 사라진다. 우리는 만인이 소비하는 상품과 용역의 흐름이 경제생활의 궁극적 목표와 목적을 이루는 현대세계에 와 있다.

우리 사회의 '보이지 않는 손'

그러면 과연 스미스는 어떤 비전을 제시하고 있는가? 알다시피 그것은 홉스의 주권이론처럼 간단히 서술될 수 있는 것이 아니다. 스미스의 비전은 사회조직에 대한 전혀 새로운 형식, 즉 '정치경제학'이라 불리며 오늘날의 용어로는 경제학이라 일컬어지는 새 형식을 위한 청사진과 같은 것이다.

이 청사진의 핵심에는 애덤 스미스가 관심을 집중한 두 가지 문제의 해답이 있다. 첫째, 그는 사회가 서로 결합되어 돌아가는 메커니즘을 파헤치는 데 관심을 두고 있다. 각자가 분주히 자기이익(selfinterest)을 추구하는 사회는 어떻게 하여 원심력에 의해 산산조각 나지 않는 것일까? 각 개인의 사적 사업이 집단의 요구에 부응하도록 유도하는 것은 도대체 무엇일까? 중앙 계획당국이 없고 오랜 전통의 견고한 영향이 없는데도 사회는 어떻게 생존에 필요한 과업을 수행해 나가는 것일까?

이러한 의문에 답하기 위해 스미스는 시장법칙이라는 공식을 만든다. 그가 해명하고자 한 것은, 그가 명명한 바 '보이지 않는 손'[16]이었다. '인간의 사적인 이익과 열정'[17]을 '전체 사회의 이익과 가장 잘 조화되는' 방향으로 유도하는 것이 이 보이지 않는 손이라는 것이다.

그러나 시장법칙은 스미스가 한 연구의 일부에 지나지 않는다. 그가 관심을 가진 또 하나의 의문은, 그렇다면 사회는 어디로 가는가 하는 것이다. 시장법칙은 회전하는 팽이가 어떻게 서 있게 되는가를 설명하는 법칙과 같다. 그러나 그 팽이가 회전에 의해 탁자를 따라 움직일 것인가 하는 의문이 또한 존재한다.

애덤 스미스와 그를 계승한 경제학자들은 사회를 인간의 정태적인 성과물로 이해하지 않는다. 사회는 변화되지도 않고 변화하지도 않은 채 세대를 이어가면서 자체 재생산을 계속하는 것이 아니라는 것이다. 반대로 그들은 사회를 자신의 생활사를 가진 유기체로 보았다. 책 전체가 역사에 대한 위대한 논문인《국부론》은 스미스가 상업적 자본주의를 표현하기 위해 쓴 '완전한 자유의 체제'[18]('자연적 자유의 체제'로도 부르고 있다)가 어떻게 작동하는가 그리고 어떻게 생성되었는가를 설명한다.

그러나 스미스가 어떻게 시장법칙을 해명했는지를 충분히 알아볼 때까지는 더욱 광범하고 매혹적인 이 문제에 눈을 돌릴 수 없다. 시장법칙은 사회를 번영하게도 하고 망하게도 할 수 있는 보다 큰 법칙 가운데 필수불가결한 부분일 것이기 때문이다. 주의 깊지 못한 각 개인을 다른 사람들과 조화를 이루게 하는 메커니즘은 오랜 세월에 걸쳐 사회를 변화하게 하는 메커니즘에 영향을 미치게 된다.

따라서 우리는 시장기구(market mechanism)를 살펴보는 데서부터 시작할 필요가 있다. 시장기구는 우리의 상상력을 자극하거나 심장을 뛰게 만드는 탐구대상은 아니다. 비록 무미건조하기는 하지만 주위에 있는 것이므로 우리는 존경을 담은 눈으로 그것을 고려하게 된다. 시장법칙은 애덤 스미스의 세계를 이해하는 데 필수불가결하다. 뿐만 아니라 그의 세계와 전혀 다른 카를 마르크스(Karl Marx, 1818~1883)의 세계나 더욱 다른 우리가 살고 있는 오늘날의 세계의 바탕을 이루고 있기도 하다. 의식하건 하지 않건, 우리는 모두 이 법칙의 지배를 받고 있기 때문에 이 법칙을 더욱 주의 깊게 음미할 필요가 있다.

애덤 스미스의 시장법칙은 기본적으로 단순하다. 그 법칙은 우리들에게 특정한 사회조직 속에서 어떤 특정한 종류의 행동은 완전히 확정적이고 또 예상할 수 있는 결과를 가져올 것이라고 말해준다. 특히 유사한 동기로 움직이는 개인들이라는 환경에서 개인적인 자기이익의 추구가 어떻게 경쟁을 야기하게 되는지를 잘 보여준다. 또한 이 법칙은 경쟁의 결과 사회가 원하는 상품을, 사회가 원하는 양과 사회가 기꺼이 지불할 가격으로 공급하게 된다는 것까지 보여준다. 어떻게 이러한 결과가 나타나게 되는지 살펴보기로 하자.

그 첫번째 이유는 자기이익이 사람들로 하여금 사회가 기꺼이 그 대가를 지불하려는 어떠한 일도 떠맡게 하기 때문이다. 애덤 스미스는 이렇게 말한다.

우리가 저녁식사를 기대할 수 있는 것은 정육점 주인이나 양조업자나 제빵업자의 자비심 때문이 아니라 그들이 자기이익을 중시하기 때문이다. 우리는 그들의 인도주의가 아니라 그들의 이기심에 호소한다. 그리고 그들에게 우리의 필요를 말하는 것이 아니라 그들이 얻게 될 이득을 말한다.[19]

그러나 자기이익은 그림의 절반에 해당할 뿐이다. 자기이익은 인간을 그에 따라 행동하도록 몰아간다. 그러므로 그 외에 다른 것이 있어서 자기이익을 추구하는 데만 몰두하는 사람들이 사회를 볼모로 하여 엄청난 몸값을 요구하지 못하도록 막아야 한다. 자기이익으로만 움직이는 사회는 무자비한 모리배의 사회가 될 것이다. 이러한 규제자가 바로 경쟁, 즉 시장이라는 무대에서 자기이익을 추구하는 사람들간의 갈등이다. 사회적 결과에 대한 고려 없이 자신을 위해 최선을 다하려는 개인은 같은 동기로 똑같은 이익을 추구하는 다른 개인들과 마주치게 되어 있다. 이러한 상황에서 각자는 이웃의 탐욕을 이용하려고 혈안이 되어 있다. 자기이익에만 막무가내로 열중할 경우 그는 경쟁자들이 자신의 영역에 슬며시 침입하여 일거리를 빼앗아가는 사태에 직면하게 될 것이다. 만일 그가 제품의 값을 너무 높게 부르거나 자신이 부리는 노동자에게 남과 같은 액수만큼 지불하기를 거절한다면 앞의 경우 구매자가 없어진 것을 보게 될 것이고, 뒤의 경우에는 노동자를 잃게 될 것이다. 《도덕감정론》에서처럼 인간의 이기적 동기가 상호작용하여 전혀 예상하지 않은 결과를 낳게 될 것이다. 사회적 조화가 바로 그것이다.

예컨대 가격 문제를 놓고 생각해보자. 가령 100명의 장갑 제조업자가 있다고 가정하자. 각자는 자기이익을 추구하기 때문에 생산원가보다 비싼 값으로 제품을 팔아서 초과이익을 남기려고 할 것이다. 그러나 그는 그러한 초과이익을 많이 남길 수는 없을 것이다. 만일 그가 값을 올리면 그의 경쟁자들이 밀고 들어와 더 싼값으로 팔아 그의 시장을 가로챌 것이 분명하기 때문이다. 다만 제조업자들이 결속하여 견고한 연합전선을 펴는 데 합의한다면 지나치게 높은 값을 매길수도 있을 것이다. 물론 이 경우에도 다른분야의 제조업자가 담합을 깰 수 있다. 예컨대 자본을 장갑 제조에 투자하기로 결심한 구두제조업자는 싼값으로 그 시장을 가로챌 수도 있다.

그러나 시장법칙은 생산품에 경쟁가격을 강제하는 것 이상의 역할을 한다. 사회가 필요로 하는 상품의 양을 생산자들에게 맞추도록 강요하는 것이 바로 시장법칙이다. 소비자들이 현재의 생산량보다 많은 장갑과 생산량 이하의 구두를 원하는 경우를 가정해보자. 대중들은 시장에 있는 장갑을 서로 사려고 야단일 것이고 구두점은 파리를 날릴 것이다. 그 결과 소비자들이 구할 수 있는 양보다 많은 장갑을 사기를 원하기 때문에 장갑 값은 올라갈 것이고, 대중들이 구두점을 지나치기 때문에 구두 값은 떨어질 것이다. 장갑 값이 오름에 따라 장갑 제조업의 이익 또한 상승할 것이고, 구두 값이 떨어짐에 따라 구두제조업계는 침체될 것이다. 그렇게 되면 다시 자기이익이 개입하여 균형을 바로 잡기 시작할 것이다. 제화공장이 생산을 줄임에 따라 노동자들은 제화공장에서 나와 경기가 좋은 장갑공장으로 옮겨갈 것이다. 그 결과는 너무나 분명하다. 장갑 생산은 증가하고 구두 생산은 감소할 것이다.

이것은 사회가 무엇보다도 먼저 원했던 것이다. 수요를 충족시키기 위해 더 많은 장갑이 시장에 나오게 됨에 따라 값은 원상으로 되돌아갈 것이다. 한편 구두 생산이 줄어듦에 따라 구두의 잉여재고는 곧 없어질 것이고 구두 값은 다시 정상 수준까지 오를 것이다. 시장기구를 통해 사회는 새로운 요구에 맞도록 생산요소의 할당을 변경시킬 것이다. 그러나 이제까지 누구도 이러한 언명을 발표한 일이 없었고 어떠한 계획당국도 생산계획을 수립한 적이 없었다. 단지 자기이익과 경쟁이 상호 작용하여 전환을 이루어낸 것이다.

이제 시장법칙의 마지막 업적을 살펴보자. 시장은 최종 중재자인 소비자의 수요에 따라 **상품**의 가격과 양을 조절하는 것처럼 이러한 상품을 생산하는 데 협력하는 사람들의 **소득**을 규제한다. 어떤 사업분야의 이익이 터무니없이 높으면 다른 사업분야에 종사하는 사람들이 그쪽으로 몰려들어 경쟁이 격화될 것이고 이에 따라 잉여이익은 줄어들게 될 것이다. 어떤 직종의 임금이 적정선을 넘어 치솟으면 그 직종으로 많은 일꾼이 몰려들 것이다. 그리하여 마침내는 같은 정도의 기술과 훈련으로 얻을 수 있는 다른 직종보다 더 많은 임금을 지불할 수 없게 될 것이다. 그와 반대로 어떤 산업분야의 이윤이나 임금이 지나치게 낮으면 자본과 노동의 탈출이 일어나 마침내 공급은 수요에 더 잘맞춰지게 될 것이다.

이 모든 것은 상당히 기본적인 것이라 할 수 있다. 그러나 애덤 스미스가 자기이익이라는 자극과 경쟁이라는 조절요소로 이룩한 것이 무엇인가 생각해보자. 첫째, 애덤 스미스는 한 상품의 판매가격이 실제 생산비로부터 터무니없이 괴리되지 않도록 하는 것이 무엇인가를 설명했다. 둘째, 그는 사회가 어떻게 상품생산자들로 하여금 사회가 원하는 만큼 공급하도록 유도하는가를 설명했다. 셋째, 그는 치솟은 가격이 저절로 치유되는 병에 불과한 이유를 설명했다. 값이 비싸면 그 물품의 생산이 증가하고 결국 가격은 다시 내려가게 된다는 것이다. 그리고 마지막으로, 그는 한 국가에서 다양한 생산 계층의 소득은 기본적으로 유사하다고 설명했다. 한마디로 말해서 스미스는 시장기구 속에서 사회의 질서정연한 물품 공급을 위한 자율체계를 발견한 것이다.

'자율'에 주목하자. 시장이 거둔 아름다운 성과는 시장이 바로 자신의 보호자라는 점이다. 만일 생산량이나 가격이나 어떤 분야의 보수가 사회적으로 인정된 수준에서 벗어나면 그것들을 원상으로 되돌리는 힘이 작동된다. 개인의 경제적 자유가 절정을 이루는 시장이 결국에는 모든 것을 엄격히 규제하는 역할을 한다는 것은 정말로 기묘한 역설이다. 계획위원회의 통제에 호소하거나 성직자의 율법을 얻어낼 수는 있을 것이다. 그러나 시장기구의 익명의 압력으로부터는 호소나 계시를 기대할 수 없다. 이처럼 경제적 자유는 언뜻 보기보다는 환상에 가깝다. 사람들은 시장에서 자신들이 원하는 대로 행동할 수 있다. 그러나 시장이 용납하지 않는 짓을 한다면 개인적 자유의 대가는 경제적 파탄이 될 것이다.

세계가 정말로 이런 식으로 움직일까? 애덤 스미스의 시대에는 바로 그렇게 움직였다. 물론 당시에도 이미 시장체제의 자유로운 운영을 거스르는 억제력으로 작용하는 요소가 있었다. 가격을 인위적으로 조작하려는 제조업자들의 담합이 있었고, 경쟁이 임금을 저하시킬 때 경쟁의 압력에 저항한 노동자의 단결이 있었다. 또한 이미 그때에 불안한 징조가 드러나고 있었다. 롬브 형제의 공장은 공학의 기적이나 방문객에게 감탄을 자아내게 하는 것 이상의 의미를 가지고 있었다. 그것은 대기업의 등장과 시장에서 엄청난 힘을 발휘할고 용주의 출현을 예고하고 있었다. 방직공장에서 일하는 아이들과 그들을 재워주고 먹여주며 수탈하는 고용주가 같은 힘을 행사하는 시장요소로 간주될 수는 없었다. 그러나 불길한 모든 징조를 간직하고 있음에도 불구하고 18세기의 영국은 애덤 스미스가 염두에 두었던 모델을 확증한 것은 아니지만 그에 접근했다. 사업은 경쟁적이었고 대부분의 공장은 규모가 작았으며 가격은 수요의 증감에 따라 오르내렸고 가격변동이 생산과 고용의 변화를 자극했다. 애덤 스미스의 세계는 원자적 경쟁의 세계라고 불렀다. 생산기구의 어떤 주체도, 노동이든 자본이든 경쟁의 압력에 개입하거나 그것을 거스를 만큼 강하지는 못했다. 그것은 각 주체가 거대한 사회적 자유방임 속에서 자기이익을 추구하도록 강요당하는 세계였다.

그리고 오늘날은? 경쟁적 시장기구가 아직도 작동하는가?

이것은 간단히 답할 수 없는 질문이다. 시장의 성격이 18세기 이후 크게 변화했기 때문이다. 우리는 더 이상 누구라도 물의 흐름을 거슬러서는 수영하지 못하는 원자적 경쟁의 세계에 살고 있지 않다.

오늘날의 시장기구의 특징은 참여자 각각의 규모가 거대하다는 것이다. 거대 회사와 강력한 노동조합은 개인 기업주나 개별 노동자처럼 행동하지 않는다. 그 규모에 힘입어 그들은 경쟁의 압력에 맞설 수 있고, 가격신호를 무시할 수 있으며, 매일의 매매활동이라는 직접적인 압력보다는 장기적인 시야에서 자기이익을 고려할 수 있다.

이러한 여러 요소들이 시장의 지도적 기능을 약화시킨 것은 명백하다. 그러나 현대의 경제사회가 어떤 특징을 가지건 간에, 자기이익과 경쟁이라는 거대한 힘은 비록 약화되고 여러모로 제한되지만 여전히 기본적 행동원칙을 제공하고 있다. 이 기본적 행동원칙은 현대 경제활동에 참여하는 이라면 누구라도 전적으로 무시할 수 없는 것이다. 우리가 사는 세계가 애덤 스미스가 살던 세계와 같은 것은 아니지만, 시장법칙의 작동을 자세히 연구해보면 시장법칙이 여전히 존재하고 있음을 깨달을 수 있다.

사회의 보편적 부를 향하여

그러나 시장법칙은 사회가 산산조각 나지 않고 응집하도록 만드는 행위를 설명한 것일 뿐이다. 사회를 움직여 나가는 데는 시장법칙 외에 다른 무언가가 필요하다.《국부론》이 나온 지 90년이 지난 후 마르크스는 자본주의가 어떻게 서서히 그리고 원하지 않지만 어쩔 수 없이 멸망하게 되는지를 설명하는 '운동법칙'을 발견한다. 그러나 《국부론》은 이미 그 자체의 운동법칙을 가지고 있었다. 마르크스주의자들의 예측과는 달리 애덤 스미스의 세계는 서서히, 아주 기꺼이 발할라(Valhalla, 북유럽 신화에서 오딘 신을 위해 싸우다가 살해된 전사들이 머무는 궁전 또는 국가적 영웅을 모시는 기념당—옮긴이)를 향해 가고 있었다. 물론 앞으로 살펴보겠지만, 그렇다고 반드시 그랬던 것만은 결코 아니다.

발할라는 대부분의 관찰자들이 예견한 종착지였을 것이다. 1792년에 북부지방을 여행하던 존빙(John Byng, 1772~1860) 경은 마차의 창밖을 바라보며 이렇게 외쳤다.

"이제 여기에도 불꽃 너울거리는 거대한 공장이 들어섰다. …… 모든 계곡은 어지럽혀져 있다. …… 리처드 아크라이트(Richard Arkwright, 1732~1792) 경은 자신의 가족과 조국에 거대한 부를 가져 왔을지는 모른다. 그러나 여행자인 나는 계곡 구석구석까지 파고들어 오솔길과 아름다운 자연환경을 파괴한 그의 '계획'을 저주한다."

맨체스터에 도착하자마자 존 경은 "아아! 맨체스터는 개구멍이 되어버렸구나!"라며 탄식했다.[20]

영국의 많은 지역이 개구멍처럼 되어버린 것은 사실이다. 토지, 노동력과 자본을 생성시킨 3세기에 걸친 소란은 더욱 요란한 반란을 위한 준비과정이었던 듯하다. 왜냐하면 최근에 자유롭게 된 생산요소들이 새롭고 추한 형태로 결합되기 시작했기 때문이다. 그 결합체가 바로 공장이다. 공장이 등장하자 새로운 문제가 생겨났다. 존 경이 북부지방 여행을 떠나기 20년 전, 가발제작용 머리카락을 수집하여 작은 자본을 모았던 아크라이트가 소모(梳毛) 방적기계를 발명했다(또는 훔쳤다). 그러나 그는 기계를 다룰 직공을 구하기가 쉽지 않다는 것을 알게 되었다. 지방의 노동력은 기계 운전 과정의 '규칙적 민첩성(regular celerity)'을 미처 따라갈 수 없었던 것이다. 임금노동은 여전히 경멸받았고, 노동자들은 기계에 대한 맹목적인 증오로 일부 자본가들이 새로 세운 공장에 불을 질러 잿더미로 만들기도 했다. 아크라이트는 어쩔 수 없이 어린이에게 눈을 돌렸다. '그들의 작은 손가락은 민첩했기' 때문이다. 더욱이 어린이들은 농장이나 제조업 분야에서 독립생활에 익숙하지 않았기 때문에 어른들보다 공장생활의 규율에 쉽게 적응할 수 있었다. 어린이를 고용하는 일은 박애주의적 제스처로 환영을 받았다. 어린이 고용은 '돈벌이가 없는 빈민층'의 어려움을 완화하는 데 도움이 되지 않겠는가?

공장에 대한 감탄과 공포가 뒤섞인 감정 이외에 대중의 마음을 사로잡은 문제가 있다면, 그것은 바로 소득 없는 빈민층 문제였기 때문이다. 그것은 나라 안의 어느 곳에나 존재하는 문제였다. 1720년 영국에는 150만 명의 빈민이 들끓었다.[21] 당시 영국 전체인구가 1200～1300만 명에 불과했다는 사실을 감안할 때 이는 엄청난 수였다. 따라서 이들을 처리할 방안이 넘쳐났지만 대개는 절망적인 것일 뿐이었다. 빈민들의 고질적인 나태성은 사람들의 공통적인 불평거리였다. 게다가 빈민들이 부유층의 생활을 흉내내는 모습은 경악스럽기 그지없었다. 노동자 주제에 차를 마시다니! 평민들도 전통적으로 먹어온 호밀과 보리로 만든 빵보다 밀로 만든 빵을 더 좋아하는 것 같았다! 당시 사상가들은 이런 작태가 어떤 사태로 귀결될지 우려하면서 이런 의문을 표했다. '가난한 자들의 빈곤은 국가의 복지를 위해 필수적인 것이 아닌가?' (1723년에 저 악명 높은 맨더빌은 "가난한 자들의 빈곤을 덜어주는 것은 분별 있는 처사이기는 하지만 빈곤을 완전히 덜어주는 것은 어리석은 일이다."[22]라고 기록했다). 계층간의 차이는 사회에 반드시 필요한데 이것이 사라지도록 놔두면 사회는 어떻게 되겠는가?

'하층계급'이라는 엄청나고 무서운 문제에 대한 당시의 지배적인 태도는 그야말로 '경악' 그 자체였다. 그러나 애덤 스미스의 철학은 경악스러울 정도는 아니었다. 그는 이렇게 썼다. "구성원의 다수가 가난하고 비참한 사회는 결코 번영하고 행복할 수 없다."[23] 애덤 스미스는 이렇게 급진적인 말을 할 정도로 저돌적이었으며 여기서 멈추지 않고 더 나아가 사회는 끊임없이 향상된다고 주장했다. 사회는 싫든 좋든 어떤 긍정적인 목표를 향해 나아간다. 사회가 움직여가는 것은 어느 개인이나 집단이 원해서가 아니고, 또한 의회가 법안을 통과시켰기 때문도 아니며, 영국이 전쟁에서 승리했기 때문도 아니다. 거대한 엔진처럼 사회 전체를 움직이는 동태적인 힘이 표면에 드러나는 사건들 밑에 감추어져 있기 때문에 사회가 움직이는 것이다.

영국의 여러 모습을 바라보면서 애덤 스미스는 두드러진 사실 하나를 발견했다. 노동의 세분화와 전문화가 생산성을 크게 상승시킨다는 것이었다. 《국부론》 앞부분에 바늘공장에 대한 서술이 있다.

한 사람은 철사를 뽑아낸다. 다른 사람은 철사를 똑바르게 편다. 세번째 사람은 철사를 자른다. 네번째 사람은 철사 끝을 뾰족하게 한다. 다섯번째 사람은 바늘귀를 만들기 위해 철사의 다른 끝을 간다. 바늘귀를 만드는 데는 두세 공정이 더 필요하다. 도금을 하고 광을 내는 것은 별개 작업이다. 바늘을 종이에 포장하는 일도 또 하나의 작업이다. …… 나는 이런 작업을 하는 작은 공장을 보았다. 고용된 인원이 겨우 열 명밖에 되지 않고 몇몇은 두세 가지 작업을 겸했다. 그들은 가난했으며 허술한 방에서 기계와 함께 지내고 제대로 된 대우를 받지 못하고 있었다. 그들이 전력을 다해 일하면 하루에 12파운드의 바늘을 생산할 수 있었다. 중간 크기의 바늘 4000개 이상이 모여야 1파운드가 된다. 그러니까 열 명의 직공은 그들끼리 하루에 4만 8000개 이상의 핀을 제작할 수 있다. …… 그러나 만약 그들이 따로 떨어져 독립적으로 일했다면 한 사람이 하루에 20개, 어쩌면 한 개도 만들 수 없었을 것이다…….[24]

오늘날의 생산방법이 18세기보다 훨씬 더 복잡하다는 사실은 말할 필요도 없다. 부인하는 사람도 있겠지만, 스미스는 10명을 고용하는 작은 공장을 보고 느낀 감동이 너무나 컸기 때문에 그것에 대해 기술했을 것이다. 1만 명을 고용한 공장을 보았다면 그는 어떤 생각을 할까! 그러나 분업이 준 큰 선물은 그 복잡성에 있는 것이 아니다. 그것은 대부분의 노역을 단순화시킨다. 분업의 이점은 애덤 스미스의 표현을 빌리자면 "하층민에까지 확산되는 보편적 부"를 증가시킬 수 있는 능력에 있다. 18세기의 보편적인 부는 현대의 우월한 입장에서 보면 보잘것없게 보일지도 모른다. 그러나 우리가 역사적 시각으로 이 문제를 조망하고 18세기 영국의 노동자와 그보다 1~2세기 전에 살던 노동자의 생활을 비교한다면, 18세기 노동자의 운명은 비록 초라하지만 이전보다 상당히 향상되었다는 것을 알 수 있다. 애덤 스미스는 그 점을 생생하게 설명한다.

번영하는 문명국가의 평범한 기술자나 노동자의 생활용품을 살펴보면 헤아릴 수 없이 많은 사람들이 자신의 생활용품을 제공하는 데 종사하고 있다는 사실을 알 수 있을 것이다. 노동자가 입고 있는 털 외투는 조잡하고 거칠어 보일 테지만 수많은 노동자들의 종합적인 노동의 산물이다. 양치기, 털 선별공, 보풀공, 염색공, 얼레빗질공, 제사공, 방직공, 축융공(縮絨工), 마무리 직공, 그 밖에 많은 사람들이 이 보잘것없는 물건을 만들어내기 위해 각자의 기술을 발휘해야만 한다. 그 밖에 고용되는 상인과 운반노동자들은 얼마나 많겠는가……. 얼마나 많은 상업과 항해…… 얼마나 많은 조선업자, 선원, 돛제작공, 밧줄제작공…….

같은 방법으로 그가 입는 여러 종류의 의류와 가구 즉 그의 살에 맞닿는 거친 리넨 셔츠, 그의 발을 덮어주는 신발, 그가 눕는 침대를 살펴본다면…… 음식을 준비하는 부엌 벽난로, 땅속 깊은 곳에서 채굴되어 먼 항해와 긴 육로를 통해 운반되어 그의 집에 도착한 벽난로

용 석탄, 그 밖에 부엌에서 사용하는 각종 도구들, 식탁 가구들, 칼과 포크, 음식을 담아 나르고 나누는 사기그릇과 철제그릇, 빵과 맥주를 준비하는 데 고용된 여러 사람들, 열과 빛을 불러들이고 바람과 비를 막아주는 유리창문, 아름답고 행복한 발명품을 준비하는 데 필요한 지식과 기술 등등. 만약 이것들을 자세히 살펴본다면 문명국가에 사는 아무리 비천한 사람이라 할지라도 수천 명의 조력과 협력이 없다면, 비록 우리의 상상이 아무리 빗나간 것이라 해도, 평범한 생활용품을 그렇게 쉽고 간단한 방법으로 공급받지는 못할 것이다. 상류계층과 귀족들의 엄청난 사치에 비하면 노동자의 생활용품은 소박하고 평범하다. 그러나 과거 수만 명의 생살여탈권을 지닌 아프리카 절대군주의 생활용품이 농민의 생활용품을 크게 능가한 것에 비하면, 유럽대륙의 왕자가 누리는 생활용품은 영국의 근면하고 소박한 농부의 생활용품을 크게 능가하지 않는 것이 사실일 것이다.[25]

사회의 부와 재산을 놀랄 정도로 증식시키는 원동력은 무엇일까? 시장기능 자체가 그 원동력의 일부이다. 왜냐하면 시장은 인간이 창의력을 발휘하여 발명하고, 혁신하고, 확장하며, 위험을 무릅쓰라고 격려하고 심지어 강요까지 하기 때문이다. 그러나 시장이 중단 없이 작동하는 배후에는 보다 근본적인 압력이 있다. 사실 애덤 스미스는 시장기능을 강력히 촉진시켜 생산성이 나선을 그리는 상승곡선을 이루도록 하는 두 개의 뿌리 깊은 행동법칙을 발견한다.

그 첫번째는 '축적의 법칙' 이다.[26]

스미스가 신흥 산업자본가들이 투자를 해서 재산을 모을 수 있었고 또 실제로 모았던 시대에 살았다는 사실을 기억하자. 어린 시절 이발사의 도제로 일했던 아크라이트는 1792년 죽을 때 50만 파운드의 재산을 남겼다.[27] 로서햄에 있는 오래된 못가게에서 단조(鍛造) 작업을 시작했던 새뮤얼 워커(Samuel Walker)는 그 자리에다 20만 파운드 상당의 주철공장을 남겼다.[28] 목발을 짚고 자신의 도자기공장을 돌아다니며 불합격품을 발견할 때마다 직원들에게 "이건 웨지우드 제품으로 내놓을 수 없어."라고 호통치던 조사이어 웨지우드(Josaiah Wedgwood, 1730~1795)는 24만 파운드의 부동산과 많은 땅을 유산으로 남겼다.[29] '산업혁명' 초기에는 그 흐름을 탈 정도로 충분히 재빠르고 영리하며 또한 근면한 사람들이 상당한 재물보따리를 취할 수 있었다.

대다수 신흥 자본가의 목적은, 처음부터 마지막까지 그리고 언제나 저축한 돈을 **축적하는** 것이었다. 19세기 초 맨체스터에서 주일학교 설립을 위해 2500파운드의 기금을 모았는데, 그 지방의 방적업자들 가운데 가장 규모가 큰 공장을 가진 업주가 가치 있는 사업에 기부한 금액은 고작 90파운드였다. 젊은 사업귀족들에게는 비생산적인 자선사업에 기부하는 것보다 자신의 돈을 더 쓸모 있게 사용할 곳이 있었다. 그들은 축적을 해야만 했다. 그리고 애덤 스미스는 진심으로 축적을 용인했다. 축적하지 않는 자에게 재앙이 있으라. 그리고 자본을 까먹는 사람, 즉 '경건한 재단의 기금을 신성모독적 목적에 악용하듯이 조상들이 검소한 생활로 산업 유지에 전념하며 모은 재산을 나태함으로 소모한 자'[30]에게 재앙이 있으라.

그러나 애덤 스미스는 축적을 위한 축적은 용납하지 않았다. 결국 그는 철학자였고, 부의 허무함에 대해 철학자적 경멸을 느꼈다. 대신 스미스는 자본 축적이 사회에 큰 이득을 가져다준다고 보았다. 자본은—만약 기계에 투자되면—인간의 생산적 에너지를 몇 배 증가시키는 경이로운 노동의 분화를 가져오기 때문이다. 따라서 축적은 스미스에게 양날의 칼 가운데 한쪽 날이 되었다. 사적 탐욕은 또다시 사회의 후생을 초래한다. 스미스는 사적 자본 축적이 과연 더 많은 고용을 가져올 것인가라는, 20세기 경제학자들이 직면한 문제를 염려하지 않았다. 스미스가 보기에 세계는 무한히 개선될 수 있고 시장규모는 다만 지리적 한계의 제약을 받을 뿐이었다. "축적하라, 그러면 세계에 이익이 된다."고 스미스는 말했다. 실제로 그가 살았던 탐욕적 분위기 속에서 축적할 위치에 있는 사람들이 축적을 꺼릴 이유는 전혀 없었다.

그러나 여기에 하나의 어려움이 있다. 축적을 계속하면 곧 더 이상의 축적이 불가능한 상황에 이르게 된다. 왜냐하면 축적은 더 많은 기계를 의미하고, 더 많은 기계는 더 많은 노동자의 수요를 의미하기 때문이다. 그렇게 되면 조만간 임금의 계속적인 상승이 뒤따를 것이고, 마침내 이윤—축적의 원천—은 잠식될 것이다. 어떻게 이러한 장애물을 뛰어넘을 것인가?

축적의 법칙과 인구의 법칙

이 문제는 두번째 위대한 법칙에 의해 극복된다. 바로 '인구의 법칙'이다.

애덤 스미스에게 있어서 노동자는 다른 상품과 마찬가지로 수요에 따라 생산될 수 있다. 임금이 상승하면 노동인구의 수도 늘어날 것이다. 임금이 하락하면 노동인구의 수 또한 감소할 것이다. 스미스는 담담하게 다음과 같이 기술하고 있다.

……다른 상품에 대한 수요와 마찬가지로 인간에 대한 수요가 필연적으로 인간의 생산을 조절한다.[31]

얼핏 보기에 순진해 보이는 이러한 견해는 결코 그렇지만은 않다.

스미스가 살던 시대는 하층계급의 유아사망률이 매우 높았다. 스미스는 이렇게 말한다. "……스코틀랜드 북부 고지대에서 한 어머니가 스무 명의 자녀를 낳아 겨우 두 명만 살려내 키우는 것은 흔히 있는 일이다."[32] 영국의 여러 지역에서 아기의 절반은 네 살 이전에 사망했고, 거의 모든 곳에서 어린이의 절반은 아홉 살이나 열 살까지만 살았다. 영양실조, 불결한 생활환경, 추위 그리고 질병 등이 가난한 집안의 어린이 가운데서 엄청난 수의 생명을 앗아갔다. 따라서 더 높은 임금이 출산율에 미치는 영향은 적다 하더라도 일할 나이에 이를 때까지 살아남는 어린이의 수에는 상당한 영향을 끼칠 것으로 예상되었다.

따라서 축적의 첫번째 영향이 노동계급의 임금상승으로 나타난다면 이것은 곧 노동자 수의 증가를 초래할 것이다. 그 다음에는 시장기구가 이어받는다. 높은 시장가격이 더 많은 장갑의 생산을 유발하고, 더 많은 수의 장갑이 치솟았던 가격을 하락시키는 것과 같이 높은 임금은 더 많은 수의 노동자를 양산할 것이며, 노동자 수의 증가는 그들의 임금수준에 반대로 작용할 것이다. 장갑의 생산과 마찬가지로 인구도 임금에 관한 한 자연 치유되는 질병이다.

이것은 축적이 안전하게 진행될 수 있다는 의미이기도 하다. 자본의 축적이 가져오는 임금상승은 더 이상 축적을 해도 이윤이 남지 않는다는 위험성은 있지만 인구증가로써 상쇄, 완화된다. 축적은 파멸로 치닫지만 아슬아슬한 순간에 구제받는다. 고임금이라는 장애물은 바로 그 때문에 가능해진 인구증가로 말미암아 제거된다. 이러한 악화와 치유, 자극과 반작용의 자동적 과정에는 무언가 아주 흥미로운 요소가 존재한다. 이러한 과정 속에서 체제를 종말로 이끌 것 같던 바로 그 요소가 체제의 더 나은 건강에 필요한 조건들을 교묘하게 만들어낸다.

이제 스미스가 사회를 위해 구축한 거대하고 무한한 연쇄에 대해 살펴보기로 하자. 서로 맞물린 일련의 수학적 명제처럼 사회는 규칙적이고 필연적으로 상향운동을 시작한다. 출발점이 어디이든 시장기구는 돌아가는 상황을 면밀히 조사하여 모든 분야에서 사용되는 노동과 자본에 돌아가는 보수를 공평하게 돌아가도록 나누고, 수요가 있는 상품의 적정한 생산량을 보장하며, 나아가 경쟁을 통해 상품의 가격이 생산비 수준으로 끊임없이 내려가게 만든다. 이것에서 더 나아가 사회는 동적이다. 출발지점부터 부의 축적이 일어나며, 이 축적은 생산설비의 증가와 분업의 확대를 불러올 것이다. 여기까지는 모든 것이 순조롭다. 그러나 자본가들이 새로운 공장에 충원할 노동자를 두고 경쟁함에 따라 축적은 임금상승을 유발할 것이다. 임금이 상승하면 축적은 더 이상 이윤을 내지 못한다. 이 체제는 붕괴될 처지에 놓인다. 그동안 노동자들은 높아진 임금을 자식을 양육하는 데 사용하고, 이에 유아사망률은 감소한다. 따라서 노동자의 공급이 증가한다. 인구가 증가하면 노동자들 사이의 경쟁이 일어나 다시 임금은 하락한다. 그리하여 자본의 축적은 계속되며, 사회의 또 다른 나선형적 상승운동이 시작될 것이다.

스미스가 묘사한 것은 경기순환이 아니다. 그것은 장기적 과정이며 중단되지 않는 진화이다. 또한 이 진화는 놀랄 만큼 확실하다. 시장기구가 아무 간섭도 받지 않는다면 모든 것은 필연적으로 바로 앞에 존재하는 고리에 의해 결정되도록 되어 있다. 그 내부에 사회 전체를 포용하는 거대한 왕복운동을 하는 기계가 구축되는 것이다. 생산자를 안내하는 소비대중의 기호와 국가의 실질적인 물적 자원만이 인과관계 연쇄의 바깥에 존재한다.

스미스가 예견한 것이 사태의 무한한 개선은 아니라는 것을 알아두자. 우리가 경제성장—스미스는 이 용어를 쓰지 않았다—이라고 부르는 '장기적(long period) 개선'이 분명히 존재하겠지만 개선에는 한계가 있다. 이것은 노동계급에 즉각적으로 영향을 미치지는 않는 다. 노동인구의 증가가 임금을 낮추어 결국 생존수준의 방향으로 복귀시키는것은 사실이지만 스미스의 견해로는 노동계급의 처지는 오랜 세월에 걸쳐 개선될 것이다.

그러나 스미스는 어디까지나 현실주의자였다. 그는 지평선을 넘어서는 최장기(in the very long run)[33]에는 증가하는 인구가 임금을 다시금 '자연적' 수준으로 복귀시킬 것이라고 보았다. 언제 그러한 때 가올 것인가? 사회가 사용하지 않는 자연자원까지 모두 탕진하고, 가능한 최선의 분업을 도입했을 때 그러한 시대는 분명히 도래할 것이다. 한마디로 경제가 극한까지 경계를 확장하고 증가한 경제적 '공간'을 충분히 이용했을 때 성장은 끝이 날 것이다.

그렇다면 왜 그러한 경계를 더 이상 확장하지 못하는가? 대답은 스미스가 모든 중요한 분업을 지속적인 것이 아니라 일회적인 과정으로 파악하고 있다는 데 있다. 최근에 지적되었듯이 그는 분업의 조직적·기술적 핵심을 자생적인 변화의 과정으로 파악하지 않고 한번 자극을 남기고 사라져버리는 불연속적인 진전으로 이해했다. 그래서 최장기에는 사회의 성장 동력이 중단되기에 이른다는 것이다. 스미스는 사회가 번영하기를 희망할 수 있는 최장기가 기껏 약 200년 정도일 것이라고 말한 적이 있다.34 그때 이후에 노동자들은 생존을 보장하는 수준의 임금으로 돌아갈 것이고, 자본가는 안정된 시장에서 많지 않은 이윤으로 돌아갈 것이다. 더 이상 증가하지는 않지만 규모가 커진 인구로 말미암아 식량 수요는 큰 데 비해 토지공급은 고정되어 식량 생산이 제한됨에 따라 지주들만 상당한 고소득을 누리게 될 것이다. 스미스는 대담할 정도로 낙관적이었지만 그의 비전은 제한되고 신중하고 냉정했다.

시장을 그냥 내버려두라

《국부론》이 영향력을 갖는 데 시간이 걸린 것은 당연한 일이다.

책은 발간된 지 8년이 지나서야 의회에서 인용되었다. 《국부론》을 최초로 언급한 사람은 가장 강력한 하원의원이었던 찰스 제임스 폭스(Charles James Fox, 1749~1806)였다(그도 《국부론》을 실제로 읽지는 않았다는 사실을 후에 시인했다). 이 저서가 보편적으로 인정받은 것은 1800년에 이르러서였다. 그때까지 영어판본이 아홉 번이나 중판되어 유럽과 미국에 소개되었으며, 예상하지 못했던 계층에서 이 저서를 옹호하는 자들이 나타났다. 그들은 바로 신흥 자본가계급이었다. 스미스는 그들의 '야비한 탐욕'[35]을 비난하고 "도저히 인류의 지도자가 아니며 또 그렇게 되어서도 안 된다."고 그들에게 혹독한 비난을 퍼부었다. 그러나 그들은 스미스가 《국부론》에서 주장한 **'시장을 그냥 내버려두라**(let the market alone)'는 위대한 메시지를 지지한 나머지 그가 퍼부은 모든 비난을 무시했다.

애덤 스미스의 지지자들이 이해한 뜻은 서로 달랐다. 이미 말했듯이 스미스는 어느 한 계급을 옹호하지는 않았다. 그는 자신이 세운 논리체계의 노예였을 뿐이다. 그의 경제철학은 시장이 체제를 최고의 성과를 낼 수 있는 지점까지 끌어올릴 수 있는 능력을 가지고 있다고 확고히 믿은 데서 비롯되었다. 경이로운 사회적 기계인 '시장'은 만약 그냥 내버려두면 사회의 요구를 충분히 충족시킬 것이다.

그래서 진화의 법칙이 사회를 떠맡아서 약속된 보답을 실현하도록 끌어올릴 것이다. 스미스는 반(反)노동도 반자본도 옹호하지 않았다. 그에게 편견이 있었다면 그것은 소비자 편을 든 것이었다. 그는 "소비는 모든 생산의 유일한 목표이며 목적이다."[36]라고 썼고, 나아가 소비대중의 이익보다 생산자의 이익을 우선시하는 체제들을 혹평했다.

그러나 신흥 산업가들은 자유롭고 방해받지 않는 시장을 옹호하는 애덤 스미스의 찬사에서, 그 시대의 수치스러운 여건을 치유하려는 정부의 첫 시도를 봉쇄하는 데 필요한 이론적 정당성을 찾았다. 왜냐하면 스미스의 이론은 분명히 **자유방임**(laissez-faire) 원리로 나아갔기 때문이다. 애덤 스미스에게는 최소한의 간섭을 하는 정부가 최선의 정부이다. 정부는 낭비자이며 무책임하고 비생산적인 존재일 뿐이다. 그러나 후세의 찬양자들이 지적하듯이 스미스가 보편적 복지의 증진을 목적으로 하는 정부 행동을 반드시 반대하는 것은 아니다. 예컨대 그는 대량생산이 인간을 바보로 만드는 효과에 대해 아래와 같이 경고한다. "대다수 사람들의 이해력은 필연적으로 그들의 직장에서 형성된다. 평생을 몇 가지 단순한 일로만 보내는 인간은 인간이 도달할 수 있는 최고의 우둔과 무지에 이를 것이다." 또한 그는 "만일 정부가 그런 사태를 방지하기 위해 어떤 노력을 기울이지 않으면" 노동자의 인간적 미덕이 쇠퇴할 것이라고 예언한다.[37]

스미스는 정부의 모든 활동을 반대하기는커녕 자연적 자유의 사회에서 정부가 해야 할 세 가지 일을 특별히 강조한다. 첫째, 당연히 정부는 다른 사회의 '폭력과 침략'으로부터 사회를 지켜야 한다. 둘째, 정부는 모든 시민을 위해 '정확한 사법행정'을 수행해야 한다. 그리고 셋째, 정부는 "좋은 사회에 매우 유익하기는 하지만 개인이나 소규모 집단들이 그로부터 이윤을 얻어 비용을 보상받기 어려운 성격을 가진 공공기관과 공공사업을 설립하고 유지하는" 의무를 수행해야 한다.

오늘날의 용어로 말하면 스미스는 민간부문에서는 수행하기 어려운 사업—그는 두 가지 예로, 도로와 교육을 들었다—에서 이루어지는 공공투자의 유익성을 명백히 인식하고 있었다. 더 이상 말할 필요도 없이 이러한 개념은 스미스 이후 그 범위를 상당히 넓혀왔지만(홍수통제, 환경보호, 과학적 연구 등을 생각해보라), 스미스의 비전에서는 그러한 개념 자체가 다른 것과 마찬가지로 함축되어 있을 뿐 명백하게 표현되지는 않았다.

스미스가 **반대하는** 것은 시장기구에 대한 정부의 쓸데없는 간섭이었다. 그는 수입제한이나 수출보조금을 반대하고, 경쟁으로부터 산업을 보호하는 정부법령을 반대하며, 비생산적 목적을 위한 정부의 지출을 반대했다. 이러한 정부 활동은 모두 시장체제의 적절한 작동을 억압한다는 사실에 주의하라는 것이었다. 스미스는 정부가 복지법안을 가지고 간섭해올 때 정부가 시장체제를 약화시킬 것인가 강화시킬 것인가 하는, 후대 경제학자들에게 지적인 고민을 안겨주는 문제에는 직면하지 않았다. 그의 시대에는 빈민구호를 제외하고는 복지법안이라는 것이 사실상 없었다. 정부는 지배계급의 뻔뻔스러운 동맹자였고, 정부 내부의 큰 논쟁은 가장 큰 이익을 누려야 하는 세력이 지주계급이냐 산업자본가계급이냐 하는 문제였다. 노동계급도 경제문제의 방향에 대해 발언권을 가져야 하는가 하는 문제는 지체 높은 사람들에게는 안중에도 없었다.

애덤 스미스의 체계에 대한 큰 적은 정부가 아니라 모든 형태의 독점이었다. 애덤 스미스는 이렇게 말한다. "같은 업종에 종사하는 사람들은 서로 만나는 일이 거의 없다. 만나더라도 그들의 대화는 소비대중을 배반하거나 가격인상을 담합하는 정도에서 끝난다."[38] 그러한 작태가 빚어내는 문제는 그것이 도덕적으로 비난받아 마땅한 일이라는—그것은 결국 인간의 어쩔 수 없는 이기심의 소산일 뿐이다—사실보다는 오히려 시장의 원활한 작용을 저해한다는 점이었다. 그리고 물론 애덤 스미스는 옳았다. 시장기구의 작용이 가장 낮은 값으로 가장 많은 제품을 생산하도록 하는 것이라면 시장에 간섭하는 것은 필연적으로 사회의 복지수준을 저하시키는 일이 된다. 만약 스미스의 시대처럼, 모자 제조 장인이 영국 어느 곳에서나 두 명 이상의 도제를 고용할 수 없고 칼 제조 장인이 셰필드에서 한 명 이상의 도제를 고용할 수 없다면 시장체제는 도저히 그 장점을 충분히 발휘할 수 없을 것이다. 만약 스미스의 시대처럼, 극빈자들을 지방 교구에 묶어두고 일자리를 찾을 수 있는 다른 곳에 가서 구직하는 것을 금지한다면 시장은 노동력이 필요한 곳으로 노동자를 끌어당기지 못할 것이다. 만약 스미스의 시대처럼, 큰 특권을 가진 회사에게 외국 무역독점권을 내어준다면 대중들은 값싼 외국상품의 혜택을 충분히 누리지 못할 것이다.

따라서 이러한 모든 방해물은 없어져야 한다고 스미스는 말한다. 시장이 자연적 수준의 가격·임금·이윤·생산을 찾는 데 자유롭게 작동할 수 있도록 내버려두어야 한다. 시장에 개입하는 모든 것은 다만 국가의 참된 부를 희생시킬 뿐이다. 그러나 정부의 모든 법령이—심지어 공장에 흰 도료를 칠하도록 요구하는 법령이라든지, 어린이를 기계에 묶는 행위를 금지하는 법령까지도—시장의 자유로운 작동을 방해하는 것으로 해석될 수 있다. 《국부론》은 최초의 인도주의적 법령을 반대하는 데 흔히 인용되었다. 따라서 어이없게도 18세기의 탐욕적인 신흥 자본가들을 가리켜 "대중을 속이고 심지어 억압하려는 경향이 있다."고 경고한 애덤 스미스가 그들의 경제행위를 후원하는 성자로 인식되고 말았다. 심지어 오늘날까지도 그의 철학은 완전히 무시된 채 스미스는 통상적으로 보수적 경제학자로 간주되고 있다. 실제로 스미스가 대부분의 현대 자유주의 경제학자들보다도 사업가의 동기에 공공연하게 적대적이었는데도 불구하고 말이다.

어떤 의미에서 애덤 스미스의 비전은 합리성과 질서가 자의성과 혼돈을 누르고 반드시 승리할 것이라는 18세기적 신념의 증언이다. 스미스는 "선행을 하려고 애쓰지 말라."고 말한다. 이기적 행동의 부산물로 선행이 나오도록 하라는 것이다. 거대한 사회적 기구를 그처럼 신봉하고, 또한 이기적 본능을 사회적 미덕으로 합리화하다니 얼마나 철학자다운가! 자신의 철학적 신념의 결과에 대한 스미스의 변치 않는 믿음에는 망설이는 부분이 전혀 없었다. 애덤 스미스는 법관들이 국가가 아니라 소송당사자들로부터 보수를 받아야 한다고 주장했다. 그래야만 법관들도 자기이익 때문에 자신에게 할당된 소송을 신속히 처리하게 된다는 것이다. 또한 애덤스미스는 새로 등장한 주식회사(법인)라는 기업조직의 장래에 그다지 기대를 걸지 않았다. 그러한 비인격적 사업체는 복잡하고 힘든 사업을 수행하는 데 필요한 이기심을 분발할 가능성이 아주 낮을 것이라고 생각했기 때문이다. 심지어 노예제도의 폐지와 같은 위대한 인도주의적 운동도 자신의 논리를 동원해서 옹호했다. 스미스는 노예제도를 없애면 비용이 더 적게 들 것이므로 노예제도를 폐지하는 것이 최선이라고 말했다.

스미스의 주장을 따라가보면 복잡하고 비합리적인 세계는 인간이 분자처럼 손해라는 극을 떠나서 이익이라는 극을 향하도록 하는 일종의 합리적 기구로 전환된다. 거대한 체제가 작동하는 것은 인간이 그것을 지도하기 때문이 아니라 자기이익과 경쟁이 대열을 적절하게 정렬하기 때문이다. 기껏 인간이 할 수 있는 것은 이 자연스러운 사회적 자력(磁力)을 도와서 더불어 지내는 것, 즉 이 사회물리학의 자유로운 작동을 방해하는 것이라면 어떤 장애물이든 제거하고 사회물리학의 속박으로부터 벗어나려는 잘못된 노력을 그만두는 것뿐이다.

그러나 애덤 스미스의 세계가 비록 18세기적 정취를 가지고 있고 합리성과 자연의 법칙과 인간의 작용과 반작용이라는 기계화된 속박에 대한 신념을 견지하고 있다고 해도, 거기에 따뜻한 가치가 전혀 없는 것은 아니다. 체제 속에서 그가 마음에 둔 최대 수혜자는 소비자—생산자가 아니라—라는 점을 잊지 말자. 일상생활의 철학 속에서 최초로, 소비자는 왕이다.

애덤 스미스가 미처 보지 못한 것

이 모든 것 가운데서 살아남은 것은 무엇일까?

거대한 진화의 기획은 살아남지 못했다. 그것은 스미스의 뒤를 잇는 위대한 경제학자들에 의해 크게 수정되는 것을 보게 될 것이다. 그러나 스미스의 세계가 자신도 이해하지 못하는 공식에 도달하려는 소박한 노력일 뿐이라고 생각하지는 말자. 스미스는 공업화 이전 자본주의 시대의 경제학자였다. 그는 사는 동안 거대기업이 시장체제를 위협하는 것을 보지 못했고, 자신이 제시한 축적과 인구의 법칙이 50년 뒤의 사회학적 발달에 의해 뒤집히는 것을 보지 못했다. 애덤 스미스가 집필하던 때에는 아직 '경기순환'이라고 불릴 수 있는 뚜렷한 현상도 없었다. 그가 기술한 세계는 실제로 존재했고, 그는 그것을 체계화함으로써 시장체제가 확장 성향을 가지고 있음을 탁월하게 분석했다.

그러나 스미스의 구상에는 빠진 것이 있었다. 그는 사회의 진화는 보았지만·사회의 혁명, 즉 산업혁명은 보지 못했다. 스미스는 추악한 공장제도, 새로 시도되는 회사 형태의 기업조직 그리고 권익옹호 조직을 만들려는 직공들의 허약한 시도 등에서 새롭고 강력한 사회적 힘이 서서히 움트고 있음을 미처 알지 못했다. 어떤 의미에서 그의 체계는 18세기 영국이 영원히 변하지 않은 채로 지속될 것이라는 것을 전제한다. 다만 양적으로만 증가할 뿐이다. 인구도 증가하고 상품도 증가하고 부도 증가할 것이다. 그러나 사회의 질은 변화하지 않은 채로 있을 것이다. 남는 것은 정적인 사회의 역학이다. 그것은 성장하되 결코 성숙하지 않는다.

비록 진화의 이론체계는 그 후 엄청난 수정이 가해졌지만 시장이라는 거대한 파노라마는 주된 업적으로 남았다. 분명히 스미스가 시장을 '발견'하지는 않았다. 다른 사람이 그보다 앞서 자기이익과 경쟁이 상호작용하여 어떻게 사회의 수요를 충족시키는가를 지적했다. 그러나 스미스는 그러한 개념이 요구하는 완전한 행동철학을 가장 처음으로 이해한 사람이었다. 또한 광범위하고 체계적인 형태로 전체 개요를 공식화한 최초의 인물이었다. 그는 영국과 유럽의 사람들로 하여금 시장이 어떻게 사회를 결합시키는가를 이해하도록 만들었으며, 자신이 성취한 해석을 바탕으로 사회질서의 체계를 세운 최초의 인물이었다. 후대의 경제학자들은 스미스의 시장 묘사를 더 화려하게 장식할 것이며, 그 후에 나타날 심각한 결함을 탐구할 것이다. 그러나 스미스가 현대세계의 '시장'이라는 측면에 불어넣은 풍요로움과 생명력을 능가할 사람은 아무도 없을 것이다.

애덤 스미스의 백과사전적 범위와 지식에 대해서는 찬탄만이 있을 뿐이다. 18세기였음에도 불구하고 당시에 그는 어떻게 그렇게 거대하고, 모든 것을 포괄하며, 안전하고, 신랄하며 심오한 저서를 저술할 수 있었을까! 실로 《국부론》과 《도덕감정론》 그리고 그의 몇몇 논문들은 애덤 스미스가 단순한 경제학자 이상의 인물이었다는 것을 잘 보여준다. 그는 철학자, 심리학자, 역사학자, 사회학자로서 인간의 동기와 역사적 '단계' 및 경제기구를 포함하는 비전을 고안해냈다. 이 모든 것은 그의 표현에 따르면 '자연의 위대한 건축가'의 계획을 드러내준다. 이런 점에서 《국부론》은 정치경제학의 걸작 이상이라고 평가할 만하다. 그것은 인간의 모험에 대한 거대한 구상의 한 부분이다.

나아가 《국부론》은 그 날카로운 관찰로 우리를 끊임없이 놀라게 한다. 스미스가 다음과 같이 기술할 때 그는 150년 후에 등장할 소스타인 번드 베블런(Thorstein Bunde Veblen, 1857~1929)을 예견했던 셈이다.

대부분의 부유층이 부를 즐기는 주된 방법은 부의 과시에 있다. 그들이 자신을 제외한 다른 누구도 소유할 수 없는 부의 결정적 증거물을 소유하게 될 때 과시에 대한 그들의 쾌감은 절정에 달한다.[39]

또한 다음과 같이 기술할 때 그는 시대를 앞서가는 정치가였다.

만약 대영제국의 어떤 지방이 전체 제국을 지원할 세금을 납부하지 못하게 된다고 가정하자. 대영제국은 전시라면 그 지방을 방어하기 위한 지출을 줄이고 평화시라면 그 지방의 공공시설이나 군사시설에 대한 지원금 지출을 줄여야 하며, 미래의 의견과 기획을 자신의 평범한 여건에 맞추려고 노력해야 할 것이다.[40]

아마 애덤 스미스처럼 자신의 시대를 완전히 포괄한 경제학자는 다시 나오지 못할 것이다. 그렇게 침착하고 완고함에 빠지지 않고 악의를 품지 않으면서 철저히 비판적이며 몽상적 이상에 빠지지 않고서도 낙관적인 사람은 아무도 없었다. 확실히 그는 자기 시대의 신념을 공유하고 있었다. 실은 그가 그런 신념을 만들어내는 데 일조했다. 당시는 인도주의와 이성의 시대였다. 인도주의와 이성은 가장 잔인하고 폭력적인 목적으로 악용될 수 있었지만 스미스는 결코 광신적 애국자나 변호가, 타협가가 아니었다. 그는 《도덕감정론》에서 이렇게 썼다. "이 세상의 모든 노고와 소란은 도대체 무엇을 위한 것인가? 탐욕과 야망의 목표, 부와 권력과 명성을 추구하는 목표는 무엇인가?"[41] 《국부론》이 스미스의 대답을 대신해준다. 부와 영광을 쟁취하기 위한 모든 추악한 소동은 보통 사람들의 복지에 기여할 때 궁극적인 정당성을 갖는다.

말년에 스미스는 영예와 존경을 충분히 받았다. 영국 보수주의의 대표적 이론가인 에드먼드 버크(Edmund Burke, 1729~1797)가 그를 만나기 위해 에든버러로 왔으며, 오래 근무했던 글래스고대학교의 명예총장으로 선출되었다. 또한 그는 《국부론》이 덴마크어, 프랑스어, 독일어, 이탈리아어, 에스파냐어로 번역되는 것을 보았다. 옥스퍼드만이 그를 무시했다. 옥스퍼드는 자존심을 버리고 그에게 명예 박사 학위를 주지 못했다. 언젠가 당시 수상이던 피트 2세(William Pitt, 1759~1806)가 에딩턴, 윌버포스, 그렌빌과 회합을 하고 있었다. 애덤 스미스 역시 그 자리에 초대받았다. 늙은 철학자 스미스가 방으로 걸어 들어올 때 모든 사람이 자리에서 일어섰다.

"신사분들, 앉으십시오."라고 그가 말했다. 피트 수상이 답했다.

"아닙니다. 선생님이 먼저 앉으실 때까지 우리는 서 있겠습니다. 우리들은 모두 당신의 제자입니다."[42]

1790년에 스미스는 세상을 떠났다. 그의 나이 67세였다. 이상하게도 그의 별세는 비교적 주목을 적게 받았다. 아마 사람들은 프랑스혁명에 대한 우려와 그것이 영국 농촌에 끼칠 영향에 대해 걱정하느라 너무나 바빴을 것이다. 그의 유해는 조촐한 묘비와 함께 케넌게이트 교회묘지에 묻혔다. 묘비에는 "《국부론》의 저자, 애덤 스미스 여기 누워 있다."는 비문이 새겨져 있다. 이보다 더 오래갈 기념비를 생각하기는 어려울 것이다.

chapter 4

맬서스와 리카도의 우울한 예감

토머스 로버트 맬서스
Thomas Robert Malthus, 1766~1834
경제학자이자 인구통계학자. 인구증가는 식량공급
을 앞지르는 경향이 있으며, 인류의 운명을 위해
엄격하게 산아제한을 해야 한다고 주장했다.

데이비드 리카도
David Ricardo, 1772~1823
경제학자. 노동자의 실질소득을 늘리려는 시도는
모두 무익하며 임금은 필연적으로 생존수준에 가
깝게 유지된다고 말했다.

어 느 곳에나 존재했던 빈곤문제 이외에 또 다른 골치 아픈 문제
가 18세기 내내 영국을 괴롭혔다. 그것은 도대체 영국에 사는
사람이 얼마나 되는가 하는 문제였다. 그 문제가 우려스러웠던 것은,
영국인들이 보기에 영국에서는 빈약한 자원 때문에 인구가 줄어들고
있는 것이 확실한데 대륙에 있는 영국의 적국들에서는 인구가 그야
말로 홍수처럼 불어나고 있었기 때문이다.

영국은 인구가 얼마나 되는지 정확히 알려고 노력하지도 않았다.
우울증처럼, 사실은 전혀 모른 채 막연히 걱정만 하고 있었다. 1801
년에야 첫번째 인구조사가 실시되었는데, 영국인들은 이것을 "영국
인에게 주어진 자유의 최후 부분마저 파괴하는 것"이라고 선전했다.
따라서 그 이전까지 자국의 인적 자원 상태에 대한 영국인의 지식은
아마추어 통계학자들의 노력에 의존하고 있었다. 비국교도 성직자
리처드 프라이스(Richad Price, 1723~1791) 박사, 약제사 겸 커피와 홍
차 상인 휴튼, 지도 제작자 그레고리 킹(Gregory King, 1648~1712) 등
이 바로 그들이다.

호별세 납부 기록과 세례자 등록대장을 토대로 킹은 1696년 잉글
랜드와 웨일스의 총인구가 550만 명에 가깝다고 발표했다.[1] 이것은

매우 정확한 추산이었던 것으로 보인다. 그러나 킹은 당대의 인구 추산에만 관심을 가진 것이 아니었다. 그는 미래의 인구를 내다보면서 이렇게 기술했다.

모든 가능성을 고려할 때 영국 인구가 현재의 두 배가 되는 것은 아마 약 600년 후, 즉 2300년경이 될 것이다. …… 다시 그 인구의 배가 되는 것은 1200~1300년 후, 즉 3500~3600년경이 될 것이다. 그때가 되면 왕국은 2200만 명의 인구를 갖게 될 것이다.[2]

여기에 지도 제작자는 "지구가 그때까지 계속 존속한다면"이라는 신중한 단서를 붙였다.

그러나 애덤 스미스의 시대에는 점진적으로 인구가 증가한다는 킹의 예상 대신 다른 의견이 나왔다. 18세기의 호별세 집계기록과 그 이전의 기록을 비교한 프라이스 박사는 영국 인구가 '왕정복고(1660년 찰스 2세의 즉위―옮긴이 주)' 이래 30퍼센트 이상이나 **감소했다**는 결론을 내놓았다. 그의 계산이 가진 타당성은 분명히 믿기 어려웠고, 다른 조사자들은 그의 발견을 심하게 공박했다. 그럼에도 불구하고 프라이스 박사가 믿었던 것을 사람들은 대개 사실로 받아들였다. 당시의 긴박한 정치사태로 볼 때 그것은 아주 불쾌한 사실이기는 했다.

개혁신학자 윌리엄 페일리(William Paley, 1743~1805)는 이렇게 한탄했다. "인구 감소는 우리나라가 겪을 수 있는 수난으로는 가장 나쁜 것이다. 그러므로 그것을 개선하는 것은 다른 어떤 정치적 목적보다 우선되어야 할 목표다."[3]

이렇게 믿은 것은 페일리뿐만이 아니었다. 수상 피트 2세는 인구를 증가시킬 목적으로 새로운 구빈법안을 도입했다. 법안은 자녀 출산 시 넉넉한 보조금을 지급한다는 것이었다. 피트 수상이 보기에 자손들이 다시 빈민이 되는 한이 있더라도 어린이를 가진 사람이 나라를 '부유하게' 한다는 사실은 분명했다.[4]

오늘날 우리의 눈으로 볼 때 인상적인 것은 인구문제로 인해 영국이 실제로 국가 존망의 위험에 처했느냐 아니냐가 아니다. 돌이켜볼 때 흥미로운 것은 인구문제에 관한 위의 두 견해 모두 자연법칙과 이성, 진보를 신봉하는 비전과 조화를 잘 이루었다는 점이다. 인구가 감소하고 있었는가? 그렇다면 증가하도록 격려해야 한다. 애덤 스미스가 자유로운 시장경제의 지도원리임을 입증한 법칙의 자애로운 후원으로 인구는 '자연히' 증가할 것이기 때문이다. 인구가 증가하고 있었는가? 그렇다면 잘된 일이다. 인구증가가 국부의 원천이라는 사실을 누구나 동의했기 때문이다. 케이크를 어떤 식으로 자르든 결과는 사회에 대한 낙관적 진단에 유리했다. 달리 말하면 모두 이해하고 있듯이 인구문제에는 미래에 대한 인간의 신념을 뒤흔들 아무것도 없었다.

아마 윌리엄 고드윈(William Godwin, 1756~1836)만큼 이러한 낙천적 견해를 순진하고 완벽하게 요약한 사람은 없을 것이다. 성직자이며 동시에 팸플릿 작가였던 고드윈은 주위의 잔혹한 세계를 바라보고 절망으로 움츠러들었다. 그러나 그가 본 미래는 낙천적이었다. 1793년에 그는 《정치적 정의(Political Justice)》라는 제목의 저서를 발표했다. 그는 그 책에서 현재를 맹렬히 비난했지만 먼 장래를 다음과 같이 약속했다. "거기에는 전쟁도 범죄도 없을 것이고, 소위 사법행정도, 정부라는 것도 없을 것이다. 그리고 질병, 고뇌, 우울증, 분노도 없을 것이다."[5]

얼마나 훌륭한 비전인가! 물론 그것은 대단히 반역적이었다. 고드윈의 유토피아는 완전한 평등과 철두철미한 무정부적 공산주의를 요구했기 때문이다. 그는 심지어 결혼에 따르는 재산계약도 철폐될 것이라고 했다. 그 책의 비싼 가격(그것은 3기니에 팔렸다)을 고려하여 추밀원(Privy Council)은 저자를 기소하지 않기로 결정했다. 그리고 귀족들의 상류사회에서는 고드윈의 대담한 사상을 토론하는 것이 시대의 유행이 되었다.

유토피아적 낙관론에 제동을 건 맬서스

길퍼드에서 얼마 떨어지지 않은 곳에 위치한 앨버리하우스에서도 이러한 논쟁이 벌어졌다. 그곳에는 이상한 노신사가 살고 있었는데, 1800년에 그가 사망하자 『젠틀맨스 매거진(Gentleman's Magazine)』이라는 잡지는 그를 '문자 그대로 기인'이었다고 소개했다. 이 기인이 바로 데이비드 흄의 친구이며 루소를 열렬한 찬양한 다니엘 맬서스(Daniel Malthus)였다. 그는 루소와 더불어 지방으로 식물채집여행을 떠나기도 했고, 루소로부터 식물표본집과 무소유를 반복해서 호소하는 어떤 프랑스 철학자의 저서를 받은 적도 있었다. 여가가 많고 호기심 많은 당시의 신사들처럼 다니엘 맬서스는 무엇보다도 자극적이고 지적인 대화를 좋아했고, 대화의 상대자로는 흔히 자신의 영리한 아들 토머스 로버트 맬서스(Thomas Robert Malthus, 1766~1834) 목사를 택했다.

당연히 고드윈의 이상향이 고찰 대상으로 등장했다. 기인 기질이 강한 사람으로서 마땅히 그럴 것으로 예상되는 바대로 맬서스 1세는 극히 합리적인 유토피아에 공감했다. 그러나 젊은 맬서스는 그의 아버지처럼 희망에 차 있지는 않았다. 사실 부자간의 논쟁이 진행됨에 따라 그는 실제의 인간사회와 영원한 평화와 풍요라는 상상의 땅 사이에는 넘어설 수 없는 장벽이 있다는 것을 깨닫기 시작했다. 아버지를 설득하기 위해 그는 상당한 분량의 반론을 상세하게 글로 적었다.

아들의 생각에 깊은 감명을 받은 다니엘 맬서스는 그 논문을 출판하여 대중들이 읽을 수 있도록 하자고 제안했다.

마침내 1798년에 5000단어로 된 익명의 책이 세상에 발표되었다. 제목은 《미래의 사회개선에 영향을 주는 인구원리에 대한 소고(An Essay on the Principle of Population as It Affects the Future Improvement of Society, 《인구론》으로 알려져 있다—옮긴이)》였다. 이것은 조화로운 우주에 대한 분별없는 희망을 한 방에 무너뜨렸다. 몇 쪽의 글을 통해 젊은 맬서스는 당대의 자기만족적인 사상가들이 밟고 서 있던 양탄자를 별안간 잡아당긴 셈이 되었다. 그가 그들에게 진보 대신 제시한 것은 빈약하고 적막하고 냉랭한 전망이었다.

왜냐하면 《인구론》에서는, 자연 속에서 인구증가가 모든 가능한 생존수단의 증가를 앞지르는 경향이 있다고 보았기 때문이다. 사회는 계속 높은 수준을 향해 상승하기는커녕 절망적인 함정에 빠지게 된다. 이 함정 속에서 인간은 종족의 증식 욕구로 말미암아 피할 수 없는 생존의 벼랑 끝에 서게 된다. 인간들은 이상향을 향하는 것이 아니라 탐욕스럽고 수가 증가하는 입과 아무리 열심히 뒤져봐도 항상 불충분한 자연이라는 식량창고 사이에서 영원히 절망적인 싸움을 해야 할 운명이었다.

맬서스의 글을 읽고 나서 토머스 칼라일(Thomas carlyle, 1795~1881)이 경제학을 '음울한 학문(the dismal science)'이라 일컫고, 불쌍한 고드윈이 맬서스가 진보를 믿는 동료들을 수백 명이나 전향시켜 반동주의자가 되게 했다고 불평한 것도 당연한 일이다.

진보의 수혜자는 지주라고 본 리카도

사람을 놀라게 하는 지적 충격 한방으로 맬서스는 자기만족과 안락한 진보의 전망으로 기울어 있던 당대의 모든 희망을 무너뜨렸다. 그러나 이것으로는 충분하지 않다는 듯이, 같은 시기에 전혀 다른 부류의 사상가가 18세기 후반과 19세기 초반의 다른 안락한 가설에 대한 '최후의 일격(coup de grâce)'을 준비하고 있었다. 증권업자로 대단한 성공을 이룬 데이비드 리카도(David Ricardo, 1772~1823)가 곧바로 경제학 이론의 개요를 발표한 것이다. 그것은 맬서스가 예언한 인구의 홍수보다는 덜 요란스러웠지만 나름대로 조용히 애덤 스미스가 주장한 개선의 전망에 찬물을 끼얹는 이론이었다.

리카도가 예견한 것은 모든 사람이 진보의 승강기를 타고 함께 올라간다는 사회이론의 종말이었기 때문이다. 스미스와는 달리 리카도는 승강기가 각기 다른 계급에게 다른 효과를 나타낸다고 보았다. 어떤 계급은 의기양양하게 꼭대기에 오르지만 다른 계급은 몇 발자국 올라가다가 발에 차여 바닥으로 도로 떨어진다. 설상가상 승강기를 움직이는 계급은 승강기를 타고 올라가는 계급이 아니다. 승강기 승차의 혜택을 가장 크게 누리는 계급은 그만한 보수를 받기 위해 아무 일도 하지 않는 계급이다. 비유를 한 발짝 더 발전시켜 보자. 꼭대기까지 올라가고 있는 계급을 자세히 살펴보면 여기에서도 일이 순조롭게 진행되지 않는 것을 볼 수 있다. 안전한 계단을 확보하기 위해 서로 무서운 투쟁을 벌이고 있기 때문이다.

애덤 스미스에게 사회란 거대한 가족 같은 것이었다. 그러나 리카도는 사회를 내부적으로 분열된 병영과 같은 것으로 보았다. 리카도가 사회를 그렇게 본 것도 당연하다. 《국부론》이 발표된 후 40년 동안 영국은 두 개의 적대적인 집단으로 나뉘어 있었다. 한편은 신흥 자본가들로서 그들은 공장 운영에 분주하면서 의회의 대표권과 사회적 명성을 쟁취하려고 했다. 다른 편은 대지주 계급이었다. 그들은 부유하고 강력하며 견고한 진지를 구축한 귀족으로서 뻔뻔스러운 '신흥 부유층(nouveaux riches)'이 자신들의 지위를 잠식해오는 것을 분노의 눈으로 바라보고 있었다.

지주들을 분노케 한 것은 자본가들이 돈을 번다는 사실이 아니었다. 자본가들이 항상 식량가격이 너무 비싸다고 주장하는 가증스러운 사실 때문에 그들은 분노했다. 애덤 스미스 이후 짧은 기간 내에 벌어진 일인데, 오랫동안 곡물을 수출하던 국가인 영국이 이제 외국으로부터 식량을 수입해야 하는 국가로 바뀌었다. 영국의 인구가 급격히 감소한다고 본 프라이스 박사의 불만에도 불구하고 영국 인구는 실질적으로 증가했고, 이에 따라 곡물 수요가 공급을 앞지르자 부셸당 소맥 가격이 **네 배로** 치솟았다. 가격이 오르자 농업이윤도 늘어났다. 스코틀랜드 이스트 로디언의 한 농장에서는 이윤과 지대를 합친 금액이 투자한 자본의 평균 56퍼센트에 이르렀다. 버크헤드라는 사람이 소유한 300에이커의 농장—전형적인 중간 규모의 시설—을 예로 들면 1790년에는 이익금이 88파운드였던 것이 1803년에 121파운드로 올랐고, 10년 후에는 160파운드가 되었다.[6] 전국적으로 모든 증언자들은 20~25년 만에 지대가 최소한 두 배가 되었다는 데 의견을 모았다.

곡물가격이 치솟자 기업심이 강한 상인들은 외국에서 밀과 옥수수를 구입하여 영국으로 들여오기 시작했다. 당연히 지주들은 이러한 행태를 낙담하면서 구경했다. 이제는 농사가 과거처럼 단순히 귀족의 생활방식에 그치는 것이 아니라 사업—그것도 큰 사업—이 되었다. 예컨대 1799년 링컨셔의 리비스비 농장의 소유주였던 조지프 뱅크스 경은 사무실로 사용할 방 두 개를 방화벽과 철창으로 외부로부터 차단했다. 그러고는 농장에 관한 모든 문서를 기밀로 취급할 156개의 서랍을 만들었다고 자랑했다.[7] 지주는 자신의 땅에서 살고 땅을 사랑했다. 그리고 매일 소작인들을 만나며, 작물 윤작과 각종

비료의 장점을 의논하기 위해 사교모임에도 참석했다. 그렇다고 해서 그의 소득이 곡물 판매 가격에 달려 있다는 사실을 잊지는 않았다.

따라서 해외로부터 곡물을 값싸게 유입하는 것을 관대한 눈으로 볼 수만은 없었다. 운 좋게도 지주계급은 이러한 고민스러운 사태의 전개에 대항할 수단을 손쉽게 마련할 수 있었다. 의회를 지배하고 있던 지주계급은 강력한 보호체제를 스스로 입법화했다. 지주계급이 통과시킨 '곡물법(Corn Laws)'은 곡물 수입에 가격연동 관세를 부과하는 것이었다(1815년에 통과된 신곡물법은 소맥 가격이 1쿼터당 80실링으로 내려갔을 때에는 밀의 수입을 일체 금지한다는 내용이었다—옮긴이). 외국시장의 곡물가격이 하락하면 그것에 반비례해서 높은 관세를 부과하는 식이었다. 사실상 값싼 외국산 소맥을 영국시장에서 영원히 격리할 수 있는 토대가 마련된 것이다.

그러나 1813년에 이르자 사태는 걷잡을 수 없는 상황에 이르렀다. 흉년과 나폴레옹과의 전쟁이 겹쳐 사실상 기근이라 할 정도로 곡물 값이 폭등한 것이다. 소맥은 쿼터당 118실링—부셸당 약 14실링—이라는 터무니없는 가격으로 팔렸다.[8] 그러니까 1부셸의 소맥이 노동자의 **주당 임금총액**의 **두 배** 가격으로 팔린 것이다(이 가격이 어느 정도인지 가늠하기 어려울 테니 이해를 돕기 위해 미국에서 1970년대 이전에 역사상 최고가였던 소맥가격과 비교해보자. 1920년 소맥가격이 부셸당 3달러 50센트까지 치솟았는데, 노동자의 주당 임금은 평균 26달러였다).

분명히 곡물가격은 터무니없이 높았다. 이 문제에 대해 어떤 조치를 취해야 하는가는 나라의 중대한 문제였다. 의회는 사태를 주의 깊게 검토했고 마침내 외국 곡물에 부과하는 관세를 더 높여야 한다는 해결책을 내놓았다. 그 근거는 단기적으로 가격을 올리면 장기적으로는 영국의 소맥 증산을 자극할 것이라는 것이었다.

이것은 신흥 자본가들의 입장에서 받아들이기에 너무나 심한 조치였다. 토지소유자들과는 반대로 자본가들은 값싼 곡물을 원했다. 왜냐하면 그들이 노동자에게 지불해야 할 금액은 대체로 식료품 가격에 의해 결정되었기 때문이다. 자본가들이 값싼 곡물을 위해 투쟁한 것도 인도주의적 동기에서 비롯된 것은 아니었다. 런던의 거물급 은행가였던 알렉산더 베어링(Alexander Baring, 1774~1848)은 의회에서 이렇게 선언했다.

"노동자들은 이 문제에 대해 관심이 없다. 소맥가격이 한 쿼터에 84실링 하건, 105실링 하건 노동자가 마른 빵을 먹기는 마찬가지다."[9]

베어링의 말이 뜻하는 것은 곡물가격과 관계없이 노동자들은 양식을 구입할 만큼 임금을 지급받으며, 또한 그 이상의 임금은 받지 못한다는 것이다. 그러나 임금을 지불하고 이윤을 추구하는 자본가들의 입장에서는 곡물—그리고 임금—이 싸거나 비싼 것은 엄청난 차이가 있었다.

업계 세력들은 뭉쳤다. 의회에는 과거 어느 때보다도 많은 탄원서가 접수되었다. 나라의 분위기를 감안할 때 무턱대고 관세를 올리는 새로운 곡물법을 밀어붙여 통과시키는 것은 분명히 적절치 못했다. 하원과 상원에 새로운 위원회가 조직되었고, 결국 그 문제는 당분간 처리가 유보되었다. 다행히 다음 해에 나폴레옹의 패배로 곡물가격은 다시 정상에 가까운 수준으로 떨어졌다. 그러나 곡물법이 완전히 폐기되고 값싼 곡물을 영국으로 들여오는 것이 허용되기까지는 30년의 시간이 더 필요했다. 당시 지주계급의 정치권력이 얼마나 강력했는지를 말해주는 지표라고 할 수 있다.

그러한 위기의 와중에 책을 저술한 리카도가 왜 애덤 스미스와 달리 그리고 그보다 훨씬 비관적인 눈으로 경제학을 보게 되었는지 이해하기는 어렵지 않다. 스미스는 세계를 보고 그 안에서 위대한 협주

곡을 찾아낸 반면 리카도는 가차 없는 대립을 보았다.《국부론》의 저자에게는 모든 인간이 하느님의 자비에 동참할 수 있다고 믿을 만한 충분한 이유가 있었다. 반세기 후에 저술한 탐구적인 증권업자가 보기에 사회는 싸우는 집단으로 갈라져 있을 뿐만 아니라 대립에서 당연히 승리해야 할 사람—근면한 자본가—은 패배할 운명을 피할 수 없는 것 같았다. 왜냐하면 리카도는 사회의 진보에서 이익을 얻을 수 있는 유일한 계급은 지주라고 믿었기 때문이다. 곡물가격에 대한 지주의 지배력이 깨어지지 않는다면 말이다.

"지주계급의 이익은 사회의 다른 모든 계급의 이익과 항상 대립된다."[10]라고 리카도는 1815년에 기술했다. 사람들은 이 솔직한 문장을 접하면서, 성장하는 시장체제의 핵심적인 정치투쟁으로 선전포고 없는 전쟁이 진행되고 있다는 것을 인식하게 되었다. 적대적인 현실을 공개적으로 선언하게 되면서 이 세계가 가능한 모든 세계 가운데 최선이 될 것이라는 쓸쓸한 희망은 사라졌다. 이제 사회는 맬서스의 늪에 빠지지는 않는다 하더라도 리카도의 위험한 승강기 위에서 산산조각이 날 것 같아 보였다.

찬양받은 증권업자와 지탄받은 목사

이제 우울한 성직자와 회의적인 증권업자의 극히 혼란스러운 사상을 보다 자세히 살펴보아야 할 때다. 우선 그들에 대해 살펴보자.

맬서스와 리카도만큼 서로간에 배경과 직업이 크게 다른 사람들은 없었을 것이다. 앞에서 말한 대로 맬서스는 영국 중상류 계급에 속하는 괴짜 인사의 아들이었다. 리카도는 네덜란드에서 이민 온 유대인 상인 겸 은행가의 아들이었다. 맬서스는 대학에 진학하기 위해 철학 성향이 짙은 아버지의 지도 아래 가정교육을 받았다(그의 가정교사 가운데 한 사람은 프랑스 혁명가들이 영국을 침공해 정복하면 좋겠다는 소망을 밝힌죄로 투옥되기까지 했다). 반면 리카도는 14세때부터 아버지의 사업을 도와 일하기 시작했다. 맬서스는 일생을 학문적인 연구로 보냈다. 그는 동인도회사가 젊은 행정가들을 훈련시키기 위해 하일리버리에 설립한 대학에서 가르친 최초의 직업적 경제학자였다. 리카도는 22세에 자신의 독자적 사업을 시작했다. 맬서스는 평생 부유하지 못했다. 자본금 800파운드로 출발한 리카도는 26세가 될 무렵에는 재정적으로 독립했으며 1814년, 42세가 되던 해에(여러 평가기준에 따라 다르지만) 50만 내지 160만 파운드의 재산을 벌어 은퇴했다.[11]

그런데 이상하게도 현실세계의 일에 관심을 가졌던 것은 학구적인 맬서스였고, 이론가로서의 면모를 보인 것은 실무적 인간인 리카도였다. 이 실업가는 오직 보이지 않는 '법칙'에 지대한 관심을 보였으며, 맬서스 교수는 이러한 법칙이 눈앞의 세상에 과연 적용되느냐의 여부에 관심이 많았다. 마지막으로 역시 모순이겠지만 부유한 지주계급을 옹호한 것은 소득이 많지 않던 맬서스였던 반면 리카도는 부유했고 자신도 후에 지주가 되었으면서도 지주의 이익에 반대하여 투쟁했다.

배경과 교육과 직업이 서로 다르듯 세상으로부터 받은 대접도 달랐다. 불쌍한 맬서스에 대해 그의 전기를 쓴 제임스 보나르는 "그는 당대에 가장 혹독한 비난을 받은 사람이었다. 나폴레옹도 맬서스보다 더 큰 적이 아니었다. 소아마비와 노예제도와 유아 살해를 옹호한 자가 여기 있었다. 무료식당, 조기결혼, 교구 빈민구호금을 비난한 자가 여기 있었다. 가족제도의 악덕을 설교하고 나서 뻔뻔스럽게도 결혼한 인간이 여기 있었다."라고 썼다. "처음부터 사람들은 맬서스를 잊지 않았다. 그에 대한 반박이 30년 동안 소나기처럼 쏟아졌다."[12]고 보나르는 덧붙였다.

세상 사람들에게 '품행 절제(moral restraint, 아이를 적게 낳기 위해서 성생활을 자제하는 것—옮긴이)'를 촉구한 인간에게 그러한 비난이 쏟아지는 것은 당연했다. 그러나 맬서스는 얌전 빼는 사람(당대의 기준으로 보아)도 괴물도 아니었다. 그가 빈민구호금의 철폐를 주장하고 노동계급을 위한 주택건설계획에 반대한 것은 사실이다. 그러나 이 모든 것은 빈민계급의 이익을 진정으로 바라는 마음에서 나온 것이었다. 이러한 주장은 빈민들이 거리에서 평온하게 죽게 내버려두라고 침착하게 이야기하는 현대의 사회이론가들의 견해와는 대조적이었다.

따라서 맬서스의 입장은 몰인정하다기보다는 극히 논리적인 것이었다. 그의 이론에 따르면 세계의 근본 문제는 그 안에 너무 많은 인간이 살고 있는 것이므로 '조기결혼'[13]을 촉진하는 모든 조치는 인류를 더욱 불행하게 만드는 것이었다. "대자연의 웅대한 향연에서 하늘을 가리고 쉴 집도 없는"[14] 사람은 자선에 의지해서 목숨을 연명해도 좋았다. 그러나 그렇게 되면 다시 가족수를 늘릴 것이므로 결국 그러한 자선은 위장된 잔인일 뿐이라고 맬서스는 말했다.

그러나 논리가 항상 인기를 얻는 것은 아니었다. 사회의 암울한 종말을 지적하는 사람이 대중적인 존경을 받기를 기대할 수는 없었다. 그의 이론만큼 격렬한 비난을 받은 이론도 없었다. 고드윈은 "맬서스 저작의 명시적 목적은 인간사회에서 실질적이고 본질적인 개선을 도모하는 사람들의 오류가 얼마나 치명적인가를 증명하는 것"이라고 선언했다.[15] 사람들이 맬서스를 품위 있는 사고를 하는 사람의 범위에 끼워주지 않은 것은 놀라운 일이 아니었다.

반면 리카도는 처음부터 운이 좋은 사람이었다. 그는 유대인 태생이었지만 사랑에 빠진 아름다운 퀘이커교 여성과 결혼하기 위해 가족들과 결별하고 퀘이커교로 개종했다. 관용을 거의 기대할 수 없었던 시대였음에도—그의 부친은 유대인 거리로 알려진 증권거래소에서 일했다—리카도는 사회적인 지위와 함께 많은 사람들로부터 개인적인 존경도 받았다. 만년에 하원의원으로 일하게 되었을 때 그는 상하원 양쪽으로부터 연설해달라는 요청을 받았다.

"연설하는 내 목소리를 듣는 순간 나를 엄습한 놀람을 도저히 억제할 수 없었습니다."[16]라고 리카도는 말했다.

그 연설을 들은 어떤 사람은 그의 목소리가 "거칠고 절규하는 듯했다."고 말했고, 다른 사람은 "아주 고음이기는 하지만 감미롭고 유쾌한 음성이었다."고 말했다. 그러나 그가 연설할 때 상하 양원 의원들은 경청했다. 당면한 사건의 혼란은 무시하고 사회의 근본 구조에 초점을 맞춰 진지하고 탁월한 설명을 한 리카도는 "마치 다른 혹성에서 내려온 사람" 같았다.[17] 리카도는 하원의원들을 교육시킨 인물로 알려지게 되었다. 그는 언론과 결사의 자유를 강력히 신봉하고 동시에 의회의 부패와 가톨릭교회의 박해에 반기를 들 정도로 급진적이었지만 그렇다고 그가 받는 존경이 손상되지는 않았다.

리카도를 찬양하는 사람들이 리카도의 글을 읽고 얼마나 많이 이해했는지는 의문이다. 리카도만큼 난해한 경제학자도 없기 때문이다. 그러나 그의 저서가 복잡하고 난해하기는 하지만 취지는 간단했다. 자본가계급과 지주계급의 이해는 돌이킬 수 없을 정도로 상충되며, 지주계급의 이익은 사회에 유해했다. 따라서 신흥 자본가들은 그를 이해하든 못하든 그를 자신들의 챔피언으로 삼았다. 그들에게 정치경제학은 매우 인기 있는 학문분야가 되었고, 여가정교사를 채용하는 부인들도 정치경제학 원리를 자식들에게 가르칠 수 있느냐고 묻기까지 했다.

리카도가 경제학자로서 신처럼 활보했던 반면(비록 그는 겸손하고 내향적인 사람이었지만) 맬서스는 낮은 지위로 격하되었다. 사람들은 그의 《인구론》을 읽고 찬양하기도 했지만 계속 논박을 거듭했다. 논박이 격렬했다는 것은 그의 주장이 그만큼 강력했다는 사실을 말해주는 불안한 증거다. 리카도의 사상은 열렬히 토론되었던 반면 《인구론》을 제외한다면 사람들은 경제학에 대한 맬서스의 공헌을 주로 일종의 자애로운 관용으로 한번쯤 살펴보거나 아예 무시했다. 왜냐하면 맬서스는 세상의 모든 것이 제대로 돌아가고 있지 않다는 것을 알아챘지만, 명확한 논리적 형식으로 자신의 주장을 펼치는 능력은 너무나 부족했기 때문이다. 그는 너무나 이단적이어서 경기침체—그는이것을 '전반적인 과잉(general gluts)'이라고 불렀다—가 사회를 뒤집어엎을 수 있다고 말할 정도였다. 리카도는 이러한 생각이 터무니없다는 것을 너무나 쉽게 증명했다. 오늘날 독자 입장에서 볼 때 얼마나 분통터질 일인가! 직관적이고 사실을 중시하는 사람이었던 맬서스는 문제를 포착하는 예민한 코가 있었다. 그러나 오락가락하는 그의 설명은 세계를 단지 거대한 추상적 기구로 파악하는 증권업자의신랄한 재기발랄에 대항해서 이길 수가 없었다.

따라서 그들은 매사에 논쟁을 벌였다. 맬서스가 1820년에 《정치경제학 원리(Principles of Political Economy)》를 발간했을 때, 리카도는목사의 주장 속에 담긴 결함을 지적하기 위해 220여 쪽 분량의 노트를 작성하는 노고를 마다하지 않았다. 한편 맬서스도 리카도의 견해에 내재해 있다고 확신하는 오류를 폭로하기 위해 그의 저서 속에서각별한 노력을 기울였다.

그런데 신기하게도 두 사람은 절친한 친구였다. 그들은 리카도가일간지 『모닝 크로니클(Morning Chronicle)』에 금괴의 가격문제에 대해 일련의 대가다운 편지를 발표한 후인 1809년에 처음 만났다. 리카도가 그 편지를 쓴 것은 자신에게 반대하는 의견을 경솔하게 펼친 보즌켓이라는 인물을 깨부수기 위해서였다. 제임스 밀(James Mill,

1733~1836)이 제일 먼저, 맬서스가 그 다음으로 편지의 필자를 찾았다. 그렇게 하여 세 사람 사이에 형성된 우정은 죽을 때까지 지속되었다. 그들은 끝없이 편지를 교환했고, 끊임없이 서로 방문하기도 했다. 당대의 작가 마리아 에지워스(Maria Edgeworth, 1767~1849)는 멋진 일기에 다음과 같이 적었다.

> 그들은 함께 진리의 여신을 찾아 사냥을 떠났다. 그들은 여신을 발견하기만 하면 누가 먼저 발견하든 상관하지 않고 환호성을 질렀다.[18]

마리아 에지워스의 언급에는 덧붙일 말이 있다. 경제학자의 딸이었던 그녀는 아마 경제의 작동에 대해 의견을 피력한 최초의 여성이었을 것이다. 이를 위해 그녀는 처음에 어린이를 위한 도덕 이야기의 형식을 취했다. 그러나 1800년에 그녀는 소작인들의 요구에 무관심했던 탓에 재산을 탕진하게 된 어떤 지주 가족의 이야기를 다룬 《래크랜트 성(Castle Rackrent)》이라는 소설을 발표하게 된다. 그리고 '래크랜트'는 그러한 행태를 가리키는 용어로 널리 쓰이게 되었다. 그런데 이보다 더욱 흥미로운 일은, 마리아가 올림피아 산꼭대기에서 지대문제에 대해 저술하고 있던 리카도에게 정기적으로 편지를 보내어 지대문제의 실상을 스스로 확인하기 위해 아일랜드로 오라고 요구했다는 것이다. 리카도는 그녀의 초청을 수락하지 않았다. 아쉽게도 이 때문에 상당한 수의 중요한 여성 경제학자가 배출되는 데에는 한 세기나 걸렸다.

모두가 심각한 토론은 아니었다. 그들도 인간이었던 것이다. 맬서스는 자신의 이론을 존중해서인지 아니면 다른 이유에서인지 몰라도 결혼을 늦게 했다. 그러나 그는 사교모임을 좋아했다. 그가 죽은후 그를 알고 있던 어떤 인물은 동인도대학에 근무하던 당시 맬서스의 생활을 감개무량한 말로 회상했다.

"젊은이들의 억제된 익살과 외적인 존경심 표시 그리고 가끔씩의 반발, 젊은 숙녀들의 화살 같은 공격, 페르시아인 교수의 미묘한 겸손…… 그리고 여름 저녁 파티에서의 상당히 구식인 예법 등은 이제 모두 끝났다."[19]

시사평론가들은 그를 사탄과 비교했다. 그러나 맬서스는 키가 큰 미남자로서 온화한 영혼을 지닌 인물이었다. 학생들은 그를 '교황'이라는 별명으로 불렀다. 그에게는 한 가지 이상한 결함이 있었다. 고조할아버지로부터 갈라진 입천장을 유전 받아서 그랬는지 맬서스의 말은 알아듣기가 어려웠다. '엘(l)' 발음이 그로서는 가장 어려운 발음이었다. 어떤 귀가 어두운 유명한 숙녀의 보청기에다 대고 "킬라니 호수를 구경하고 싶지 않으십니까?"라고 맬서스가 말했다는 재미난 이야기도 있다[20] ('Would not you like to have a look at the lakes of Killarney?'라는 말 속에는 엘 발음이 너무 많이 들어 있어서 맬서스로서는 발음하기 곤란했을 것이고 그 숙녀는 전혀 알아듣지 못했을 것이다—옮긴이). 이러한 결함에다 과잉인구문제와 불가분의 관계를 가지고 있던 그의 이름을 의식해서인지 어떤 친구는 다음과 같이 기록했다.

철학자 맬서스가 지난 주 여기에 왔다. 나는 그를 위해 미혼남녀들만의 유쾌한 파티를 열어주었다. 그는 착한 사람이었고, 같이 자고 싶어하는 기색만 없다면 어느 숙녀에게나 예의바르게 행동했다. …… 맬서스는 정말로 도덕철학자였다. 나도 그렇게 현명하게 생각하고 행동할 수 있다면 그렇게 서툴게 발음하는 것을 기꺼이 수락했을 것이다.

리카도 역시 집에서 즐기기를 좋아했다. 그의 아침식사는 유명했으며 샤레이드(charade, 제스처나 그림자놀이—옮긴이)를 몹시 좋아했던 것 같다. 《생애와 편지(Life and Letters)》라는 전기 속에서 마리아 에지워스는 샤레이드 놀이의 한 장면을 소개하고 있다.[21]

멋쟁이(coxcomb)—스미스 씨, 리카도 씨, 패니, 해리엇 그리고 마리아는 닭 울음소리를 내고 있다. 위와 같음, 위와 같음, 머리를 빗는다. 리카도 씨가 혼자서 점잔 빼며 걷고 있다. 멋쟁이로, 아주 익살맞게.[22]

리카도는 사업가로서 뛰어난 재능을 보였다. 리카도의 동생은 이렇게 기록했다.

사람들은 부를 획득하는 재능을 높게 평가하지는 않는다. 그러나 형이 자신의 재능을 가장 잘 입증해보인 것은 아마 사업 분야일 것이다. 모든 복잡한 사항에 대한 완벽한 지식—숫자 파악과 계산에서의 놀라운 민첩성—별로 힘들이지도 않고 자신과 관련된 거대한 거래를 수행하는 능력—냉정한 자세와 판단력—등으로 그는 증권거래소의 모든 동시대 사람들을 멀리 뒤로 제쳐버릴 수 있었다.[23]

훗날 존 보링(John Bowring, 1792~1872) 경은 리카도가 성공할 수 있었던 것은 사람들이 대개 사건의 중요성을 과장한다는 사실을 그가 꿰뚫어볼 수 있었기 때문이라고 했다.

증권을 거래할 때 소폭 인상의 요인이 있을 경우 그는 증권을 사들였다. 곧 터무니없는 폭등으로 돈을 벌 수 있을 것이라고 확신했기 때문이다. 그리고 증권 시세가 떨어지고 있을 때 그는 증권을 매각했다. 사람들이 불안과 공황심리에 빠져 투매함으로써 증권시세가 실제 상황과는 관계없이 폭락할 것이라고 확신했기 때문이다.[24]

이것은 묘하게 전도된 구도였다. 실질을 숭상하는 성직자 대이론적인 증권업자라는 구도는 무언가 이상하고 앞뒤가 맞지 않는다. 이론가는 돈의 세계에서 편안함을 느꼈고 사실과 숫자를 중시하는 사람은 돈의 세계에서 매우 불안감을 느꼈다니 정말로 신기하다.

나폴레옹 전쟁중에 리카도는 재무부로부터 정부공채를 구입하여 응모하는 대중에게 공급하는 채권인수단의 채권인수인으로 일한 적이 있었다. 리카도는 가끔 맬서스에게 호의를 베풀어 목사가 약간의 이득을 얻을 수 있게 채권을 사도록 권했다. 워털루 전투 전야에 맬서스는 채권의 값이 약간 오르자 흥분을 가라앉히지 못했다. 그래서 맬서스는 리카도에게 "이것이 잘못이거나 자네가 불편하지 않다면, 자네가 나에게 약속한 소액의 주식 이윤을 실현할 기회를 가질 수 있도록해주게."라고 편지를 썼다.[25] 리카도는 채권을 팔아주었다. 그러나 리카도는 전문투기꾼다운 강한 끈기를 발휘하여 채권을 최대한 매입했다. 마침내 웰링턴이 승리했다. 리카도는 엄청난 이익을 얻은 반면 가련한 맬서스는 좌절할 수밖에 없었다. 리카도는 아무렇지 않다는 투로 목사에게 편지를 썼다. "이번 경우는 내가 채권가격 상승으로 기대하거나 바란 것 중에서 가장 유리했습니다. 이 거래 덕분에 상당히 벌었습니다. …… 이제 전에 이야기 나눴던 주제에 대해 이야기합시다."[26] 그러고는 상품 가격 상승의 이론적 의미에 대한 토론으로 되돌아갔다.

그들 사이의 끝없는 논쟁은 편지나 방문의 형식으로 1823년까지 계속되었다. 맬서스에게 보낸 마지막 편지에서 리카도는 다음과 같이 썼다.

사랑하는 맬서스, 나는 이제 끝났습니다. 다른 논쟁자들도 그렇겠지만 많은 토론을 통해서 우리는 각자의 의견을 고수해 왔습니다. 그러나 이러한 논쟁이 결코 우리의 우정에는 영향을 미치지 못할 것입니다. 당신이 나의 의견에 동의한다고 해서 지금보다 당신을 더 좋아하지는 않을 것입니다.[27]

리카도는 그해에 51세를 일기로 갑자기 세상을 떠났다. 맬서스는 1834년까지 살았다. 리카도에 대한 맬서스의 의견은 다음과 같았다.
"우리 가족 중에서도 그 사람만큼 사랑한 사람은 아무도 없었다."[28]

인구 증가율을 둔화시킨 변수들

거의 모든 문제에 대해 맬서스와 리카도는 의견을 달리했지만 맬서스의 인구에 대한 의견에는 동조를 했다. 1798년에 발표한 기념비적 저작인 《인구론》에서 맬서스는 인구문제를 최종적으로 규명했을 뿐만 아니라 영국 사회에 출몰한 무섭고 끈질긴 빈곤을 자세히 조명했다. 다른 사람들은 인구와 빈곤 사이에 어떤 관계가 있다는 것만 막연히 느끼고 있을 뿐이었다. 출처가 의심스럽기는 하지만 당시에 유행한 이야기가 있다. 칠레 연안에서 조금 떨어진 섬에 후안 페르난데스라는 사람이 나중에 고기를 얻을 희망으로 두 마리의 염소를 데려다 놓았다. 섬을 다시 찾았을 때 그는 염소의 수가 터무니없이 늘어난 것을 발견했다. 그래서 한 쌍의 개를 데려다 놓았는데, 개 역시 수가 불어나 염소의 수를 감소시켰다. "이리하여 새로운 종류의 균형이 회복되었다. 두 종의 동물 중에서 가장 약한 것이 먼저 자연의 빚을 갚아야 했다. 가장 활동적이고 강한 놈들은 생명을 보존했다."[29]라고 저자인 조지프 타운센드(Joseph Townshend) 목사는 서술했다. 여기에 그는 이렇게 추가했다. "인류의 수를 조절하는 것은 음식물의 양이다."

그러나 이 보기는 자연 속에서 관철되는 균형을 인식하기는 했지만, 그 문제 속에 담긴 최후의 무서운 결론을 끌어내지는 못했다. 이것은 맬서스의 몫으로 남겨졌다.

맬서스는 **곱절**(doubling)이라는 개념 속에 내포된 수적 가능성에 대해 놀라는 데서 시작했다. 후일의 다른 많은 학자들도 수적인 번식능력이 아찔하다는 맬서스의 인식을 지지했다. 어떤 생물학자는 한 쌍의 동물이 매년 열 쌍씩 새끼를 낳으면 20년 후에는 7×10^{20}마리의 새끼를 낳게 될 것이라고 계산했다. 그리고 해브로크 엘리스(Havelock Ellis)는 미세 생물체가 만일 분열을 방해받지 않으면 한 개의 생물체가 30일 후에는 태양보다 100만 배나 큰 덩어리가 될 만큼 증식한다고 언급했다.

그러나 자연의 증식능력과 관련된 사례는 우리의 목적을 위해서는 별로 의미가 없다. 핵심문제는 인간의 정상적 번식능력이 얼마나 크냐 하는 것이다. 맬서스는 인간이라는 동물은 25년 만에 두 배로 늘어나는 경향이 있다고 가정했다. 그가 살던 시대의 사정을 고려한다면 이것은 비교적 온당한 가정이었다. 이 가정은 평균 여섯 명의 식구 가운데 두 명은 결혼연령에 도달하기 전에 죽는다는 것을 전제조건으로 한 것이었다. 미국으로 눈을 돌려 맬서스는 지난 1세기 반동안 미국 인구가 25년마다 배로 늘어난 것을 지적했다. 미국의 어떤 변경지역에서는 생활이 보다 자유롭고 건강하기 때문에 15년마다 두 배로 늘어나기도 했다.

인류의 증식 경향에 대해 이야기하면서—인간이 25년마다 두 배가 되느냐 50년마다 두 배가 되느냐 하는 것은 별로 문제가 안 된다—맬서스는 토지가 사람과 달리 증식할 수 없다는 냉혹한 사실을 대립시켰다. 토지도 물론 힘겹게 노력하면 늘릴 수 있다. 그러나 그 증가 비율은 완만하고 주춤거린다. 인구와는 달리 토지는 **번식**하지 않는다. 따라서 인구의 수는 기하급수로 늘어나는 반면 경작할 수 있는 토지의 면적은 겨우 산술급수로 증가할 뿐이다.

결과는 물론 논리학의 명제처럼 필연적이다. 인간의 수는 조만간 식량의 총량을 능가한다. 맬서스는 《인구론》에서 이렇게 기술했다.

> 지구 전체의 인구, 예컨대 10억을 가지고 생각해보면…… 인류는 1, 2, 4, 8, 16, 32, 64, 128, 256, 516이라는 식으로 증가할 것이고, 식량은 1, 2, 3, 4, 5, 6, 7, 8, 9, 10이라는 식으로 늘어날 것이다. 따라서 225년 후에는 인구와 식량의 비는 512 대 10이 될 것이고, 300년 후에는 4096 대 13일 것이고, 2000년 후에는 그 차이를 계산할 수도 없을 것이다.[30]

그러한 끔찍한 미래상을 앞에 두게 되면 어떤 인간이라도 의기소침해지게 된다. "이러한 견해는 우울한 색조를 띠고 있다."[31]고 맬서스는 서술했다. 난처해진 목사는 인구와 식량 사이에 교정할 수 없고 타협할 수 없는 괴리가 생긴다면 결국은 오직 한 가지 결과, 즉 인류의 다수는 영원히 어떤 종류의 불행에 처할 운명에 처하게 된다는 결론을 내리지 않을 수 없었다. 어떻게 해서든 거대하고 영원히 넓어지는 괴리는 메워져야 한다. 결국 사람은 식량 없이는 존재할 수 없다. 따라서 원시종족 사이에서는 유아살해와 같은 관습이 생겨나고 전쟁과 질병과 무엇보다도 빈곤이 존재한다.

이 정도의 주장으로도 충분하지 않다면 다음 구절을 보자.

> 기아는 자연이 가진 최후의, 가장 두려운 자원이다. 인구의 힘은

지구가 생존을 보장할 수 있는 능력을 압도한다. …… 따라서 조기 사망이 어떠한 형태로든 인류를 찾아올 것이다. 인류의 악덕이 활기를 띠며 인구 감소의 유능한 집행자가 될 것이다. …… 악덕이 이러한 인간멸종 전쟁에서 실패하면 계절적 질병, 유행병, 페스트, 전염병이 무서운 위세로 몰려와 수천 또는 수만 명의 목숨을 앗아갈 것이다. 그래도 성공이 불완전하다면, 피할 수 없는 거대한 기아가 뒤에서 숨어 들어와 강력한 일격으로 인구를 세계의 식량과 형평을 이루도록 만들 것이다.[32]

맬서스가 진보적인 친구들을 반동적 인간으로 개종시켰다고 가엾은 고드윈이 불평한 것도 이상한 일은 아니다. 이것은 정말로 절망의 이론이었기 때문이다. 이제 '품행 절제'라는 연약한 갈대 이외에 인류를 자체의 중압에서 오는 끊임없는 익사 위험으로부터 구할 수 있는 것은 **아무것도 없다**. 그리고 강력한 성욕과의 대결에서 품행 절제를 얼마나 믿을 수 있겠는가?

맬서스는 옳았는가?

1970년대 초반까지 세계의 인구 증가에 대한 일반적 전망은 그의 선견지명 있는 예상과 들어맞는 것처럼 보였다. 최소한 세계의 저개발지역에서는 분명 그랬다. 이 당시에 인구학자들은 만약 앞으로 50년 동안 인구증가 추이가 아무런 통제를 받지 않는다면 세계 인구가 200억 명—1970년 세계인구의 **다섯 배**—도 될 수 있다고 말했다.

오늘날 시계추는 어느 정도 다른 쪽으로 움직여 갔다. 사실 인구 문제에 대한 의견은 항상 낙관과 비관이라는 양 극단을 오갔다. 놀랍게도 맬서스 자신도 《인구론》 초판 발행 후 5년 만에 나온 둘째 판에서는 노동계급이 결혼연령을 늦춤으로써 자발적인 '절제'를 배울 것이라는 믿음에 일말의 희망을 걸 정도로 낙관적인 의견을 피력했다.

오늘날의 신중한 낙관주의는 대체로 기술적 진전, 특히 이른바 '녹색혁명'에 기반을 두고 있다. 녹색혁명으로 인도와 같은 나라에서는 작물 수확고가 극적으로 증가했다. 오늘날 인도는 약간이나마 수출을 할 정도로 충분한 식량을 생산하고 있다. 이에 따라 비록 경제학자들이 매년 곡물 수확이 끝날 때까지 숨을 멈추기는 하지만 맬서스의 수요공급 계산이 가져온 지구적 기근이라는 무서운 전망은 더 이상 현실적인 예측으로는 여기지 않는다. 1980년대에 에티오피아와 사하라 이남지역에서 영양실조로 해골같이 마른 사람들을 보고 놀란 TV 시청자들도 맬서스의 예측이 타당했다고 보기보다는 가뭄이나 부적절한 수송체계 등과 같은 지역적인 조건의 결과로 그 문제를 이해했다.

그럼에도 불구하고 맬서스의 망령을 떨쳐 버리려면 식량생산 이상의 것이 요구된다. 비록 지구적 기근이 더 이상 절박한 문제가 아니라 할지라도 전문가들은 인구 압력이 여전히 거대하게 도사리고 있다고 경고한다. 1981년의 인구문제를 다룬 노벨 심포지엄에서 인구학자들은 저개발지역에서 인구 2000만 이상 되는 15개 거대도시의 출현이 가져올 위협에 대해서 언급했다. 어떤 관찰자는 "골치 아픈 성장이 확산되면 인구밀집지는 세계에 엄청난 정치적 도전이 될 것"이라고 논평했다.[33]

"어떻게 하면 이 도시 대중들을 무관심의 헛소리에서 벗어나게 하고 무정부나 혼란의 유혹에서 절제시킬 것인가?"

중요한 것은 기하급수적으로 진행되는 인구증가가 농업생산성의 증가를 압도하는 **능력**을 내재하고 있다는 맬서스의 주장이 옳았다는 것을 잊어서는 안 된다는 점이다. 따라서 방정식에서 공급 측면과 함께 수요 측면을 통제할 필요가 남아 있다. 식량생산만이 아니라 유아

생산에 대한 통제도 요구된다.

세계적 차원의 인구조절은 가능할까? 대답은 놀라운 긍정일 것이다. 이것은 엄청난 업적이다. 그동안 대부분의 인구통계학자들은 인구 '병'에 걸린 국가들이 농민의 무지나 조직화된 종교의 반발이나 정치적 무관심을 극복할 수 있을지 오랫동안 의심해왔기 때문이다. 이제는 좀더 밝은 전망이 지배적이다. 지난 몇 년 동안 멕시코나 중국 같은 나라는 산아제한에 무관심하거나 심지어 적대적이었다가 이제는 그것을 열렬히 장려하는 방향으로 정책을 전환했다. 오랫동안 인구학자들을 절망시켰던 인도까지도 가족계획을 도입하기 위해 단호하고 때로는 무자비한 노력을 하고 있다.

그리하여 노력이 결실을 맺기 시작했다.[34] 1970~1975년 사이에, 널리 퍼진 암울한 분위기에도 불구하고 인구증가율이 사상 최초로 둔화되기 시작했다. 그러나 인구증가가 결코 멈춘 것은 아니다. 유엔의 전문가는 오늘의 50억 세계인구가 90~100억에 도달하게 될 때 인구는 더이상 늘어나지 않게 될 것이라고 예측한다. 하지만 최소한 그리고 마침내, 인구증가율은 둔화되고 있다. 인구증가의 정지는 10년 전에 상상한 것보다도 더 빨리 실현될 것이다. 문제는 이러한 승리의 혜택이 골고루 돌아가지 않는다는 데 있다. 예컨대 유럽의 여러 나라들은 이민을 제외한다면 제로 인구증가율(ZPG, zero population growth)을 이미 달성했다. 현재 인구가 대략 2억 7500만인 미국은 50년 후에는 80만 명의 이민을 포함해서 3억 9000만 명의 총인구를 보유하게 될 것으로 예상된다. 이 수는 총자원을 위태롭게 할 정도는 아니라 해도 도시 과밀을 격화시킬 것은 분명하다.

그러나 식량이 크게 부족한, 세계에서 가장 가난한 지역의 전망은 그다지 밝지 못하다. 그런 지역 역시 출산율은 서서히 떨어지고 있다. 그러나 서유럽에 비해 감소 속도가 매우 느린 실정이며, 훨씬높은 출산율에서 출발했다는 문제가 있다. 맬서스의 유령은 오랫동안 사라지지 않을 것이다.

이상하게도 맬서스 자신은 오늘날 인구문제가 가장 심각한 지역을 향해서는 화살을 겨냥하지 않았다. 그는 동양이나 남반구의 여러 대륙이 아니라 영국과 서유럽에 관심을 가졌다. 다행스럽게도 맬서스는 정말 실수를 했다. 1860년 영국에서는 결혼한 부부 중 60퍼센트가 4인 이상의 가족을 이루었다. 1925년에 이르러서는 다섯 가정 중 한 가정만이 그런 규모의 가족을 이루었다. 반대로 자녀의 수가 하나 또는 둘밖에 되지 않는 가정의 수가 그 기간 동안에 전체의 10퍼센트에서 50퍼센트 이상으로 늘어났다.

맬서스가 예언한 곱절, 또 곱절이라는 함정에서 서구사회를 구해준 것은 무엇일까? 산아제한이 분명히 중심적 역할을 했다. 원래 산아제한은 신맬서스주의라고 불렸다. 맬서스는 산아제한을 찬성하지 않았으므로 이 용어를 맬서스가 들었다면 기분 나빠했을 것이다. 실제로 산아제한은 전체 역사에서 볼 때 상류계급이 시행한 것처럼 보인다. 바로 그것이 부자는 더 부자가 되고 가난한 자들은 부 대신 자식을 얻은 한 가지 이유일 것이다. 영국과 서유럽이 점차 증대되는 부를 향유함에 따라 빈곤한 자들은 전보다 잘 입고 잘 먹었을 뿐만 아니라 부유층처럼 자녀수를 제한하는 법을 배우게 되었다.

서유럽에서 맬서스의 예언을 논파하는 데 마찬가지로 중요한 역할을 한 것은 엄청나게 진행된 도시화였다. 농장에서는 자식이 자산일 수 있지만 도시에서 그들은 부채였다. 이렇게 경제적 배려가 산아제한에 관한 지식과 결합되어 두려운 인구폭발이 일어나는 것을 막을 수 있었다.

그래서 최악의 예언은 영국에서는 실현되지 않았다. 맬서스의 계산이 지닌 끔찍한 논리는 부나 진보가 지체된 세계의 여타 지역에만 국한되었다. 맬서스의 시대에는 그 어느 쪽도 희미하게라도 보이지 않았다. 1801년에는 군사적 독재체제의 서곡이 될 것이라는 심한 불안과 소문에도 불구하고 영국에서 처음으로 인구조사가 실시되었다. 통계학자이자 공무원이었던 존 리크만(John Rickman)은 영국 인구가 30년 동안 25퍼센트 증가했다고 계산했다. 이 수치는 곱절의 증가는 아니었지만, 질병과 다수 대중의 빈곤만 아니라면 인구가 눈사태처럼 증가했을 것이라는 것을 아무도 의심하지 못하게 만들었다. 아무도 장차 출산율이 감소할 것이라고는 보지 않았다. 오히려 영국은 불충분한 식량공급을 찾아 헤매는, 무자비하게 증식하는 인구에서 비롯되는 비참한 빈곤에 영원히 직면해야 할 것 같았다. 빈곤은 이제 우연한 것이거나 신의 어떤 행위이거나 인간의 무관심에서 비롯된 결과 같지 않았다. 인간의 모든 자기개선 노력이 자연의 인색함 때문에 어릿광대짓이 되어버리듯이, 마치 악의에 찬 섭리가 인류를 영원한 비탄으로 떨어지라고 저주를 내리는 것 같았다.

모든 것이 사람들을 아주 의기소침하게 만들었다. '어떠한 정치적 목적보다도' 많은 인구를 주장하던 페일리도 이제 전향해서 맬서스의 기치 밑으로 들어왔다. 더욱 많은 어린이로 나라가 번영하기를 원했던 피트 수상도 맬서스 목사의 의견에 따라 빈민구호금 인상안을 철회했다. 콜리지는 이 암담한 전망을 이렇게 요약했다.

"끝으로, 이 강력한 국가를 보라. 페일리[35]와 맬서스의 말에 귀를 기울이는 정치가들과 현자들을 보라! 아, 슬프다! 슬프다!"[36]

리카도와 맬서스의 논쟁

맬서스의 주장에도 불구하고 사기를 완전히 잃지 않은 사람들은 데이비드 리카도에게로 향할 수밖에 없었다.

얼핏 봐서 리카도의 세계는 특별히 무서운 세계는 아니다. 적어도 맬서스의 세계를 닮지는 않았다. 1817년에 발간된 《정치경제학과조세의 원리(Principles of Political Economy and Taxation)》 속에 전개해놓은 리카도의 우주는 건조하고 여위고 압축된 우주였다. 거기에는 생명이 없고, 애덤 스미스와 같은 생생한 상세함도 없었다. 거기에는 원리, 즉 일상생활의 변화무쌍한 흐름보다 영구적인 어떤 것에 초점을 맞춘, 한 지식인이 설파한 추상적 원리만이 있을 뿐이었다. 또한 유클리드 기하학처럼 기본적이고 무미건조하며 치장이 없고 건축학적이었다. 그러나 일련의 순수 기하학적 명제와 달리 이 체계는 인간의 음성을 가지고 있었다. 그것은 **비극적** 체계였다.

비극을 이해하기 위해서는 잠시 이야기를 멈추고 그 드라마에 등장하는 주인공들을 먼저 소개할 필요가 있다. 그들은 이미 언급한 바처럼 사람이 아니다. 그들은 원형(prototype)일 뿐이다. 이 원형들은 일상적인 의미의 용어로 살아가지 않는다. 그들은 '행동법칙'을 따른다. 이곳에서는 애덤 스미스의 세계에서 보았던 소란이 없다. 대신 우리는 인형극을 본다. 그 인형극 속에서 실제 세계는 경제적 동기 이외의 모든 것이 벗겨진다.

우리는 누구를 만나는가? 첫째 노동자들이 있다. 그들은 경제적 에너지의 미분화된 단위이며 그들이 갖는 유일한 인간적 측면은 완곡하게 표현하자면 '가족생활에서 얻는 기쁨'에 절망적으로 중독되어 있다는 것이다. 노동자들은 이러한 기쁨에 강하게 집착하기 때문에 임금이 상승할 때마다 인구증가로 곧 상쇄되고 만다. 알렉산더 베어링의 표현을 빌자면, 노동자들은 말라비틀어진 빵을 받는다. 그것마저 없으면 종족을 유지할 수 없기 때문이다. 그러나 장기적으로 그들은 나약함 때문에 겨우 연명하는 생활수준에 머무는 운명을 피할 수 없다. 맬서스와 마찬가지로 리카도도 '자제(self-restraint)'만이 노동자 대중의 해결책이 될 수 있다고 보았다. 그는 노동자의 행복을 기원하는 사람이었지만 노동자들의 자기통제 능력을 그렇게 크게 신뢰하지는 않았다.

다음으로 우리는 자본가들을 만난다. 그들은 애덤 스미스의 세계에서 볼 수 있는 공모하는 상인들이 아니다. 그들은 성격이 뚜렷하지 않고 획일적인 무리이다. 그들이 살아가는 유일한 목적은 축적이다. 즉 이윤을 저축하고, 자신들을 위해 일할 더 많은 노동자를 고용함으로써 저축을 재투자하는 것이다. 그리고 그들은 이러한 축적을 확실히 믿을 수 있게 수행한다. 그러나 그들의 운명도 편안하지는 않다. 하나의 이유로, 그들은 서로 심하게 경쟁을 하는데 이 때문에 새로운 생산 공정을 발명했거나 수지맞는 거래 선을 발견한 운 좋은 자본가에게 쏟아졌던 부당한 이윤까지 빠른 시간 내에 없애버린다. 또 한 가지 이유로, 그들의 이윤은 주로 그들이 지불해야 하는 임금에 좌우된다. 앞으로 보게 되겠지만 이로 말미암아 그들은 상당한 어려움을 안게 된다.

여기까지는 실제적인 세부사항이 없을 뿐 애덤 스미스의 세계와 크게 동떨어진 세계는 아니다. 그러나 리카도가 지주를 다루는 데 이르면 사태는 전혀 달라진다.

리카도는 지주를 사회조직에서 혜택을 받는 유일한 계층으로 간주했기 때문이다. 노동자는 일하고 그 대가로 임금을 받는다. 자본가는 사업이라는 쇼를 하고, 그 대가로 이윤을 얻는다. 그러나 지주는 토지의 힘으로부터 이득을 얻는다. 그리고 그의 수입—지대—은 경쟁이나 인구의 위력에 하등 영향을 받지 않는다. 실로 그는 모든 사람을 희생시켜 이득을 얻는다.

리카도가 어떻게 해서 이러한 결론에 도달했는가를 이해하기 위해 잠시 멈춰야겠다. 사회에 대한 그의 어두운 전망은 지주의 지대에 대한 그의 정의로부터 비롯된 것이기 때문이다. 리카도는 이자가 자본의 값이며 임금이 노동의 값인 것과는 달리 지대는 단순한 토지 사용료가 아니라고 보았다. 지대란 모든 토지가 동등한 생산성을 가지고 있지는 않다는 사실에 근거를 둔 특별한 종류의 보수였다.

리카도는 말한다. 이웃하는 두 지주가 있다고 가정하자. 첫번째 지주의 땅은 비옥하여 100명의 일꾼과 일정한 장비를 투입하면 1500 부셸의 곡식을 수확할 수 있다. 그런데 두번째 지주의 땅은 척박하여 같은 수의 일꾼과 장비를 투입해도 1000부셸의 곡식을 거둘 뿐이다. 이것은 단순히 자연 때문에 비롯된 사실일 뿐이지만 여기서 경제적으로 의미 있는 결과가 나온다. 운이 좋은 지주의 땅에서 나온 곡식은 부셸당 생산비가 싸진다. 분명히 두 지주는 같은 임금과 같은 자본 비용을 지불할 테니까 경쟁자보다 500부셸 더 생산한 지주는 생산비 면에서 유리한 입장에 서게 될 것이다.

리카도에 따르면 바로 이러한 생산비의 **차이**로부터 지대가 생겨난다. 덜 생산적인 농장의 땅을 경작해도 이윤이 나올 정도로 곡물의 수요가 높다면, 더 생산적인 농장에서 곡식을 재배하는 것은 엄청난 이윤이 남는 사업일 것임에 틀림없기 때문이다. 두 농장 사이에 생산성의 차이가 크면 클수록 차액지대(differential rent)도 커질 것이다. 예컨대 척박한 땅에서 1부셸의 곡식을 생산비 2달러를 들여 수확할 경우 이윤이 있으나마나 하다면, 부셸당 50센트로 곡물을 생산하는 비옥한 토지의 운 좋은 지주는 실로 엄청난 지대를 얻게 될 것이다. 왜냐하면 두 농장은 수확한 곡식을 같은 값, 예컨대 부셸당 2달러 10센트로 시장에 팔 것이고, 그렇게 되면 비옥한 토지의 소유주는 두 생산비의 차이인 1달러 50센트를 주머니에 넣을 수 있을 것이기 때문이다.

이 모든 것은 아무런 해가 없는 것처럼 보일지도 모른다. 그러나 리카도가 그린 세계에 적용시켜보면 그것이 초래할 무서운 결과가 아주 분명해질 것이다.

리카도는 경제가 끊임없이 확대해 나간다고 생각했다. 자본가들은 자본을 축적하는 한편 계속해서 새로운 상점과 공장을 건설했다. 따라서 노동자에 대한 수요가 증가했다. 이것이 임금을 끌어올렸지만 잠시뿐이었다. 임금 상승은 어쩔 도리 없는 노동계급을 유혹하여 가정이 주는 위험한 기쁨에 탐닉하게 만들었던 것이다. 결국 더 많은 노동자가 시장으로 쏟아져 나오게 만들어 그들의 유리한 위치를 망쳐버렸다. 이것이 바로 리카도의 세계가 애덤 스미스의 희망찬 전망과는 전혀 다른 길로 갈라지는 지점이다. 리카도는 인구가 늘어남에 따라 **경작의 한계선을 더욱 확대할 필요가 있다**고 말했다. 더 많아진 인구는 더 많은 곡물을 요구하고 더 많은 곡물은 더 많은 경작지를 요구하게 된다. 신개척지는 기존 경작지보다 생산성이 떨어질 것은 당연하다. 이용할 수 있는 비옥한 땅을 사용하지 않고 놀리는 농부는 어리석은 농부일 것이다.

이와 같이 증가하는 인구로 더 많은 땅이 경작됨에 따라 곡물 생산비는 상승할 것이다. 물론 곡물의 판매가격도 오를 것이며 비옥한 토지를 가진 지주의 지대도 오를 것이다. 또한 지대뿐만 아니라 임금도 같이 오를 것이다. 곡물의 생산비와 시장가격이 높아짐에 따라 노동자가 마른 빵이라도 사 먹고 목숨을 부지할 수 있으려면 노동자에게 지불하는 임금도 올라야 하기 때문이다.

이제 비극을 보자. 자본가—맨 먼저 사회의 발전을 책임지고 있는 사람—는 양쪽에서 압박을 받게 된다. 첫째, 그가 지불해야 할 임금은 노동자가 먹어야 할 빵값이 더 비싸졌기 때문에 더 높아진다. 둘째, 척박한 땅도 이제는 사용되기 때문에 비옥한 토지를 사용하는 지대가 올라감에 따라 지주들은 더 잘살게 된다. 사회의 결실 속에서 지주의 몫이 커짐에 따라 지주에게 자리를 내주기 위해 옆으로 밀려

날 계급이 하나 있다. 바로 자본가계급이다.

애덤 스미스가 펼친 진보의 화려한 행렬과는 얼마나 다른 결론인가! 애덤 스미스의 세계에서는 분업이 증가하고 사회가 더욱 부유해짐에 따라 만인이 점차 유복해지게 된다. 이러한 결론은 스미스가 토지를 진보의 장애물로 인식하지 못한 데서 비롯된다. 스미스의 비전에서는 비옥한 토지의 부족이란 있을 수 없는 일이고, 따라서 인구증가와 함께 지대가 상승할 여지도 없다.

이와 대조적으로 리카도의 세계에서는 오직 지주만이 이득을 얻는다. 노동자는 영원히 최저생활에 묶여 있어야 할 운명이다. 왜냐하면 임금이 상승해도 자식들이 늘어나 이득의 대부분을 잃어버리기 때문이다. 열심히 일하고 저축하고 투자한 자본가는 모든 수고의 대가가 아무것도 아니라는 사실을 발견하게 된다. 임금 지급은 늘어나고 그의 이윤은 감소한다. 한편 지주는 아무것도 하지 않은 채 지대만 거둬들인다. 그는 편안히 앉아 지대가 증가하는 것을 관망한다.

리카도가 곡물법에 반대하고 값싼 곡물을 영국으로 들여오는 자유무역의 장점을 설명한 것은 당연한 일이었다. 지주들이 단합하여 값싼 곡물을 국외로 추방하려고 생명을 걸고 투쟁한 것도 당연한 일이었다. 젊은 산업자본가들이 리카도의 주장 속에서 자신들의 필요에 꼭 맞는 이론을 발견한 것은 얼마나 자연스러운 일이었던가? 그들에게 저임금에 대한 책임이 있던가? 그렇지 않았다. 노동자들이 자식을 많이 낳은 것은 단지 그들의 무지 때문이었다. 자본가들이 사회발전에 대해 책임을 지고 있었는가? 그렇다. 그런데 정력을 소모하며 더 많은 생산을 위하여 이익을 저축한 결과가 무슨 이득이 있었단 말인가? 수고에 대한 대가로 얻은 것이란 지대와 임금의 상승과 자신의 이윤 감소를 지켜보면서 느끼는 불안한 만족뿐이었다. 경제라는 기계를 운전한 것은 그들이었고, 모든 쾌락과 보수를 얻은 것은 뒷자리에 편안히 앉아 빈둥거리는 지주였다. 실로 지각 있는 자본가라면 당연히 이것이 과연 애쓸 보람이 있는 게임인지 자문했을 것이다.

이제 불쑥 나타나 리카도가 지주들을 불공평하게 대한다고 말한 사람이 있었으니 맬서스 말고 누구였겠는가!

맬서스가 단지 인구문제의 전문가만은 아니라는 것을 기억하자. 맬서스는 어디까지나 경제학자였다. 실은 리카도의 지대이론도 리카도가 이것을 떠맡아 세련한 형태로 만들기에 앞서 맬서스가 제출했던 것이다. 그러나 맬서스는 그 이론으로부터 친구와는 다른 결론을 얻었다. 맬서스는 리카도의 저서가 나온 지 3년 후에 나온《정치경제학 원리》에서 지대를 다음과 같이 정의하고 있다.[37]

"지대는 과거의 힘과 솜씨에 대한 보상임과 동시에 현재의 용기와 지혜에 대한 보상이다. 자신의 근면과 재능으로 얻은 결실로 사람들은 매일 땅을 구입하고 있다."

맬서스는 각주에 다음과 같이 첨가했다.

"사실 리카도도 지주이며 내가 말하는 하나의 좋은 실례다."

그것은 사람들을 잘 납득시킬 만한 반박은 아니었다. 리카도는 지주를 음모나 꾀하는 악한 인물로 그리지는 않았다. 지주들도 자기 농장의 생산성을 자주 향상시켰다는 것을 그는 아주 잘 알고 있었다. 물론 그럴 경우 지주도 실제로는 자본가의 기능을 수행하는 것이라고 지적하기는 했지만. 그러나 리카도는 반박할 수 없는 깔끔한 논리로, 지주들은 비록 자신의 토지를 방치하더라도 높아진 곡물가격 덕분에 이익을 얻게 된다는 점을 밝혔다. 누구도 의도하지 않았지만 단순히 경제성장의 힘이 작동하여 토지 소유 계급의 주머니에 이득이 흘러들어가게 되었다는 것이다.

우리는 멈춰 서서 그들이 주고받은 이 모든 논쟁 내용을 추적해볼 여유는 없다. 중요한 것은 리카도가 예견했던, 지대가 품고 있는 무서운 **암시**(implications)가 결코 실현되지 않았다는 사실이다. 산업자본가들이 결국 지주들의 정치적 힘을 분쇄하고 값싼 곡물의 수입이라는 결과를 확보했기 때문이다(1815년에 제정된 곡물법은 자본가들의 요구에 따라 1846년에 결국 폐지되었다—옮긴이). 리카도의 시대에 밀밭으로 이용되었던 산허리 경사지들은 곡물법 폐지 이후 몇십 년 이내에 목장으로 되돌아갔다. 마찬가지로 중요한 것으로서, 인구는 국가의 자원을 고갈시킬 정도로 그렇게 빨리 증가하지는 않았다. 리카도의 이론에 따르면 지대란 비옥한 땅과 척박한 땅의 비옥도 차이에서 발생한다. 그러므로 만일 인구문제를 통제할 수 있다면 이 차이는 지대 수입이 사회가 이룩한 결실 가운데 놀라울 정도로 큰 몫을 횡령할 정도까지 커지지는 않을 것이다. 그러나 여기서 오늘날의 영국이 예컨대 1억 인구를 전적으로 국내산 곡물로 먹여 살려야 하는 상황에 처해 있다고 잠깐 생각해보자. 그리고 곡물법이 아직 폐지되지 않았다고 가정해보자. 지주가 지배하는 사회를 그린 리카도의 그림이 끔찍한 현실이 되었을 것이라는 점은 의심할 여지가 없다. 현대 서유럽 세계에서 지대문제는 학문적으로는 거의 부차적 이슈가 되어버렸다. 리카도의 분석이 오류였기 때문은 아니다. 공업적 생활의 템포가 맬서스의 곤경에서 우리를 구해주었기 때문에 비로소 우리는 리카도가 말한 진퇴양난의 궁지를 면할 수 있었다. 산업화로 인해 우리는 출산을 억제하게 되었을 뿐만 아니라 우리가 관장하는 토지에서 식량을 재배하는 능력도 증가시킬 수 있었다.

한편 맬서스는 염려해야 할 또 다른 이유를 찾아냈다. 그는 자신이 말한 '전반적 과잉'—구매자가 없는 상품의 홍수—이 발생할 가능성을 우려했다.

그러한 개념은 우리에게는 결코 낯설지 않다. 그러나 리카도가 보기에 이런 개념은 믿을 수 없을 정도로 바보 같은 생각이었다. 영국에서도 장사에 더러 혼란이 있었다. 그러나 이 모든 것은 몇몇 특수한 원인, 즉 은행 파산이나 무보증 투기의 확산 또는 전쟁 등에서 그 이유를 찾을 수 있었다. 더욱 중요한 것은, 리카도가 자신의 수학적인 사고방식으로 볼 때 '전반적 과잉'이라는 개념은 논리적으로 불가능하다는 것을 밝혔다는 점이다. 따라서 그런 일은 결코 일어날 수 없었다.

장 바티스트 세이(Jean Baptiste Say, 1767~1832)라는 이름의 젊은 프랑스인이 리카도의 증명을 발견했다. 세이는 매우 간단한 두 가지 명제를 말했다. 첫째, 그는 상품에 대한 **욕구**는 무한하다고 믿었다. 애덤 스미스가 말한 것처럼 식량에 대한 욕구는 위(胃)의 용량에 따라 한계가 있지만 의복, 가구, 사치품 및 장신구 등에 대한 인간의 욕구는 셈할 수 없을 정도로 큰 것처럼 보였다. 그러나 욕구만이 무한한 것이 아니라 구매 **능력** 또한 보장된다고 세이는 말했다. 왜냐하면 생산되는 모든 물품은 생산비가 드는데 모든 생산비는 누군가의 소득이 되기 때문이다. 그 생산비가 임금이든 지대이든 이윤이든 그 판매 가격에서 **누군가의** 소득이 생기게 된다. 그렇게 되는데 어떻게 '전반적 과잉'이 일어날 수 있겠는가? 상품에 대한 **수요**가 존재한다면 그것을 살 수 있는 **소득**도 존재한다. 다만 일시적인 오판이 있을 경우에만 시장에서 상품을 깨끗이 팔아치우는 데 필요한 구매자들을 찾을 수 없게 된다.

리카도는 이러한 것을 액면 그대로 타당한 것으로 받아들였지만, 맬서스는 그렇지 않았다. 그것은 어찌나 논리적으로 정연한 것으로 보였던지 허점을 발견하기가 쉬운 일이 아니었다. 그러나 맬서스는 물품을 소득과 바꾸는 과정의 이면을 보고 특이한 생각을 들고 나왔다. 그는 **저축** 때문에 공급에 비해 상품의 수요가 지나치게 감소하는 일이 일어날 수 있지 않겠느냐고 물었다.

이것은 현대에는 엄청나게 유익한 질문인 것 같다. 그러나 리카도는 그런 의문을 뻔하고 단순한 난센스로 간주했다. "맬서스 씨는 그가 쓰는 행위라고 배타적으로 부른 여러 행위들처럼 저축하는 행위도 결국에는 돈 쓰는 행위라는 사실을 기억하지 못하는 것 같다."[38]고 리카도는 비난 투로 썼다. 어떤 인간이 더 많은 이윤을 벌기 위하여 더 많은 노동자와 장비를 구입하는 데 쓰는 것 이외에 다른 이유로 애써 저축한다는 것은 그로서는 상상할 수 없는 일이었다.

이것은 맬서스를 곤경에 빠뜨렸다. 맬서스도 리카도처럼 저축은 돈을 쓰는 행위라고 믿었다. 물론 사업적 목적으로 쓰는 행위라고 믿었다. 그러나 그의 논조에는 무언가가 있는 것 같았다. 오직 그가 그것이 무엇이라고 지적할 수만 있었다면. 유감스럽게도 그는 결코 그것을 지적할 수 없었다. 예컨대 맬서스는 축적이 리카도가 생각하는 것처럼 그렇게나 중요한 것은 아니라는 점을 증명하기 위해 다음과 같이 썼다.

많은 상인들이 매년 부를 모으는 동안 사치품과 오락과 선물에 대한 지출을 늘리지 않고 줄인 경우는 거의 없었다. 그런다 해도 그들은 막대한 재산을 모았다.[39]

이 말에 리카도는 아래와 같이 맬서스를 패배로 몰아넣는 논평을 한다.

그렇다. 그러나 사치품과 오락과 선물에 대한 지출을 늘리는 행위를 삼간 동료 상인은 같은 이익을 가지고도 그보다 빨리 부자가 되었다.[40]

가엾은 맬서스! 그는 리카도와 주고받은 논쟁에서 이긴 적이 결코 없었다. 자신도 알고 있었지만 그의 주장은 **혼란스러웠다**. 언젠가 맬서스는 이렇게 썼다.

나는 리카도가 가진 정치경제학자로서의 재능을 매우 높이 평가하며 그의 완전한 성실성과 진리를 향한 애정을 확신한다. 그래서 여전히 그의 논리에 의해 완전히 설득되지 않고 있지만 때로 그의 권위 때문에 마음이 흔들리는 것을 느낀다고 솔직히 고백한다.[41]

사실 미래 세대에게도 맬서스는 자신의 논리를 설득력 있고 완전하게 이해시킬 수 있을 정도로 전개하지 못했다. 왜냐하면 그는 그 뒤에 경제학자들의 주된 관심을 끌었던 현상, 즉 호경기와 경기침체라는 문제를 우연히 만나 더듬고 있었기 때문이다. 반면 리카도는 전혀 다른 분배의 문제에 몰두했다. 맬서스가 다룬 쟁점은 '얼마만큼 존재하느냐?'라는 엄청나게 중요한 문제였고, 리카도가 다룬 것은 '누가 무엇을 가지느냐?'라는 폭발적인 쟁점이었다. 그들이 끊임없는 의견 충돌을 보인 것은 당연한 일이었다. 그들은 실은 다른 주제를 놓고 이야기하고 있었던 것이다.

따져봐야 할 마지막 의문이 남아 있다. 맬서스와 리카도를 애덤 스미스와 분리시킨 비전과 분석의 변화를 어떻게 설명할 수 있을까? 이에 대한 답을 통해서 우리는 인식 대상의 변화가 사상 골조의 변화로 귀착되는 과정을 더욱 잘 이해할 수 있다. 이상한 일이겠지만 그들의 분석─그들의 예상과 권고─에 큰 차이가 있음에도 불구하고 기본적인 수준에서 맬서스와 리카도의 비전은 스미스의 비전과 근본적으로 다르지 않다!

기본적 비전은 무엇이었던가? 그것은 사회가 이윤추구로 움직이고, 어디에나 존재하는 경쟁의 압력으로 규율되며, 정부가 할 역할의 범위를 제공하면서 동시에 범위 내로 제한하는 신중함을 가진, 하나의 거대한 메커니즘이라고 파악하는 견해다. 그러면 왜 그들은 그렇게 서로 다른 결론에 도달했을까? 개성이 일정한 역할을 한 것은 분명하다. 언제나 그렇다. 그러나 더욱 본질적인 것에 기반을 둔 다른 설명이 가능한데, 바로 스미스가 관찰한 사회의 작동방식이 맬서스와 리카도가 관찰한 그것과 달랐다는 것과 관련이 있다. 그 차이의 핵심은 그들 각자가 인식한 이윤동기, 시장의 역할, 정부의 위치에 있었던 것이 아니다. 이 문제에 대한 그들 세 사람의 인식은 같았다. 그들 사이의 차이는 기술 효과의 변화에서 비롯된다.

스미스에게 있어서 그 효과는 분업으로 묘사된다. 우리는 바늘과 같은 어떤 제품을 생산하는 데 분업이 얼마나 큰 효과를 내는지를 스미스가 열광적으로 칭찬한 것을 기억하고 있다. 그러나 우리는 또한 일단 분업이 어떤 제품의 생산에 놀라운 역할을 하게 되면 그것은 곧바로 다른 제품—섬유, 제철 등 다음에 어느 곳으로 번질지 누가 알겠는가?—의 생산으로 확산된다는 것을 스미스의 칭찬은 전혀 암시하지 않고 있다는 사실도 떠올리게 된다. 이러한 기술적 이유 때문에 '충분한 부를' 획득한 어떤 국가가 그 후 정체하고 심지어 후퇴하게 되는 것이다.

반세기 후 맬서스와 리카도가 만나게 되는 떠오르는 공업기술은 이러한 제한된 전망을 이미 벗어나 있었다. 사람들은 제니방적기, 증기기관, 교반(攪拌)제철기술(puddling of iron) 등이 경제성장을 위한 새로운 길을 열 것이라는 사실을 바로 인식했다. 제한된 확장 가능성이라는 스미스의 견해는 이것으로 끝이 났다. 이와 함께 새로운 전망에서 비롯되는 새로운 문제의 징후가 나타났다. 경제적 팽창이 제한된 생산능력을 돌파하는 즐거움을 더 이상 누리지 못하게 됨에 따라 인구성장이 훨씬 위협적인 양상을 띠게 되었다. 같은 방식으로 공업적인 경제성장의 전망이 확장됨에 따라 지주계급은 더욱 치부하게 되었다. 따라서 맬서스와 리카도의 경제학이 설정한 문제의 성격은 기술적 지평이 확대됨에 따라 비전이 변화되는 데 따른 분석적 결과에 그 근본적 요인을 찾을 수 있다.

스미스의 낙관론에 비관론으로 맞선 두 사람

이 장에서 다룬, 어떤 면에서는 꼭 같고 다른 측면에서는 아주 달랐던 두 핵심인물의 공헌을 어떻게 요약할까?

리카도가 세계에 준 선물은 간단했다. 여기에는 완전히 벗겨져 본 질만 남고 누구나 자세히 살펴볼 수 있도록 열려진 세계가 있었다. 시계의 내부가 노출된 것과 같았다. 그 세계는 바로 그 비현실성 속에 강점이 있었다. 왜냐하면 극히 단순화된 세계의 앙상한 골조가 지대의 법칙을 드러냈을 뿐 아니라 또한 외국무역·화폐·조세·경제정책이라는 중대한 문제까지 밝혔기 때문이다. 모형의 세계를 구축함으로써 리카도는 추상이라는 강력한 도구를 경제학에 도입했다. 일상생활의 어수선함을 실에 꿰어 그 밑에 내재한 기능을 이해하려면 필수불가결한 것이 바로 추상이라는 도구였다. 확실히 리카도와 동시대의 어떤 관찰자가 말했듯이 추상이라는 도구는 어리석은 사실과 언제나 '합리적'이지는 않았던 인간행위를 무시하는 데 사용될 수 있었다. 그럼에도 불구하고 경제학이 과학이라고 주장할 수 있게 된 것은 추상을 도입한 리카도의 재능 덕분이었다. 우리가 리카도의 저작에서 과학다운 특징을 드문드문 발견하는 것도 아마 이러한 그의 과도단순화 취미 덕분이다.

한편 맬서스는 추상적인 세계의 구축에 리카도처럼 성공하지 못했다. 그리하여 오랜 기간에 걸친 그의 학문적 공헌은 리카도보다는 못하다. 그러나 그는 인구라는 무서운 문제를 지적했고, 그 이유만으로도 그의 이름은 지금도 살아 있다. 또한 그는, 비록 자신은 잘 설명하지 못했지만 그의 저서가 나오고 나서 한 세기 후의 경제학자들을 사로잡을 전반적 과잉이라는 문제를 알아챘다.

회고해보건대 아마 두 사람의 주된 공헌은 그들의 기술적 업적 이외에 있을 것이다. 맬서스와 리카도는 뜻하지 않게 놀라운 한 가지 일을 수행했다. 그들은 당대의 견해를 낙관론으로부터 비관론으로 전환시켰다. 인간의 우주를 사회의 자연적 힘이 모든 인간을 유복하게 해주는 무대로 생각하는 것은 더 이상 불가능했다. 반대로 세계에 조화와 평화를 가져오도록 기술적으로 고안된 것처럼 보였던 이 자연적인 힘은 이제는 악의적이고 위협적인 것으로 보였다. 인류가 굶주린 사람의 홍수 밑에 깔려 신음하지 않는다면, 구매자 없는 상품의 홍수 아래서 고통을 겪을 수도 있을 것처럼 보였다. 어느 경우이건 진보를 위한 기나긴 투쟁의 결과는 우울한 상태일 것이다. 그곳에서 노동자는 겨우 연명하고, 자본가는 노고의 대가를 사취당하며, 지주는 흡족해한다.

사실 우리가 자본주의경제라고 부르는 구조 이외에, 스미스와 맬서스 그리고 리카도의 비전 가운데 들어 있는 또 다른 공통 요소가 바로 여기에 있다. 이것은 노동계급을 본질적으로 수동적인 존재로 보는 시각이다. 이들 셋 가운데 누구도 가난한 노동자들이 체제의 변화를 머릿속으로 떠올리게—그들의 새로운 체제를 구축하게—될 수 있다는 조짐을 내비치지 않았다. 이 문제는 다음 장에서 다룰 주제이다. 거기서 우리는 새로운 비전이 세속철학의 길을 인도하는 것을 보게 될 것이다.

chapter 5

공상적 사회주의자들의 꿈

로버트 오언
Robert Owen, 1771~1858
공상적 사회주의자. 뉴래너크공장을 비롯한 수많
은 실험적인 이상적 공동체를 후원, 장려했다.

끌로드 앙리 드 루브루아 생시몽
Claud Henri de Rouvroy Saint-Simon,
1760~1825
사회개혁가. 그리스도교 사회주의의 바탕을 마련한 중
심인물 가운데 한 사람이다.

샤를 푸리에
Charles Fourier, 1772~1837
사회이론가. 생산자협동조합에 바탕을 둔 이상사
회 건설을 주장했다.

존 스튜어트 밀
John Stuart Mill,
1806~1873
철학자이자 경제학자. 분배와 생산을
별개의 문제로 보았다.

맬서스와 리카도가 세계를 우울하게 인식해야 했던 이유를 이해하는 것은 그다지 어려운 일이 아니다. 18세기 영국에서 살아간다는 것은 우울한 일이었다. 영국은 대륙과의 기나긴 투쟁에서 승자로 떠올랐지만, 이제는 국내에서 더 심각한 투쟁에 빠져드는 듯 보였다. 사태를 예의 주시하는 사람들이 보기로는, 이제 막 피어난 공장제도가 초래한 문제에 대처하기 위한 달갑지 않은 내용의 사회적 입법안들이 산적해 있었다. 그리고 이들 법안의 심의 일정을 마냥 늦출 수는 없는 노릇이었다.

사실 초기의 공장 노동을 지배한 노동 조건에 대한 이야기는 현대의 독자라면 머리카락이 곤두설 정도로 끔찍하다. 1828년에 당대의 급진적 잡지 중 하나인 『라이언(The Lion)』은 로버트 블린코의 믿을 수 없는 인생 역정을 보도했다. 그는 로덤의 공장으로 보내진 80명의 극빈 가구 자녀들 가운데 한 사람이었다. 열 살 안팎의 이 소년 소녀들은 사소한 잘못뿐만 아니라 그들이 종사하는 침체산업(flagging industry)을 살리기 위해 밤낮 없이 채찍질 당했다. 하지만 블린코가 나중에 옮겨간 리튼의 한 공장에 비하면 로덤의 노동조건은 차라리 인간적인 것이었다. 리튼에서 아이들은 꿀꿀이죽을 먹기 위해 여물

통에서 돼지들과 함께 뒹굴었다. 그들은 발길질과 주먹질 그리고 성폭력에 시달렸다. 이들의 고용주인 엘리스 니덤이라는 사람은 아이들의 귀를 못으로 뚫는 소름 끼치는 버릇을 가진 자였다. 그 공장의 십장은 더 고약했다. 그는 블린코의 팔목을 기계에 매달아 무릎이 굽도록 만들었고, 어깨에는 무거운 추를 올려놓았다. 그 아이와 동료 일꾼들은 겨울의 추위 속에서도 거의 벌거벗은 상태로 지냈고, 순전히 십장의 가학증을 과시하는 듯 모두 이빨이 부러져 있었다.

물론 이러한 무시무시한 야만성은 일상적이었다기보다는 예외적인 경우였다. 개혁의 열정 때문에 표현이 사실보다 과장되었으리라는 의심도 간다. 하지만 어느 정도의 과장을 감안하더라도 이 이야기는 가장 냉혹한 비인간적 행태가 세상의 자연스러운 질서로 받아들여지고 아무런 관심의 대상도 되지 못하던 사회 분위기를 잘 보여준다. 하루 16시간의 노동이 일반적이었기 때문에 노동자들은 아침 6시에 무거운 걸음을 이끌고 공장에 와서는 밤 10시가 되어서야 터벅터벅 집으로 향했다. 게다가 정말 심한 모멸감을 느끼게 하는 사례를 들자면, 많은 공장주들이 종업원들에게 시계를 차고 다니지 못하게 했다. 공장에 단 하나 있는 공용 시계는 이상하게도 몇 분 안 되는 식사시간에만 빨리 가는 경향이 있었다. 아마도 가장 부유하고 선견지명 있는 기업인이라면 이러한 지나친 상황에 개탄했을 것이다. 하지만 이들이 부리는 공장장이나 경쟁의 압박에 짓눌린 자들은 이런 광경에 무심했던 것 같다.

끔찍한 노동조건만이 동요의 원인은 아니었다. 이제는 기계가 분노의 대상이 되었다. 기계란 노동자의 일손을 아무런 불평도 할 줄 모르는 강철로 대체한다는 것을 의미했다. 이미 1779년에 8000여 명의 노동자들로 이뤄진 폭도가 기계의 냉혹하고 무자비한 효율성에 맹목적인 적개심을 가지고 한 공장을 급습, 불태워버린 일이 있었다.[1]

1811년에는 기술에 대한 이러한 저항이 영국 전역을 휩쓸었다.[2] 시골 곳곳에 파괴된 공장이 즐비했고, 이 물결 속에 "네드 러드(Ned Ludd, 19세기 초 기계파괴운동을 벌인 전설적인 인물. 이 운동을 러다이트 운동이라고 한다—옮긴이)가 지나갔다."는 풍문이 떠돌았다. 러드 왕 혹은 러드 장군이 폭도들의 파괴 활동을 지휘하고 있다는 소문이었다. 이른바 러다이트(Luddites)로 불린 사람들이 폭발한 이유는 그들이 보기에 감옥이나 마찬가지인 공장과 열악하기 그지없는 임금노동에 대한 자연발생적인 증오 때문이었다.

하지만 이 소요는 나라에 실질적인 우려를 불러일으켰다. 명망가들 가운데서는 유일하게 리카도만이 기계가 항상 노동자들의 즉각적인 이해에 부합하는 것은 아닐지도 모른다는 사실을 인정했다. 이 의견 때문에 그는 평생 처음으로 평소의 통찰력을 잃었다는 평가를 들었다. 대다수의 관찰자들이 보기에 이러한 감정은 심사숙고해서 나온 것이 아니었다. 하층계급의 행동이 점점 더 한계를 넘어서고 있으므로 혹독한 대응이 필요하다는 것이 그들의 생각이었다. 게다가 지배계급의 입장에서는 당시 상황이 난폭하고 무시무시한 아마겟돈의 도래를 나타내는 것으로 보였다. 시인 로버트 사우디(Robert Southey, 1774~1843)는 "이제는 오직 군대만이 저 두려운 일체의 재난들, 부자에 대항한 가난한 자들의 봉기로부터 우리를 지켜준다. 내가 감히 나 자신에게 묻길 두려워하는 것은 과연 언제까지 군대에 의존할 수 있겠느냐 하는 점이다."라고 썼다. 그리고 월터 스콧은 "나라의 토대가 허물어지고 있다."고 한탄했다.

협동조합의 아버지, 오언

그러나 이 어두운 고난의 시대에 영국의 한 지역만은 폭풍 속의 횃불처럼 빛을 발했다. 글래스고에서 한나절 거리인 스코틀랜드의 험한 산중, 너무나 외져서 문지기가 (평생 처음 본 탓에) 금화 받는 것을 거절하는 시골에 뉴래너크(New Lanark)라고 불리는 한 작은 공동체의 7층짜리 공장건물이 을씨년스럽게 서 있었다. 글래스고에서 이곳으로 오는 언덕길에는 방문객들의 마차 행렬이 끊이지 않았고—1815년부터 1825년 사이에 2만 명의 방문객들이 뉴래너크의 방명록에 서명했다—이들 방문객 중에는 나중에 러시아의 차르 니콜라이 1세가 되는 니콜라이 대공, 오스트리아의 요한과 막시밀리안 황자 같은 거물급 인사들과 일군의 교구 대표단, 작가들, 개혁가들, 감상적인 숙녀들 그리고 회의적인 사업가들이 포함되어 있었다.

이들이 와서 목격한 것은 공장생활의 비위생과 타락이 불가피한 현상이 아니라는 살아 있는 증거였다. 이곳 뉴래너크에서는 방이 각기 둘씩 딸린 노동자 가옥이 반듯하게 줄지어 서 있었다. 쓰레기는 거리에 어지럽게 널브러져 있지 않고 수거를 기다리며 깔끔하게 쌓여 있었다. 게다가 공장에서는 더욱더 희귀한 광경이 방문자들을 맞이했다. 종업원은 모두 양면이 검정, 파랑, 노랑 그리고 흰색 등 서로 다른 색깔로 칠해진 작은 나무토막 하나씩을 목에 걸고 있었다. 밝은 색부터 어두운 색 순서로 업무평가 등급을 나타내는 나무토막이었다. 흰색은 우수, 노랑은 양호, 파랑은 보통, 검정은 불량을 의미했다. 공장장은 종업원의 업무능력을 한눈에 알아볼 수 있었다. 대개 노랑이거나 흰색이었다.

또 다른 놀라운 사실은 공장에 어린이—적어도 열 살이나 열한 살 미만의 어린이—가 한 명도 없었다는 것이다. 더구나 노동시간도 하루 10시간 45분밖에 되지 않았다. 심지어 처벌도 없었다. 실제로 아무도 처벌받지 않았으며, 만성 알코올 중독이나 기타 비슷한 잘못으로 추방된 몇몇 구제불능의 성인을 제외하면 규율을 잡는 것은 공포가 아니라 자비였다. 공장장의 사무실 문은 활짝 열려 있었고, 누구나 어떠한 규칙이나 규정에 대해서든 반대의사를 표명할 수 있었다(그리고 실제로 그렇게 했다). 업무평가 내용을 상세하게 담고 있고 그래서 각자의 나무토막 색깔을 결정하는 기초자료인 장부는 누구나 열람할 수 있었다. 만약 자신의 평가 결과가 공정하지 못하다고 느낀다면 이의를 제기할 수도 있었다.

이 모든 것 중에서도 가장 주목할 만한 대상은 어린아이들이었다. 어린아이들이 거칠고 난폭하게 거리를 뛰어다니는 대신 거대한 학교 건물에서 열심히 공부하고 노는 모습이 방문객들의 눈에 띄었다. 가장 어린 아이들은 주위의 돌과 나무들의 이름을 배우고 있었다. 조금 나이 먹은 아이들은 '명사(名詞) 장군'이 '형용사(形容詞) 대령' '부사(副詞) 상병'과 싸움을 벌이는 벽화를 보며 문법을 학습했다. 이외에도 다른 수업들이 있었는데 하나같이 다 재미있어 보였다. 아이들은 정기적으로 젊은 숙녀들의 보호 아래 노래하고 춤을 췄다. 이 숙녀들이 훈련받은 지침은 어떤 아이의 질문도 대답 없이 넘어가서는 안 된다는 것, 이유 없이 악한 아이는 없다는 것, 처벌을 가해서는 안 된다는 것 그리고 아이는 훈계보다는 모범의 힘을 통해 더 빨리 배운다는 것이었다.

실로 놀랍고 고무적인 광경이었다. 게다가 행복한 아이들의 모습보다는 마음씨 고운 숙녀의 모습에 더 넋을 잃은, 기업가 의식이 뿌리박힌 신사들조차 반박할 수 없는 사실이 있었다. 뉴래너크가 수익을 올리고 있다는 것, 그것도 놀랄 만한 수익을 올리고 있다는 것이었다. 이곳은 성자(聖者, saint)일 뿐만 아니라 극히 실용적인 한 인물에 의해 운영되는 기관이었다.

뉴래너크의 책임자는 실용적인 성자일 뿐만 아니라 있을 법하지 않은 인물이기도 했다. 우리가 '공상적 사회주의자'라 이름 붙인 19

세기 초의 다른 많은 개혁가들처럼 '뉴래너크의 자애로운 오언'도 실용주의와 순진성, 위대한 성취와 큰 실패, 상식과 광기가 기이하게 혼합된 인물이었다. 그는 쟁기를 버리고 가래를 사용하자고 주장한 사람이었다. 그는 무(無)에서 출발해 대자본가가 되고 다시 대자본가에서 사적 소유의 격렬한 반대자가 된 사람이었다. 그는 기부에는 분명히 보답이 따를 것이기 때문에 자선을 행해야 한다고 주장하고 또한 화폐의 폐지를 선동한 사람이었다.[3]

한 사람의 삶에 이토록 많은 우여곡절이 있을 수 있다는 사실이 믿어지지 않는다. 그의 이야기는 호레이쇼 앨저(Horatio Alger, 1832~1899) 소설의 한 장처럼 시작된다. 1771년 웨일스에서 가난한 부모의 자식으로 태어난 로버트 오언(Robert Owen, 1771~1858)은, 맥거포그라는 기이한 이름을 가진 한 아마포 상인의 도제가 되기 위해 아홉 살에 학교를 그만두었다. 어쩌면 그는 아마포 상인으로 남아서 상점 이름을 '맥거포그 앤드 오언'으로 바꿀 수도 있었을 것이다. 하지만 실업계의 참된 영웅정신을 소유한 그는 맨체스터행을 선택했다. 거기서 그는 열여덟 살의 나이에 형에게 빌린 100파운드로 방직기계를 제작하는 소자본가로 자수성가했다. 하지만 이것이 전부가 아니었다. 대규모 방적업체 사장인 드링크워터 씨가 공장장을 새로 뽑기 위해 지방신문에 구인광고를 냈다. 오언은 방적공장에 대해서는 아무것도 몰랐지만 마치 수많은 작가들을 위해 대중적 성공담의 소재라도 만들어주려는 듯 그 자리를 차지해버렸다. 50년 뒤에 오언은 이렇게 썼다.

나는 모자를 쓰고 곧장 드링크워터의 사무실로 갔다.
"나이는 어떻게 되나?"
나는 대답했다.

"오월에 스무 살이 됩니다."

"일주일에 몇 번이나 술을 마시나?"

이 당황스러운 질문에 나는 얼굴이 새빨개져서 대답했다.

"술은 입에 대본 적도 없습니다."

"봉급은 얼마나 받고 싶나?"

내 대답은 '연봉 삼백 파운드'였다.

"뭐라고?"

드링크워터 씨는 놀라며 그 말을 반복했다.

"연봉 삼백 파운드! 오늘 아침만 해도 얼마나 많은 사람들이 일자리를 문의해왔는지 모르는데, 그들이 요구한 액수를 다 합쳐도 자네가 요구한 것보다는 적을 걸세."

나는 말했다.

"저는 남들이 바라는 것에 좌우되지는 않습니다. 그 이하로는 일 못합니다."[4]

그야말로 오언다운 태도였고, 그 결과는 성공이었다. 스무 살에 그는 방적업계의 총아가 되었다. 긴 얼굴에 곧은 코, 성실성을 보증해주는 듯한 크고 솔직한 눈을 가진 그는 매력적인 젊은이였다. 6개월 만에 드링크워터 씨는 그에게 4분의 1에 해당하는 지분을 주겠다고 제의했다. 하지만 이것은 단지 전설적인 이력의 서곡에 불과했다. 1년도 안 되어 그는 뉴래너크라는 황폐한 골짜기에 있는 공장 하나가 매물로 나왔다는 이야기를 들었다. 우연히도 그는 그 공장 소유주의 딸과 사랑에 빠져 있었다. 공장을 인수하는 것과 사랑을 이룩하는 것 모두 불가능한 곡예처럼 보였다. 그도 그럴 것이 공장 소유주인 데일 씨는 열성적인 장로교도여서 오언의 급진적 자유사상을 용납하지 않으려 할 것이 뻔했기 때문이다. 게다가 공장을 인수할 자본을 어떻게 마련하느냐는 문제도 있었다. 하지만 그 어느 것도 오언의 앞길을 가로막을 수는 없었다. 그는 예전에 드링크워터 씨 앞에 당당히 나섰던 것처럼 데일 씨를 찾아갔고, 불가능한 일이 이뤄졌다. 그는 자금을 빌려 공장을 인수했고 덤으로 결혼 승낙까지 얻었다.

일은 그렇게 끝나는 듯했다. 오언은 1년 안에 뉴래너크를 공동체로 탈바꿈시켰다. 5년 안에 이곳은 몰라보게 변했고, 10년이 지나자 이제는 세계적인 명소가 되었다. 최소한 6만 파운드의 부를 거머쥔 데다 선견지명과 박애정신으로 유럽 곳곳에 명성을 드높였으니 보통 사람이라면 이것만으로도 충분한 성취였다.

하지만 그것으로 끝난 게 아니었다. 혜성 같은 성공에도 불구하고 오언은 자신이 행동가이기보다는 사상가라고 생각했다. 그에게 뉴래너크는 결코 한가한 자선사업이 아니었다. 아니, 인류 전체의 향상을 위해 그가 발전시킨 이론의 시험장이었다. 오언은 인간이란 환경에 따라 변화하며 따라서 환경이 바뀐다면 지상에 진정한 낙원이 도래할 것이라고 믿었다. 실제로 그는 뉴래너크에서 자신의 사상을 실험했고, 그 결과는 누구의 눈으로 보든 성공적이었다. 그러니 그의 이론이 전 세계에 적용되지 못할 이유도 없었다.

그는 곧 기회를 잡았다. 나폴레옹 전쟁이 끝날 무렵 그 여파로 문제들이 발생했다. 맬서스가 '전반적 과잉(general glut)'이라고 불렀을 상황이 잇달아 나라를 뒤흔들었다. 1816년부터 1820년 사이에는 한 해만 빼고 불황이 계속되었다. 참극이 곧 폭발할 것만 같았다. '빵과 피'를 외치는 폭동이 발생했고, 일종의 히스테리가 온 나라에 퍼졌다. 요크와 켄트의 공작들과 일군의 명사들이 위기의 원인을 찾아내기 위해 위원회를 구성했다. 이들은 너무나 당연하게도 박애주의자 오언을 불러 고견을 물었다.

위원회는 뜻밖의 답을 들어야 했다. 애초에 기대한 것은 물론 공장 개혁이었다. 왜냐하면 오언은 노동시간 단축과 아동 노동 폐지의 주창자로서 명성을 떨쳤기 때문이다. 하지만 명사들은 사회 전체를 전면적으로 재조직해야 한다는 청사진을 받았다.

오언의 주장은 빈곤문제는 빈곤층을 생산적으로 만들면 해결된다는 것이었다. 그는 이를 위해 '협동마을(Villages of Cooperation)'을 건설하자고 제창했다. 800~1200명의 사람들이 농장과 공장에서 함께 일하는 자급자족 단위를 만들자는 것이었다. 가족은 평행사변형—이 말은 즉시 대중의 이목을 끌었다—으로 군집된 집에서 살게 된다. 방은 각 가정이 사적으로 소유하지만 응접실과 독서실 그리고 부엌은 공용이다. 세 살 이상의 어린이는 연령별 합숙생활을 통해 장래의 삶을 위한 양질의 인격형성 교육을 받게 된다. 학교 둘레에는 조금 더 나이 든 아이들이 가꾸는 정원이 있고, 각종 곡식을 재배하는 밭이 다시 그 주위를 에워싼다. 물론 그 밭에서는 쟁기 대신 가래가 쓰일 것이다. 공장은 주거지역에서 멀리 떨어진 곳에 위치한다. 이것은 사실상 계획적 전원도시, 즉 일종의 키부츠나 코뮌이었다.

명사 위원회는 몹시 당황했다. 고삐 풀린 **자유방임**의 시대에 아무도 계획적인 사회공동체를 도입하자며 설득하고 나설 엄두가 나지 않았던 것이다. 오언은 감사의 인사를 받았지만 그의 구상은 조심스럽게 묵살됐다. 하지만 오언은 하나에 집착하면 끝을 보고야 마는 성미였다. 그는 자기 계획의 실현 가능성을 재검토할 것을 요구했고, 자신의 생각을 자세히 설명한 책자를 의회에 뿌렸다. 다시 한 번 그의 결의가 때를 만났다. 1819년 제대로 된 협동마을 한 곳을 만들어 실험하는 데 필요한 9만 6000파운드를 모금하기 위해 특별위원회(리카도도 참여했다)가 구성되었다.

리카도는 비록 이 계획을 시험하고픈 의지를 가지고 있기는 했으나 전반적으로는 회의적이었다.[5] 하지만 영국의 여론은 회의적인 정도가 아니었다. 아예 증오를 불러일으켰다. 한 신문 편집자는 이렇게 썼다.

경애하는 로버트 오언 씨, 이 자애로운 면 방적업자는…… 모든 인간을 수천 년간 뿌리 뽑혀온 식물로 여기고 땅에 다시 심을 것을 요구한다. 그래서 그는 이들을 새로운 방식에 따라 네모 구덩이 안에 옮겨 심으려 결심한다.[6]

윌리엄 코빗(William Cobbett, 1763~1835)은 그 자신이 급진적 사상 때문에 미국에 망명해 있는 신세임에도 오언의 제안에 더욱더 경멸에 찬 반응을 보였다.

이 신사는 거지들의 공동체를 건설하려 한다! …… 그렇게 하면 놀라운 평화, 행복 그리고 국부(國富)가 뒤따르리라는 것이다. 사람들이 서로 눈을 멍들게 하거나 코피를 터뜨리고 머리칼을 잡고 늘어지도록 하는 자질구레한 일들은 과연 어떻게 해결될지 나로서는 알 수 없다. 아무튼 오언 씨의 계획은 참으로 기상천외한 방안이며 거지들의 공동체라는 것을 주장한다는 점에서 이제껏 그 누구도 들어보지 못한 것이다. 잘있으시오, 뉴래너크의 오언씨.[7]

물론 오언이 거지들의 공동체를 머릿속에 그렸던 것은 아니다. 반대로 그는 거지라 할지라도 일할 기회만 주어진다면 부의 생산자가 될 수 있다고 믿었다. 그리고 그들의 통탄할 만한 사회적 습성은 훌륭한 환경의 영향 아래서 쉽게 덕성으로 바뀔 수 있다고 확신했다. 이렇게 승화될 수 있는 것은 거지들만이 아니었다. '협동마을'은 공장 생활의 혼란에 비해 너무도 우월해서 다른 공동체들도 자연스럽게 이를 뒤따르리라고 보았다.

하지만 그의 생각에 동의하는 사람은 아무도 없었다. 진지한 사람들은 오언의 계획에서 기존 질서에 대한 불온한 위협을 보았고, 급진적인 사고를 가진 이들은 그것이 우스꽝스럽다고 느낄 뿐이었다. 결국 실험마을에 필요한 자금은 걷히지 않았다. 하지만 이제 이 불굴의 박애주의자를 가로막을 수 있는 것은 아무것도 없었다. 지금까지 그는 인본주의자였지만 이제는 직업적인 인도주의자가 되었다. 돈을 모은 그는 재산을 사상의 실현을 위해 바쳤다. 그는 뉴래너크의 지분을 판 뒤, 1824년 자신의 구상에 따른 미래 공동체의 건설에 착수했다. 당연히 그는 그 터전으로 미국을 선택했다. 50년간이나 정치적 자유를 누려온 사람들이 사는 곳보다 유토피아를 건설하기 더 좋은 곳이 어디 있겠는가?

그는 장소를 물색하다가 인디애나 주 포시 군의 워배시 강가에 있는 3만 에이커 넓이의 땅을 라파이트교도라 불리는 독일인 종파로부터 매입했다. 1826년 7월 4일 그는 '정신의 독립선언'을 발표하면서—사적 소유, 비합리적 종교 그리고 혼인 제도로부터의 독립— 공동체에 땅을 기증했고, '뉴하모니'라는 사랑스럽고 희망에 찬 이름을 붙여 구성원들이 스스로 알아서 운영하도록 놓아두었다.

그것은 도저히 성공할 수 없는 실험이었고, 결국 실패로 끝났다. 오언은 전 세계에 그의 유토피아가 활짝 꽃피리라 기대했다. 하지만 낡은 사회의 불완전한 환경으로부터 어떻게 새로운 사회를 키워낼 것인지는 고민하지 않았다. 계획은 없었다. 몇 주 만에 800명의 이주자들이 허둥지둥 몰려들었다. 사기 행위를 막기 위한 초보적인 예방조치조차 없었다. 오언은 부정 취득한 땅 위에다 위스키 양조장까지 세운 한 동료 때문에 손해를 입고 모욕까지 당하는 이중의 피해를 입었다. 오언이 떠난 이후에는 경쟁 공동체들이 우후죽순처럼 생겨났다. 윌리엄 매클루어라는 사람이 세운 매클루리아라는 공동체가 있었고, 그밖에도 많은 이단자들이 또 다른 공동체들을 세웠다. 이상에 따른 결속을 유지하기에는 소유 본능의 힘이 워낙 강했다. 돌이켜보면 공동체가 그 정도 기간이라도 존속했다는 것 자체가 경이로울 따름이다.

1828년경에 이르자 사업이 실패로 끝났다는 것이 명확해졌다. 오언은 땅을 팔고(그는 이 모험으로 전 재산의 5분의 4를 날렸다) 자신의 계획을 논의하기 위해 잭슨 대통령을 찾아갔고, 다음에는 멕시코의 산타아나를 만났다. 하지만 두 신사 모두 겉치레의 관심만을 보였을 뿐이다.

오언은 영국으로 돌아갔다. 그는 여전히 자애로운 오언씨(비록조금 녹초가 되기는 했지만)였고, 그의 인생은 예기치 않은 우여곡절을 맞이할 운명에 처했다. 비록 대다수 여론이 그의 '협동마을'을 조롱했지만 이 나라의 구석에서만큼은 그의 가르침이 깊이 뿌리를 내렸기때문이다. 그 구석은 바로 노동계급이었다. 이때는 바야흐로 최초의 노동조합이 등장하던 무렵이었다. 방적공과 도공 그리고 건설노동자의 지도자들은 오언을 자신들의 이해를 대변할 만한 인물―사실상 지도자―로 바라보기에 이르렀다. 오언의 동료들과 달리 노동자들은 그의 가르침을 진지하게 받아들였다. 비록 협동마을은 명사 위원회의논쟁거리에 불과했지만 오언의 책에 바탕을 둔 실제 노동자 협동조합들도 오언의 원래 구상에 비해 좀더 온건한 형태로 영국 전역에 우후죽순처럼 등장했다. 생산자협동조합과 소비자협동조합들이 나타났다. 화폐를 폐지하는 등 오언의 구상을 글자 그대로 따라하다가 실패한 사례도 몇몇 있었다.

생산자협동조합들은 예외 없이 실패했고 화폐를 사용하지 않은 거래도 무일푼으로 끝났다. 모두 다 그 말로(末路)는 파산이었다. 하지만 협동조합운동의 한 부분만은 뿌리를 내렸다. '로치데일 선구자들'이라 자처하는 28명의 열성분자들이 소비자협동조합을 시작한 것이다. 오언은 별로 관심을 보이지 않았지만, 이후 이 단체는 영국 노동당에 강력한 힘을 불어넣은 원천 중 하나로 성장했다. 오언이 별로 관심을 기울이지 않은 운동이 그가 혼신을 다해 추진한 모든 프로젝트들 가운데 유일하게 살아남았다는 것은 흥미로운 일이다.

오언에게는 협동조합에 시간을 쏟지 못한 나름의 이유가 있었다. 미국에서 돌아온 뒤 그는 거대한 도덕적 십자군을 구상했다. 그는 늘 그랬던 것처럼 흥에 겨워 이 일에 뛰어들었다. 한때 가난한 소년이었고 또 한때는 자본가였으며 한때는 사회개혁가였던 그는 이제 노동계급운동의 지도자들을 주위에 끌어모았다. 그는 자신의 프로젝트에 참으로 인상적인 이름을 붙였다. '생산적이고 유용한 계급의 범국가적 도덕연합(Grand National Moral Union of the Productive and Useful Classes)'이 그것이었다. 이 이름은 곧 '전국노동조합(Grand National Consolidated Trades Union)'으로 축약되었는데, 이것도 길다 해서 다시 '그랜드내셔널(Grand National)'이라 불렸다. 이 깃발 아래 노동조합 지도자들이 뭉쳤고, 1833년 영국 노동계급운동이 공식적으로 출범했다.

전국 차원의 이 조합은 오늘날의 산업별 노동조합의 선구적 조직이 되었다. 조합원은 50만 명이었고—그 당시로서는 엄청난 수였다—사실상 영국의 중요한 노동조합은 모두 포괄하고 있었다. 하지만 현대의 노동조합과 달리 이 조직의 목적은 노동시간과 임금에 국한되지 않았고 심지어 경영권의 확보조차 넘어섰다. '그랜드내셔널'은 사회의 개량뿐만 아니라 심원한 사회 변혁의 수단으로 구상되었다. 따라서 그 강령은 임금인상과 노동조건의 개선뿐만 아니라 협동마을의 이념을 묘하게 혼합했고, 화폐의 폐지 그리고 오언의 저작 이 곳저곳에서 따온 여러 다른 사상들을 자세히 담고 있었다.

오언은 그의 마지막 대의를 위해 전국 순회 유세를 벌였다. 하지만 그것은 완전한 실패로 끝났다. 미국이 지방의 낙원을 받아들일 준비가 되어 있지 않았듯이 영국은 전국적 노동조합을 인정할 준비가 되어 있지 않았다. 지방 노동조합들은 조합원들을 통제할 수 없었고, 그들의 파업 때문에 전국 조직이 약화되었다. 오언과 그의 참모들은 서로 사이가 틀어졌다. 후자는 전자를 무신론자라 비난했고, 전자는 후자를 계급적 증오를 선동하는 자들이라고 비난했다. 정부가 그 틈을 비집고 들어와 폭력과 보복 행위로 점철된 노동운동을 탄압하는 데 힘을 다했다. 고용주들은 '그랜드내셔널'로부터 사적 소유의 조종(弔鐘) 소리를 듣고 조합금지법을 만들어 그들을 기소하라고 주장했다. 막 싹을 틔운 운동이 이런 공세를 버텨낼 수는 없는 법이다. 2년 안에 거대 조합은 무너졌고, 64세의 오언은 그의 마지막 역사적 소임을 마감했다.

그는 노동운동의 대원로로서 협동조합 사상을 선전하고, 화폐에 대한 소박한 증오를 표명하고, 가래 사용에 계속 집착하면서 20년을 더 살았다. 1839년에는 '무신론에 대한 평화적 억제협회'로 알려진 선량한 신사들의 반대에도 불구하고 빅토리아 여왕을 접견하기도 했다. 하지만 그의 시대는 이미 끝났다. 그는 심령학과 예전처럼 끊임없이 무엇인가를 추구하는 것, 그리고 경이로운 저작《자서전(Autobiography)》을 집필하는 데서 말년의 피난처를 찾았다. 그리고 1858년 87세의 나이로 여전히 희망을 간직한 채 세상을 떠났다.

얼마나 낭만적이고 환상적인 이야기인가! 돌이켜보면 우리의 관심을 끄는 것은 그의 사상보다는 인생 역정이다. 오언은 진정한 의미의 독창성을 보여주지 못했으며, 유연한 사상가도 분명 아니었다.

"로버트 오언은 어떤 책을 읽고 생각을 바꾸는 사람은 아니다."[8]라는 것이 그와 동시대를 산 한 작가의 가혹한 평이다. 또한 그의 목소리만 듣고도 도망쳤다는 캐서린 매콜리(Catharine Macaulay, 1731~1791)는 그를 '항상 친절하지만 따분한 사람'이라고 불렀다.

아무리 상상력을 발휘해도 그를 경제학자라고 할 수는 없다. 하지만 그는 경제학자 이상의 존재였다. 그는 경제학자들이 다뤄야 할 원(原) 자료들을 새롭게 만들어낸 경제적 혁신가였다. 다른 모든 공상적 사회주의자들처럼 오언도 세상이 바뀌기를 바랐다. 하지만 다른 이들이 설득력 있든 없든 글이나 쓰고 있을 때, 그는 앞에 나서서 세상을 바꾸려고 시도했다.

게다가 다시 생각해보면 그가 우리에게 남긴 사상 가운데 적어도 하나는 참으로 위대한 것으로 여겨진다. 그의 아들 로버트 데일 오언(Robert Dale Owen)의 자서전에 소개된 다음과 같은 일화가 이를 매혹적으로 보여준다.

"여보 캐롤라인, 아이가 성이 나서 울면 말이오."

그의 아버지(로버트 오언)가 말했다.

"아이를 방바닥에 혼자 놔두고 스스로 울음을 그칠 때까지 그냥 내버려두구려."

"하지만 여보, 언제까지고 계속 울 텐데요."

"계속 울라지."

"그럼 허파를 다칠지도 몰라요. 또 경기를 일으키게 될지도 모르고요."

"내 생각은 달라요. 어쨌든 아이가 커서 버릇없는 애가 된다면 그게 더 그 아이한테 해를 끼치는 거요. 인간은 환경의 산물이라오."[9]

'인간은 환경의 산물이다.' 그렇다면 도대체 인간 말고 누가 환경을 만드는가? 세상은 필연적으로 선한 것도 악한 것도 아니다. 다만 우리가 어떻게 만드느냐에 달려 있을 뿐이다. 이 사상을 통해서 오언은 가래와 쟁기나 '협동마을' 같은 그의 모든 기상천외한 생각들보다 훨씬 더 강력한 희망의 철학을 우리에게 남겼다.

산업종교의 창시자, 생시몽

로버트 오언은 설익은 자본주의에 맞선 19세기의 저항가 가운데서도 가장 낭만적인 인물이었음에 분명하다. 하지만 결코 가장 독특한 인물은 아니었다. 성격이 괴팍하기로는 끌로드 앙리 드 루브루아 생시몽(Claude-Henri de Rouvroy Saint-Simon, 1760~1825)을 따를 사람이 없다. 그리고 논쟁의 여지없는 기발한 사상으로 말하면 샤를 푸리에(Charles Fourier, 1772~1837)를 따를 사람이 없다.

생시몽은 그 요란한 이름이 말해주듯 귀족이었다.[10] 1760년에 태어난 그는 샤를마뉴 대제의 후예라고 자처하는 그의 가문이 얼마나 고귀한지 그리고 그의 이름에 드리워진 후광을 유지하는 것이 얼마나 중요한지 의식하도록 가르침을 받았다. 어렸을 때 그는 다음과 같은 몸종의 외침을 들으며 잠자리에서 일어나야 했다.

"일어나세요, 백작님. 오늘 큰일을 하셔야 합니다."[11]

역사의 그릇으로 선택되었다는 생각은 한 사람에게 기이한 영향을 끼친다. 생시몽의 경우에 이는 지나친 방종에 대한 변명거리를 제공해주었다. 어릴 때부터 그는 원칙에 충실한 것과 옹고집을 서로 혼동했다. 전하는 바에 따르면, 그는 지나가는 마차가 아이들의 놀이를 방해할 경우 길바닥에 누워서 비키지 않겠다고 고집을 부렸다고 한다. 누가 감히 어린 백작을 도랑에 던져버릴 수 있었겠는가? 후에 그는 아버지의 명에도 불구하고 미사에 가지 않겠다고 고집을 부렸다. 하지만 아들의 고집불통을 익히 잘 아는 데다 두려울 게 없던 그의 아버지는 아들을 즉각 감옥에 처넣어버렸다.

이러한 방종으로 보건대, 그는 모든 정치집단 중에서도 가장 방종했던 루이 16세의 궁정에 진출할 수도 있었을 것이다. 하지만 그의 방종은 궁정과는 가장 거리가 먼 사상, 즉 민주주의에 대한 사랑으로 속죄받았다. 1778년 이 젊은 백작은 미국으로 가서 독립전쟁에 참전해 이름을 떨쳤다. 그는 다섯 번의 전투에 참가하여 킨킨나투스(Cincinnatus, 로마의 정치가―옮긴이) 훈장을 받았고, 무엇보다도 자유와 평등이라는 새로운 사상의 열정적 신봉자가 되었다.

그러나 이 정도로는 아직 '위대한 일'을 했다고 말할 수 없었다. 독립전쟁이 끝나고 나서 그는 루이지애나에 남았다. 거기에서 다시 멕시코로 가 총독에게 운하를 건설하자고 주장했다. 그의 구상은 미래의 파나마 운하를 훨씬 앞지른 것이었다. 만일 이것이 실현되었다면 그의 명성이 하늘을 찔렀을 테지만 계획은 수포로 돌아갔다. 항상 그랬듯이 그것은 9할의 착상과 1할의 계획에 지나지 않았다. 결국 젊은 혁명적 귀족은 프랑스로 돌아갔다.

그때는 마침 대혁명의 와중이었고, 그는 열정적으로 혁명에 뛰어들었다. 페론 주의 팔비 읍민들이 그에게 시장 자리를 제안했지만 그는 거절했다. 옛 귀족을 선출하는 것은 그릇된 선례가 될 수 있다는 게 그 이유였다. 하지만 주민들은 그를 국회의원으로 선출했고, 그는 이를 수락하는 전제로 작위를 포기하고 보통 시민이 되었다. 그의 민주주의 편향은 결코 겉치레가 아니었다. 생시몽은 동료 인간들에 대한 순수한 애정으로 넘치는 사람이었다. 대혁명 전에 한번은 요란하게 차려입고 베르사유를 방문한 적이 있었는데, 그때 우연히 농부의 마차 한 대가 길에 처박혀 있는 것을 발견했다. 생시몽은 자기 마차에서 뛰어내려 우아하게 차려입은 어깨로 바퀴 미는 것을 도와주었다. 그러고는 농부와의 대화에 흥미를 느껴 제 마차는 버려둔 채 새

농부 친구와 더불어 오를레앙까지 걸어갔다.

대혁명이 그에게 미친 영향은 상당히 기묘했다. 그는 교회 토지를 재빨리 사들이는 부동산 투기로 상당한 재산을 모았다. 다른 한편으로는 거창한 교육 계획에 파묻혔다. 그러다 보니 자연히 외국인들과 접촉하게 되었고, 그 때문에 사람들 눈 밖에 나서 결국 보호감찰을 받는 신세가 되었다. 그는 도피했지만 참으로 낭만적이고 귀족적이게도, 그가 묵던 호텔 지배인이 자신의 도피를 도왔다고 무고를 당하자 다시 돌아와 자수했다.

감옥에서 그는 계시를 받았다. 어떤 점에서 그것은 그가 평생에 걸쳐 기다려온 것이었다. 계시는 모든 은총이 다 그렇듯이 꿈에 나타났다. 생시몽은 이를 다음과 같이 묘사했다.

> 대혁명 중의 가장 잔인한 시기에, 뤽상부르에 수감되었던 어느 한 밤중에, 샤를마뉴 대제께서 내게 나타나 말씀하셨다. '천지 창조 이래 어느 가문도 영웅과 일류 철학자를 모두 배출하는 영광을 누리지는 못했노라. 이 영광은 우리 가문을 기다리고 있었느니라. 내 아들아, 내가 전사와 정치가로 성공한 것처럼 너는 철학자로 이름을 떨치리라.' [12]

생시몽은 더 이상 바랄 것이 없었다. 그는 감옥에서 풀려나자 자신이 모아놓은 재산을 환상적인 지적 탐구에 쏟아 부었다. 그는 정말로 알아야 할 모든 것을 배우기 위해 애썼다. 과학자, 경제학자, 철학자, 정치인, 프랑스의 모든 석학들이 그의 집에 초대되어 연구비를 지원받았고 끊임없는 질문 공세를 받았다. 전 세계의 모든 지식 영역을 섭렵하려는 생시몽의 노력이었다. 이것은 기괴한 고투였다. 한번은 자신이 사회연구에 몰두하느라 가족생활에 대한 직접적인 지식이 부족하다는 것을 깨닫고는 3년 계약으로 혼인을 맺기까지 했다. 하지만 1년으로 충분했다. 그의 부인은 잔소리가 심했고, 손님들은 너무 많이 먹어치웠다. 생시몽은 결혼이 교육의 장으로는 한계가 있다는 결론을 내렸다. 대신 그는 유럽에서 가장 명석한 여인, 스탈 부인에게 청혼했다. 그녀야말로 자신의 계획을 이해할 수 있는 유일한 여성이라고 생각했기 때문이다. 둘의 만남이 이루어지기는 했지만, 결과는 용두사미였다. 그녀는 그가 재치 넘치는 사람이기는 하지만 세상에서 가장 위대한 철학자라고는 생각하지 않았다. 상황이 이렇다 보니 생시몽의 열정도 식고 말았다.

하지만 백과사전식의 지식 추구는 그 열의에도 불구하고 재정 파탄이라는 재앙적인 결과를 초래했다. 결혼생활도 예기치 않은 비싼 대가를 지불하게 만들었다. 그는 처음으로 평범한 생활에 익숙해져야 했고, 나중에는 진짜 가난에 시달려야 했다. 그는 사무원 일자리를 찾을 수밖에 없었고, 결국에는 과거 자신이 부리던 하인 집에 기식하게 되었다. 그 와중에도 그는 무섭게 써댔다. 소책자, 관찰기, 제안문 그리고 사회 비평을 줄기차게 저술한 것이다. 그는 다음과 같은 감상적인 문구를 첨부해서, 당대의 유수한 후견인들에게 자신의 저작들을 보냈다.

선생님,

저의 구세주가 되어주십시오. 저는 굶어 죽어가고 있습니다. ……
지난 15일 동안 저는 빵과 물만으로 버텨왔습니다. …… 제 원고의
사본을 작성하는 비용으로 옷가지 외에는 모두 다 팔아버렸답니다.
이 저작은 지식에 대한 열정이며 공공의 복지이고, 저를 이러한 비참
한 상태로 몰아넣은 전 유럽 사회의 무시무시한 위기를 종식시킬 평
화적 수단을 찾아내려는 열망입니다.[13]

후원금을 주는 사람은 아무도 없었다. 1823년, 가족에게 받는 약간의 연금에도 불구하고 그는 절망에 못 이겨 권총 자살을 기도했다. 하지만 이번에도 일은 그의 뜻대로 되지 않았다. 겨우 한쪽 눈을 잃는 성과만 거두었을 뿐이다. 그는 병마와 가난에 시달리면서도 신념과 자부심을 잃지 않은 채 2년을 더 살았다. 최후의 순간이 왔을 때, 그는 얼마 안 되는 제자들을 주위에 모아놓고 이렇게 말했다.

"위대한 일을 해내려면 모름지기 열정이 있어야 한다는 것을 명심하라!"[14]

그는 과연 이러한 오페라 같은 종말에 값하는 성과들을 남겼는가?

기묘한 것은 그가 일종의 산업종교를 창시했다는 사실이다. 그렇다고 그가 자신의, 두껍지만 읽는 사람 없는 책자들이나 강연 혹은 '위대한 일'의 수행을 통해 이를 창시한 것은 아니다. 어떤 점에서 그의 인간성 자체가 하나의 종파에 영감을 불어넣었고 소수의 추종자 무리를 모았으며 새로운 사회상의 가능성을 제시했다.

그것은 기괴하고 반쯤은 신비적이며 조직도 없는 종교였다. 따라서 그의 종교가 미완성인 데다 들쭉날쭉한 관념의 구조물 위에 세워져 있다 해도 결코 놀랄 일은 아니다. 비록 그가 죽고 나서 프랑스에 여섯 개 지부를 둔 생시몽 교회가 세워지고 독일과 영국에도 지부가 설립되기는 했지만, 그렇다고 그가 처음부터 종교의 창시를 염두에 둔 것은 아니었다. 아마도 이는 일종의 형제회라고 하는 게 더 맞을 것이다. 그의 제자들은 음침한 파란색 수도복을 입고, 서로를 '아버지와 아들'이라고 불렀다. 창시자가 주장하던 교리를 상징하기 위해 그들은 서로 돕지 않고서는 입을 수도 벗을 수도 없는 양복 조끼를 착용했다. 이를 통해 모든 인간은 형제에게 의존한다는 사실을 강조하려 했던 것이다. 하지만 이 교회는 곧 소종파로 퇴락해버렸다. 나중에 생시몽주의자들은 자신들만의 도덕률을 창안했는데, 어떤 경우 이는 고상한 율법으로 포장한 부도덕에 불과했다.

생시몽이 설교한 복음은 현대인의 눈으로 보면 그리 놀랄 만한 것도 아니었다. 그는 사회의 결실을 함께 나누려면 모든 사람이 노동을 해야 한다고 주장했다. 하지만 이 전제로 도출된 결론과 비교해볼 때, 로버트 오언의 평행사변형 사회가 오히려 더 명료하다고 느껴질 정도이다.

생시몽은 다음과 같이 썼다. "프랑스에서 갑자기 50명의 뛰어난 물리학자들이, 50명의 뛰어난 화학자들이, 50명의 뛰어난 생리학자들이…… 수학자들이…… 기술자들이 사라진다고 가정해보자." 그는 더 나아가 3000명의 석학들, 예술가들, 장인들까지 사라질 경우를 가정하고 있다(생시몽의 문체는 장황한 것으로 악명 높다). 그 결과는 무엇일까? 프랑스는 자신의 영혼을 강탈당하는 대파국을 맞게 될 것이다.

하지만 생시몽은 다시, 프랑스가 이 소수의 인사들 대신 단 한 번에 그 사회의 상류층을 잃어버리게 되는 경우를 가정해보자고 말한다. 국왕의 동생인 M. 드 베리 공작, 몇몇 공작부인들, 왕실 관리들, 장관들, 법관들 그리고 1만 명의 대지주들, 이렇게 모두 3만 명의 인간을 잃는다고 가정해보자.[15] 결과는? 생시몽은, 가장 슬픈 것은 이들 모두가 좋은 사람들이라는 사실이라고 말했다. 하지만 그 손실은 순전히 감상적인 것일 따름이다. 국가는 거의 아무런 고통도 받지 않을 것이다. 이 사랑스러운 명망가들의 자리를 차지할 사람들은 얼마든지 있다.

따라서 무엇이 도덕적인지는 명확하다. 사회에서 가장 훌륭한 보상을 받아야 할 사람들은 모든 계층의 노동자들—생시몽의 표현으로는 산업가들(les industrials)—이다. 게으름뱅이들에게는 최소의 보상이

제격이다. 하지만 실상은 어떠한가? 정의가 기이한 배달 사고를 당했는지, 현실은 정반대이다. 가장 적게 일하는 자들이 가장 많이 차지한다.

생시몽은 피라미드가 다시 똑바로 세워져야 한다고 주장했다. 사회는 사실 거대한 공장처럼 조직되어 있다. 따라서 공장 원리를 그 논리의 극한까지 실현시켜야 한다. 정부는 정치적이 아니라 경제적이어야 한다. 정부의 역할은 사람들을 지휘하는 것이 아니라 사물들을 배치하는것이다. 사람들은 그 사회적 기여에 따라 보상을 받아야 한다. 게으른 구경꾼들이 아니라 공장의 실제 일꾼들에게 이득이 돌아가야 한다. 생시몽이 설교하는 것은 무슨 혁명도 아니고, 우리가 이해하고 있는 것 같은 사회주의도 아니다. 그것은 산업활동에 대한 일종의 찬가이고, 땀 흘리며 살아가는 사회에서 게으름뱅이들이 분에 맞지 않는 부를 누리는 것에 대한 저항이다.

생시몽의 주장을 실현할 방도에 대해서는 아무런 이야기도 없었다. 이후의 생시몽주의자들은 창시자보다 한 발 더 나아가 사유재산의 폐지를 주장했지만 이들이 제시한 것은 모호한 사회개혁 프로그램에 불과했다. 노동의 종교라고는 하지만 적절한 교리문답도 없었다. 사회적 부의 분배에서 나타나는 엄청난 불의를 지적하기는 했지만 세상을 바로잡고자 하는 사람들을 위한 지침은 별로 제시하지 못했다.

바로 이런 계획의 결핍이 생시몽과 정반대 입장에 있던 한 인간의 성공을 설명하는 데 도움이 될 것이다. 귀족 신분을 버린 생시몽이 거창한 이상에 대한 열정에서 영감을 받았다면, 샤를 푸리에[16]의 영감은 세밀한 사항에 대한 열정에서 비롯되었다. 푸리에도 생시몽처럼 세상이 가망 없는 혼란에 휩싸여 있다고 믿었다. 하지만 그가 제안한 처방은 가장 세부적인 사항에 이르기까지 분명했다.

푸리에의 휴양지형 이상 사회

생시몽은 삶의 모험가였다. 반면 푸리에는 상상 속의 모험가였다. 그의 삶에 대해서는 알려진 것이 거의 없다. 그는 1772년 브장송에서 한 상인의 아들로 태어나 신통치 않은 행상으로 세월을 보냈다. 어떤 점에서 그는 아무것도 이룬 것이 없었다. 심지어는 결혼조차 하지 않았다. 그가 열정을 바친 대상은 두 가지, 꽃과 고양이였다.

그가 역사에 이름을 남기게 된 것은 생의 마지막에 이르러서였다. 왜냐하면 그는 면담시간을 정해놓고 작은 방에서 자기 계획을 세상에 실현하는 데 필요한 자금을 지원해줄 거물급 자본가의 방문을 기다리며 말년을 보냈기 때문이다. 체구가 작은 이 상인은 이렇게 썼다.

오직 나만이 2000년 동안의 정치적 무능을 박살낼 수 있다. 오직 나를 통해서 현재와 미래의 세대들은 자신들의 거대한 희망의 뿌리를 찾아낼 것이다.

이토록 무거운 책임을 두 어깨에 짊어진 그로서는 약속된 구세주 자본가가 돈 가방을 통째로 들고 찾아왔을 때 자리를 비워놓고 있을 수 없는 노릇이었다. 하지만 찾아오는 사람은 아무도 없었다.

푸리에는 점잖게 말해서 기인이었다. 아니, 정확하게 말하자면 제정신이 아니었다. 그의 세계는 환상으로 가득 차 있었다. 그의 믿음에 따르면, 지구의 정해진 수명은 8만 년이었다. 4만 년은 상승기이고 나머지 4만 년은 하강기이다. 그 사이에는(산수는 신경 쓰지 말자) 8000년의 '행복의 절정기(Apogée du Bonheur)'가 있다. 우리는 상승의 8단계 중 제5기를 살고 있다. 이 시기를 지배하는 것은 '혼돈' '야만' '가부장주의' 그리고 '잔인성'이다. 그다음에는 보증기(Guaranteeism)

가 기다리고 있고(썩 나쁜 통찰은 아니다), 그다음은 조화기라는 최고 절정기가 온다. 하지만 완전한 지복(至福)에 도달한 뒤에는 시소가 다시 기울어질 것이다. 우리는 이제껏 왔던 길을 되돌아 모든 단계를 거꾸로 다시 밟으며 맨 처음 상태로 돌아갈 것이다.

하지만 조화기에 대해 보다 자세히 살펴보면 황당한 이야기들을 만나게 된다. 북녘 하늘의 왕관자리가 부드러운 이슬을 뿌리며 북극성 주위를 회전할 것이다, 바다는 레몬수가 될 것이다, 새로운 여섯 개의 달이 저 오래된 외로운 위성을 대체할 것이다, '조화기'에 보다 걸맞은 새로운 종(種)이 등장할 것이다(순하고 말 잘 듣는 반(反)사자와 배를 끌고 다닐 반고래 그리고 반곰, 반곤충, 반쥐 등등), 우리는 144세까지 살게 될 것이다, 그중 120년간을 아무런 제약 없는 성적 사랑의 추구로 보낼 것이다.

이에 더해 다른 혹성 거주자들에 대한 묘사에 이르면 푸리에의 저작이 한 미치광이의 세계임이 더욱 분명해진다. 아마도 그는 광인이었을 것이다. 하지만 그의 우주적 비전이 지상에 이르렀을 때, 그가 본 것은 혼돈과 불행이었다. 그리하여 그는 사회를 재조직할 방도를 발견했다.

그의 처방은 아주 빈틈이 없었다. 사회는 밀집 방진(phalanxes)—프랑스어로는 팔랑스테르(phalanstères)—으로 조직되어야 한다. 이것은 일종의 호화 호텔단지로, 오언의 협동마을과 그다지 다를 것이 없었다. 푸리에는 이 호텔에 대해 상세히 묘사해놓았다. 거대한 중앙건물이 들어서고(다양한 방과 그 너비까지 구상해놓았다), 그 주위에는 들판과 공업시설이 들어설 것이다. 당신은 1등실, 2등실, 3등실 중에서 호주머니 사정에 맞는 크기의 방에 살 수 있다. 원하는 만큼 사생활을 유지할 수 있고(방마다 배달되는 음식을 포함해서), 또한 문화의 싹을 전파하는 사교생활도 충분히 즐길 수 있다. 그곳에서는 중앙집중화를 통해 효율성이 달성될 것이다. 노총각인 푸리에는 중앙 조리실의 모습을 입에 군침이 돌게 묘사하고 있다.

물론 모든 사람은 매일 몇 시간씩 일을 해야 한다. 하지만 아무도 일하는 것을 기피하지는 않을 것이다. 각자 자신이 가장 좋아하는 일을 할 것이기 때문이다. 이에 따라 더러운 일을 누가 할 것인가 하는 문제는 누가 더러운 일을 하기 **좋아하는가**라는 물음을 통해 해결되었다. 바로 어린이들이었다. 그곳에는 아이들이 무리지어서 유쾌한 기분으로 쓰레기 처리장이나 도로 보수 현장으로 가 즐거운 한때를 보낸다. 더러운 일을 기피하는 소수의 아이들은 꽃을 가꾸거나 부모들의 잘못된 발음을 교정하는 '소년단'에서 활동한다. 노동자들 사이에서는 누가 일을 가장 잘하는지 겨루는 선의의 경쟁이 벌어질 것이다. 배 재배자들과 시금치 경작자들의 경합 그리고 (일단 팔랑스테르의 원리가 전 세계에 걸쳐 실현된다면 298만 5984개의 팔랑스테르가 필요할 것이다) 오믈렛 요리의 거장들과 샴페인 양조 기술자들 사이의 거창한 시합 말이다.

모든 사업은 최고의 이익을 얻을 것이다. 수익은 30퍼센트에 달하지만 이것은 공동의 소득이다. 잉여의 12분의 5는 노동자에게, 12분의 4는 자본가에게 그리고 12분의 3은 '능력 있는 자'에게 분배될 것이다. 만인은 노동에 동참할 뿐만 아니라 공동 소유자가 될 것이다.

비록 괴상야릇하고 공상적으로 보이기는 해도 푸리에의 구상은 실용성과 상식의 본산인 미국에서도 일정하게 뿌리를 내렸다. 한때 이 나라에는 40개 이상의 팔랑스테르가 존재했다. 오언주의적 공동체와 다양한 종류의 종교적 운동을 다 합치면, 각각 15~900명 정도의 주민을 보유한 최소한 178개의 유토피아 집단이 존재했다.

이들은 엄청나게 다양했다. 어떤 집단은 매우 종교적이었고, 어떤 집단은 그렇지 않았다. 어떤 집단은 금욕적이었고, 어떤 집단은 자유분방했다. 어떤 집단은 자본주의적이었고, 어떤 집단은 무정부주의적이었다. 오하이오 주에는 트럼블 팔랑스테르가 있었고, 롱아일랜드 주에는 모던 타임스라는 공동체가 있었다. 그밖에도 오나이다, 브룩 농장, 뉴 이카리아가 있었고, 또 아주 독특한 팔랑스테르—뉴저지 주의 노스아메리칸 팔랑스테르—도 하나 있었다. 후자는 1843년부터 1855년까지 존속하다가 그 후에도 1930년대 후반까지 반은 호텔, 반은 공동체로서 명맥을 유지했다. 뜻밖에도 비평가인 알렉산더 울컷 (Alexander Woollcott, 1887~1943) 같은 사람이 그곳 태생이었다.

이러한 꿈의 공동체 가운데 어느 것도 현실에 굳건히 뿌리를 내리지는 못했다. 꿈의 세계는 현실의 압력을 이겨내기 힘들었다. 게다가 모든 유토피아적 사회 재편 계획 중에서 이 팔랑스테르만큼 실현 가능성과 거리가 먼 것도 없었다. 하지만 이것만큼 흥미로운 것도 또 없었다. 누가 팔랑스테르에 사는 것을 마다할 수 있겠는가? 푸리에는 자신이 살고 있는 세계의 비참한 불행을 그야말로 진실되게 지적했다. 하지만 그의 처방은 그가 치유하기를 바라던 치명적 질병들을 치유하기에는 너무나 이상적인 약재들로 구성되어 있었다.

이 유토피아주의자들이 우스꽝스럽게 보이는가? 그들 모두가 몽상가였다는 것은 사실이다. 하지만 아나톨 프랑스(Anatole France, 1844~1924)가 말했듯이, 몽상가가 없었다면 인류는 여전히 동굴 속에서 살고 있을 것이다. 그들은 모두 일정한 광기에 사로잡혀 있었다. 심지어 생시몽은 가장 지적인 동물인 비버가 어느 날 인류의 자리를 빼앗을 가능성을 심각하게 고민하기까지 했다. 하지만 그들이 주목받아야 하는 이유는 그들의 괴벽도 아니고 그들이 제시한 환상의 다채로움과 매력도 아니다. 우리의 주목을 받을 가치가 있는 것은 바로 그들의 용기다. 그들의 용기를 올바로 평가하기 위해 우리는 그들이 살았던 시대의 지적인 풍토를 파악하고 이해해야만 한다.

그들은 모질고 잔인할 뿐만 아니라 그 잔인성을 경제 법칙이라는 가면 아래 합리화하는 세상에 살았다. 프랑스의 재정가이자 정치가인 네케르(Necker, 1732~1804)는 세기의 전환기에 이렇게 말했다.

"빵보다 질이 떨어지지만 양은 두 배가 되는 식량을 개발한다면, 사람들이 이틀에 한 번씩만 식사하도록 만들 수 있을 텐데."

참으로 모진 이야기임에 틀림없다. 하지만 당시에는 이런 정서가 일종의 논리를 동반하며 널리 퍼졌다. 잔인한 것은 그 속에 사는 사람들이 아니고 세상이 원래 그렇다는 것이다. 왜냐하면 세상은 경제 법칙에 지배되며 경제 법칙이란 것은 애당초 우리가 왈가왈부할 수 있는 것도 아니고 또 그래서도 안 되기 때문이다. 그저 세상이 그렇게 생겨먹은 것이다. 따라서 인간 행동의 불행한 결과로 불의가 발생한다 할지라도 이것을 두고 푸념하는 것은 조수간만을 한탄하는 것만큼이나 어리석은 짓이었다.

법칙의 수는 얼마되지 않았지만 그 힘은 결정적이었다. 위에서 우리는 애덤 스미스, 맬서스, 리카도가 어떻게 경제의 분배 법칙을 공들여 만들었는지 살펴보았다. 이러한 법칙들은 사회적 생산의 분배 경향뿐만 아니라 그것이 어떻게 분배되어야만 하는지도 설명하는 것으로 여겨졌다. 경제법칙에 따르면 이윤은 경쟁을 통해 균형에도 달하며 조절된다. 또한 임금은 항상 인구의 압박 아래 묶인다. 그리고 지대는 사회가 확장됨에 따라 지주에게 돌아간다. 이것이 세상 이치였다. 물론 이러한 결과를 좋아하지 않을 수도 있지만 그것이 사회적 역동성의 자연적인 귀결이라는 것은 너무도 명백한 사실이었다. 개인적 악의나 개인적 조작은 전혀 개입될 수 없었다. 경제 법칙은 중력의 법칙과 마찬가지였다. 경제 법칙에 도전하는 것은 중력의 법칙을 거스르려는 것과 마찬가지로 말도 안 되는 것이었다. 한 경제 원리 입문서에는 이렇게 쓰여 있었다.

100년 전에는 오직 석학들만이 그것(경제 법칙)을 알아볼 수 있었다. 하지만 오늘날에는 삼척동자도 다 아는 사실이다. 너무나 간단명료해서 오히려 납득하기 힘들 정도다.

유토피아주의자들이 그토록 극단적이었던 것도 어찌 보면 당연한 일이었다. 법칙은 결코 위배할 수 없는 것처럼 보였다. 하지만 그들이 책임감을 느낀 사회 여건은 견딜 수 없는 것이었다. 그래서 유토피아주의자들은 두 주먹을 움켜쥐고 사실상 사회체제 전체가 바뀌어야 한다고 주장했던 것이다. 자본주의가 이럴 수밖에 없는 것이라면—로버트 블린코를 기계에 사슬로 묶는 데 경의를 표하는 따위의—다른 세상을 선택하자. 협동마을이나 도덕률 또는 팔랑스테르의 쾌적한 휴양지 분위기 말이다. 유토피아주의자들—이 장에서 소개한 이들 외에도 많은 사람들이 존재했다—은 머리보다는 뜨거운 가슴을 지닌 개혁가들이었다.

이것이 바로 우리가 그들을 '**공상적** 사회주의자들' 이라고 이름 붙이는 이유 중 하나다. '유토피아' 란 단순히 이상주의적 목적에만 연관된 것은 아니었다. 수단의 측면에서도 그러했다. '공산주의자' 와는 달리 이들은 **상류**계급의 사람들에게 사회 변혁이 궁극적으로는 그들의 이해에 득이 된다는 것을 설득하려 한 개혁가들이었다. '공산주의자' 들은 대중에게 이야기했고 그 목표를 실현하기 위해 필요한 경우에는 폭력을 선동하기도 했다. '사회주의자' 들은 동류—지식인, 프티 부르주아지, 자유사상의 중간계급 시민 혹은 지적으로 개명된 귀족—에게 자신의 계획을 지지해줄 것을 호소했다. 로버트 오언조차 동료 공장 소유주들이 자신의 대의에 함께 참여해주길 바랐다.

하지만 그들이 '공상적 **사회주의자**'였음을 명심하라. 이것은 그들이 경제개혁가들이었음을 뜻했다. 플라톤 이후 유토피아 설계자들은 늘 존재했지만 정치적 불의 외에 경제적 불의에 대해 다루기 시작한 것은 프랑스 대혁명을 거치고 난 뒤의 일이었다. 왜냐하면 그들이 저항하고자 한 공포의 사육장은 바로 초기 자본주의가 만들어놓은 것이었기 때문이다. 그들이 사적인 부를 쟁취하기 위한 투쟁과 사적 소유에 등을 돌린 것은 자연스러운 결과였다. 그들 가운데 체제 내의 개혁을 구상한 사람은 거의 없었다. 당시가 최초의 공장 법안이 누더기 상태로 통과된 시대였다는 것을, 또한 어렵사리 쟁취한 생색내는 수준의 개혁조차 무시되기 일쑤였다는 것을 기억하라. 유토피아주의자들은 개혁보다 뭔가 더 나은 것을 바랐다. 그들은 서로에 대한 야비한 강탈보다 '이웃을 사랑하라'는 복음이 얼마간 우위를 누리는 새로운 사회를 염원했다. 그들은 인류 진보의 시금석을 재산의 공동체에서 그리고 공동 소유의 따뜻한 분위기속에서 발견했다.

그들은 참으로 선한 의지를 가진 사람들이었다. 하지만 그 모든 선의와 참으로 진지한 이론에도 불구하고 유토피아주의자들은 존중받지 못했다. 그들에게 필요한 것은 그들의 마음에 공감하면서도 정신이 제대로 박힌 어떤 사람으로부터 인정을 받는 것이었다. 그리고 그들은 아주 엉뚱한 곳에서 바로 그런 사람을 발견했다. 당대의 가장 위대한 경제학자 가운데 하나로 모두의 인정을 받던 한 사람이 마침내 사회주의자로 전향한 것이다. 그 사람은 바로 존 스튜어트 밀(John Stuart Mill, 1806~1873)[17]이었다.

밀이 꿈꾼 정의와 자유의 사회

이 장에 소개된 사람들 모두가 얼마간 믿기지 않을 정도로 특이한 성격의 소유자들이지만 밀은 그중에서도 가장 주목할 만한 인물인 것 같다. 그의 아버지는 역사학자이자 철학자이고 정치 논객이며 리카도와 제러미 벤담(Jeremy Bentham, 1748~1832)의 절친한 친구였던 제임스 밀로 19세기 초를 대표하는 지성인 가운데 한 사람이었다. 제임스 밀은 만사에 확고한 주관을 가지고 있었는데, 특히 교육에 대해서 그러했다. 그의 아들 존 스튜어트 밀은 그 놀라운 결과였다.

존 스튜어트 밀은 1806년에 태어났다. 그는 1809년(1819년이 아니라)부터 그리스어를 배우기 시작했고, 일곱 살 무렵에는 플라톤의 《대화편》을 거의 다 읽었다. 그 다음 해부터는 라틴어를 시작했고 동시에 헤로도토스, 크세노폰, 디오게네스 라에르티오스 그리고 루키아노스의 일부를 소화했다. 일곱 살부터 열두 살까지는 베르길리우스, 호라티우스, 리비우스, 살루스티우스, 오비디우스, 테렌티우스, 루크레티우스, 아리스토텔레스, 소포클레스 그리고 아리스토파네스를 뗐다. 또한 기하학, 대수학, 미적분을 정복했다. 직접 로마사를 쓰고 고대 세계사의 요약본을 만들고 네덜란드 역사를 집필하는가 하면 시도 조금 썼다. 그는 자신의 유명한 《자서전》에서 이렇게 밝혔다.

나는 그리스어로는 운문은 고사하고 산문도 지어본 적이 없다. 하지만 라틴어로는 조금 해봤다. 우리 아버지가 이러한 연습에 무관심했기 때문이 아니라…… 당시에는 흔치 않은 일이었기 때문이다.[18]

열두 살 성숙기에 이르자 밀은 논리학과 홉스의 저작들을 공부했다. 열세 살에는 정치경제학 영역에서 알려진 모든 것을 모조리 읽어치웠다.

그것은 기이한, 아니 우리의 기준으로 볼 때는 끔찍하기까지 한 교육방법이었다. 그의 아버지가 '공부 습관을 그르치고 게으름에 맛들일까봐'[19] 쉬는 날조차 주지 않았으므로, 그에게는 어린 시절 친구도 없었다. 그의 아버지에게는 자신의 교육 및 양육방식이 상궤에서 심각하게 벗어난 것이라는 인식이 전혀 없었다. 밀이 훗날 위대한 저서를 저술한 것이 기적이 아니라 오히려 이런 상황에서도 어쨌든 심각한 인격장애에 빠지지 않았다는 것이 기적이었다. 물론 이십 대에 일종의 신경쇠약에 시달린 적은 있었다. 그가 주입받은 까다롭고 무미건조한 지식 세계의 성과와 노고들이 갑자기 공허하고 불만스러운 것으로 다가왔기 때문이다. 다른 젊은이들이라면 지적 활동에도 아름다움이 있을 수 있다는 것을 발견할 법할 때, 불쌍한 밀은 그제야 아름다움 자체에 아름다움이 있을 수 있다는 것을 깨달았다. 밀은 우울증을 견뎌냈다. 그러고 나서 그는 괴테를 읽었고, 워즈워스를 읽었고, 생시몽을 읽었다. 그들은 모두 그의 아버지가 두뇌에 대해 말하는 것만큼이나 진지하게 가슴에 대해 이야기하고 있었다. 그러고 나서 그는 해리엇 테일러(Harriet Taylor)를 만났다.

운 나쁘게도 그녀는 이미 테일러 씨의 부인이었다. 하지만 그녀의 남편은 무시당했다. 해리엇 테일러와 밀은 사랑에 빠져서 20년 동안이나 편지를 주고받고 함께 여행을 다녔으며 심지어는 동거까지 했다(만약 이들의 편지 내용을 그대로 믿는다면). 이 모든 것은 완전히 순수한 사랑의 발로였다. 테일러 씨가 죽어 장애물이 제거되자 두 사람은 마침내 결혼했다.

둘은 그야말로 천생연분이었다. 해리엇 테일러(그리고 나중에는 그녀의 딸 헬렌)는 밀에게 뒤늦게나마 정서적 각성의 기회를 주었다. 이 두 여성은 그가 여성의 권리, 더 중요하게는 인간의 권리에 눈뜨게 해주었다. 해리엇이 죽은 뒤 그는 자신의 인생 역정을 회고하면서 두 여성이 그에게 미친 영향을 지적하며 이렇게 썼다.

누구든 지금이든 아니면 후세에든 나와 내 저작을 생각할 때는 이것이 한 사람이 아니라, 세 사람의 지성과 양심의 산물임을 결코 잊

어서는 안 된다.[20]

밀은 열세 살 나이에 정치경제학 영역에서 알려진 것은 모조리 다 배웠다. 그러고 나서 30년 후에 방대하고 탁월한 두 권짜리 명저《정치경제학 원리(Principles of Political Economy)》를 저술했다. 그 30년간의 모든 연구가 단지 이 목적을 달성하기 위한 것처럼 보였다.

이 책은 해당 영역의 모든 것을 두루 살피고 있다. 지대와 임금 그리고 가격과 조세를 다루고 있고, 스미스와 맬서스 그리고 리카도가 개척한 길을 되밟는다. 하지만 그렇다고 이제까지 사실상 교리처럼 떠받들어져온 학설들에다 새로운 것을 조금 보탠 작업에 그친 것은 아니다. 이 책은 한걸음 더 나아가 독창적인 발견을 하기에 이른다. 밀은 이 발견이 기념비적 중요성을 지닌다고 확신했다. 다른 많은 위대한 통찰들처럼 매우 단순한 이 발견은 경제법칙이 실제로 적용되는 것은 분배 영역이 아니라 생산 영역이라는 지적이었다.

밀이 뜻한 바는 아주 분명했다. 생산 영역의 경제 법칙은 자연과 관계가 있다는 것이다. 노동이 활용 방식에 따라 더 생산적이 되거나 덜 생산적이 된다는 것에는 자의적 판단의 여지가 없다. 마찬가지로 토양의 생산력이 감퇴하는 것과 같은 현상도 결코 마음대로 이렇게 저렇게 할 수 있는 것이 아니다. 희소성과 자연의 냉혹함은 현실이다. 그리고 어떻게 하면 우리 노동의 결실을 극대화할 수 있는지 말해주는 경제행위의 법칙도 기체의 팽창 법칙이나 화학물질의 상호반응만큼이나 비인격적이고 절대적인 것이다.

그러나—이것이야말로 아마도 경제학에서 가장 위대한 '그러나'일 것이다—경제 법칙은 분배 영역과는 아무 상관이 없다. 일단 최선을 다해 생산하고 나면 그다음에는 우리가 바라는 대로 하면 된다. 밀은 말한다.

일단 사물이 존재한다면, 인류는 개인적으로든 집단적으로든 자기 좋을 대로 하면 된다. 사물은 그것을 원하는 사람들의 처분에 맡기면 되고, 그 조건도 그들이 원하는 바에 따르면 된다. …… 아무리 다른 사람의 도움을 전혀 받지 않고 자기 땅에서 경작한 것이라 하더라도 사회의 허락을 받지 않고는 소유할 수 없다. 만약 사회가…… (그의) 소유를 방해하는 요인들을 제거할 목적으로 돈을 들여 사람을 고용 하지…… 않는다면, 사회가 그의 것을 가로챌 수 있을 뿐만 아니라 다른 개인이 그의 것을 빼앗을 수도 있고 실제 그렇게 될 것이다. 즉 부의 분배는 사회의 법률과 관습에 달려 있다. 분배를 결정하는 법률 은 공동체 내 다수 성원들의 의견과 정서에 따라 만들어지며, 시대와 나라에 따라 매우 다양하다. 그리고 앞으로 인류가 어떻게 선택하느 냐에 따라 더욱 다양해질 것이다…….[21]

이것은 리카도 추종자들에게는 일대 타격이었다. 이들은 리카도 가 객관적으로 발견한 사실을 사회를 구속하기 위한 굴레로 이용했 다. 한데 밀의 주장은 처음 발표된 그 순간부터 너무도 분명했다. 사 회의 '자연적' 행위로 인해 임금이 억제되거나 이윤이 평균화되거나 지대가 오르거나 하는 일 따위는 신경 쓰지 마라. 만약 사회가 그 행 위의 '자연적' 결과에 만족하지 못한다면 이것을 바꾸기만 하면 된 다. 사회는 세금을 걷고 보조금을 지급할 수 있으며 징발하고 재분배 할 수 있다. 사회는 그 부를 몽땅 왕에게 바칠 수도 있지만 거대한 자 선시설을 운영할 수도 있다. 노동을 유인하기 위해 돈을 더 줄 수도 있지만—위험을 무릅쓰고—이를 무시할 수도 있다. 하지만 무엇을 하든 '옳은' 분배라는 것은 없다. 적어도 경제학으로 옳은지 그른지 를 가늠할 수는 없다. 사회가 그 결실을 분배하는 방식을 정당화하는 '법칙'이란 존재하지 않는다. 사람들이 옳다고 생각하는 대로 부를 나누는 인간들이 있을 뿐이다.

사실 밀의 발견은 그가 믿은 것만큼 기념비적인 것은 아니었다. 왜냐하면 보수적 경제학자들이 곧바로 지적한 것처럼, 일단 분배 과정에 개입하려면 생산 과정에도 역시 개입하지 않을 수 없기 때문이다. 예를 들어 만약 이윤에 100퍼센트의 세금을 매긴다면 누가 그 세금을 차지할 것인지는 물론 그 세금이 얼마나 될 것인지에 대해 엄청난 영향을 줄 것이 분명하다. 게다가 마르크스가 또 다른 관점에서 지적한 대로 분배와 생산은 밀이 생각한 것처럼 그렇게 선명하게 나누어질 수 없는 것이다. 왜냐하면 각각의 사회는 지불 양식을 그 사회의 독특한 생산 양식의 필수 구성요소로 삼기 때문이다. 예를 들어 봉건사회에는 '임금'이 존재하지 않고 자본주의사회에는 봉건적 소작료(feudal dues)가 없다.

그래서 사회가 분배구조를 바꿀 수 있는 자유에는 **한계**가 있다는 비판이 '우파와 좌파' 모두에게서 제기되었다. 밀의 이야기에 담긴 것보다는 훨씬 더 많은 한계가 존재한다는 것이다. 하지만 그렇다고 해서 밀의 통찰을 과소평가한다면 이는 그것을 과장하는 것만큼이나 잘못된 일일 것이다. 한계가 존재한다는 것은 달리 말하면 필요한 조치를 취할 여지가 있다는 것을 의미하기 때문이다. 즉 자본주의는 개혁될 수 있다는 것이다. 실제로 (미국의) 뉴딜과 스칸디나비아의 복지자본주의는 도덕 가치를 통해 사회의 '자연적' 작동을 교정하고자 한 밀의 비전을 직접 실현한 것이다. 이것으로는 중대한 사회적 변화를 실현할 수 없다고 말할 자 누구인가? 비록 그 변화에 한계가 존재할지라도 말이다.

밀의 발견은 그가 살던 당시에는 분명 한줄기 시원한 바람이었다. 속물근성과 위선이 일상을 지배하던 시대에 밀의 부르짖음에는 비상한 도덕적 선명성이 돋보였다. 예를 들어 그는 《정치경제학 원리》에서 생산과 분배를 구분하는 중요한 주장을 제시하고 나서, 곧장 당대의 다양한 유토피아 개혁가들이 제시한 '공산주의' 구상에 대한 검토로 나아간다. 다만 우리가 곧 검토하게 될 마르크스의 공산주의는 포함되지 않는다. 밀은 그의 존재를 전혀 몰랐다.

밀은 이 '공산주의' 구상들에 대한 다양한 반론을 살펴보고 상당수의 반론에 담긴 일부 장점을 인정했다. 하지만 그러고 나서는 다음의 청천벽력 같은 문장으로 자신의 의견을 요약했다.

> 만약…… 공산주의의 모든 가능성과 현재의 사회가 처한 모든 고통과 불행 중 어느 하나를 선택하라고 한다면, 만약 사유재산제도의 필연적 결과로서 노동생산물이 우리가 지금 목도하는 대로 일하는 사람에게 돌아가지 않는다면 전혀 일하지 않는 자들에게 가장 큰 몫이 돌아가고 그다음으로 큰 몫은 말로만 일하는 자들에게 돌아가며 이런 식으로 점점 줄어들다가 힘들고 궂은일을 할수록 보상이 작아져서 결국 가장 고되고 기진맥진한 육체노동을 하는 이들은 생활필수품을 살 돈조차 제대로 벌지 못한다면, 만약 이러한 상태와 공산주의 둘 중 어느 하나를 골라야 한다면 공산주의에 내포된 그 크고 작은 모든 어려움은 먼지처럼 가벼운 것이리라.[22]

하지만 밀은 이런 선택만 존재하는 것은 아니라고 다시 덧붙인다. 사유재산의 원리는 아직 공정한 심판을 받지 못했다는 것이 밀의 신념이었다. 당시 유럽의 법률과 제도는 밀이 저작에서 밝힌 대로 그 원리들을 적용해 달성할 수 있다고 확신하던 개혁의 정신을 담고 있지 않았다. 여전히, 폭력적인 봉건제의 과거를 반영할 뿐이었다.

따라서 결국 그는 두 가지 이유에서 말 그대로 혁명적인 변화를 주창하는 데까지 나아가지는 않았다. 첫째, 그는 일상의 거칠고 잔인한 경쟁이 인류의 에너지를 발산하기 위해 필요하다고 보았다.

그는 이렇게 썼다.

고백하건데 나는 정상적인 인류의 상태가 항구적인 투쟁 상태라고 생각하는 사람들이 주장하는 삶의 이상에 매력을 느끼지 못한다. 짓밟고 부딪치며 밀치고 남의 발을 밟는 것이 현재의 사회생활 유형을 구성할 뿐만 아니라 인류의 가장 바람직한 운명이라거나 산업발전의 한 단계에서 나타나는 불쾌한 증상일 뿐이라고 생각하는 사람들에 대해서도 마찬가지다.[23]

그러나 그는 욕심을 혐오한다고 해서 그 유용성까지 무시하지는 않았다.

더욱 훌륭한 정신의 소유자들이 교육을 통해 인류의 수준을 높이는 데 성공하기 전까지 인류의 에너지는 과거에 전쟁을 향한 투쟁에 쓰인 것처럼 이제는 부를 향한 투쟁에 사용되어야 한다. 이 사실은 인류의 에너지가 그저 녹슬고 침체된 상태로 남아야 한다는 것보다는 낫다. 인간의 의식이 조잡하다면 그것에 필요한 것은 조잡한 자극이다. 그러니 조잡한 것끼리 서로 만나게 하라.[24]

밀이 혁명적 변화를 주저한 또 다른 이유가 있다. 이것이 위의 이유보다는 더 설득력 있을지 모른다. 밀은 공산주의라는 상상의 사회에 대한 찬반양론을 평가하면서 자신이 파악한 난관을 다음과 같이 서술했다.

문제는 과연 개성의 피난처가 남아 있을 것인가 하는 점이다. 여론이 독재의 멍에가 되지는 않겠는가, 만인에 대한 각자의 절대적 의존과 만인에 의한 각자의 감시가 만인을 사상이나 감정 그리고 행위의 굴종적 획일성 아래 짓누르지 않겠는가 하는 점이다. …… 남과 다른 것이 비난의 대상이 되는 사회는 결코 건전한 사회일 수 없다.[25]

이것은 밀이 훗날 저술한 《자유론(On Liberty)》에 등장하는 그의 정치적 발언이다. 이 책은 그의 가장 위대한 저작이라 할 수 있다. 하지만 여기서 우리의 관심사는 경제학자로서의 밀이다. 왜냐하면 그의 《정치경제학 원리》는 사회개혁의 가능성에 대한 탐구 그 이상의 의미를 지녔기 때문이다. 이 책은 또한 밀 이전에 스미스와 리카도의 모델이 그러했던 것처럼, 자본주의체제의 궤적을 도식화한 거시적인 사회 모델을 제시했다. 하지만 밀의 모델은 이제까지의 모델들과는 다른 목적지를 향해 나아갔다. 우리가 위에서 본 대로 밀은 사회규범의 **변화** 가능성을 누구보다 확신한 사람이었다. 따라서 그는 리카도를 우울하게 만든 주요 메커니즘, 즉 인구증가로 말미암아 노동계급의 삶이 실질적으로 개선될 가능성이 봉쇄된다는 것을 더 이상 무턱대고 받아들이지 않았다. 그와 달리 밀은 노동계급이 자신들의 맬서스적 위험을 이해하도록 교육받을 수 있다고, 그래서 자발적으로 인구를 조절하게 될 것이라고 믿었다.

밀의 모델은 임금에 대한 인구의 압박을 제거했기 때문에 리카도와 스미스의 모델들과는 다른 방향으로 나아가게 되었다. 이전의 모델들과 마찬가지로 축적 과정의 여러 상황 때문에 임금이 상승하게 되지만 이제는 임금이 이윤에 가하는 압박을 감소시키는 출산의 홍수는 존재하지 않는다. 그 결과 임금이 실제로 오르게 되고 자본 축적은 종말에 다다른다. 이에 따라 밀의 체계는 높은 **정상적** 고원(stationary plateau)이라는 결론에 도달했다. 마찬가지로 스미스나 리카도의 체계도 인구의 압박을 제거한다면 같은 결론에 이르렀을 것이다.

하지만 이제 또 다른 출발이 기다린다. 밀은 정상 상태(定常狀態, stationary state, 경제 전체로서의 산출량 수준에 변화가 없이 생산·교환·소비 등이 같은 규모로 순환하고 있는 상태—옮긴이)를 자본주의와 경제 진보의 대단원으로 보기보다는 인간의 얼굴을 한 사회주의의 첫 단계로 보았다. 이제 인류는 자신의 에너지를 경제성장만이 아니라 정의와 자유라는 진지한 문제들로 돌리게 될 것이다. 곧 임박할 이런 사회에서는 거대한 변화가 이뤄질 수 있다. 국가는 지주들이 불로소득을 거둬들이는 것을 막고 마찬가지로 상속에 대해서도 과세할 것이다. 노동자가 소유주에 예속되는 기업조직은 일하는 사람들의 연합으로 대체되고, 노동자협동조합이 자신들의 진정한 경쟁력을 통해 시대의 주인이 될 것이다. 과거의 소유주들이 자산을 종업원들에게 팔고 연금생활자로 은퇴하면서 자본주의는 점차 사라질 것이다.

이것이 모두 유토피아적 환상일 뿐인가? 《정치경제학 원리》의 마지막 판이 나온 이후 한 세기 동안 계속된 거대한 경제적 팽창을 돌이켜볼 때, 영국(확대 해석하면 세계자본주의)이 정상 상태의 '목전'에 이르렀다는 밀의 확신은 웃음거리일 뿐이다. 하지만 한두 세대 뒤의 자본주의 팽창이 직면하게 될 문제들을 내다본다면 그리고 네덜란드나 스칸디나비아 3국 같은 일부 자본주의국가들이 오랜 노력 끝에 자국의 경제구조에 도입한 고도의 사회적 책임성의 수준을 돌이켜본다면, 밀의 비전을 빅토리아시대의 낙관에 불과하다고 치부할 수는 없는 노릇이다. 빅토리아시대 사람이라는 이유 때문에 그는 너무 쉽게 무시되고 있다. 가장 웅변적인 대목에서조차도 엄격히 자제하는 그의 덤덤하고 이성적인 산문에서는 현대인의 귀를 사로잡는 어조를 발견할 수 없기 때문이다. 하지만 밀은 다시 돌아왔다. 비록 앞문으로 내쫓겼지만 뒷문으로 다시 돌아온 것이다.

그러니 그에게 존경 어린 고별인사를 전하자. 그는 존경, 더 나아가 거의 숭배를 받으며 1873년까지 살았다. 그의 사회주의적 편향도 그가 맬서스와 리카도의 절망의 장막을 찢고 희망 어린 전망을 제시했다는 점에서 용서받았다. 게다가 그가 주창한 것들은 결코 충격적인 것이 아니었다. 지대에 대한 과세와 상속세의 부과 그리고 노동자 협동조합의 건설 등은 다른 비사회주의자들도 받아들일 만한 것이었다. 그는 노동조합의 가능성에 대해서는 그리 낙관적이지 않았는데, 나름대로 존중할 만한 의견이었다. 그의 학설은 철두철미하게 영국적이었다. 점진주의적이고 낙관주의적이며 현실주의적이었고 급진적인 뉘앙스를 풍기지 않았다.

《정치경제학 원리》는 엄청난 성공을 거두었다. 그의 살아생전에 이 책은 더욱 두꺼운 두 권 분량으로 7판이나 나왔다. 밀이 노동계급 독자들을 위해 이 책을 한 권으로 압축해 자비 출판했다는 이야기는 그의 성격을 잘 말해준다. 그가 죽기 전에 보급판도 5판이나 출판되어 매진되었다. 밀은 당대 최고의 경제학자가 되었다. 사람들은 그가 리카도의 정통 후계자이자 상속인이라고 입을 모았으며, 우호적인 취지에서 애덤 스미스와 비교하기도 했다.

경제학을 제쳐두더라도 그는 인간적으로 많은 존경을 받았다. 그는 《자유론》에 더해 《논리학(Logic)》, 《대의정부론(Considerations on Representative Government)》 그리고 《공리주의(Unitarianism)》를 저술했으며 이 저작들은 각각의 영역에서 모두 고전의 자리를 차지했다. 그는 단지 명석하기만 한 것이 아니라 거의 성자에 가까웠다. 철학계에서 그의 주된 경쟁자였던 허버트 스펜서(Herbert Spencer, 1820~1903)가 어려운 생활 형편 때문에 사회 진보에 대한 저작 시리즈를 예고한 대로 완성할 수 없게 되자 그 기획을 위해 재정을 후원한 것이 바로 밀이었다. 그는 자신의 경쟁자에게 "이 제안을 사적인 호의라는 관점에서 보시지 말길 바랍니다. 설령 귀하가 그렇게 여기신다 할지라도 저로서는 여전히 제 제의가 받아들여지길 바랍니다. 하지만 이건 절대 그런 것이 아닙니다. 이것은 귀하가 혼신을 바친 중요한 공적 목적을 완성하는 데 힘을 모으고 싶다는 단순한 제안일 뿐입니다."[26]라고 편지를 썼다.

이보다 더 그의 성격을 잘 나타내는 일화는 없을 것이다. 밀은 단지 두 가지에만 마음을 쏟았다. 그의 친구들이 거의 맹목적이라고까지 여긴 아내에 대한 헌신 그리고 그 무엇도 꺾을 수 없는 지식의 추구가 그것이었다. 그는 하원의원으로 선출되자 당대의 분위기를 거스르면서까지 인권을 옹호하고 나섰다. 그래서 다음 선거에서는 낙선하고 말았다. 하지만 그는 조금도 개의치 않았다. 그는 세상을 자신이 본 그대로 쓰고 말했다. 그가 동의를 구하고자 애쓴 유일한 사람은 자신이 사랑하는 해리엇뿐이었다.

해리엇이 죽은 후에는 그녀의 딸이 있었다. 이제는 헬렌이 과거 그의 아내만큼이나 밀에게 없어서는 안 될 존재가 되었다. 그는 자신의《자서전》에 감사하는 마음으로 이렇게 썼다. "엄청난 손실을 당하고서 나처럼 다시 행운의 제비를 뽑은 사람은 또 없을 것이다."[27] 그는 은퇴한 뒤 아비뇽에 있는 해리엇의 묘지 곁에서 헬렌과 함께 여생을 보냈다. 너무도 현명하고 참으로 위대한 인물이었다.

마지막으로 한 가지 우연의 일치. 진보의 메시지를 담고 평화적인 변화와 개선의 기회를 제시하는 그의 탁월한 경제학 저서는 1848년에 발간되었다. 획기적인 책은 아닐지 몰라도 한 시대를 주름잡은 책이었음은 분명하다. 한데, 운명의 장난으로 같은 해에 훨씬 작은 또 다른 책—팸플릿—한 권이 출판되었다. 바로《공산당 선언(Manifest der Kommunistischen Partei)》이었다. 이 얇은 책자는 밀이 세상에 제시한 평온하고 낙천적인 합리성을 신랄한 문구로 뒤흔들어놓았다.

chapter 6

카를 마르크스의 냉혹한 체계

카를 마르크스
Karl Marx, 1818 ~ 1883
사회학자이자 경제학자이며 정치이론가. 마르크스
주의(공산주의)의 창시자로서 프리드리히 엥겔스
와 함께 《공산당 선언》《자본론》을 집필했다.

《공산당 선언》은 불길한 문구로 시작된다. "유령 하나가 유럽을 배회하고 있다. 공산주의라는 유령이. 과거 유럽의 모든 권력자들은 이 유령을 쫓아버리기 위해 신성동맹에 가입했다. 교황과 차르, 메테르니히와 기조, 프랑스의 급진파와 독일의 경찰첩자들이 한데 뭉친 것이다."[1]

유령은 분명히 실존했다. 1848년은 대륙의 구질서를 뒤흔든 공포의 한 해[2]였다. 대기에는 혁명의 열정이 충만했고 대지는 진동했다. 잠시—아주 잠시—옛 질서가 붕괴될 것처럼 보였다. 프랑스에서는 뚱보 중간계급의 국왕 루이 필립에 의해 무겁게 움직이던 체제가 위기에 맞서 악전고투를 벌이더니 결국 무너지고 말았다. 왕은 권좌에서 물러나 영국의 서리 주에 있는 안전한 별장으로 도주했다. 그리고 파리의 노동자들이 노도처럼 들고일어나 파리 시청에 붉은 깃발을 게양했다. 벨기에에서는 공포에 질린 국왕이 퇴위 의사를 밝혔다. 베를린에서는 바리케이드가 쌓이고 총알이 바람소리를 내며 날아다녔다. 이탈리아에서는 폭도들이 궐기했고, 프라하와 빈에서는 파리를 본뜬 대중봉기로 도시가 장악되었다.

《공산당 선언》은 이렇게 부르짖었다.

공산주의자들은 자신들의 견해와 목적을 숨기는 것을 경멸한다. 그들은 현존하는 모든 사회관계의 전복을 통해서만 자신들의 목적이 달성될 수 있음을 공공연히 밝힌다. 지배계급이 공산주의 혁명 앞에 벌벌 떨게 하라. 프롤레타리아트에게 잃을 것은 오직 쇠사슬뿐이다. 그들에게는 쟁취해야 할 세계가 있다.[3]

지배계급은 실제로 벌벌 떨었다. 그리고 곳곳에서 공산주의의 위협을 보았다. 그들의 두려움은 근거 없는 것이 아니었다. 프랑스의 주물공장에서는 노동자들이 쇠망치 장단에 맞추어 급진적인 노래를 불렀다. 마침 공장을 견학 중이던 독일의 낭만파 시인 하인리히 하이네(Heinrich Heine, 1797~1856)는 "점잖게 살아가는 우리네 신사들은 이 노래를 꿰뚫는 악마적인 선율을 결코 이해할 수 없을 것이다."[4]라는 보고를 남겼다.

하지만 《공산당 선언》의 나팔소리에도 불구하고 그 악마적 선율이 공산주의 혁명을 요구하는 것은 아니었다. 그것은 다만 절망과 좌절에서 나온 외침일 뿐이었다. 반동이 지배하던 당시의 유럽에 비하면 영국의 상황은 차라리 목가적이라고 할 수 있었다. 존 스튜어트 밀은 프랑스 정부의 성격을 이렇게 규정했다. "개혁정신은 전혀 찾아볼 수 없고…… 인간의 보다 야비하고 이기적인 충동에 거의 전적으로 사로잡혀 있다." 그러나 프랑스 정부만 이런 오명을 독점한 것은 아니었다. 독일의 경우를 예로 들자면 1840년대가 되어서도 의회, 표현의 자유나 결사의 권리, 언론의 자유나 배심원단을 통한 재판이 존재하지 않았다. 왕권신수설이라는 구닥다리 관념에서 조금이라도 벗어난 사상은 전혀 용납되지 않았다. 이탈리아는 시대에 뒤떨어진 제후국들의 잡동사니였다. 역사가 알렉시스 드 토크빌(Alexis de Tocqueville, 1805~1859)이 규정한 성격에 따르면, 니콜라이 1세 치하의 러시아(비록 차르가 오언의 뉴래너크를 한 번 방문하기는 했지만)는 '유럽 전제주의의 초석'이었다.

만약 절망의 분출구와 폭발 방향이 제시되었다면 저 악마적 선율은 진짜 혁명으로 바뀔 수도 있었을 것이다. 하지만 늘 그랬던 것처럼 봉기는 자생적이었고 규율도 목적도 없었다. 처음에는 민중이 승리했지만 다음에 무엇을 해야 할지 망설이는 사이에 구질서가 불굴의 위력을 과시하며 복귀했다. 혁명의 열정은 쇠퇴하거나 그렇지 않으면 무자비하게 분쇄되었다. 파리의 폭도들은 1만 명의 희생자를 낸 채 국민방위대에 진압되었다. 그리고 루이 나폴레옹(Louis Napoléon, 1808~1873, 나폴레옹 3세—옮긴이)이 국가를 장악하여 곧바로 제2공화국을 제2제정으로 바꾸었다. 벨기에 국민은 국왕에게 무슨 일이 있어도 왕좌에 남아 있어 달라고 요청했고, 국왕은 집회의 권리를 폐지하는 대가로 이 진상품을 받아들였다. 빈과 헝가리에서는 그때까지 군중이 장악하고 있던 요새에서 군중을 향해 대포가 발사되었다. 독일에서는 제헌의회가 소집되어 처음에는 공화제의 도입까지 토론하는 용기를 보이다가 결국 분파간의 입씨름 장으로 전락해서 나중에는 치욕스럽게도 나라를 프로이센의 프리드리히 빌헬름 4세(Friedrich Wilhelm Ⅳ, 1840~1861 재위)에게 갖다바쳤다. 더욱 치욕스러운 것은 국왕이 천한 보통 사람들이 주는 왕관은 받지 못하겠다고 선언한 것이었다.

혁명은 끝났다. 유혈이 낭자하고 치열했지만 아무런 성과도 얻지 못했다. 유럽에 몇몇 새로운 얼굴이 등장하기는 했지만 정책은 그대로였다.

하지만 이제 막 공산주의자동맹을 건설한 얼마 안 되는 노동계급 지도자에게는 깊은 절망에 빠질 하등의 이유가 없었다. 물론 그들이 커다란 희망을 걸었던 혁명이 소멸한 것은 사실이었다. 유럽 곳곳에서 암약하던 급진적 운동들은 이제 유례없이 무자비한 추적의 대상이 되었다. 하지만 그들은 이 모든 것을 냉정하게 바라볼 수 있었다. 그들의 역사인식에 따르면 1848년의 봉기들은 장차 있을 웅대한 작품의 예고편, 다시 말해서 소규모 의상발표회에 불과했다.

동맹은 조직의 목적을 담은 선언문을 출간하면서 그 제목을《공산당 선언》이라 붙였다. 이 책에 기록된 모든 구호와 통렬한 문구들이 오직 혁명의 분위기를 띄우거나 세상에 가득한 아우성들에 저항의 목소리를 하나 더 추가하려는 목적에서 쓰인 것은 아니었다.《공산당 선언》은 분명 이것과는 다른 무엇을 담고 있었다. 공산주의 혁명이 바람직할 뿐만 아니라 명백히 **필연적**이라는 역사철학이 바로 그것이었다. 자신들의 바람에 따라 사회를 재조직하려고 한 점에서는 유토피아주의자들도 마찬가지였지만 공산주의자들은 이들과 달리 사람들의 동정심이나 공중누각 건설에 대한 탐닉에 호소하지 않았다. 오히려 공산주의자들은 사람들이 자신의 운명을 별 하나에 잡아매고 그 별이 무정하게 역사의 황도 12궁을 횡단하는 것을 지켜보도록 권했다. 어느 편이 도덕적 혹은 정서적인 대의를 쟁취해야 마땅한지 겨룰 필요도 없고 현존 질서가 부당하다는 것을 이유로 들 필요도 없었다. 대신 그들은 어느 편이 이길 **수밖에 없는지** 냉정하게 분석했다. 결국 이기게 되는 것은 프롤레타리아이기 때문에 그 지도자들은 단지 기다리기만 하면 되었다. 종국에 가서는 질 수가 없는 것이다.

《공산당 선언》은 미래를 위해 쓰인 강령이었다. 하지만 한 가지 사실이 이 책의 저자들을 놀라게 했을 것이다. 그들은 기다릴 준비가 되어 있었지만, 70년 동안이나 기다려야 할 줄은 몰랐을 것이다. 그들은 반란이 일어날 가능성이 가장 높은 곳으로 처음부터 유럽을 염두에 두었다. 러시아 쪽으로는 눈 한번 돌린 적이 없었다.

대조적 성장 배경과 공통의 관심사

모두가 아는 바대로 《공산당 선언》은 저 분노한 천재, 카를 마르크스의 작품이다. 더 정확히 말하면, 이 책은 그와 그의 뛰어난 동지, 동포이고 후원자이자 동료인 프리드리히 엥겔스(Friedrich Engels, 1820~1895)의 합작품이었다.

그들은 흥미로운 그리고 참으로 중요한 인물들이다. 문제는 그들이 너무도 빨리 단순한 인간을 넘어서서 당대의 거물이 되었다는 것이다. 적어도 소련이 무너지기 전까지 마르크스는 그리스도나 마호메트와 어깨를 나란히 하는 종교적 지도자로 널리 받아들여졌고, 이에 따라 엥겔스는 일종의 사도 바울이나 요한이 되었다. 모스크바의 마르크스-엥겔스 연구소에서는 학자들이 마치 길 건너 반종교적 박물관에서는 비웃음의 대상이었을 우상숭배 같은 태도로 그들의 저작을 탐구했다. 하지만 스탈린주의 러시아와 그보다는 덜하지만 마오주의 중국에서 마르크스와 엥겔스가 종교적 숭배의 대상이 되는 동안, 세계의 나머지 곳에서 그들은 대개 악마의 자식들로 치부되었다.

이러한 대우 중 어느 것도 그들에게는 맞지 않다. 그들은 성자도 아니고 악마도 아니며, 그들의 저작은 성서도 아니고 그렇다고 저주의 대상도 아니다. 다만 세상을 설명하고 조명하며 해석하는 데 성공한 경제적 관점의 위대한 전통일 뿐이다. 그리고 책장 안의 다른 모든 위대한 저작들과 마찬가지로 여기에도 결점이 있다. 세상은 혁명가 마르크스에게 지나치게 몰두해왔다. 하지만 마르크스가 없었더라도 또 다른 사회주의자들이, 또 다른 새로운 사회의 예언자들이 존재했을 것이다. 마르크스와 엥겔스가 끼친 진짜 결정적인 영향은 그들의 혁명 활동에 있지 않다. 그들 살아생전의 활동은 별다른 결실을 맺지 못했다. 자본주의가 종국적으로 대결해야 할 것은 정치경제학자로서 마르크스의 비전이다. 왜냐하면 그가 역사에 남긴 최후의 발자취는 자본주의가 반드시 붕괴하리라는 예언이었기 때문이다. 공산주의는 이 예언을 토대로 자신의 약점은 제대로 인식하지 못한 채 거대한 건축물을 축조했던 것이다.

우선 그들이 어떤 사람인지 살펴보자.[5] 그들은 외모가 서로 정반대였다. 마르크스는 외모도 혁명가처럼 보였다. 자녀들은 그를 '무어인'이라 불렀다. 피부가 까맣고 눈도 움푹 파인 데다 눈빛이 강렬했기 때문이다. 그는 땅딸막하고 다부진 체격에 짙은 수염을 기르고 찌푸린 얼굴을 하고 있던 사람이었다. 또한 정돈해놓고 사는 사람이 아니어서 집에는 먼지투성이 원고더미들이 어지럽게 널려 있었다. 그는 아무렇게나 옷을 걸친 채 눈도 제대로 못 뜰 정도로 담배 연기를 내뿜으며 그 사이를 어슬렁거렸다. 반면 엥겔스는 자신이 경멸하는 **부르주아지**로 통할 만했다. 키가 훤칠한 데다 금발에 우아하기까지 했던 그의 외모는 펜싱과 여우 사냥을 즐기고 한창때 쉬지 않고 베저(Weser) 강을 네 차례나 수영해서 건넜을 법한 사람 같았다.

외모만 달랐던 것이 아니다. 성격도 정반대였다. 엥겔스는 명랑하고 신중했으며 머리가 잘 돌아갔다. 그는 20개 언어로 웬만큼 말할 수 있었다고 한다. 또한 맛 좋은 포도주 등 부르주아적 삶을 즐겼다. 재미있는 점은 그의 노동계급 출신 동거녀인 메리 번스(그녀가 죽은 뒤에는 그 여동생 리지)가 스코틀랜드 시인의 후손이라는 것을 입증하기 위해 애썼으나 결국 실패했다는 사실이다.

마르크스는 훨씬 더 과묵한 성격이었다. 뛰어난 독일학자인 그는 느리고 꼼꼼하며 근면했고 심지어는 병적이라 할 정도의 완벽주의자였다. 엥겔스는 일필휘지로 한 편의 논문을 끝냈지만 마르크스는 어떤 문제든 죽도록 물고 늘어졌다. 엥겔스를 당황시킨 외국어는 4000

개의 동사 어근을 지닌 아랍어뿐이었다. 하지만 마르크스는 20년간 영어를 쓰고서도 끔찍한 독일식 발음 그대로였다. 마르크스가 편지에다 자신이 겪은 커다란 '쭝격'(영어의 shock을 chock이라 잘못 썼다—옮긴이)에 대해 쓴 것을 보면, 그의 실제 발음이 어땠는지 미루어 짐작할 수 있을 것이다. 하지만 이렇게 둔한 면에도 불구하고 마르크스 쪽이 보다 위대한 정신의 소유자였다. 엥겔스가 넓이와 박력을 제공했다면 마르크스는 깊이를 부여했다.

그들은 1844년 파리에서 두번째로 만났다. 이때부터 그들의 협력이 시작되었다. 엥겔스는 별 뜻 없이 마르크스를 방문했지만, 막상 만나자 할 이야기가 너무 많아 대화가 열흘간이나 계속되었다. 그 이후 나온 두 사람의 저서 가운데 둘 사이의 토론과 편집이나 재교정을 거치지 않고 혼자서만 쓴 것은 거의 없다. 그들이 나눈 서한만으로도 여러 권의 책을 낼 수 있을 정도였다.

파리에서 상봉이 있기 전까지 이들의 인생 역정은 너무나 이질적이었다. 엥겔스의 아버지는 경건주의자이자 칼뱅주의자이며 라인란트의 공장주로서 편협한 마음의 소유자였다. 젊은 프리드리히가 시(詩)에 엄청난 취미를 드러내자 그의 아버지는 사무원 한 명과 같이 살면서 수출 사업에 대해 배우라고 그를 브레멘으로 보내버렸다. 낭만적인 영혼에 대한 특효약은 종교와 돈벌이라는 것이 아버지 카스파 엥겔스(Caspar Engels)의 생각이었다. 엥겔스는 의무감 때문에 사업에 뛰어들기는 했지만 세계를 바라보는 시각은 반항심으로 가득했다. 그는 아버지의 경직된 기준과 화합할 수 없는 낙천적 성격의 소유자였다. 그는 견습 기간 동안 부두에 자주 나가곤 했다. 그때 그의 관찰자적 시선은 '금으로 장식된 마호가니 특급실' [6]뿐만 아니라 사람들이 거리의 보도블록처럼 꽉 차 있는 삼등실에도 머물렀다. 그는 당대의 급진적 문헌들을 읽었고, 스무 살이 되자 '공산주의'의 이상을 받아들였다. 당시에 공산주의라는 말은 사회의 경제활동을 조직하는 수단으로서 사유재산이라는 개념을 배격한다는 것 외에 분명한 의미를 갖고 있지 않았다.

그 후 그는 맨체스터로 가서 그곳에 있는 아버지의 방직공장에서 일했다. 그의 눈에 맨체스터는 브레멘의 선박들과 마찬가지로 껍데기로만 보였다. 맨체스터에는 상점이 줄지어 선 유쾌한 거리가 있었고 쾌적한 저택들이 도시를 둘러싼 교외 지역이 있었다. 하지만 또 다른 맨체스터가 있었다. 이 두번째 맨체스터는 첫번째 맨체스터 뒤에 가려져 있었고, 공장 소유주들이 출퇴근길에 보지 않아도 되도록 구획되어 있었다. 여기에는 오물과 절망 속에서 살아가는 발육 부진 상태의 사람들이 숨어 있었다. 이들은 희망 없고 잔혹한 삶에 저항하기 위해 독주와 복음에 의지하거나 마약을 복용했다. 심지어는 아이들에게도 마약을 먹였다. 엥겔스는 그의 고향 라인란트의 공장지대에서도 비슷한 광경을 보았다. 이제 그는 오두막집과 쥐구멍 같은 주택들을 샅샅이 살피며 맨체스터를 연구하기 시작했다. 그는 자신의 발견을 공장 빈민가에 대한 가장 혹독한 판결문인 《1844년 영국 노동계급의 상태》를 세상에 내놓았다. 한번은 빈민가의 비참한 현실을 한 신사 친구에게 이야기하면서 이렇게 '잘못 만들어진 도시'는 본 적이 없다고 말했다. 동료는 조용히 그의 말을 경청하더니 이렇게 말했다.

"하지만 여기서는 엄청난 돈이 벌리는걸. 잘 있게, 친구."[7]

이제 그는 글쓰기에 들어갔다. 영국의 위대한 경제학자들이 현존 질서의 옹호자에 불과하다는 것을 보여주는 논문들을 써 나갔다. 그런데 그의 기고문 가운데 한 편이 카를 마르크스라는 젊은이에게 특별한 인상을 주었다. 당시 그는 파리에서 급진적 철학잡지를 편집하고 있었다.

엥겔스와는 달리 마르크스는 자유주의적이고 심지어 다소 급진적인 가정 출신이었다. 그는 1818년 독일의 트리어에서 부유한 유대인 가족의 둘째 아들로 태어났다. 그의 가족은 얼마 뒤 아버지 하인리히 마르크스(Heinrich Marx)의 변호사직 수행을 원활히 하기 위해 그리스도교로 개종했다. 하인리히 마르크스는 존경받는 인물이었다. 실제로 그는 뛰어난 법조인의 영예인 변호사협회원으로 지명되기도 했다. 하지만 한창때 그는 독일의 공화제 수립을 위해 축배를 드는 불법 사교클럽에 가입한 적이 있었다. 그는 자신의 어린 아들을 볼테르, 로크 그리고 디드로의 정신적 양식으로 양육했다.

하인리히 마르크스는 아들이 법률을 공부해주기를 바랐다. 하지만 본과 베를린의 대학에서 젊은 마르크스는 당대의 거창한 철학 논쟁에 휩쓸려 들어갔다. 철학자 게오르크 빌헬름 프리드리히 헤겔(Georg Wilhelm Friedrich Hegel, 1770~1831)이 혁명적 체계를 제시했다. 그러자 보수적인 독일의 대학사회는 이를 둘러싸고 분열되었다. 헤겔에 따르면 변화가 삶의 법칙이었다. 모든 관념, 모든 힘은 그 반대물(反對物, opposite)을 잉태하지 않을 수 없다. 이 둘은 '합(合, unity)'으로 통합되며 이는 다시 자체의 모순을 낳는다. 역사란 이렇게 갈등하고 융합하는 관념과 힘의 흐름을 표현하는 것에 불과하다고 헤겔은 말했다. 변화—변증법적 변화—가 인간사에 내재해 있었다. 다만 한 가지 예외가 있었다. 프로이센 국가에 관한 한 이 법칙은 통하지 않았다. 프로이센 정부는 '진실로 지상의 신'[8]과 같다는 것이 헤겔의 주장이었다.

이러한 철학은 젊은 학생에게는 강력한 자극이었다. 마르크스는 '청년 헤겔파'라고 알려진 지식인 집단에 가입했다. 이들은 헤겔의 변증법 용어들로 무신론과 순수한 이론적 공산주의 같은 대담한 주제들을 토론했다. 마르크스는 스스로 철학자가 되기로 결심했다. 그가 이렇게 결심한 것은 신과 같다는 국가의 활동을 지지해서가 아니었다. 마르크스가 본대학에 자리를 얻도록 힘써준, 마르크스가 가장 좋아하던 브루노 바우어(Bruno Bauer, 1809~1882) 교수는 입헌주의와 무신론(둘 모두 참으로 사악한 것이었다)을 지지했다는 이유로 해고되었다. 젊은 마르크스 박사의 학자생활은 이제 불가능하게 되었다.

그는 대신 언론에 뛰어들었다. 그가 자주 글을 기고하던 작은 신문으로 중간계급 자유주의 성향의 『라이니셰 차이퉁(Rheinische Zeitung)』이 그에게 편집장 자리를 제의했고, 그는 받아들였다. 그의 편집장 생활은 정확히 5개월 동안 지속되었다. 당시 마르크스는 급진파였지만 그의 급진주의는 정치적이기보다는 철학적인 것이었다. 엥겔스가 정중하게 방문했을 때에도 마르크스는 공산주의 사상이 철철 넘치는 이 경박한 젊은이에게 찬동하지 않았다. 한번은 마르크스 자신이 공산주의자로 몰렸는데, 이때 그의 대답은 모호했다.

"나는 공산주의를 잘 모른다. 하지만 억압받는 자들을 옹호하는 것이 목적인 사회철학이라면 결코 그렇게 가벼운 비난의 대상이 될 수는 없다."

하지만 이러한 부인에도 불구하고 그의 편집장 활동은 당국의 인내심을 넘어서는 것이었다. 그는 숲에서 죽은 나무를 모으는 농민들의 권리, 태곳적부터 내려오는 농민의 권리를 법으로 막는 데 대해 혹독하게 비난하는 글을 썼는데, 그로 인해 견책을 받았다. 또 그는 주거 환경을 통탄하는 글을 편집장 자격으로 썼다. 이 글 때문에 그는 경고를 받았다. 그리고 그가 러시아의 차르에 대해 좀 듣기 싫은 소리를 하기에 이르자 『라이니셰 차이퉁』은 탄압의 대상이 되었다.

마르크스는 또 다른 급진 성향을 띠는 잡지의 편집을 맡기 위해 파리로 갔다. 하지만 신문의 경우만큼이나 단명에 그치고 말았다. 이제 그의 관심은 정치와 경제 쪽으로 향했다. 프로이센 정부의 적나라한 사욕 추구, 독일 노동계급의 참상을 완화할 수 있는 일체의 조치들에 대한 독일 **부르주아지**의 저항, 부유한 유럽 지배계급의 거의 만화 같은 반동적 성격, 이 모든 것들이 그의 머릿속에서 하나로 결합되어 새로운 역사철학의 일부를 이뤘다. 그리고 엥겔스가 그를 방문하여 두 사람의 강력한 우정이 시작되었을 때, 이 철학은 형체를 갖추기 시작했다.

변증법적 유물론으로 본 자본주의

그 철학은 흔히 변증법적 유물론이라 불린다. 변화의 원리라는 헤겔의 사상을 포용한다는 점에서 **변증법적**이고, 관념의 세계가 아니라 사회적 · 물리적 환경이라는 영역에 기초를 둔다는 점에서 **유물론**인 것이다.

먼 훗날 엥겔스는 「반(反)뒤링(Anti-Dühring)」이라는 유명한 팸플릿〔오이겐 뒤링(Eugen Dühring)이라는 이름의 독일 철학 교수를 반박하려는 의도에서 쓴 소책자다〕에 이렇게 썼다.

역사에 대한 유물론적 인식은 생산과 함께 생산물의 교환이 모든 사회 질서의 토대라는 원리, 역사상 등장한 모든 사회에서 생산물의 분배 그리고 이를 통한 사회의 계급 혹은 신분으로의 분열은 무엇이 생산되는가와 그것이 어떻게 생산되는가 그리고 생산물이 어떻게 교환되는가에 의해 결정된다는 원리로부터 출발한다. 이러한 인식에 따르면 모든 사회적 변화와 정치적 혁명의 궁극적 원인은 사람들의 의식이나 영원한 진리와 정의를 향한 그들의 통찰력의 증가가 아니라 생산 및 교환 양식의 변화에서 찾아야 한다. 즉 **철학**에서 찾을 것이 아니라 해당 시대의 **경제학**에서 찾아야 한다는 것이다.[9]

참으로 강력한 논리다. 마르크스에 따르면 모든 사회는 경제적 토대—의식주를 해결하기 위해 자신의 삶을 스스로 조직해야 하는 인류의 엄혹한 현실—위에 구축된다. 이러한 조직은 그 사회와 시대에 따라 다양하게 나타날 수 있다. 목축이나 수렵에 기반을 둘 수도 있고 수공업을 중심으로 무리를 이루거나 복잡한 공업단지로 구조화될 수도 있다. 하지만 사람들이 자신들의 기초적인 경제적 문제를 해결하는 형태가 무엇이든 사회는 비경제적 활동과 사상이라는 '상부구조'가 필요하게 마련이다. 사회는 법률을 통해 결속되고 정부에 의해 감독되며 종교와 철학을 통해 고취될 필요가 있는 것이다.

하지만 사상의 상부구조가 제멋대로 만들어지는 것은 아니다. 그것은 그 자신이 성립하는 기반인 토대를 반영해야만 한다. 어떠한 수렵공동체도 진보하거나 산업사회의 법적 틀을 이용할 수는 없다. 마찬가지로 어떠한 산업공동체도 원시촌락의 법, 질서, 정부에 대한 관념을 써먹을 수 없다. 유물론의 원리가 관념이 수행하는 촉매의 역할과 창조성을 무시하는 것은 아니라는 점을 유념해야 한다. 그것은 단지 사상과 관념이, 비록 환경의 변화를 의도하는 경우라 할지라도 바로 그 환경의 **산물**임을 주장하는 것일 뿐이다.

본래 유물론은 관념을 경제활동의 단순한 수동적 부속물로 환원하려는 경향이 있다. 이것은 결코 마르크스의 생각이 아니었다. 왜냐하면 새로운 이론은 유물론이면서 동시에 **변증법적**이었기 때문이다. 그것은 변화, 세상의 원리인 끊임없는 변화를 염두에 둔 것이었다. 그 끝나지 않는 흐름 속에서, 관념은 특정한 시대로부터 태동하지만 다른 시대의 틀을 짜는 데 도움을 줄 것이다. 마르크스는 루이 나폴레옹의 쿠데타에 대한 1852년도 저작에서 이렇게 썼다.

인간은 자신의 역사를 만든다. 하지만 자신이 원하는 그대로는 아니다. 인간은 스스로 선택한 환경이 아니라 과거로부터 직접 발견되고 주어지며 이전된 환경 속에서 역사를 만드는 것이기 때문이다.[10]

그러나 이러한 역사이론의 변증법적, 즉 내적 동학의 측면은 관념과 사회구조 사이의 상호작용에만 한정되지는 않는다. 또 다른, 훨씬 더 강력한 요소가 작동되고 있었다. 바로 경제 그 자체도 변화하고 있었다. 관념이라는 상부구조의 기반을 이루는 토대 역시 변화의 와중에 있었다.

예를 들면 중세의 고립된 시장은 착취와 정치적 통합이라는 자극 아래 서로 결합되기 시작했고, 마침내 새로운 상업적 세계가 등장했다. 낡은 수동식 작업장은 발명이라는 자극 아래 증기기관을 사용하는 작업장으로 대체되었고, 공장이라 불리는 새로운 형태의 사회조직이 나타났다. 두 경우 모두 경제생활의 결정적 틀이 그 형태를 탈바꿈한 것이다. 그리고 과거에도 그랬던 것처럼 이러한 변화는 그것이 배태된 공동체에 새로운 사회적 적응을 강요했다. 마르크스는 이렇게 적었다. "수동기관은 당신에게 봉건영주의 사회를 줄 것이다. 그리고 증기기관은 당신에게 산업자본가의 사회를 줄 것이다."[11]

일단 이러한 변화가 시작되면 일련의 전반적 결과가 나타난다. 시장과 공장은 봉건적 생활방식과는 화합할 수 없다. 비록 이것들이 봉건제의 한복판에서 태어났다 하더라도 말이다. 이제 시장과 공장에 조응하는 새로운 문화적·사회적 조건이 요구된다. 시장과 공장은 자신들의 고유한 사회계급을 창출함으로써 이 고통스러운 출산 과정을 촉진한다. 시장은 새로운 상인계급을 양육하고, 공장은 산업 프롤레타리아트를 낳는다.

사회의 변화 과정이 단순히 새로운 발명이 낡은 제도에 가하는 압력의 문제인 것만은 아니다. 그것은 오히려 새로운 계급이 낡은 계급을 대체하는 문제이다. 마르크스에 따르면 사회는 계급구조, 즉 현존하는 생산형태에 유리하든 불리하든 어떤 이해관계를 가지고 있는 인간집단으로 편제되기 때문이다. 그리고 경제적 변화가 사회의 모든 계급들을 위협하게 된다. 생산의 조직적·기술적 능력이 변화함에 따라—예를 들어 공장이 수공업을 붕괴시킴에 따라—생산의 사회적 관계도 변화한다. 꼭대기에 있던 사람들이 땅바닥에 나뒹굴게 되는가 하면 밑바닥에 있던 사람들이 상승할 수도 있다. 우리는 리카도 시대의 영국에서 이미 사회계급의 상대적 지위가 이렇게 전복되는 것을 목격한 바 있다. 이 당시 산업혁명의 급물살을 탄 자본가들은 지주계급의 유서 깊은 특권을 빼앗으려고 위협했다.

이에 따라 갈등이 전개된다. 지위가 위태롭게 된 계급은 지위가 강화된 계급과 싸운다. 봉건영주들은 막 부상 중인 상인들과 싸우고, 길드 장인은 신진 자본가들에 저항한다.

하지만 역사의 과정은 호불호(好不好)를 가리지 않는다. 상황은 점차 변화하고, 사회계급도 점차 그러나 확실하게 재정비된다. 혼란과 고뇌 속에서 부의 분배가 바뀐다. 결국 역사는 사회적 부의 분배를 둘러싼 계급 사이의 끊임없는 투쟁의 연속이다. 사회의 기술 수준이 변화하는 한 현존하는 어떠한 부의 분배구조도 변화의 위협으로부터 벗어날 수 없기때문이다.

이러한 이론은 마르크스와 엥겔스 당대의 사회에 어떠한 의미를 드리웠는가? 이 이론은 혁명을, 다시 말해 필연적인 혁명을 지적했다. 왜냐하면 이 분석에 따르면 자본주의도 역시 생산 '력'과 생산 '관계', 곧 기술적·조직적 토대와 법·정치적 권리·이데올로기의 건축물을 포함하기 때문이다. 만약 그 기술적 토대가 진보한다면, 필연적으로 상부구조도 더욱더 심각한 긴장에 사로잡히지 않을 수 없다.

이것이 바로 1848년에 대한 마르크스와 엥겔스의 해석이다. 자본주의의 경제적 토대는—현실의 그 닮은—공업생산이었다. 그리고 그 상부구조는 사유재산제도였다. 이 제도 아래서 사회적 생산의 일정 부분이 사회의 거대한 기술적 수단을 차지한 이의 몫으로 돌아갔다. 이 토대와 상부구조가 서로 모순을 빚는다는 사실에 바로 갈등의 이유가 존재했다.

왜 그러한가? 그 이유는 공업생산의 토대가 더욱더 조직되고 통합되며 **상호의존적인** 과정이 되는 반면 사유재산이라는 상부구조는 사회제도 중 가장 **개인주의적인** 것이기 때문이다. 이에 따라 상부구조와 토대 사이의 충돌이 벌어졌다. 공장은 사회적 계획을 필요로 한 반면 사유재산은 그것을 혐오했다. 즉 **자본주의**는 너무 복잡해져서 방향의 설정을 요구한 반면, **자본가들**은 파멸적인 자유를 주장한 것이다.

그 결과는 이중적이었다. 우선 자본주의는 조만간 자멸할 것이다. 생산의 비계획적 성격으로 인해 경제활동이 끊임없는 혼란에 빠져, 위기와 불황 그리고 공황이라는 사회적 혼돈이 나타날 것이다. 체제는 너무나 복잡했다. 체제는 지속적으로 엇나가고 휘청댔으며 어떤 재화는 과잉생산하는 반면 다른 재화는 과소생산했다.

두번째로, 자본주의는 무의식적으로 자신의 후계자를 잉태하고야 만다. 자본주의는 그 거대한 공장들을 통해 사회주의—합리적으로 계획된 생산—의 기술적 토대를 창출할 뿐만 아니라 사회주의의 담지자가 될 훈련되고 단련된 계급, 즉 분노한 프롤레타리아트 또한 낳을 것이다. 자본주의는 자체의 내적 동학을 통해 스스로의 몰락을 자초할 것이고, 이 과정에서 숙명의 적을 길러낼 것이다.

이것은 미래의 예시라는 점에서뿐만 아니라 과거에 대한 전혀 새로운 시각을 열어준다는 점에서 참으로 중요한 역사적 통찰이었다. 지금 우리는 역사에 대한 '경제적 해석'에 익숙해 있다. 그래서 우리는 가령 17세기에 막 등장한 상업계급과 토지와 혈통이라는 귀족적 세계 사이의 투쟁에 관한 재평가를 냉정하게 받아들일 수 있다. 하지만 마르크스와 엥겔스에게 이는 단순한 과거의 재해석 작업만은 아니었다. 변증법은 미래를 향해 우리를 이끌었고, 그 미래는《공산당 선언》에서 밝혔듯이 자본주의의 종착역인 혁명을 가리켰다.《공산당 선언》은 음울한 어조로 선언했다.

근대 공업의 발전은…… 부르주아지의 생산과 생산물 전유라는 바로 그 토대를 허물어뜨린다. 그러므로 부르주아지가 생산하는 것은 무엇보다 자신의 무덤을 파는 사람들이다. 부르주아의 몰락과 프롤레타리아트의 승리는 둘 다 불가피한 것이다.[12]

정치적 탄압과 경제적 궁핍의 이중고

역사에 대한 요란하고 냉혹한 해석을 담은《공산당 선언》을 쓴 곳은 파리가 아니었다. 마르크스의 파리 체류는 길지 않았다. 마르크스는 한 통렬하고 급진적인 잡지의 편집장 자리를 맡았다. 이로 인해 그는 다시 프로이센 정부의 신경을 긁었고, 결국 프로이센 정부의 요청으로 프랑스의 수도에서 추방당하고 만다.

당시 그는 기혼자였다. 1843년 그는 어렸을 적부터 이웃에 살던 예니 폰 베스트팔렌(Jenny von Westphalen)과 결혼했다. 예니는 추밀원 의원인 프로이센 귀족의 딸이었다. 그녀의 아버지 베스트팔렌 남작은 귀족임에도 불구하고 인도주의적이고 자유주의적인 사상의 소유자였다. 그는 어린 마르크스에게 호메로스와 셰익스피어에 대해 이야기해주었고 심지어는 교구 주교의 이단 판정에도 불구하고 생시몽의 사상에 대해서 이야기하기까지 했다. 예니로 말하면, 그녀는 그

도시 최고의 미인이었다. 아름다운 데다가 구혼자들을 달고 살았던 그녀는 이웃의 어두운 젊은이보다 더 '적합한' 신랑을 얻을 수도 있었다. 하지만 그녀는 그와 사랑에 빠졌고, 두 가정 모두 기쁘게 이를 받아들였다. 마르크스 집안에게 이러한 결혼은 상당한 사회적 성공을 의미했고, 남작의 경우에는 아마도 자신의 인도주의적 사상을 입증할 기회였을 것이다. 만약 딸에게 닥칠 일을 예견했어도 그가 결혼을 허락했을지는 의문이다. 결혼 후 예니는 감옥에서 매춘부와 잠자리를 함께해야 하는 처지에 빠지기도 했고, 그녀의 자식 중 한 아이를 매장할 관을 사기 위해 이웃에게 돈을 빌려야 하는 수난도 겪었기 때문이다. 그녀는 트리어의 즐거운 안락과 사회적 위신 대신 런던 빈민가 음침한 방 두 개에서 남편과 함께 적개심에 불타는 세인의 비방에 시달리며 살아갈 팔자였다.

하지만 그럼에도 둘의 결합은 참으로 헌신적인 것이었다. 마르크스는 다른 사람들을 대할 때 질투와 의혹과 분노에 휩싸인 불친절한 태도를 보였지만 가정에서는 자상한 아버지이자 다정한 남편이었다. 한때 아내가 병석에 누워 있을 때 마르크스는 베스트팔렌 출신 가정부 렌헨에게 애정을 느낀 적이 있었다.[13] 렌헨은 마르크스 가족을 위해 보수도 안 받고 하루 종일 일했다. 하지만 이런 간통—둘 사이에서 사생아 한 명이 태어났다—에도 불구하고 이 부부의 위대한 열정적 관계는 깨어지지 않았다. 나중에 훨씬 나중에 예니는 죽어가고 마르크스는 병들어 있을 때, 그들의 딸 가운데 한 명은 다음과 같은 사랑스러운 광경을 목격했다.

우리의 사랑하는 어머니는 큰방에 누워 있고 무어인은 그 옆의 작은방에 누워 있었다. …… 아버지가 기운을 차려서 어머니 방에 간 그날 아침을 나는 결코 잊지 못하리라. 그들은 마치 다시 젊어진 것 같았다. 그들은 더 이상 삶의 이별을 고하려는 늙고 병든 남자와 죽음을 앞둔 늙은 여인이 아니었다. 어머니는 이제 막 삶의 문지방 앞에 선 한 명의 어린 소녀였고, 아버지는 그녀의 젊은 연인이었다.[14]

마르크스 일가는 1849년 런던으로 이주했다. 4년 전 그들은 파리에서 쫓겨나 브뤼셀로 갔었다. 그들은 거기에서 1848년 혁명이 폭발할 때까지 그리고 《공산당 선언》이 작성될 때까지 머물렀다. 벨기에 국왕은 혁명으로 흔들리던 자신의 왕권을 다시금 확고히 장악하자 브뤼셀의 급진파 지도자들을 잡아들였다. 이때 마르크스는 잠시 독일로 갔다.

다시 전과 같은 일이 반복되었다. 마르크스는 한 신문의 편집장 자리를 맡았다. 정부가 이 신문을 폐간시키는 것은 단지 시간문제였다. 그는 신문의 마지막 판을 온통 붉은색으로 인쇄했다. 그러고는 런던에서 피난처를 구했다.

그는 이제 재정적으로 절망적인 상태에 빠졌다. 이때 맨체스터에 머물면서 기묘한 이중생활을 지속하던 엥겔스(그는 맨체스터 증권거래소의 존경받는 신사였다)가 마르크스 일가에게 수표와 돈을 끊이지 않고 보내주었다. 만약 마르크스가 금전을 다루는 데 능숙했다면 그 가족은 품위 있게 살아갈 수도 있었을 것이다. 하지만 마르크스는 수입과 지출을 맞출 줄 아는 사람이 결코 아니었다. 그래서 아이들의 음악 레슨에 돈을 쓰고는 난방비가 없어 추위에 떨며 사는 일이 벌어지곤 했다. 생활은 파산과의 끊임없는 투쟁이었고, 돈 걱정으로 밤을 지새우지 않은 날이 없었다.

렌헨까지 포함해서 가족은 모두 다섯 명이었다. 그런데 마르크스에게는 직업이 없었다. 일이라곤 매일 아침 10시에 대영도서관에 나가 밤 7시까지 끝없는 연구에 몰두하는 것뿐이었다. 그는 『뉴욕 트리뷴(New York Tribune)』에 정치상황에 대한 내용을 기고해서 약간의 원고료를 받으려 했다. 이 신문의 편집자인 찰스 A. 다나는 푸리에주의자였고 유럽 정치에 대해 비난하는 글을 싣는 것을 꺼리지 않았다. 이 일은 잠시 돈 걱정을 덜어주었다. 비록 기사의 많은 부분을 실제 작성한 장본인은 엥겔스였지만 말이다. 그럼에도 마르크스는 편지에서 다음과 같이 훈수했다. "자네는 전쟁에 대한 기사를 좀더 화려하게 써야 하네."[15] 신문 기고가 중단되자 그는 철도 사무원 자리를 얻으려 시도했으나 악필 때문에 거절당하고 말았다. 그러자 그는 자신의 이름으로 남아 있는 모든 것을 전당포에 맡겼다. 가족의 은식기와 값나가는 물건들은 이미 오래전에 팔아치운 상태였다. 때로는 외투와 구두를 저당 잡혀서 집에 머물러 있어야 할 정도로 심각한 가난에 내몰렸다. 어떤 경우에는 우표 살 돈이 없어서 출판업자에게 원고를 보내지 못하기도 했다. 설상가상 그는 중증 종기에 시달렸다. 한번은 도서관에서 비참한 상태로 하루 종일 원고를 쓰고는 집에 돌아와 이렇게 말했다.

"부르주아들이 살아 있는 한 나의 등창을 기억할 이유가 생기기를 바란다."[16]

이때 그는 하루의 노동시간에 대해 서술한《자본론(Das Capital)》의 한 끔찍한 장(章)을 쓰고 온 뒤였다.

기댈 데라고는 엥겔스뿐이었다. 마르크스는 그에게 경제학, 정치학, 수학, 군사 전략을 포함해 하늘 아래 모든 것에 대해 끊임없이 편지를 써댔는데, 그중에서도 가장 주된 주제는 바로 자신의 처지였다. 대표적인 구절을 하나 인용해보자.

내 아내가 아프다네. 어린 예니도 아프네. 렌헨도 일종의 신경성 열병에 시달리고 있네. 그런데 나는 진료비가 없어서 의사를 부를 수도 없네. 여드레째인지 열흘째인지 우리는 오직 빵과 감자로만 연명하고 있다네. 그리고 이제는 그것조차 구할 수 있을지 모르겠네. …… 신문을 사서 읽을 돈 한 푼 없어서 다나에게 기사를 써 보내지도 못했네. …… 어떻게 하면 내가 이러한 생지옥에서 빠져나올 수 있겠나? 정말 하기 싫은 일이었지만, 송장 신세가 되지 않으려면 어쩔 수 없었기에, 지난 열흘 동안 푼돈 좀 벌려고 독일어 타자를 쳐주기도 했네.[17]

이러한 형편은 말년에 가서야 조금 나아졌다. 한 오랜 친구가 마르크스에게 유산을 약간 남겨준 덕분에 조금 편안하게 살면서 요양 여행까지 떠날 수 있게 되었다. 엥겔스도 결국은 유산을 상속받아 사업에서 은퇴했다. 그는 1869년 회사에 마지막으로 출근한 뒤 '지팡이를 흔들고 노래를 부르며 기쁨에 겨운 얼굴로'[18] 마르크스의 딸을 만나기 위해 먼 길을 달려왔다.

1881년 예니가 죽었다. 유일한 아들을 비롯해 다섯 자식 중 둘을 먼저 보낸 그녀는 늙고 지쳐 있었다. 마르크스는 병석에 누워 있어서 아내의 장례식에도 참석하지 못했다. 엥겔스가 바라보자 그는 이렇게 말했다. "무어인도죽었네." 하지만 당장은 아니었다. 그는 2년을 더 살았다. 그는 두 딸이 선택한 사위들을 못마땅해 했고 노동 계급 운동의 다툼에 지겨워했으며 그의 추종자들을 끊임없이 심란하게 만들 말(어느 날 그는"나는 마르크스주의자가 아니다."[19]라고 말했다)을 내뱉었다. 그러고는 어느 3월 오후에 조용히 세상을 떠났다.

마르크스의 결정적 공헌

이러한 오랜 가난의 세월 동안 그가 한 일은 무엇이었는가?

우선 그는 국제노동계급운동을 만들어냈다. 젊었을 때 마르크스는 이렇게 썼다. "지금까지 철학자들은 세계를 다양한 방식으로 해석하기만 했다. 하지만 중요한 것은 세계를 변혁하는 것이다."[20] 마르크스와 엥겔스는 자신들의 역사해석을 통해 프롤레타리아트에게 영예를 부여했다. 이제 그들은 프롤레타리아트를 지도하고 이끌어 역사의 지렛대 역할을 최대한 수행하도록 만드는 일에 착수했다.

하지만 이 시도는 별다른 성공을 거두지 못했다. 《공산당 선언》의 출간과 동시에 공산주의자동맹이 창립되었지만 종이 위의 조직에 불과했다. 동맹의 강령이었던 《공산당 선언》은 시중에 팔리지도 않았다. 그리고 1848년 혁명의 붕괴와 함께 동맹 또한 죽었다.

1864년, 보다 야심 찬 조직인 국제노동자협회가 그 뒤를 이었다. '인터내셔널(국제노동자협회의 약칭―옮긴이)'은 700만 회원을 자랑했으며, 대륙을 휩쓴 파업 물결을 좌우할 정도의 영향력을 가지고 악명을 날렸다. 하지만 이 조직 역시 단명할 운명이었다. 인터내셔널의 구성원은 강인하고 단련된 공산주의 투사들이 아니었다. 오언주의자, 프루동주의자, 푸리에주의자, 소극적인 사회주의자, 미치광이 민족주의자 그리고 혁명이론이라면 그것이 무엇이든 모두 의심스러운 눈으로 쳐다보는 노동조합주의자로 이루어진 잡동사니의 모임이었다. 마르크스는 능란한 솜씨로 5년 동안 이들을 하나의 조직에 묶어두었다. 그리고 인터내셔널은 갈가리 찢겼다. 일부는 미하일 알렉산드로비치 바쿠닌(Mikhail Aleksandrovich Bakunin, 1814~1876)을 따랐다. 그는 시베리아 유형과 도주라는 진정한 혁명가의 이력을 지닌 거물이었다(연설 솜씨가 워낙 뛰어나서 만약 그가 요구했다면 청중들은 자기 목이라도 베었을 거라는 이야기가 전해진다). 다른 이들은 국내문제로 눈을 돌렸다. 인터내셔널의 마지막 회의는 1874년 뉴욕에서 열렸다. 이것은 애처로운 실패작이었다.

그러나 '제1차 인터내셔널'의 창립보다 훨씬 더 중요한 것은 노동
계급의 문제를 다루면서 마르크스가 택한 독특한 방식이었다. 마르
크스는 누구보다 논쟁을 즐기고 관용과는 거리가 먼 사람이었다. 처
음부터 그는 자신의 이론노선을 따르지 않는 사람이 옳을 수도 있다
는 것을 인정할 수 없었다. 경제학자로서 그의 언어는 정확했고, 역
사철학자로서는 웅변적이었으며, 혁명가로서는 야비했다. 그는 반유
대주의자가 되는 것도 마다하지 않았다.[21] 그는 자신의 적을 '촌뜨
기' '불량배' 심지어 '빈대'라고까지 불렀다. 아직 브뤼셀에 머물던
초창기에 한번은 빌헬름 바이틀링(Wilhelm Weitling, 1808~1871)이라
는 독일 재단사가 마르크스를 방문한 적이 있었다. 바이틀링은 노동
운동의 믿을 만한 동지였다. 그는 두 다리에 프로이센 감옥에서 얻은
흉터를 지니고 있었고, 독일 노동자들을 위해 오랫동안 제 한 몸 돌
보지 않고 영웅적인 활동을 벌인 사람이었다. 그는 정의와 형제애 그
리고 연대 같은 것을 이야기하기 위해 마르크스를 찾았다. 하지만 그
는 사회주의의 '과학적 원리'에 대한 무자비한 심문을 당해야 했다.
불쌍한 바이틀링은 혼란에 빠졌고, 그의 대답은 만족스럽지 못했다.
주심 역할을 하던 마르크스는 화가 나서 방 안을 활보하기 시작했다.
그는 외쳤다.

"무식이 도움이 된 적은 결코 없었어."[22]

회견은 그것으로 끝이었다.

아우구스트 빌리히(August Willich, 1810~1878)도 이런 식으로 파문
당했다. 프로이센 군대의 대위였던 그는 독일 혁명에 참가해 싸웠고,
나중에는 미국 남북전쟁에서 북군 측의 명장(名將)이 되었다. 하지만
그는 현실의 조건 대신 순수한 의지가 혁명의 주요 동력이 될 수 있
다는 '반마르크스주의' 사상에 집착했다. 그는 이러한 생각—나중에
레닌에 의해서, 그렇게 무리한 것은 아니었음이 밝혀지는—때문에

운동에서 쫓겨났다.

이런 명단은 끝도 없이 나열할 수 있다. 아마도 운동이 나중에 '편향'과 '반혁명분자'에 대한 내부의 마녀 사냥으로 타락하게 되리라는 것을 예언하는 사건으로는 마르크스와 피에르 프루동(Pierre Proudhon, 1809~1865) 사이의 불화만큼 자극적인 것도 없을 것이다. 프랑스의 통 제조업자 아들인 프루동은《재산이란 무엇인가?(What Is Property?)》라는 책으로 프랑스 지식인들을 깜짝 놀라게 한, 독학자 출신의 명석한 사회주의자였다. 프루동은 '재산은 도둑질'이라고 답했다. 그는 사유재산 전체는 아닐지라도 거대한 사적인 부는 종식되어야 한다고 주장했다. 마르크스와 그는 함께 만나 이야기를 나누고 편지를 주고받았다. 그러고 나서 마르크스는 프루동에게 자신과 엥겔스의 활동에 합류할 것을 요청했다. 이에 대한 프루동의 답변이 워낙 설득력 있고 선견지명을 보여주는 것이어서 다소 길지만 인용해보겠다.

만약 당신이 원한다면, 사회의 법칙에 대해 이 법칙이 전개되는 방식에 대해 그리고 이것을 발견할 최선의 방법에 대해 함께 탐구해 나갑시다. 하지만 제발, 기존의 모든 교조주의를 분쇄한 뒤에는 다시금 민중에게 교의를 주입시키는 일에 빠져들지는 맙시다. …… 저는 모든 다양한 의견을 검토하자는 당신의 생각에 진심으로 찬동합니다. 선의의 진지한 논쟁을 계속합시다. 세상에 학식 있고 지혜로운 관용의 모범을 보여줍시다. 하지만―우리가 새로운 운동의 선봉에 섰다는 이유만으로―스스로 새로운 운동의 지도자로 비관용의 선두에 나서지는 맙시다. 새로운 종교의 사도인 체하지 맙시다. 그것이 비록 논리의 종교, 이성의 종교라 할지라도 말입니다. 모든 반대파를 모으고 격려합시다. 모든 배타주의, 신비주의를 금지합시다. 어떤 문제도 이미 해결된 것으로 치부하지 맙시다. 그리고 비록 토론에 토론을 거듭했다 할지라도 만약 필요하다면 다시 시작합시다. 웅변과 풍자로 말입니다. 이러한 조건에서만 저는 당신의 모임에 즐거이 함께할 것입니다. 그렇지 않다면 함께할 수 없습니다![23]

프루동이 《빈곤의 철학(The Philosophy of Poverty)》이라는 제목의 책을 쓰자 마르크스는 《철학의 빈곤(The poverty of Philosophy)》이라는 반박서를 통해 프루동의 저서를 깔아뭉갰다.

마르크스의 비관용적인 행태는 이후에도 결코 사라지지 않았다. 제1차 인터내셔널의 뒤를 이은 것은 온건하고 온화한 '제2차 인터내셔널'이었다. 여기에는 조지 버나드 쇼(George Bernard Show, 1856~1950), 램지 맥도널드(James Ramsay MacDonald, 1866~1937) 그리고 필수드스키(Jósef Klemens Pilsudski, 1867~1935) 같은 유능한 사회주의자들이 참여했다(레닌과 무솔리니뿐만 아니라!). 그리고 다음에는 모스크바의 후원 아래 조직된 악명 높은 '제3차 인터내셔널'이 뒤따랐다. 하지만 위대한 운동들이 남긴 것은 편협성의 지속에 불과했다. 공산주의가 창시자로부터 이어받은 것은 이견에 대한 격분과 반대파를 포용하는 데 대한 절대적인 무능이었다.

만약 마르크스가 긴 망명생활 동안 이뤄낸 것이 혁명적 노동운동뿐이었다면, 오늘날 그가 이토록 중요한 인물로 다가오지는 않을 것이다. 마르크스는 여러 혁명가 가운데 한 명이었을 뿐이고, 또한 그중에서 성공한 축에 드는 이도 아니었다. 그는 기껏해야 여러 사회주의 예언자들 중 한 명이었을 뿐이고, 사실 새로운 사회가 어떤 것인가에 대해서는 거의 아무것도 남기지 않았다. 그의 결정적 공헌은 다른 데 있었다. 그의 변증법적 유물사관이 그것이고, 더 중요한 것은 바로 자본주의 경제의 전망에 대한 비판적 분석이었다.

우리는 1929년에 채택된 '공산주의 인터내셔널 강령'—《공산당

선언》의 현대판이라 할 수 있다─에서 다음과 같은 문구를 발견할
수 있다.

> 자본주의사회의 발전 법칙에 대한 그리고 급기야 전체 자본주의체
> 제의 파괴를 가져올 그 모순에 대한 마르크스주의의 이론은 자본주
> 의의 역사를 통해 완전히 입증되었다.[24]

그렇다면 그 법칙이란 무엇이었는가? 자신이 알고 있던 체제에
대한 마르크스의 예측은 무엇이었는가?

자본주의경제에 관한 상반된 전망

그 대답은 마르크스의 방대한 저작 《자본론》에 담겨 있다. 병적일
정도로 꼼꼼한 마르크스가 이 책의 집필을 끝냈다는 것은 놀랄 만한
일이다. 아니 어떤 점에서 이 책은 결코 완성되지 못했다. 이 책을 내
는 데에만 18년이 걸렸다. 1851년에는 5주 안에 끝내겠다고 했고,
1859년에는 6주 안에 완성된다고 했으며, 1865년에는 '마무리됐다'
고 했다. 마무리됐다고는 하지만 사실상 읽기 힘든 원고 한 무더기였
기 때문에 제1권을 편집하는 데만 2년이 걸렸다. 마르크스가 죽은
1883년에도 세 권은 아직 미출간 상태였다. 1885년에 엥겔스가 2권
을, 1894년에 3권을 냈다. 마지막 권(4권)은 1910년에야 세상에 모습
을 드러냈다.

2500쪽에 이르는 이 방대한 분량의 책을 읽으려면 누구나 노고를
감수할 용기가 필요하다. 정말 엄청난 분량이다! 어떤 장은 사소한
기술적 문제를 다루며 번잡한 수학으로 사람들을 피곤하게 한다. 반
면 어떤 장에서는 열정과 분노가 용솟음친다. 이 책의 저자는 모든

경제학 관련 저서를 다 섭렵한 경제학자이자 장황한 설명을 늘어놓는 독일의 현학자였다. 또한 그는 자본이 '노동의 살아 있는 피를 찾는 흡혈귀의 갈증'[25]을 지니고 있다고 쓸 줄 알고, 자본이 '머리에서 발끝까지 땀구멍이라는 땀구멍마다 피와 오물을 뚝뚝 흘리며'[26] 세상에 나왔다고 말하는 격정적인 비판가이기도 했다.

하지만 《자본론》이 사악한 갑부들의 죄에 대해 욕설을 늘어놓는 목청 높은 책에 불과하다고 섣불리 단정해서는 안 된다. 비록 저자의 이론적 반대자들에 대해 불편한 감정을 드러내는 언급이 가득하기는 하지만 이 책의 위대한 성취는 참으로 흥미롭게도 모든 도덕적 고려를 철저히 배제했다는 데 있다. 이 책의 서술은 격정적이지만 그 분석은 차가운 논리에 기반을 두고 있다. 왜냐하면 마르크스가 노린 목적은 자본주의체제의 내재적 경향들, 그 내적 운동의 법칙들을 발견하는 것이었기 때문이다. 그는 자본주의의 명백한 결점을 폭로하는 안이하고 설득력 없는 방식을 피했다. 대신 그는 가장 엄격한, 상상할 수 있는 한 가장 순수한 자본주의를 상정했다. 그리고 이 순화된 추상적 체계 안에서, 현실생활의 모든 명백한 결점들이 제거된 이 상상적 자본주의를 통해 자신의 사냥감을 좇았다. 가능한 모든 자본주의 가운데 최선의 것조차 재앙을 예고하는 것임을 증명할 수 있다면 현실의 자본주의가 동일한 길을 단지 좀더 빠른 속도로 밟으리라는 것을 보여주기란 너무도 쉬운 일일 것이기 때문이다.

그래서 그는 무대를 세운다. 이제 우리는 순수 자본주의의 세계로 진입한다. 여기에는 독점도 없고, 노동조합도 없으며, 어느 누구를 위한 어떠한 특권도 없다. 이 세계에서는 모든 상품이 정확히 그 적정 가격대로 팔린다. 그리고 그 적정 가격이란 바로 해당 상품의 **가치**이다. 이것은 좀 오묘한 말이다. 마르크스는 (본질적으로 리카도의 주장을 이어서) 상품의 가치란 그것에 내장된 노동의 총량이라고 주장하기 때문이다. 모자를 만드는 데 신발을 만드는 것보다 두 배의 노동이 든다면 모자는 신발의 두 배 가격으로 팔린다. 물론 여기서 말하는 노동이 직접적인 육체노동에 한정될 필요는 없다. 어쩌면 다수의 상품에 펼쳐진 간접 노동일 수도 있다. 혹은 일단 기계를 만드는 데 투입된 뒤 이제는 그 기계의 생산물에 점차 전이되는 노동일 수도 있다. 하지만 그 형태가 무엇이든 상관없이 만물은 결국 노동으로 환원될 수 있다. 그리고 이 순수 체계 내에서 모든 상품은 직접적으로든 간접적으로든 그것이 내포하고 있는 노동의 총량에 따라 가격이 결정된다.

이 세계에는 자본주의라는 연극의 두 주연배우가 출연한다. 노동자와 자본가 말이다. 지주는 이제 사회 내의 부차적 지위만을 점할 뿐이다. 여기서 말하는 노동자와 자본가는 우리가 유사한 경제체제의 초창기에 이미 보았던 노동자 자본가와 완전히 일치하지는 않는다. 노동자는 더 이상 아이를 더 많이 가지려는 충동에 사로잡힌 노예가 아니다. 그는 자신이 가진 유일한 상품, 즉 노동력을 처분하기 위해 시장에 진입한 자유계약자다. 그는 임금이 상승한다 하더라도 자기파괴적인 왕성한 번식으로 이를 탕진하는 어리석은 짓은 저지르지 않는다.

이러한 무대 위에서 자본가가 노동자와 대면한다. 부에 대한 자본가의 탐욕과 갈망은 추상의 세계를 떠나 1860년 영국의 현실을 보는 듯 통렬히 묘사된다. 하지만 자본가가 단지 탐욕 때문에 돈에 굶주린 것은 아니라는 점을 주목해야 한다. 그는 자신의 동료 기업주들과 끊임없는 경쟁을 벌여야 하는 한 사람의 기업주다. 그는 축적을 위해 분투해야만 한다. 그가 활동하는 경쟁적 환경에서는 자기가 축적하거나 아니면 남의 축적 대상이 되거나 둘 중 하나이기 때문이다.

무대가 만들어졌고 배역도 나누어졌다. 하지만 여기서 첫번째 문제가 등장한다. 마르크스는 묻는다. 이런 상황에서 어떻게 이윤이 존재할 수 있는가? 모든 것이 그 적정 가격대로 팔린다면 불로소득을 얻는 자는 도대체 누구인가? 아무도 감히 경쟁자보다 더 높게 가격을 책정하지는 못한다. 설혹 어떤 판매자가 구매자를 속인다 해도 그 구매자는 경제의 다른 영역에 쓸 돈을 잃는데 그칠 것이다. 즉 누군가의 이윤은 결국 다른 이의 손실이라는 것이다. 만약 모든 것이 정직한 가치 그대로 교환된다면 전체 체계 안에서 이윤은 어떻게 발생하게 되는가?

이것은 역설처럼 보인다. 경쟁의 압력에 굴할 필요가 없는 독점을 상정하거나 자본가가 노동자에게 가치보다 덜 지불한다고 전제한다면 이윤의 발생은 쉽게 설명될 수 있다. 그러나 마르크스는 이런 입장을 취하지 않는다. 그에 따르면 자신의 무덤을 파는 것은 바로 가장 이상적인 자본주의다.

그는 다른 모든 상품들과는 다른 한 상품에서 이 딜레마의 해결책을 찾는다. 그 상품은 노동력이다. 노동자는 자본가와 마찬가지로 자신의 생산물을 그 정확한 값, 곧 가치대로 판매한다. 판매되는 다른 모든 상품처럼 노동력의 가치도 그것에 투입된 노동의 총량이다. 이 경우에는 노동력을 '만드는' 데 투입된 노동의 총량을 말한다. 달리 말하면 노동자가 팔 수 있는 에너지는 노동자의 삶을 유지하는 데 투입된 사회적으로 필요한 노동의 총량에 상응한다. 이런 주장에 스미스와 리카도는 전적으로 동의했을 것이다. 한 노동자의 가치는 곧 그가 생존하는 데 필요한 돈이다. 그것이 그의 생존임금이다.

여기까지는 좋다. 하지만 여기서 이윤을 설명할 열쇠가 등장한다. 근로계약을 체결한 노동자는 적정 임금만을 요구할 수 있다. 우리가 이미 본 것처럼 임금이 얼마나 될지는 한 사람의 생존을 유지하기 위해 투입되는 노동의 총량에 달려 있다. 한 노동자를 유지하는 데 하루 6시간의 사회적 노동이 필요하다면 (노동이 시간당 1달러로 산정될 경우) 그는 하루 6달러만큼의 '값'을 지닌다. 그 이상은 결코 아니다.

하지만 일자리를 얻으려는 노동자는 하루에 6시간만 일하겠다고 근로계약을 맺지는 않는다. 6시간이란 단지 그를 지탱하는 데 필요한 시간을 의미할 따름이다. 오히려 그는 8시간 전일제에, 아니면 마르크스가 살던 시대의 경우 하루 10시간 혹은 11시간의 노동에 동의한다. 이에 따라 그는 꼬박 10시간 혹은 11시간 상당의 가치를 생산할 것이다. 그러고는 단지 6시간의 가치만을 지불받게 된다. 그 임금으로 생계를 충당할 테고 그것이 그의 진정한 '가치'이지만 반면 그는 자신이 하루 온종일 생산한 가치를 자본가의 손아귀에 넘기는 셈이 된다. 이것이 바로 이 체계에서 이윤이 발생하는 과정이다.

마르크스는 이렇게 지불되지 않은 노동의 몫을 '잉여가치'라 불렀다. 이 말에는 어떠한 도덕적 분개도 담겨 있지 않았다. 노동자는 단지 자기 노동력의 **가치**만큼 자격을 지닐 뿐이다. 그는 받을 만큼 다받는다. 반면 자본가는 자기가 고용한 노동자의 하루 노동 전체의 가치를 모조리 차지한다. 이것은 그가 지불한 시간보다 길다. 이에 따라 자본가는 자신의 제품을 진정한 가치대로 팔면서도 이윤을 실현할 수 있는 것이다. 그가 지불해야 하는 노동시간보다 더 긴 노동시간이 그의 제품에 포함되어 있기 때문이다.

어떻게 이런 사태가 발생할 수 있는가? 자본가들이 한 가지를 독점하기 때문에 그렇다. 그것은 바로 생산수단에 대한 접근권이다. 자본가들이 사유재산이라는 합법적 상황 아래 인간 노동에 필수적인 기계와 장비들을 소유하는 한 그들은 일자리도 '소유'하게 된다. 만약 누군가가 자본가가 시키는 만큼 일하는 것을 거부한다면, 그 혹은 그녀는 일자리를 얻지 못한다. 이 체계의 다른 등장인물들과 마찬가지로 노동자는 상품으로서 자신의 가치 이상을 요구할 권리도 힘도 없기 때문이다. 이 체계는 완벽하게 '공평'하다. 하지만 모든 노동자들은 기만당한다. 자신의 생존에 필요한 것보다 더 긴 시간 일하도록 강요받기 때문이다.

이상하게 들리는가? 마르크스가 묘사하는 시대가 하루 노동시간은 길고—때로는 참을 수 없이 길었다—임금은 대체로 생존을 유지할 수준을 넘지 않던 시절이었음을 기억하라. 일부 예외를 제외하면 노동을 착취하는 사업장이 과거의 일이 되어버린 나라에서 잉여가치 개념을 이해하기란 쉽지 않을 수도 있다. 하지만 마르크스가 《자본론》을 저술하던 당시에는 이것이 단순한 이론적 구성물만은 아니었다. 한 가지 사례를 드는 것으로 충분히 이해를 이끌어낼 수 있을 것이다. 1862년 맨체스터의 한 공장에서는 한 달 반 동안 주당 평균 노동시간이 84시간이었다! 그 이전 18개월 동안만 해도 78시간 30분이었던 것이 더 길어진 셈이다.

그러나 이 모든 것은 아직까지 연극의 배경에 불과하다. 이제 주역들도 있고 그들의 동기도 충분하고 '잉여가치'의 발견을 통해 줄거리도 그 실마리를 잡았다. 연극의 상연은 지금부터다.

모든 자본가들은 이윤을 가진다. 하지만 그들은 모두 경쟁을 해야 한다. 따라서 그들은 경쟁자들을 희생시켜 부를 축적하고 생산 규모를 늘리기 위해 노력해야 한다. 하지만 확장은 쉬운 일이 아니다. 이를 위해서는 보다 많은 노동자들이 필요하다. 자본가들은 노동력을 확보하기 위해 경쟁 입찰을 벌여야만 한다. 그러면 임금은 상승하기 마련이다. 역으로 잉여가치는 감소한다. 마르크스의 자본가들도 애덤 스미스와 리카도의 자본가들이 직면했던 딜레마에 다시 빠질 것만 같다. 즉 임금 상승으로 이윤이 잠식되는 것이다.

스미스와 리카도는 이 딜레마에 대한 해결책을, 노동자들이 임금이 상승할 때마다 인구를 늘리는 경향이 있다는 데서 찾았다. 그러나 마르크스는 밀과 마찬가지로 이 가능성을 배제한다. 마르크스는 그런 논리에 동의하지 않았다. 그는 맬서스주의 교리를 '인류에 대한 중상모략'으로 치부해버린다. 무엇보다도 미래의 지배계급이 될 운명인 프롤레타리아트가 고삐 풀린 육체적 욕망 때문에 자신의 성과를 허비할 정도로 근시안적일 수는 없는 법이다. 하지만 마르크스는 스미스나 리카도와 같은 방식으로 자신의 자본가들을 구원한다. 자본가들은 공장에 **노동절약형 기계**를 도입함으로써 임금 상승의 위협에 대처하리라는 것이 그의 주장이었다. 이로 인해 노동력의 일부는 다시 거리로 쫓겨날 것이다. 이들은 산업예비군으로서, 스미스와 리카도의 경우 인구증가가 맡았던 것과 같은 역할을 하게 될 것이다. 결국 임금은 이전의 '가치', 즉 최저 생존 수준으로 다시 떨어질 것이다.

여기서 마르크스는 논의를 확 비튼다. 자본가들은 기계의 도입을 통해 실업을 창출함으로써 임금 상승을 막고 노동시간을 절감한 것처럼 보인다. 그러나 아직 결론을 내리기에는 이르다. 딜레마의 곤경에서 벗어나려는 바로 그 과정이 자본가를 또 다른 곤경에 빠뜨린다.

왜냐하면 자본가가 인간을 기계로 대체할수록 이윤을 낳는 생산수단을 이윤을 낳지 못하는 생산수단으로 교체하는 꼴이 되기 때문이다. 마르크스의 이상적 자본주의 모델에서는 아무도 약삭빠른 흥정만으로 이윤을 얻을 수 없음을 상기하라. 기계가 자본가에게 어느 정도의 값어치를 지니든 자본가는 그만큼의 대가를 지불하지 않을 수 없다. 기계가 마모될 때까지 1만 2000달러 상당의 가치를 창출한다면, 우리의 자본가는 이미 기계를 구입할 때 1만 2000달러를 모두 지불했을 것이다. 자본가가 이윤을 실현할 수 있는 것은 오직 그의 살아 있는 노동, 즉 잉여 노동시간이라는 지불되지 않은 노동시간을 통해서만 가능하다. 따라서 자본가가 노동자의 수나 비율을 줄이는 것은 황금알을 낳는 거위를 죽이는 것과 마찬가지 짓이다.

하지만 불쌍한 우리 친구는 그렇게 하지 않을 수 없다. 그의 행동에는 어떠한 악마적인 구석도 없다. 그는 축적을 계속하고 경쟁자들에게 뒤처지지 않으려는 충동에 순종할 따름이다. 임금이 상승할수록 그는 비용을 낮추고 이윤을 회복하기 위해 노동절약형 기계를 도입해야만 한다. 그렇게 하지 않으면 그의 이웃이 그렇게 할 것이기 때문이다. 하지만 인간을 기계로 대체해야 하기 때문에 이윤을 거둬들일 터전 또한 좁혀야 한다. 이것은 사람들이 기꺼이 자신의 운명을 따르기 때문에 자신도 모르는 사이에 자멸의 길로 함께 걸어 나가는 일종의 그리스 비극이라 할 수 있다.

이제 주사위는 던져졌다. 이윤이 하락할수록 개별 자본가는 공장에 새로운 노동절약형·비용절감형 기계를 도입하려는 노력을 배가할 것이다. 이 행진에서 한 발이라도 앞서가야만 그는 이윤의 실현을 기대할 수 있다. 하지만 모두가 정확히 같은 행위를 하기 때문에 전체 생산에 대한 살아 있는 노동(잉여가치)의 비율은 더욱더 줄어들기만 한다. 이윤율은 떨어지고 또 떨어진다. 그리고 이제는 파멸이 기다리고 있을 뿐이다. 이윤은 생산이 전혀 수익을 내지 못하는 수준까지 하락한다. 기계가 인간을 대체하고 이로 말미암아 실업자 수가 생산 수준을 추월함에 따라 소비가 감소한다. 뒤이어 부도 사태가 벌어진다. 시장에 상품을 투매하려는 이전투구가 벌어지고 그 과정에서 중소기업은 파멸한다. 자본주의에 공황이 닥친다.

공황이 게임의 끝을 의미하는 것은 아니다. 오히려 정반대다. 일자리에서 쫓겨날수록 노동자들은 가치보다 낮은 수준의 임금을 받아들이지 않을 수 없게 된다. 공장의 파산으로 기계가 투매될수록 상대적 우위를 점한 자본가들은 기계를 원래의 가치보다 싼값에 취득할 수 있게 된다. 얼마 뒤에 잉여가치가 회복된다. 이제 다시 전진이다.

결국 공황—현대 용어로는 경기침체 혹은 불황—은 체제의 확장 능력을 갱신하는 데 기여한다. 즉 공황은 체제의 붕괴가 아니라 그것의 **작동** 방식이다.

하지만 이것은 매우 독특한 작동이라 할 수 있다. 갱신 과정은 매번 동일한 종말을 맞는다. 노동력을 확보하기 위한 경쟁, 임금 상승, 노동대체형 기계의 도입, 잉여가치를 생산하는 기반의 축소, 더욱 광기 어린 경쟁, 또 다른 공황(**이전의 공황에 비해 더욱 심각한 공황**). 왜냐하면 공황기마다 매번 대기업이 중소기업을 흡수하고, 결국 산업계의 괴물이 쓰러지게 되면 그 압박이 소규모 기업들의 대응 수준을 압도하기 때문이다.

결국 연극은 끝난다. 마르크스가 그린 이 세계는 온갖 저주의 어조를 띤다.

> 이러한 변천 과정을 통해 모든 이득을 강탈하고 독점하는 거물 자본가의 수가 지속적으로 줄어드는 동시에 대규모의 고난, 억압, 노예 상태, 퇴보, 착취가 증대한다. 하지만 이와 함께 노동계급의 반발도 증가한다. 노동계급은 항상 수가 늘어나며 자본주의 생산 과정이 지닌 기능에 의해 단련되고 통일되며 조직된다. …… 생산수단의 집중과 노동의 사회화는 마침내 자본주의적 외피와 양립할 수 없는 지점에 도달한다. 결국 이 외피는 박살나버리고 만다. 자본주의적 사유재산의 조종이 울린다. 수탈자가 수탈당한다.[27]

이리하여 이 연극은 마르크스가 변증법을 통해 그려낸 장면으로 끝맺는다. 자본주의체제—**순수**체제—는 잉여가치라는 자체의 에너지 원을 짜내다가 붕괴하고 만다. 경제의 비계획적 성격에서 비롯된 지속적인 불안정성으로 인해 붕괴는 가속화된다. 자본주의의 임종을 연장하는 역할을 담당한 힘들이 작동하지만 그럼에도 불구하고 최후의 사투는 불가피하다.

　과거의 견해들과 얼마나 선명히 대조되는 주장인가! 애덤 스미스의 경우 자본주의의 상승세는 인간이 전망할 수 있는 한 계속 지속될 것이었다. 리카도의 경우 그 상승세는 인구의 증가가 한정된 규모의 경지에 가하는 압박에 의해 저지되었다. 이로 인해 진보는 궁지에 빠지고 운 좋은 지주들만 횡재했다. 밀의 경우에는 사회가 '경제 법칙'의 명령과는 상관없이 사회적 가치 판단에 따라 생산물을 분배할 수 있다는 발견 덕분에 훨씬 더 밝은 전망을 제시했다. 그러나 마르크스의 경우에는 밀이 주장하는 것과 같은 구원의 가능성조차 허용되지 않았다. 역사유물론에 따르면 국가는 경제적 지배자들의 정치적 지배기관에 불과하기 때문이다. 마르크스에게는 일종의 심판자 자격을 가진 국가가 서로 갈등하는 구성원들의 요구 사이에서 균형을 맞추는 제3세력으로 작동할 수 있다는 생각은 순전히 소망에 불과한 것으로 보였을 것이다. 자본주의의 내적 논리에서 벗어날 수는 없으며, 체제의 변증법적 발전은 자기 파멸을 낳을 뿐만 아니라 이 과정에서 결국 그 계승자를 낳게 된다.

　마르크스는 그 계승자에 대해서는 별로 언급하지 않았다. 물론 마르크스가 '무계급' 사회라는 단어를 쓴 것은 사실이다. 무계급 사회라 할 때 그 의미는 소유에 기반을 둔, 사회의 경제 분배 토대가 일단 제거되고 모든 재화의 생산수단을 사회가 소유하는 상태를 말한다. 어떻게 사회가 공장을 '소유'할지, '사회'의 의미는 무엇인지, 경영자와 노동자 혹은 정치적 지도자와 기층 대중 사이에 심각한 적대가 나타날 가능성은 없는지 등등에 대해 마르크스는 논의하지 않았다. 단지 '사회주의' 이행기에는 '프롤레타리아트 독재'가 실시될 것이고 그다음에는 '순수한' 공산주의가 도래하리라고만 보았다.

우리가 명심해야 할 것은 현실의 사회주의 설계자는 마르크스가 아니었다는 점이다. 이 만만치 않은 과제는 레닌의 몫이 될 예정이었다. 《자본론》은 자본주의의 부고장이다. 하지만 최후의 심판 다음날 세상이 어떠할 것인지를 보여주는 내용은 마르크스의 저작 어디에도 없다.

우리는 마르크스의 묵시록적 주장을 어떻게 받아들여야 하는가?

물론 일거에 부정해버리는 쉬운 길도 있다. 마르크스의 체계가 가치—노동가치—에 기반하며 자본주의체제의 붕괴를 설명하는 열쇠가 잉여가치라는 특별한 현상에 있다는 것을 기억하라. 하지만 현실 세계는 '가치'가 아니라 눈에 보이는 현실의 가격으로 구성된다. 마르크스는 달러와 센트의 세계가 그가 제시한 추상 세계를 일부라도 비슷하게 반영한다는 것을 입증해야 했다. 하지만 그는 가치의 세계에서 가격의 세계로 전이하며 번잡한 수학 논쟁에 빠져들고 만다. 실제로 그는 오류를 저지른다.

이것은 돌이킬 수 없는 오류는 아니었다. 따라서 보다 복잡한 수학 논쟁을 거쳐 마르크스주의 공식이 '옳다'는 것을 입증하는 것은 불가능한 일이 아니다. 하지만 마르크스의 오류를 지적한 비판가들은 공식을 정정하는 데 별로 관심이 없었다. 마르크스가 '틀렸다'는 이들의 평가는 결정적인 것으로 받아들여졌다. 그래서 마르크스의 공식이 마침내 정당화되었을 때에도 여기에 관심을 기울이는 사람은 없었다. 수학적 정밀성 외에도 마르크스의 모델에는 다른 많은 문제들이 존재했기 때문이다. 독점이 존재하거나 과학기술이 발달한 환경에서도 정말 잉여가치 개념을 적용할 수 있을까? 마르크스는 '노동'을 가치의 척도로 사용할 때의 난제를 과연 극복했는가?

이러한 질문들이 마르크스주의 학자들의 세계를 계속 뒤흔들었다. 그리고 대다수 비마르크스주의 경제학자들로 하여금 마르크스의 체계 전부를 서툴고 경직된 것으로 치부하도록 만들었다. 하지만 이러한 태도는 마르크스의 분석에 담긴 두 가지 범상치 않은 특성을 간과한 것이다.

첫째로, 마르크스의 체계는 결코 또 다른 경제학 '모델'에 그치지 않는다. 마르크스는 문자 그대로 새로운 사회 연구 과제, 즉 **경제학 자체의 비판**을 창안했다. 《자본론》의 상당 부분은 초기 경제학자들이 그들의 연구가 함축하는 현실적 도전을 이해하지 못했음을 보여주는 데 할애되어 있다. 가령 스미스와 리카도를 괴롭혔던 가치의 문제를 보자. 두 사람 모두 서로 다른 상품에 담긴 노동시간의 총량이 어떻게 가격에 반영되는지, 혹은 반영되지 못하는지를 보여주려고 노력했고 다소 차이는 있지만 얼마간 성공하기도 했다.

하지만 마르크스는 진짜 복잡한 문제는 이것이 아니라고 지적했다. 진짜 복잡한 문제는, 사람들의 실제 노동이 각기 다른데도 어떻게 '노동'을 가치의 공통분모라고 말할 수 있는가 하는 점이었다. 리카도는 연어 한 마리를 낚는 데 걸리는 시간과 사슴 한 마리를 잡는 데 드는 시간이 그 물품의 교환 비율, 즉 그 물품의 가격을 확정짓는다고 말했다. 하지만 어떤 사슴도 낚싯대로 낚이지 않으며 어떤 연어도 숲에서 사냥꾼에 의해 잡히지 않는다. 그렇다면 도대체 어떻게 '노동'을 교환 비율을 결정하는 공통분모로 사용할 수 있겠는가?

마르크스는 자본주의사회가 특별한 종류의 노동, 즉 추상적인 노동을 창출한다고 주장했다. 추상적인 노동이란, 자본주의 이전 사회의 특수한 개인적 속성과 동떨어진 노동이며, 밀이나 석탄과 마찬가지로 사고팔 수 있는 노동이다. 따라서 '노동가치 이론'의 진정한 통찰력은 스미스와 리카도가 생각한 것처럼 가격 결정의 원리를 설명한 것이 아니라 **노동력이 상품이 되는 특수한 사회체제를 식별해냈다는** 것에 의의가 있다. 그 사회는 역사적 힘(인클로저 운동 같은)

을 통해, 아무런 자산도 갖고 있지 못한 까닭에 자신의 노동력—순전히 일할 수 있는 능력—을 파는 것 외에는 살아갈 다른 방법이 없는 노동계급을 창조한 사회, 곧 자본주의다.

이처럼 마르크스는 경제학 자체를 완전히 새로운 관점에서 바라보는 일종의 '사회분석'을 창안했다. 이러한 뛰어난 공헌 외에도 마르크스의 자본주의 모델은, 비록 서투른 점이 있기는 하지만 자본주의의 전개를 범상치 않은 방식으로 분석했다는 점에서 여전히 생명력을 지닌 것으로 보인다. 마르크스 이론의 기본 전제—주역, 동기 그리고 배경이 어우러진 무대장치(mise-en-scène)—는 유지되었지만 그것이 제시한 구체적인 상황은 끊임없이 변했다. 우리는 어떤 것들이 변화했는지 알고 있다. 이윤은 어떻게 떨어졌는지, 자본가들은 어떻게 새로운 기계를 추구했는지, 각각의 호황은 어떻게 파국으로 끝나버렸는지, 중소기업들은 위기 때마다 어떻게 대기업에 흡수되었는지 등을 알고 있다. 마르크스는 이러한 경향들을 자본주의 체제의 '운동법칙(laws of motion)'이라 불렀다. 이것이 바로 자본주의가 장차 밟아나갈 길이라는 것이다. 놀라운 것은 이러한 예언 가운데 상당수가 현실로 나타났다는 사실이다.

즉 자본주의 경제에서 이윤은 하락하는 경향이 있다는 것이다. 이것은 마르크스가 처음 한 생각도 아니고, 또 이윤이 떨어지는 것이 꼭 그가 제시한 이유 때문만은 아니다. 하지만 애덤 스미스나 리카도 혹은 밀이 지적한 것처럼—그리고 기업가라면 누구나 선선히 인정하는 것처럼—경쟁과 임금 상승의 압박은 실제로 이윤을 하락시킨다. 엄청난 힘을 가진 독점기업을 제외하면(이들은 극소수다) 이윤은 자본주의의 품질보증서인 동시에 그 아킬레스건이다. 왜냐하면 어떠한 기업도 비용을 훨씬 상회하는 선에서 가격을 **영구히** 유지하기란 불가능하기 때문이다. 이윤을 영원히 보장하는 길은 한 가지뿐이다. 기업 혹은 경제 전체가 계속 성장해야만 한다는 것이다.

그러나 성장의 요구에는 마르크스주의 모델의 두번째 예언이 숨어 있다. 성장은 새로운 기술의 끝없는 추구다. 산업자본주의가 산업혁명에서 비롯되었다는 것은 결코 우연이 아니다. 마르크스가 분명히 밝힌 것처럼 기술 진보란 자본주의의 단순한 부속물이 아니라 지극히 중요한 구성요소이기 때문이다. 기업은 혁신하고, 발명하고, 실험해야만 살아남을 수 있다. 과거의 성취에 안주하는 기업은 이 바닥에서 오래 버틸 수 없다. 최근한 거대 화학기업이 그 수익의 약 4분의3을 불과 10년 전만 해도 전혀 존재하지 않았던 신제품에서 거둬들이고 있다고 발표한 것은 그 전형적인 사례다. 물론 신제품 개발이 왕성한 회사의 예외적인 경우이겠지만 공업적 발명과 수익성 사이에는 일반적으로 불가분의 관계가 있다.

이 모델은 현실에서 입증된 자본주의의 또 다른 세 가지 경향을 보여주었다. 여기서 지난 100년간 공황이 실제로 존재했다거나 거대 기업이 등장했다는 것에 대해 굳이 자세히 이야기할 필요는 없을 것이다. 하지만 우리는 마르크스가 그것을 과감하게 예언했다는 사실은 짚고 넘어가야 한다. 마르크스 시대의 다른 어떤 경제학자도 공황—우리가 **경기순환**이라고 부르곤 하는 것—발생 경향을 자본주의의 내재적 특성으로 인식하지 않았다. 하지만 호황과 불황의 연속에 대한 그의 예언은 이후의 사건들을 통해 분명히 입증되었다.

《자본론》이 출간될 당시 재계에서는 거대 기업이 일반적이기보다는 예외적인 것이었고 여전히 소규모 기업들이 주를 이루고 있었다. 거대 기업이 재계를 지배하게 될 것이라는 주장은 1867년에만 해도 깜짝 놀랄 만한 예언이었다. 마치 오늘날의 미국에서 50년이 지나면 대기업들이 소규모 기업에 자리를 내줄 것이라고 주장하는 것과 마찬가지였다.

마지막으로 마르크스는 소규모 독립 장인들이나 자영업자들이 대량 생산의 압박에 견뎌낼 수 없을 것이며 따라서 더욱더 많은 노동자들이 시장에서 자신의 노동력을 팔게 될 것이라고, 즉 '프롤레타리아'가 될 것이라고 믿었다. 이 예언은 실현되었는가? 19세기 첫 4분기 동안 미국에서는 약 4분의 3의 노동력이 농장이나 소규모 작업장에서 자영업자로 일했다. 오늘날에는 노동력의 10퍼센트만이 자영업자이다. 사무실 노동자나 버스 운전사나 은행 출납계원을 프롤레타리아라고 생각하지 않을 수도 있지만, 마르크스의 문맥에서는 이들 모두가 자본가에게 자신의 노동력을 팔아야 하는 노동자들이다. 스스로 생산수단을 소유하고 있는 농부나 구두수선공과는 다르다.

마르크스의 모델은 대체로 놀라운 예언 능력을 보여주었다. 하지만 이것을 명심하라. 이 모든 변화는 거대하고 불길한 것이었지만 순전히 마르크스가 바라본 세계가 옳았는지 틀렸는지를 확인하는 것만으로 모든 것을 다 설명할 수는 없으리라는 점을. 왜냐하면 그의 비전에는 어떠한 대표적 인물도, 즉 어떠한 현명한 노동운동 지도자도 어떠한 미래 혁명의 영웅도 등장하지 않기 때문이다. 물론 중심 배역은 있다. 무엇보다도 자기파괴적인 자본가가 있고 궁극적으로 승리를 쟁취할 노동자가 있다. 하지만 이 둘은 결국 한쪽에는 패배를, 다른 한쪽에는 승리를 안겨주는 연극 속의 허수아비에 불과하다. 마르크스의 시나리오에서 대표적 '인물'은 사람이 아니라 과정이다. 그의 비전에서 핵심은 사물의 변증법적 힘이다.

물론 그것은 정확하지 않았다. 마르크스는 이윤이 경기순환 **내에서** 하락하기도 하지만 아주 장기적인 하락 추세를 보이기도 할 것이라고 생각했다. 이 예언은 실현되지 않은 것 같다. 하지만 그 모든 단점—다음에서 보게 될 것처럼 무오류성과는 거리가 먼—에도 불구하고 자본주의의 작동에 대한 마르크스주의의 모델은 놀라울 정도로 예언적이었다.

그러나 마르크스가 이제까지 예언한 바는 어쨌든 매우 무해한 것이었다. 이제 이 모델의 마지막 예언이 우리를 기다린다. 독자들도 기억하겠지만 마르크스의 '순수 자본주의'는 결국 **붕괴했다.**

이 예언도 결코 가볍게 무시되어서는 안 된다는 것을 우선 말해두자. 러시아와 동유럽에서 자본주의는 사회주의로 대체되었다. 독일과 이탈리아는 파시즘으로 흘렀다. 그리고 전쟁, 잔혹한 정치권력, 급박한 운명 그리고 혁명가들의 결의에 찬 노력이 모두 일정한 역할을 하기는 했지만 어쨌든 엄연한 진실은 이 변화가 대부분 마르크스가 내다본 바로 그 이유, 즉 자본주의의 붕괴에 의해 발생했다는 것이다.

이 붕괴의 원인은 무엇이었는가? 부분적으로는 마르크스가 이야기한 불안정성이 증대된 탓이다. 거듭될 때마다 더욱 악화되기만 한 공황은 전쟁이라는 전염병과 서로 결합되었고 체제 내 중·하층계급의 신뢰를 앗아갔다. 하지만 이것이 대답의 전부는 아니다. 유럽 자본주의가 실패한 이유는 경제적이기보다는 **사회적**인 것이었다. 그런데 마르크스는 이것도 이미 예견했다!

왜냐하면 마르크스는 체제의 경제적 난관이 극복 불가능한 것이라고 보지는 않았기 때문이다. 마르크스 당대에는 반독점 입법이나 경기조절 정책이 존재하지 않았지만 그래도 아예 상상 불가능한 것은 아니었다. 마르크스 이론에 있어서는 **물리적** 차원에서 불가피한 것이란 없었다. 자본주의의 쇠퇴에 대한 마르크스주의의 예언은 정부가 체제의 문제점을 시정할 수 없다는 자본주의의 **정치적** 무능을 근거로 했다. 이것은 이념적 차원, 더 나아가 정서적 차원의 무능이기도 했다. 자본주의의 실패를 치유하려면 정부는 한 계급의 이해를 초월해야 한다. 이것은 사람들이 자신의 직접적인 경제적 이해라는 족쇄를 자발적으로 풀어헤칠 수 있다고 전제하는 것과 마찬가지였다.

유럽 자본주의를 약화시킨 것은 바로 이러한 사회적 유연성의 결여, 다시 말해 자기 이득에 속박된 근시안적 태도였다. 적어도 제2차 세계대전 전까지는 말이다. 마르크스의 저작을 읽어본 이라면 누구나 그토록 많은 나라가 마르크스가 파멸로 향한다고 주장한 바로 그 길을 마치 비장한 결심이라도 한 듯이 완강히 고집한 것을 보고 충격을 받았을 것이다. 이들 나라의 정부는 마르크스가 예언한 바를 고집스럽게 실행했다. 그의 예언을 무의식적으로 입증하기라도 하려는 것 같았다. 차르 치하의 러시아에서 모든 민주적 노동조합의 활동이 무자비하게 짓밟히고 영국과 독일에서는 독점기업과 카르텔이 공식적인 격려의 대상이 될 때 마르크스의 변증법은 불길하기는 하지만 참으로 선견지명을 보여주는 듯했다. 19세기 후반과 20세기 초반 내내 사람들은 부자와 빈자 사이의 엄청난 간극을 확인하고 빈자에 대한 부자의 전반적인 무관심을 눈으로 보면서 마르크스가 자신의 역사극에 출연시킨 심리학적 전형들이 현실에 딱 들어맞는다는 불길한 느낌을 어찌할 수 없었다.

이 무렵 미국에서는 상황이 다르게 전개되었다. 미국에도 반동파와 혁명파는 존재했다. 미국의 경제사에도 착취와 추악함이 넘쳐났다. 하지만 미국의 자본주의는 귀족 혈통이라는 죽은 손이나 해묵은 계급의식의 손길이 미치지 않은 땅에서 발전했다. 바로 이런 점 때문에 미국의 사회 분위기는 유럽보다 어느 정도 혹독했다. 미국인들이 대규모 산업화라는 환경에 개인성이 아무 희망도 없이 압도되어버린 뒤에도 계속 '조야한 개인주의'의 신념에 집착한 반면 유럽에서는 명확히 구분된 계급과 동시에 전통적인 노블리스 오블리주가 존재했던 것이다. 하지만 바로 이러한 미국적 환경에서 공적인 권력뿐만 아니라 사적인 권력을 다루는 일종의 실용주의가 등장했다. 그리고 수많

은 다른 나라를 침몰하게 한 암초를 안전하게 빠져나가도록 이끌어
준, 민주주의의 이상에 대한 일반적인 동의가 나타났다.

마르크스의 분석에 대한 답은 바로 이러한 변화의 가능성에 있다.
실제로 자본주의의 역사, 특히 최근 몇 십 년을 검토할수록 우리는
마르크스 사상의 통찰력에 대한 존경과 동시에 그 한계를 더욱 깊이
인식하게 된다. 그가 자본주의에서 발견한 문제들은 우리 시대에도
여전히 존재한다. 무엇보다 경제적 불안정이라든지 부와 권력의 집
중 등이 그러하다. 하지만 이러한 문제들에 대한 각 나라의 대응에는
커다란 차이가 있다. 예를 들어 유럽의 많은 나라들은 미국보다 훨씬
높은 실업률에도 불구하고 무상보통교육(대학을 포함), 무상의료, 연
금 혜택 그리고 실업 구제 등을 제공하여 미국인들을 부끄럽게 만든
다. 그결과, 미국 국민의 빈곤층 비율은 유럽의 나라들보다 서너 배
나높다![28]

마르크스의 강력한 비전과 거기에서 비롯된 분석을 평가함에 있
어서 요점은 그가 사회정치적 문화의 역할을 참작하지 못했다는 것
이다. 이 요소에 대해 그는 거의 언급하지 않는다. 자본주의 제도를
취하는 모든 나라에는 자본의 특권, 시장의 중심성, 사적 부문과 공
적 부문이 맡는 역할 등에 대해서 관점과 가치의 스펙트럼이 존재한
다. 이러한 결정적 신념들을 통합하는 것이 사회정치적 문화의 역할
이다. 마르크스의 비전을 계승하려면 바로 이러한 제도, 행위, 태도
들의 스펙트럼을 탐구해야 한다.

하지만 파멸의 필연성에 대한 과장을 논외로 한다면 마르크스주
의의 분석은 결코 간과될 수 없는 것이다. 이것은 여전히 자본주의
체제가 겪은 것 중 가장 심각하고 날카로운 시험으로 남아 있다. 이
것은 이윤 동기의 사악함에 대해 머리를 내두르고 혀를 차는 식의 도
덕적 차원의 시험이 아니었다. 이런 종류의 비판은 마르크스주의 혁

명가들의 것이지 마르크스주의 경제학자들에게 해당되는 것은 아니다. 그 모든 열정에도 불구하고 이것은 자본주의에 대한 참으로 냉정한 평가다. 마르크스의 우울한 발견들이 여전히 현실적인 적합성을 갖는 이유도 여기에 있다.

마지막으로 우리는 마르크스가 단지 한 명의 뛰어난 경제학자만은 아니었다는 것을 기억해야 한다. 마르크스의 장례식 때 엥겔스는 이렇게 추도했다.

"다윈이 자연의 유기체에서 진화의 법칙을 발견한 것처럼 마르크스는 인류 역사에서 진화의 법칙을 발견했다."[29]

이것은 좀 과도한 주장일지 모른다. 하지만 엥겔스가, 사회계급이 서로 우위를 다투는 투쟁의 장으로서 역사 과정을 이해하는 마르크스의 사상이 얼마나 특별한 중요성을 가지는지 강조한 것은 그릇된 것이 아니었다. 마치 프로이드가 인격의 장막을 뚫고 우리 내면의 심리적 과정을 꿰뚫어보라고 가르친 것처럼, 혹은 플라톤이 검증되지 않은 사상들의 장막을 걷고 철학적 문제들을 꿰뚫어보라고 가르친 것처럼, 마르크스는 역사를 단순히 쳐다보지만 말고 꿰뚫어보라고 가르쳤다.

이것이 바로 마르크스의 이름이 프로이드나 플라톤의 이름과 마찬가지로 오늘날에도 의의를 지니는 이유다. 마르크스는 그를 향해 바쳐진 모든 우상숭배에도 불구하고 분명 무오류성과는 거리가 멀다. 그는 피할 수 없는 어떤 존재라고 하는 것이 더 적절하겠다. 즉 자신이 발견한 사회사상의 대륙에 지울 수 없는 발자취를 남긴 위대한 탐험가인 것이다. 마르크스의 발견에 동의하든 하지 않든, 이 대륙을 더 깊숙이 탐험하길 원하는 사람은 누구나 인류를 위해 처음으로 팻말을 꽂은 그 사람에게 존경을 표해야 마땅할 것이다.

chapter 7

빅토리아시대와 경제학의 지하세계

▶프랜시스 이시드로 에지워스

Francis Ysidro Edgeworth, 1845 ~ 1926

경제학자이자 통계학자. 방대한 수학적 지식과 간결한 문체
로 경제현상을 규명하고, 에지워스식 물가지수를 고안했다.

▼프레데릭 바스티아

Frédéric Bastiat, 1801 ~ 1850

경제학자이자 저널리스트. 저술활동을 통해 자유무역을 주
창했으며, 애덤 스미스의 경제학을 지지했다.

▲헨리 조지

Henry George, 1839 ~ 1897

경제학자. 토지단일세를 주장한 토지개혁가이기도 하다.

존 앳킨슨 홉슨

John Atkinson Hobson, 1858 ~ 1940

사회경제학자. 제국주의에 대한 비판적 태도로 인해 당대에
이단적 경제학자로 취급되었다.

앨프리드 마셜

Alfred Marshall,
1842 ~ 1924

경제학자. 신고전학파 경제학 창시자
가운데 한 사람이다.

18 48년에 발표한 《공산당 선언》에서 마르크스는 자본주의에 파멸선고를 내렸다. 그는 자본주의체제를 불치병 환자로 진단했으며, 또 비록 정해진 시간은 없지만 이 체제는 임종에 임박해 있어서 다음 친척, 즉 공산주의자들이 권력을 넘겨받을 것을 기대하면서 환자의 마지막 헐떡거림을 듣고 있을 정도라고까지 했다. 1867년에 《자본론》이 출간되기 전부터 이미 자본주의의 죽음의 시계는 돌아가기 시작했다. 투기 열풍이나 산업 불황이 휩쓸고 지나갈 때마다 새 시대에 희망을 품은 사람들은 임종의 침대로 몰려들어 '최후의 혁명(프롤레타리아 혁명—옮긴이)'이 머지않아 도래할 것이라는 이야기를 나눴다.

하지만 자본주의체제는 죽지 않았다. 사실 많은 마르크스주의적 운동 법칙이 일련의 사건에 의해서 입증되었다. 대기업은 더욱 커져갔고 반복적인 불황과 실업은 사회를 병들게 했다. 그러나 이러한 파멸의 징후를 확인시켜주는 것과 함께 매우 중요하면서 동시에 불길하게 표현된 또 다른 마르크스주의적 증상이 나타나지 않은 것은 주목할 만하다. 프롤레타리아 계급의 '증가하는 비참'은 실제로는 일어나지 않았던 것이다.

사실 마르크스가 이 어구를 어떤 의미로 사용했는지에 대해서는 마르크스주의자들 사이에서도 오랜 논쟁의 대상이었다. 만약 그의 주장이 더 많은 노동계급이 프롤레타리아 곧 임금노동자로 전락하는 '비참'을 겪을 것이라는 의미였다면 앞에서 우리가 본 대로 그는 옳았다. 그러나 만일 그들의 육체적인 비참이 악화된다는 뜻이었다면 그는 틀렸다.

　실제로 1886년에 불경기를 조사하기 위해 소집된 왕립위원회는 노동계급의 형편에 대해 특별한 만족을 표시했다. 이것은 계급 옹호자들의 선심 쓰는 척 하는 위선적인 말투만은 아니었다. 노동계급의 형편은 눈에 띌 정도로 현저히 나아졌다. 로버트 기펜(Robert Giffen, 1837~1910) 경은 1880년대의 시점에서 과거의 상황을 회상하며 다음과 같이 썼다.

　　우리가 생각해야 할 것은 50년 전에는 현재 임금의 반 또는 그에 못 미치는 임금을 받았던 노동자들이 심각한 기아를 의미하는 빵값의 변동과 싸워야 했다는 사실이다. 사실 50년 전에는 영국 전역에서 노동자 대중이 주기적인 기아에 시달리고 있었다.[1]

　그러나 그때부터 기펜 경이 글을 쓸 때까지 비록 물가가 오르기는 했지만 임금은 그보다 더 빨리 올랐다. 정말 처음으로, 영국 노동자들은 몸과 정신을 보전할 만큼 충분히 벌고 있었다. 이것은 과거에 대한 유감스러운 평가이지만 미래에 대한 희망적인 전조였다.

　또 임금만 오른 것이 아니라 잉여가치가 생산되는 바로 그 원천이 축소되고 있었다. 노동시간은 훨씬 짧아졌다. 예컨대 재로우조선소와 뉴캐슬화학공장에서는 주당 근무시간이 61시간에서 54시간으로 내려갔으며 심지어 저임금·장시간의 초과착취로 악명 높은 방직공장에서도 근무시간이 57시간으로 줄었다.[2] 사실 공장주인들은 노동자의 임금이 20퍼센트 이상이나 올랐다고 불평하곤 했다. 진보가 돈이 들기는 했지만(진보를 이룩하는 데 값비싼 지불을 하기는 했지만) 눈에 안 띄는 이익도 가져다주었다. 노동자들의 사정이 나아짐에 따라 1848년의 드높았던 불평이 잠잠해졌던 것이다. "고용조건이 좋은 사람들은 남이 시켜도 정치 이야기를 잘 하지 않는다."라고 스태퍼드셔의 한 제조업자는 자기 회사 노동자들의 태도에 대해 증언했다.

마르크스와 엥겔스조차도 이러한 경향을 인정해야만 했다. 엥겔스는 마르크스에게 보내는 편지에서 "영국의 프롤레타리아는 지금 점점 더 부르주아가 되어가고 있다."고 한탄했다. 그리고 "모든 나라 대부분의 부르주아가 가진 궁극적 목표는 부르주아와 나란히 부르주아적 귀족계급과 부르주아적 프롤레타리아를 끌어들이는 것일 것이다."라고 보았다.[3]

마르크스가 파국이 임박했다고 예상한 것은 분명히 너무 조급했다. 물론 그의 신도들은 애초 계획과 어긋나는 사태의 반전을 맞이하여, '필연적(inevitable)'은 여전히 필연적인 것을 의미하고 또한 한두 세대의 문제는 역사의 거대한 진행 속에서는 하찮은 것이라고 이해하고 스스로를 위로했다. 그러나 마르크스주의자가 아닌 관찰자들에게 위대한 빅토리아시대의 호황은 무언가 다른 것을 의미했다. 세계는 점점 더 희망과 약속으로 넘쳐나 보였고 마르크스 같은 반체제 인사의 예언은 단지 불만에 찬 급진주의자의 미친 헛소리로 들렸다. 이에 따라 마르크스가 준비했던 지적 폭탄은 비난의 폭풍을 맞기보다는 거의 완벽하게 묵살당하면서 끝나버렸다. 마르크스는 훨씬 더 비참한 무관심이라는 모욕을 당했다.

철학자나 증권업자 또는 혁명가에 의해 사회가 나아가는 길 전체를 환하게 비추어주는 것 같던 경제학은 더 이상 세계관을 확산시키는 역할을 하지 못하게 되었다. 대신 경제학은 교수들의 특별한 영역이 되었다. 교수들의 연구는 사방을 넓게 비추는 횃불 같았던 초기 경제학자들과 달리 구석구석을 정밀하게 비추는 광선을 제공해주었다.

여기에는 하나의 이유가 있었다. 앞서 살펴보았듯이 빅토리아시대의 영국은 19세기 후반의 진보와 낙관주의라는 안정된 무역풍을 타고 있었다. 진보의 분위기가 퍼져 있었고, 자연스럽게도 이러한 여행의 본질에 대해 언짢은 질문을 던질 만한 이유는 별로 없어 보였다. 빅토리아시대의 호경기는 몇몇 해설자들을 등장시켰는데, 이들은 체제의 작동을 자세하게 조사하고 싶어하기는 했으나 체제의 기본적인 장점에 대한 의심을 드러내거나 그 궁극적 운명에 대해서 귀찮은 예측을 하는 사람들은 아니었다. 새로운 교수진용이 경제사상의 주된 생명을 넘겨받았다. 이들의 공헌은 대개 중요한 것이었지만 결정적인 것은 아니었다. 앨프리드 마셜(Alfred Marshall, 1842~1910), 스탠리 제번스(Stanley Jevons, 1835~1882), 존 베이츠 클라크(John Bates Clark, 1847~1938) 그리고 그들 주변의 늘어가는 교수진의 생각으로는 경제 세계에서 늑대들이란 더 이상 존재하지 않았다. 따라서 경제 이론이 밝혀야 할 결정적으로 중요한 활동 역시 없었다. 세계는 상상해보면 기분 좋은 양들로 가득 채워져 있었다.

경제학의 수학적 원리와 균형

이 양떼는 마르크스가 죽기 바로 2년 전인 1881년에 나온《수학적 심리학(Mathematical Psychics)》이라는 제목이 붙은 소책자에 잘 묘사되어 있다. 이 책은 가장 위대한 아카데미 회원은 아니지만 아마도 그들 중에 가장 뜻이 깊고 특이하며 수줍은 교수였던 프랜시스 이시드로 에지워스(Francis Ysidro Edgeworth, 1845~1926)가 쓴 것으로, 그는 예전에 리카도와 제스처 게임을 한 적이 있는 마리아 에지워스의 조카였다.

에지워스는 의심할 여지없이 명석한 학자였다. 옥스퍼드에서 기말고사를 치르던 중 특히 난해한 질문을 받았을 때 그는 시험관들에게 "간단히 답할까요, 길게 답할까요?"라고 묻고는 장장 반 시간에 걸쳐 설명을 했다. 강조할 부분에서는 중간중간 그리스어를 사용하기도 했는데, 이러한 그의 답에 시험관들은 입을 딱 벌리며 감탄할 따름이었다.[4]

하지만 에지워스가 경제학에 매혹된 것은 경제학이 세계의 정당성을 증명하거나 설명하거나 아니면 저주하기 때문이 아니었으며 미래에 대해 어둡든 밝든 뭔가 새로운 전망을 열어주기 때문도 아니었다. 이 특이한 영혼은 경제학이 **수량**을 다루며 수량을 다루는 어떠한 것도 **수학**으로 해석될 수 있다는 사실에 매료되었다! 경제이론을 수학적 명제로 전환하게 되면 초기 경제학자들의 긴장에 가득 찬 세계를 포기해야 한다. 그 대신에 대단히 산뜻한 정밀함과 사랑스러운 정확성의 세계가 열렸고, 이것은 위에서 말한 손실을 충분히 보상할 만했다.

현실을 수학적으로 반영하기 위해서는 세계가 분명하게 단순화되어야만 했다. 에지워스의 단순화는 '**모든 사람은 쾌락기계(a pleasure machine)다.**'라는 가정을 바탕으로 이루어졌다. 제러미 벤담은 19세기 초에 '행복을 가져오는 미적분학(the Felicific Calculus)'이라는 심심풀이 제목으로 이 개념을 창안했다. 이것은 인간을 수많은 살아 있는 이익-손해 계산기(profit-and-loss calculators)로 보는, 곧 자신의 심리적인 덧셈기계의 즐거움을 극대화하기 위해 삶을 꾸려나가는 존재로 보는 철학적 관점이었다. 에지워스는 '모든 가능한 세계 가운데 가장 낙천적인 '최상의 세계'를 만들어내기 위해서 이러한 일반적인 철학에다 수학의 정확성을 보탰다.

이러한 사회관을 받아들인 사람들 가운데 에지워스는 가장 안 어울리는 선택을 한 것으로 보인다. 우선 그는 사람들이 떠올릴 수 있는 쾌락기계의 모습과는 어울리지 않았다. 그는 노이로제에 걸릴 정도로 수줍어했고, 인간사회의 즐거움에서 벗어나 은둔생활로 도피하려 했으며, 물질적인 문제에서는 불운했다. 그는 대다수 사람들이 소유에서 얻는 기쁨도 거의 누리지 못했다. 그의 방은 세간도 없이 텅 비어 있었고, 그의 서재는 공공도서관이었으며, 그가 가진 물질적 부의 목록에는 도자기류나 문방구 그리고 심지어 우표조차 없었다. 아마도 그의 가장 큰 기쁨의 원천은 사랑스러운 가상의 경제적 '도원경(桃源境, Xanadu)'을 건설하는 데 있었을 것이다.

그의 동기야 어떻든 에지워스의 쾌락기계 가정은 경이적인 지적 열매를 낳았다. 사회에 축적된 쾌락의 몫을 놓고 경쟁하는 인간의 쾌락 메커니즘(pleasure-mechanism)에 대한 연구라고 경제학을 정의할 수 있다면, 완전 경쟁이 일어나는 세계에서 각각의 쾌락기계는 사회가 할당할 수 있는 최대한의 쾌락을 얻으려 할 것이라는 것을 미적분학의 반박할 수 없는 논리로 증명할 수 있었던 것이다.

달리 말하자면 이 세계가 모든 가능한 세계 중에서 아직은 정말 최상의 세계가 아니지만 언젠가는 그렇게 될 수도 있다는 것이다. 불행하게도 세계는 완전 경쟁 게임으로 조직되어 있지 않다. 사람들은 자신의 개인적인 이익을 완고하게 따질 때 유익한 결과가 생긴다는 사실을 무시하고 바보처럼 단결하는 안타까운 버릇이 있다. 예를 들어 직능별 노동조합은 각자가 스스로를 위한다는 원칙과 직접적인 모순관계에 있고, 부와 신분의 불평등이라는 명백한 사실은 이 경쟁을 온전히 공정하지 못하게끔 만들었다.

하지만 염려 말라고 에지워스는 말한다. 자연이 그 문제도 해결해 왔다는 것이다. 노동조합이 단기간에는 단합을 통해 이득을 볼 수 있겠지만 결국에는 그들이 질 것이 분명하다는 것을 입증할 수 있다. 노동조합은 이상적인 체계속에서는 단지 일시적인 불완전함에 불과하기 때문이다. 그리고 높은 출산율과 굉장한 부가 처음에는 경제게임의 결과에 대해 선입관을 갖도록 할지 모르지만 그것 또한 수학적 심리학과 조화될 수 있다. 모든 개인이 쾌락기계이지만 몇몇은 더 나은 쾌락기계이기 때문이다. 예컨대 남성은 여성보다 심리적 예금계좌를 더 잘 관리하고, '노련하고 수완이 좋은 귀족'의 미묘한 감수성은 노동계급의 비천한 쾌락기계들보다 질 높은 삶의 즐거움에 더 잘 감응한다. 따라서 인간 수학의 미적분학은 여전히 이롭게 작동할 수 있다는 것이다. 사실 그것은 현실세계에서 자신이 처한 성별과 신분의 구분을 긍정적으로 정당화시켜주었다.

하지만 수학적 심리학은 보수주의 교의를 합리화하는 것 이상의 일을 해냈다. 에지워스는 실제로 인간 활동에 대한 그의 대수학적 통찰력이 살과 피로 이루어진 세계에 도움이 되는 결과를 내놓을 수도 있다고 믿었다. 그의 분석은 다음과 같은 항들을 포함했다.

$$\frac{d_2y}{dx^2} = \left(\frac{d\pi}{dx}\right)^2\left(\frac{d_2\pi}{dy_2}\right) - 2\frac{d\pi}{dx}\cdot\frac{d\pi}{dy}\left(\frac{d_2\pi}{dxdy}\right) + \ldots$$

에지워스는 이렇게 썼다.

대단히 추상적인 고찰이므로 이것을 실제 정치의 밀물에 던져 넣는 것은 당연하게도 우스꽝스러워 보일 것이다. 하지만 우리가 모든 행위 과정이 시작되는 원천인 감정의 작은 시내와 비밀스런 동기로 거슬러 올라간다면 이러한 연구는 아마 부적절하지는 않을 것이다.[5]

"감정의 작은 시내", 정말! 애덤 스미스는 그의 뻔뻔한 상인, 탐욕스러운 장인 그리고 늘어만가는 노동계급이 섬세한 쾌락기계로 이렇게 변환되는 것에 대해 어떻게 생각했을까? 사실 에지워스의 동기생이며 존 스튜어트 밀의 학생인 헨리 시지윅(Henry Sidgwick, 1838~1900)은 자신이 저녁식사를 하는 것은 거기에서 얻을 기쁨을 합산해보았기 때문이 아니라 배가 고파서라고 화난 어조로 선언했다. 하지만 이의를 제기해보아도 소용없었다. 수학적 심리학의 체계는 너무나 간결하고 매력적이며 골치 아픈 사람들의 비타협적인 태도가 잘 제거되어 있고, 다행히도 인간들의 투쟁과 사회 분쟁에 대한 고려사항으로 더럽혀지지 않았기 때문에 즉시 성공을 거두었다.

이런 식으로 정치경제학을 비인간화하려는 시도는 에지워스가 처음은 아니었다. 마르크스가 살던 동안에도 완전히 수학적인 경제학파가 자라나고 있었다. 독일에서는 요한 하인리히 폰 튀넨(Johann Heinrich von Thünen, 1783~1850)이라는 경제학자가 공식 하나를 제안했는데, 그는 이 공식이 정당한 노임을 산출해낸다고 주장했다.[6]

$$\sqrt{a \cdot p}$$

튀넨은 이 공식을 너무나 마음에 들어해서 그의 묘비에 새겨놓을 정도였는데, 노동자들이 이 공식을 어떻게 생각했는지는 알 수가 없다.

프랑스에서는 레옹 왈라스(Léon Walras, 1834~1910)라는 이름의 저명한 경제학자가 수학을 이용해서 시장에 가장 적합하고 정확한 가격을 얻어낼 수 있음을 증명했다. 물론 이렇게 하기 위해서는 시장에 존재하는 모든 개별적인 경제상품에 대한 방정식이 있어야 하며 그 다음에는 방정식의 수가 수십만에, 아니 사실은 수백만에 달하는 문제를 풀 수 있는 능력이 있어야만 했다. 하지만 이러한 난제들은 신경

쓰지 않아도 되었다. 이론적으로 이 문제는 풀릴 수 있기 때문이다.

맨체스터대학교의 제번스 교수는 정치경제학에 대한 그의 논문에서 생존 투쟁을 "기쁨과 고통의 미적분학(Calculus of Pleasure and Pain)"이라고 간단히 정리했다. 제번스는 "나의 경제학 이론은……순수하게 수학적 성격을 가지고 있다."고 썼으며, 그가 세운 체계의 톱날 같은 정밀함으로 풀어낼 수 없는 경제 현실의 모든 측면은 그의 초점에서 제외시켰다. 더욱 주목할 만한 사실은 (그 일을 위해 살아온 것은 아니지만) 그가 《경제학원론(Principles of Economics)》이라고 불릴 책을 쓰려고 계획했다는 것이다.[7] 정치경제학은 그때 이미 경제학이라고 불렸으며 그 설명들이 교과서가 되고 있었다는 사실은 의미하는 바가 크다.

너무나 많은 부분이 어리석어 보였지만 전부가 그런 것은 아니었다. 경제학은 인간 집단의 행동을 다루는데, 인간 집단은 원자 집단과 같이 통계적 규칙성과 확률 법칙을 보이는 경향이 있다. 따라서 전문가들은 **균형**—자신의 효용을 극대화하려는 모든 개인들의 불규칙적인 충돌의 결과로서 시장이 향하는 상태를 말한다—을 탐구하는 데 눈을 돌렸고 이 균형이라는 개념은 실제로 사회의 몇몇 경향을 설명해주었다. 왈라스의 방정식은 정지상태에 있는 사회체제의 속성을 묘사하는 데 여전히 사용되고 있다.

문제는 '정지상태인' 시스템이 실제 현실 곧 근본적인 현실을 묘사할 수 있느냐 하는 것이었다. 스미스로부터 밀 그리고 마르크스까지 당연히 포함되는 초기의 경제학자들은 본질적으로 팽창되는 사회의 모습을 머릿속에 담고 있었다. 그러한 팽창이 장벽과 맞닥뜨리거나 동력이 떨어지거나 또는 경기침체를 맞이하게 될지도 모르지만 경제계의 중심적인 동력은 역시 성장을 향한 정치적이고 심리적인 추세와 불가분의 관계에 있었다.

그러나 시스템의 가장 흥미롭고 계시적인 측면인 균형상태에 대해 새롭게 집중하게 되면서 성장이라는 기본적 개념이 없어지게 되었다. 갑자기 자본주의는 더 이상 지속적인 긴장상태에 있는 역사적인 사회운반체(vehicle)가 아니라 정태적이고 역사가 없는 조직형태로 이해되었다. 이 체제를 이끄는 추진력 곧 이전의 모든 연구자를 매혹시켜온 추진력은 이제 간과되고 무시되고 잊혀졌다. 새로운 관점은 자본주의경제의 모든 양상을 설명해주었지만 자본주의의 역사적 사명을 조명해주지는 못했다.

경제적 궤변을 공격하는 풍자와 조롱

그리하여 창백한 방정식의 세계에 대한 대항으로서 경제학의 지하세계(underworld of economics)가 번창했다. 이러한 지하세계 곧 괴짜들과 이단자들의 이상한 연옥은 언제나 있어왔는데, 그들의 교리는 모두 존경할 만한 위업을 달성하는 데 실패하곤 했다.

이러한 인물 가운데 한 명이 아무도 못 말리는 버나드 맨더빌이었다. 그는 미덕이 악이고 악이 미덕이라는 재치 있는 논증으로 18세기를 깜짝 놀라게 했다. 그는 죄 많은 부유층의 낭비성 지출은 빈민층에게 일자리를 주지만 고결한 체하는 구두쇠의 인색한 청빈함은 그렇지 못하다고 지적했다. 따라서 사적인 비도덕성은 공공의 복지로 되돌아올 수 있지만 개인적인 고결함은 사회적 짐이 될 수 있다고 보았다. 그가 쓴 《꿀벌의 우화(Fable of the Bees)》가 전하는 야박한 교훈은 18세기가 소화하기에는 너무 지나친 것이었다. 미들섹스 대법원은 그의 책에 공적불법방해(public nuisance)를 선고했고, 애덤 스미스를 비롯한 모든 사람들은 그를 혹평했다.

그러나 초기의 기인들과 돌팔이들이 대개 스미스나 리카도와 같은 억센 연구자들의 의견 때문에 추방되었던 데 반해, 지금의 지하세계는 다른 이유로 신참자들의 주의를 끌었다. 경제학의 공식적인 세계 안에는 인간 행동의 전반을 토론 대상으로 삼으려는 이들을 위해 마련된 어떠한 공간도 없었다. 그리고 빅토리아식 단정함으로 숨막히던 당시 세계에서는 사회에 대한 진단에 도덕적 의문을 표시하거나 급진적인 개혁을 제기하는 듯 보이는 사람들에 대해서는 거의 관용을 보이지 않았다.

이러한 분위기 때문에 지하세계는 새로운 활력을 얻었다. 마르크스는 그의 이론이 불쾌한 것이었기 때문에 지하세계로 갔다. 맬서스는 '전반적 과잉'이라는 그의 생각이 산술적으로 모순이고 또 저축의 이점에 대한 회의가 빅토리아시대의 저축 찬양과 충돌했기 때문에 지하세계로 갔다. 공상적 이상주의자들은 그들이 이야기하는 대상이 터무니없고, 결국 '경제학'이 될 수 없었기 때문에 그곳으로 갔다. 마지막으로 학자들이 강의실에서 확립하고 또 강의실 밖에도 존재한다고 쉽게 믿었던 명쾌한 세계와 자신들의 이론이 일치하지 않았던 모든 이들도 그리로 갔다.

이 지하세계는 그 위에 존재하는 평온한 영역보다는 훨씬 더 흥미로운 장소였다. 이 세계는 놀랄만한 인물들로 가득했으며, 그 안에서는 사상들 사이에 섬뜩하고 요란한 싸움이 싹텄다. 예컨대 경제사상사에서 거의 잊혀졌던 사람이 한 명 있었다. 프레데릭 바스티아 (Frédéric Bastiat, 1801~1850)[8]라는 이름의 이 별난 프랑스인은 1801년에서 1850년까지 생존한 짧은 기간 동안에 그리고 그보다 더욱 짧았던 6년의 집필 기간 동안에, 경제학을 겨냥하여 가장 파괴적인 무기를 던졌다. 그것은 바로 '비웃음'이었다. 이 혼란스러운 세계를 보라고 바스티아는 말한다. 두 나라를 연결하기 위해서 산 밑에 터널을 뚫는 막대한 노력이 들어간다. 그런데 그게 무슨 쓸모가 있을까? 상품의 교환을 쉽게 하기 위해 힘들여 일해놓고는 산의 양편에 세관 경비원들을 세워서 상품이 터널을 지나가기에 가능한 한 불편하게 만들고 있지 않은가!

바스티아는 비합리적인 것들을 지적하는 데 재능이 있었다. 그가 쓴 소책자인 《경제적 궤변(Sophismes économiques)》은 경제학이 출현한 이래 유머에 가장 가까운 경제학 책이다. 예를 들어 파리-마드리드 간 철도 공사가 프랑스 국회에서 논의되고 있었을 때 시미오라는 의원은 보르도에 역을 두어야 한다고 주장했다. 그곳의 기차역은 보르도의 운송업자, 구매 대리인, 호텔 경영자, 선박 주인과 같은 사람들에게 큰 부를 가져다줄 것이고, 이렇게 하여 보르도가 부유해지면 프랑스도 부유하게 될 것이라는 것이 이유였다. 바스티아는 게걸스럽게 이 주장의 결점을 파고들었다. 그는 말했다. 좋다, 하지만 보르도에서만 정차하지는 말자.

> 보르도가 기차역으로 이익을 얻을 권리가 있다면…… 앙굴렘, 푸아티에, 투르, 오를레앙…… 역시 전체의 이익을 위해서 역을 요구해야만 한다.…… 이런 식으로 우리는 연속적인 역들로 구성된 철도를 가지게 될 것이며, 이 철도는 '쓸모없는 철도'라는 이름을 갖게 될지도 모르겠다.[9]

바스티아는 경제학 세계 내의 재주꾼이었지만 그의 개인적 삶은 비극적이었다. 바욘에서 태어난 그는 어린 나이에 고아가 되었으며, 거기에 그치지 않고 불행하게도 폐결핵까지 앓았다. 대학에서 공부를 마친 뒤 사업을 시도했지만 그에게는 상업적인 세부사항들을 처리하는 재능이 전혀 없었다. 농업으로 전환해보았지만 신통치 못한 것은 거기서도 마찬가지였다. 톨스토이의 책에 나오는 악의 없는 백작과 같이, 그가 집안의 재산 운영에 개입하면 할수록 일은 점점 더 꼬여만 갔다. 그는 영웅적 무용(武勇)을 꿈꾸었지만, 그의 군사적 모험은 돈키호테처럼 꼬여버렸다. 1830년 부르봉가가 프랑스에서 추방될 때, 600명의 젊은이를 끌어 모은 바스티아는 희생을 두려워하지 말고 왕당파의 거점을 습격하자고 그들을 부추기고 이끌었다. 불쌍한 바스티아……. 요새는 온순하게 항복하고 잔치에 모두를 초대했을 따름이었다.[10]

마치 그는 실망하도록 운명을 타고난 것 같았다. 어쩔 수 없이 여가시간이 많아진 그는 경제학에 대해 흥미를 갖게 되었고, 그날의 이야깃거리들을 읽고 토론하기 시작했다. 근처의 한 신사가 그에게 생각을 종이에 옮겨보라고 격려했고 바스티아는 자유무역에 대한 기사를 한 편 써서 파리의 신문사에 보냈다. 그의 사상은 독창적이었고 그의 문체는 놀랄 정도로 예리했다. 그 기사는 인쇄되었고 시골의 이 유순한 학자는 하룻밤 사이에 유명해졌다.

바스티아는 파리로 갔다. "그는 파리의 모자쟁이와 재단사에게 도움을 요청할 시간이 없었다. 긴 머리에 작은 모자를 쓰고, 헐렁한 프록코트를 입고, 가족 우산을 들고 있는 그를 본 사람들은 처음으로 수도를 구경하기 위해 상경한 성실한 농부로 오인하기 쉬웠을 것이다."라고 M. 드 몰리나리(M. de Molinari)라는 사람은 당시 상황을 적고 있다.[11]

하지만 이 시골 학자는 예리한 펜을 가지고 있었다. 그는 매일 파리의 신문들을 읽었는데 거기에는 프랑스 하원의원이나 장관들이 기고를 통해 자신들을 위한 정책에 찬성하거나 옹호하며 자신들의 사익을 감추곤 했다. 그러면 그는 파리를 웃음으로 진동시켰던 답변들로 답하곤 했다. 예를 들어서 1840년대에 하원이 프랑스 산업을 지원하기 위해 모든 수입품에 더 높은 관세를 부과하는 법률을 통과시켰을 때 바스티아는 다음과 같은 경제적 풍자의 걸작을 만들어냈다.

양초, 밀랍 초, 등불, 촛대, 가로등, 양초심지 가위, 촛불끄개를 제조하는 회사들과 기름, 동물 유지, 나무진, 알코올 그리고 조명과 연관된 모든 제품 생산자들의 탄원서:

하원의원 여러분께

친애하는 여러분,
…… 우리는 외국 경쟁상대와의 견디기 어려운 경쟁으로 어려움을 겪고 있습니다. 평가하건데, 빛의 생산에 있어서 우리의 것보다 훨씬 우월한 조건에 있기에 경쟁상대는 거짓말같이 저렴한 가격으로 우리 국가 전체 시장을 완전히 그 조명으로 넘치게 하고 있습니다. 이 경쟁상대는……, 바로 태양입니다.
우리가 기도하는 소망은 제발 모든 창문, 천장 채광창, 지붕창, 덧문의 안팎, 커튼, 블라인드, 채광용 둥근 창, 구멍, 빛이 새는 좁은 틈, 갈라진 틈새에 대한 차단을 강제하는 법률을 통과시켜주셨으면 하는 것입니다.
…… 만약 가능한 한 자연광에 대한 모든 접근을 차단하고 인공 광원에 대한 수요를 만든다면 우리 프랑스의 제조회사들 가운데 어느 곳인들 이로 인해 이익을 보게 되지 않겠습니까?
…… 만약 동물 유지를 더 많이 소비한다면, 더 많은 소와 양이 있어야 합니다. …… 만일 기름을 더 많이 소비한다면, 우리는 더 많은 양귀비와 올리브를 재배해야 합니다. …… 나무진을 내는 나무들이 황야를 뒤덮을 것이 틀림없습니다.
선택을 하시되 논리적으로 하십시오. 당신들이 하듯이 가격이 낮을수록 그에 비례해서 철, 옥수수, 외국산 직물이 들어오지 못하게 하는 한, 이미 하루 종일 무료인 태양광을 허용하는 것은 얼마나 일관성이 없는 일입니까![12]

아마도 이보다 더 극적으로 자유무역을 옹호하는 글이 작성된 적은 없을 것이다. 하지만 바스티아의 주장은 보호관세에 대한 반대만이 아니었다. 그는 경제학에 존재하는 모든 형태의 이중적 사고를 비웃었다. 1848년 사회주의자들이 실행 가능성보다는 열정을 더 고려하며 사회구제에 대한 그들의 사상을 제시하기 시작했을 때 바스티아는 그가 구체제(ancien régime)에 대항하여 썼던 똑같은 무기를 그들에게 던졌다. 그는 이렇게 썼다.

모든 사람들은 국가의 비용으로 살고 싶어한다. 하지만 그들은 국가가 모든 사람들이 부담하는 비용으로 유지된다는 사실을 잊어버린다.[13]

하지만 그가 특별히 노린 목표물, 즉 증오했던 '궤변'은 바로 '국익'을 내세운 보호관세의 허세부리는 보호 아래 사적 탐욕을 합리화하는 논리였다. 자유주의 경제학을 가장하여 무역장벽을 옹호하던 허울 좋은 생각을 그가 얼마나 무너뜨리고 싶어했던가! 프랑스 내각이 프랑스 노동자를 '보호'하기 위해서 수입 직물에 부과되는 관세를 인상하는 안을 발의했을 때, 바스티아는 다음과 같은 재미있는 역설로 답했다. 그는 상무부 장관에게 이렇게 썼다.

이러한 취지로 법안을 통과시키십시오. 지금부터는 어느 누구도 무딘 손도끼로 제조되고 맞춘 것을 제외하고는 대들보나 서까래를 사용하지 못하도록 해야 합니다. …… 현재 우리가 도끼질을 100번 하고 있으니까 그때는 300번을 하게 될 겁니다. 우리가 한 시간에 하는 일은 세 시간을 필요로 하게 될 것이고 말이죠. 따라서 노동자에게 얼마나 힘 있는 격려가 되겠습니까! …… 지금부터는 자신을 보호하려고 집에 지붕을 덮으려는 사람들은 누구든지 우리의 이 강제적인 요구를 따라야 합니다. 마치 누구든지 지금 등에 걸칠 옷을 원하면 당신들의 요구에 응해야 하는 것처럼 말입니다.[14]

그의 비판은 정곡을 찌르는 조롱에도 불구하고 거의 현실적 성공을 거두지 못했다. 그는 자유무역운동을 이끄는 지도자들을 만나기 위해 영국으로 갔다가 파리로 돌아와 자유무역협회를 조직했다. 하지만 단지 18개월 동안만 지속되었을 뿐이다. 바스티아는 결코 조직가로서는 능하지 못했다.

그러나 1848년이 바로 임박했고 바스티아는 국민의회 의원에 선출되었다. 그 즈음에 그가 위험하다고 여긴 것은 다른 쪽의 극단적인 주장이었다. 즉 사람들이 체제의 불완전함에 대해 너무 많은 관심을 쏟고 현재의 체제 대신에 맹목적으로 사회주의를 선택하려 한다는 것이었다. 그는《경제적 조화(Economic Harmonies)》라는 책을 쓰기 시작했다. 이 책에서 그는 외견상 일어나는 세계의 혼란은 단지 표면적인 것에 불과하며, 그 아래에는 서로 다른 무수한 이기적 주체들의 힘이 시장에서 더 높은 차원의 사회적 이익으로 전환된다는 것을 설명했다. 하지만 그의 건강은 점점 나빠져갔다. 그는 겨우 숨만 쉴 수 있을 정도의 상태였고 얼굴은 병으로 일그러져서 흙빛을 띠었다. 이사를 간 피사에서 그는 자신의 죽음과 그에 뒤따르는 유감을 전하는 흔한 표현들을 신문에서 읽게 되었다. 예를 들자면 '위대한 경제학자'이며 '저명한 저자'의 서거에 대한 유감이었다. 그는 친구 한 명에게 편지를 썼다.

하느님께 고맙게도 말이지, 난 죽지 않았어. 내가 나를 사랑하는
친구들에게 사무치는 후회가 아니라 나에 대한 부드럽고 애정 어린
그리고 다소 우울한 기억을 남겨주게 되리라는 걸 확신할 수 있다면
말이야, 마지막 숨을 고통 없이 그리고 기쁘게 쉴 것이 틀림없다는
걸 자네에게 확실히 해두고 싶네.[15]

그는 자신의 생이 끝나기 전에 책을 완성시키려고 전력을 다했다.
하지만 이미 너무 늦었다. 1850년에 그는 마지막까지 무언가를 중얼
거리며 숨을 거뒀다고 하는데, 옆에서 들은 신부가 추측하기로는 "진
리여, 진리여……."[16]였다고 한다.

그는 경제학의 별자리에서 아주 작은 별에 속하는 인물이었다. 또
굉장히 보수적이었지만 보수주의자들 사이에서도 영향력이 별로 없
었다. 그의 역할은 그가 살았던 시대의 허세를 따끔하게 찌르는 것이
아니었을까. 하지만 그의 농담과 기지에는 우리를 불안하게 만드는
물음이 깔려 있었다. 체제는 언제나 합리적인가? 공적 행복과 사적
행복이 충돌하는 역설은 존재하는가? 사적 이익의 자동기구가 중요
한 고비마다 사적 이익이 만든 정치구조에 의해 자동기구와는 거리
가 먼 방향으로 악용되는데도 우리는 사적 이익의 자동기구를 신뢰
할 수 있는가?

이러한 것은 천상의 극락세계에서도 정면으로 다루지 못할 질문
들이다. 공식적인 경제학계는 어릿광대가 제기한 역설에 대해 거의
관심을 기울이지 않았다. 그들은 쾌락을 추구하는 세계의 수량적 정
교함을 발전시키기 위해 조용히 항해할 뿐이었고, 바스티아가 제기
한 질문에 대해서는 전혀 대답하지 않았다. 수학적 심리학은 '쓸모없

는 철도'와 '무딘 도끼'의 딜레마를 풀 도구가 전혀 되지 못했다. 에지워스와 더불어 경제학을 '과학'으로 만들려는 입장을 옹호한 위대한 경제학자 스탠리 제번스는 "정치에 있어서는 내가 안개 속에 있다는 것을 고백한다."[17]라고 인정했다. 불행히도, 그만이 그런 처지에 있었던 것은 아니다.

단일 토지중과세로 경제의 근본 치유를

그렇게 지하세계는 번영을 계속했다. 1879년에는 미국인 신참이 한 명 가세했는데, 그는 수염을 길렀으며 상냥하고 대단히 자기확신에 찬 남자였다. 그는 이렇게 말했다.

정치경제학은…… 지금 학교에서 가르치고 있는 모습을 보면 절망적이다. 하지만 이것은 정치경제학이 격하되고 족쇄가 채워져왔기 때문이며, 정치경제학적 진실이 궤도를 이탈했고, 정치경제학에서 나오는 화음이 무시되었기 때문이다. 정치경제학이 발언하려 했던 말에 재갈이 물렸고, 잘못된 일에 대한 정치경제학의 저항이 불의에 대한 지지로 바뀌었기 때문이다.[18]

이것이 전부가 아니었다. 이 이단자는 경제학이 빈곤의 수수께끼에 대한 답이 눈앞에 명백히 놓여 있는데도 그것을 찾는 데 실패했다고 주장했을 뿐만 아니라, 자신의 치료법으로 완전히 새로운 세계가 열릴 것이라고 주장했다. 그의 말을 인용해보자.

말로는 사상을 표현할 수 없구나! 그것은 시인들이 노래하고 저 높이 오른 예언자들이 은유로 말하던 황금시대! …… 그것은 기독교

정신의 정점이며 벽옥으로 된 담장과 진주 문으로 꾸며진 하나님의 도시![19]

이 신참은 바로 헨리 조지(Henry George, 1839~1897)였다.[20] 그는 분명히 지하세계에 속해 있었다. 왜냐하면 참된 이론을 수호하는 은둔 학자들의 눈에는 그의 초기 경력이 진지한 사색을 할 준비가 부족한 것으로 보여졌기 때문이다. 헨리 조지는 살아가면서 안 해본 일이 없었다. 모험가, 금광업자, 육체노동자, 선원, 식자공, 언론인, 정부 관료 그리고 대학 강사에 이르기까지 그는 온갖 직업을 전전했다. 그는 대학 문전에도 가보지 못했다. 열세 살에 학교를 떠난 그는 오스트레일리아와 캘커타 행 586톤 힌두호에 앞돛대지기로 승선했다. 그의 동급생들이 라틴어를 배울 때 그는 애완원숭이를 사기도 하고 사람이 돛에서 떨어지는 것도 보면서 마르고 열정적이며 독립심 강한, 방랑벽이 있는 소년으로 변화했다. 동양에서 돌아온 그는 고향 필라델피아에 있는 인쇄회사에서 일을 하다가 열아홉 살에 다시 길을 떠났는데, 이번에는 황금을 찾을 속셈으로 캘리포니아로 향했다.

떠나기 전에 그는 골상학 차트에 다음과 같이 자신을 평가했다.

이성을 밝히는 정도	....	크다
자식에 대한 애착	....	보통이다
사람들과의 친화성	....	크다
주거성	....	크다
집중력	....	적다

그리고 기타 항목 가운데 '식욕'에는 '최고'를, '소유욕'에는 '적다'를, '자존심'에는 '크다'를, '명랑성'에는 '적다'를 표시했다. 이

것은 어떤 관점에서는 나쁜 평가가 아니었다. 반면 '조심성'에 '크다' 등급을 매긴 것은 납득하기 좀 어려운 면이 있다. 왜냐하면 1858년 샌프란시스코에 도착했을 때 그는 일 년 동안의 계약에도 불구하고 배를 떠나, 황금을 찾아 캐나다의 빅토리아로 떠났기 때문이다. 그는 황금을 찾았다. 그러나 그것은 순도가 낮은 황철광이었다. 그는 깊이 생각한 끝에 결국 바다에서의 삶이야말로 자신이 찾던 인생이라는 결론을 내렸다. 그러나 바다로 가는 대신에— '집중력' 항목에 대한 답은 '적다'였다—샌프란시스코의 한 가게에서 식자공이 되었고, 그 다음에는 정미공장에서 무게를 재는 사람, 그 다음에는 그의 표현으로 '방랑자'가 되었다. 다른 금광 탐험도 소득이 없기는 마찬가지였고, 그는 가난뱅이가 되어 샌프란시스코로 돌아왔다.

그리고 애니 폭스(Annie Fox)를 만난 그는 그녀와 눈이 맞아 도망을 쳤다. 그때 그녀는 열일곱 살의 천진난만한 아이였고, 조지는 빌 코디(Bill Cody) 같은 콧수염에 뾰족한 턱수염을 기른 잘 생긴 젊은이였다. 의심을 몰랐던 순진한 폭스 양은 그녀의 비밀스러운 도주결혼 길에 들기 힘들 정도로 무거운 커다란 보따리를 가져왔다. 젊은 모험가 조지는 그것이 보석일지도 모른다고 생각했지만 《가정에서 보는 시 모음집(Household Book of Poetry)》과 다른 몇 권의 책이 들어 있을 뿐이었다.

그 뒤로 아주 비참한 가난이 이어졌다. 머슴처럼 잡다한 일을 하는 식자공이었던 헨리는 일감을 얻기가 쉽지 않았고 기껏 일을 얻었다 하더라도 급료가 제대로 지불되지 않았다. 애니가 둘째 애를 가졌을 때 조지는 이런 글을 썼다.

나는 길을 따라 걷다가 내게 줄 만한 돈이 있을 것처럼 생긴 첫번째 사람에게서 돈을 얻어내기로 결심했다. 나는 낯선 남자 한 명을 불러 세우고는 5달러가 필요하다고 말했다. 그는 무엇 때문에 그 돈이 필요한지 물었다. 나는 아내가 곧 출산을 앞두고 있는데, 그 아내에게 먹일 양식이 없다고 대답했다. 그는 나에게 돈을 주었다. 만약 그가 그렇게 하지 않았다면 아마 그를 죽였을지도 모를 만큼 나는 절박한 상황에 처해 있었다.[21]

스물여섯이 된 조지는 글을 쓰기 시작했다. 그는 『샌프란시스코타임스(San Francisco Times)』의 식자 일을 힘들게 얻어냈고, 위층에 있는 편집장 노어 브룩스에게 기사 하나를 써서 올려 보냈다. 브룩스는 이 젊은이가 어딘가에서 내용을 베꼈을 것이라고 추측했지만 며칠 동안 그와 비슷한 어떤 기사도 다른 신문에 실리지 않자 그 글을 신문에 실었고, 조지를 찾기 위해 아래층으로 내려갔다. 거기서 브룩스는 마르고 키가 작은 젊은이가 식자기에 닿으려고 발판 위에 올라가 있는 것을 보았다. 조지는 바로 기자가 되었다.

몇 년 지나지 않아 조지는 『샌프란시스코타임스』를 그만두고 개혁적 신문인 『샌프란시스코포스트(San Francisco Post)』로 옮겼다. 그는 중국인 쿨리(육체노동에 종사하는 하층 중국인 또는 인도인 노동자—옮긴이)와 그들의 노역계약서, 철도회사들의 토지 횡령 그리고 지역 과점 기업들의 음모 등 일상적인 흥밋거리 이상의 문제에 대해 글을 쓰기 시작했다. 또한 프랑스에 있던 존 스튜어트 밀에게 이민에 대한 긴 편지를 써서 그로부터 길고 긍정적인 답장을 받는 영예를 누리기도 했다. 새롭게 발견한 정치적 관심사 외에 짬짬이 최고의 저널리즘 전통에 포함되는 모험적인 일을 할 기회도 놓치지 않았다. 선라이즈호가 입항했을 때 선장과 항해사가 선원들을 혹사시킨 나머지 두 명이 배 바깥으로 뛰어내려 죽었다는 이야기가 쉬쉬하면서 돌았고, 조지와 『샌프란시스코포스트』는 사건을 파헤쳐서 그 배의 간부 선원들을 재판에 회부시켰다.

신문은 잘 팔렸지만 헨리 조지는 정치적 한직인 가스계량기 검진 기사가 되기를 자청했다. 그가 한가한 생활을 원했기 때문에서가 아니었다. 오히려 그는 위대한 경제학자들의 글을 읽기 시작했고 이제 그의 주 관심사가 확실히 형성되고 있었다. 이미 그는 그 지역에서는 권위자였다. 그는 공부하고, 글을 쓰고, 노동계급에게 위대한 밀의 사상을 강연할 시간이 필요했다.

캘리포니아주립대학교가 정치경제학 교수직을 만들었을 때 많은 사람들이 조지야말로 그 자리에 걸맞은 강력한 후보라고 생각했다. 하지만 능력을 입증하기 위해서 그는 교수진과 학생들 앞에서 강의를 해야 했고, 경솔하게도 다음과 같이 자신의 감정을 드러내고 말았다.

"노동계급이 자신들의 임금을 올리기 위해 하는 모든 노력을 저지하기 위하여 사람들은 정치경제학이라는 이름을 끊임없이 언급해왔습니다." 그러고는 이렇게 덧붙여 충격을 가중시켰다. "정치경제학을 연구하는 데는 특별한 지식도, 대규모의 도서관도, 값비싼 연구실도 필요하지 않습니다. 스스로 생각할 것이라면 교과서나 교사조차 필요 없습니다."[22]

이것이 그의 학계 경력의 시작이자 끝이었다. 더 적당한 후보가 그 자리에 들어왔고 그는 정치 팸플릿을 집필하고 연구하는 생활로 돌아왔다. 그리고 그 뒤에 갑자기 "한낮의 시내 거리에서 나에게 어떤 사상 또는 어떤 환상 아니면 어떤 소명—뭐라고 해도 좋다—이 떠올랐다. …… 그것이 내게 《진보와 빈곤(Progress and Poverty)》을 집필하도록 만들었으며, 그때가 아니면 실패할 거라며 기운을 북돋워주었다. 죽은 듯이 고요한 한밤중에 책의 마지막 쪽을 끝냈을 때 나는 홀로 있었다. 나는 무릎을 꿇고 아이처럼 눈물을 흘렸다."[23]고 그는 나중에 회고했다.

짐작한 바와 같이 그 책은 가슴으로 쓴 것이었고 저항과 희망 섞인 외침이 담겨 있었다. 그리고 역시 짐작한 것처럼 열정은 넘쳐났지만 전문가다운 용의주도함이 너무 모자란 것이 그 책의 흠이었다. 하지만 당시의 따분한 교과서들과는 확연하게 달랐다. 당연히 정통 경제학자들은 다음과 같은 문체로 표현된 주장을 심각하게 고려하지 않았다.

이제…… 완고한 사업가가 한 명 있다고 하자. 그는 이론은 모르지만 어떻게 돈을 버는지는 아는 사람이다. 그에게 이렇게 말해보자.

"여기에 작은 마을이 하나 있는데, 십 년 뒤에 큰 도시가 될 것입니다. 십 년 뒤에는 철도가 역마차를 대신하고 전등은 양초를 대신하겠죠. 도시는 유효 노동력을 급격히 증대시킬 모든 종류의 기계와 설비들로 넘쳐날 것입니다. 그러면 십 년 뒤에는 금리가 더 높아질까요?"

그는 "아니오!"라고 말할 것이다.

"일반 노동자의 임금이 올라갈까요?"

그는 다시 말할 것이다.

"아닙니다. 일반 노동자의 임금은 전혀 오르지 않을 것입니다."

"그러면 도대체 무엇이 올라갈까요?"

"지대, 즉 땅의 가치입니다. 가서 땅을 조금 사두도록 하세요."

그리고 만약 이러한 상황에서 그의 조언을 듣는다면 아무것도 할 필요가 없어진다. 아마도 앉아서 파이프 담배나 피우면 될 것이다. 나폴리의 거지들이나 멕시코의 나병환자들처럼 아무 데나 누울 수도 있다. 기구를 타고 하늘로 올라가든지 땅에 구멍을 파고 내려갈 수도 있다. 일을 전혀 하지 않고 공동체에 조금의 부도 더하지 않아도, 10년 내에 당신은 부자가 될 것이다! 당신은 신도시에 호화 맨션을 가

지게 될 것이지만 공공빌딩 사이에는 빈민구제소가 생길 것이다.[24]

감정적인 그의 주장 전체를 뜯어볼 필요는 없다. 요점은 문맥 속에 담겨 있다. 헨리 조지는 부자들의 소득이 공동체에서 행한 봉사에서 나온 것이 아니라 단지 유리한 위치의 토지를 소유한 행운 덕분이라는 사실에 격분했다.

물론 리카도는 그보다 훨씬 먼저 이 사실을 알고 있었다. 하지만 기껏해야 성장하는 사회가 토지 소유자들을 부유하게 만드는 경향이 자본가를 불리하게 한다는 의견을 말했을 뿐이다. 헨리 조지에게 이것은 실마리에 불과했다. 지대의 불공평함은 자본가의 정직한 이윤을 털어갔을 뿐만 아니라 노동자의 어깨 역시 무겁게 했다. 폐해는 더 있었다. 그것은 조지가 산업의 '발작'이라고 부르는 현상의 원인이었으며, 때때로 사회를 그 뿌리까지 흔들었다.

그의 주장은 아주 정확히 표현되지는 않았지만 주로 지대가 원래부터 일종의 사회적 착취의 형태를 띠기 때문에 노동자와 기업가의 희생으로 지주들에게 생산물을 불공평하게 많이 분배하게 된다는 사실에 근거를 두고 있었다. 그리고 발작에 대해 말하자면, 조지는 지대 때문에 토지가치가 엄청난 투기가격으로 상승할 것이 틀림없으며 (사실 서부 해안지역에서 실제로 일어났던 일이다), 결국에는 다른 상품의 가격구조도 무너뜨리는 폭락으로 귀결될 것이라고 확신했다.

빈곤과 진보의 근본적인 장애에 대한 진정한 원인을 발견했으므로 치유법을 제안하는 것은 간단했다. 바로 단일한 토지중과세였다. 이것은 토지에 대해 부과되는 것이며, 모든 지대를 흡수할 세금이었다. 이렇게 사회에서 암세포가 제거되면 천년왕국은 올 수 있다는 것이 조지의 생각이었다. 단일하게 세금이 부과되면 다른 모든 종류의 세금은 필요 없게 될 뿐만 아니라, 지대를 폐지함으로써 "임금을 올려주고, 자본의 소득을 증대시키고, 빈민층을 없애고, 가난을 일소시키며, 누구나 원하는 사람에게는 좋은 대우의 일자리를 주고, 인간의 능력을 펼 자유로운 공간을 제공하고, 정부의 부정부패를 없애며, 또한 문명을 보다 고귀하게 격상시킬 것이다".[25] 이것이야말로 병폐를 치유할 궁극적인 만병통치약이 될 것이다.

평가하자면 이것은 쉽게 파악하기 어려운 논제다. 그것이 소박한 주제인 것은 사실이다. 지대를 죄와 동일시하는 생각은 조지처럼 구세주적 이상주의를 가진 사람이나 할 수 있는 것이었다. 같은 식으로, 산업의 침체를 부동산 투기 탓으로 돌린 것은 팽창하고 있는 경제의 극히 일부분을 현실에 비해 지나치게 확대 해석한 것이다. 부동산 투기는 골칫거리였지만, 토지가격이 폭등하지 않은 나라에서도 심한 경기침체 현상은 나타났다.

따라서 여기서 머뭇거릴 필요는 없다. 그러나 이 책의 핵심에 이르면 우리는 잠시 멈춰야 한다. 조지의 기계적인 분석이 피상적이고 오류를 포함하고 있기는 하지만 사회에 대한 그의 근본적 비판은 도덕적 비판이지 기계적인 비판은 아니기 때문이다. 헨리 조지는 묻는다. 왜 지대가 존재해야 하는가? 왜 어떤 사람은 공동체에 아무런 봉사도 하지 않으면서 소유하고 있다는 사실만으로 이익을 봐야 하는가? 우리는 자본가의 이윤을 그가 가진 선견지명과 독창성에 대한 대가라고 설명함으로써 자본가에 대한 보상을 정당화한다. 하지만 두 세대 후에 사회가 초고층 빌딩을 짓기에 알맞은 곳에 목초지를 소유하고 있던 할아버지를 둔 사람의 선견지명은 어디에서 찾을 것인가?

이 질문은 도발적이다. 하지만 지대제도를 폐기하는 것은 그리 쉽지만은 않은 일이다. 지주들만이 사회 성장의 유일한 수동적 수혜자가 아니기 때문이다. 성장하는 회사의 주주, 기술적 발전으로 인해 생산성이 향상된 노동자, 국가가 번성함에 따라 실질소득이 올라간

소비자, 이 모든 사람들이 사회 발전의 수혜자들이다. 좋은 위치에 땅을 가진 사람에게 돌아가는 불로소득은 다른 여러 형태로 우리 모두도 누리게 된다. 지대뿐만이 아니라 모든 불로소득이 문제가 된다. 불로소득은 확실히 심각한 문제이기는 하지만 토지 소유만을 가지고는 이 문제를 적절히 다룰 수가 없다.

게다가 지대문제는 조지가 보았던 것처럼 그리 심각한 것도 아니다. 지대의 일부는 작지만 꾸준하게 농부, 자기 집 소유자, 보통의 시민들에게 흘러들어가고 있다. 게다가 지대 소득이 독점적인 지역 곧 대도시의 부동산 거래에서도 변하기 쉽고 유동적인 시장이 작동하고 있다. 지대는 고대의 봉건적 형태로 고정되어 있지 않고, 땅이 사고 팔리고 토지가격이 평가되고 재평가됨에 따라 끊임없이 이 사람에게서 저 사람에게로 양도되고 있다. 이것은 미국의 지대 소득이 1929년에는 국민소득의 6퍼센트를 차지했으나 오늘날에는 2퍼센트 이하로 줄어든 사실을 지적하는 것으로 충분한 설명이 될 것이다.

하지만 책이 논리적으로 짜여졌는지, 또 저자가 내세우는 도덕적 비판이 완전히 정당한지 여부와 상관없이 이 책은 독자들의 심금을 엄청나게 울렸다. 《진보와 빈곤》은 베스트셀러가 되었으며, 조지는 전국적인 유명인사로 부상했다. "나는 《진보와 빈곤》이 지난 반세기 동안의 기념비적 책이라고 생각한다."고 『샌프란시스코아고노트(San Francisco Argonaut)』의 평론가는 썼으며,[26] 『뉴욕트리뷴(New York Tribune)』은 이 책이 "애덤 스미스의 《국부론》이래 최고의 책"이라고 주장했다. 『이그재미너(Examiner)』와 『크로니클(Chronicle)』 같이 이 책을 "오랫동안 출간된 정치경제학 논문 중에서 가장 유해한 논문"으로 지적한 잡지들도 이 책의 명성을 더하는 데 도움을 주었을 따름이다.

조지는 영국으로 갔다. 그곳에서 강연여행을 마친 뒤에 그는 국제적인 인물이 되어 돌아왔다. 그는 뉴욕 시장 출마자로 나서 삼각 구도의 선거에서 시어도어 루스벨트(Theodore Roosevelt, 1858~1919)에게는 이겼지만 아깝게 태머니(Tammany, 미국에서 '귀족주의적'인 연방파의 권력에 반대하는 중산층을 대변하는 조직. 민주당과 동일시되기도 한다—옮긴이) 후보에게는 패했다.

단일세는 그때까지 그에게는 하나의 종교였다. 그는 '토지노동클럽(Land and Labor Clubs)'을 조직하고 미국과 영국의 열광하는 청중들을 상대로 강연을 계속했다. 한 친구가 그에게 물었다.[27]

"이건 전쟁을 뜻하는 건가? 사람들이 비겁하다는 사실을 무시한다면 모를까, 자네는 과연 전쟁 없이 토지 소유자들에게서 땅을 뺏기를 바랄 수 있을까?"

조지는 답했다.

"총을 쏘아야 할 필요가 있는지는 모르겠어. 하지만 필요하다면 전쟁을 할 수도 있겠지. 이보다 더 고귀한 이유는 없었거든. 전혀 없었어!"

그의 친구인 제임스 러셀 테일러(James Russell Taylor)는 그를 다음과 같이 평했다.

"여기 가장 상냥하고 친절한 사람이 있다. 그는 화난 총성에는 움츠릴 사람이지만 자신의 신조가 받아들여지지 않는다면 전면전을 할 자세가 충분히 되어 있는 자이다. 한 명의 사람을 다수로 만들어주는 것은…… 용기이다."

말할 필요도 없이 이 이론 전체는 존경할 만한 의견을 견지하는 계층에게는 저주였다. 시장 선거전에서 조지의 편을 들어주었던 가톨릭 신부 한 명은 일시적인 파문을 당했다. 교황도 토지문제에 대한 회칙(回勅)을 사제와 신도들에게 보냈다. 조지가 공들여서 인쇄와 장정을 한 답변을 보냈을 때도 교황은 그것을 무시해버렸다. "나는 불명예에 깊이 물든 주제를 토론하는 것으로 독자들을 욕보이지 않을 것이다."²⁸라고 미국의 저명한 경제학자였던 프랜시스 A. 워커(Francis A Walker, 1840~1897) 장군은 기술했다. 관료집단이 그의 책을 보며 놀라거나 멸시하기는 했지만 조지 자신은 청중들에게 친숙하게 받아들여졌다. 《진보와 빈곤》은 나라 전체에서 이전에 출판된 어떤 경제학 교과서보다도 더 많이 팔려나갔다. 영국에서도 그의 이름은 친숙해졌다. 뿐만 아니라 그의 사상의 취지는—대개 부풀려진 형태로이기는 하지만—우드로 윌슨(Woodrow Wilson, 1856~1924), 존 듀이(John Dewey, 1859~1952), 루이스 브랜다이스(Louis Brandeis, 1856~1941)와 같은 사람들의 정신적 유산 가운데 일부가 되었다. 사실 헨리 조지에 대한 열렬한 추종은 오늘날까지 여전히 이어지고 있다.

1897년 늙고 병들었지만 여전히 불요불굴의 정신을 가졌던 그는, 선거운동이 주는 부담으로 인해 약해진 심장에 무리가 갈 수 있다는 것을 너무나 잘 알면서도 두번째 시장 선거 후보로 지명되는 것을 허락했다. 정말 무리였다. 그는 '약탈자' '타인의 권리를 공격하는 자' 또는 '혼돈과 파괴의 사도'로 불렸다. 결국 선거 전날 밤에 그는 세상을 떠나버렸다. 그의 장례식에는 수천 명이 참석했다. 그는 신앙심이 깊은 사람이었다. 그의 영혼이 바로 천국으로 갔기를 기도하자. 그의 명성은 바로 경제학의 지하세계에서 얻은 것이고, 오늘날에도 여전히 그곳에 존재한다. 거의 구세주적인 인물, 반쯤 미친 사람, 우리의 경제제도가 가진 도덕성을 문제 삼는 성가신 심문자로서.

저축과 제국주의와 전쟁의 상관관계

하지만 무언가 다른 일이 지하세계 내부에서 일어나고 있었는데, 그것은 헨리 조지가 보여준 지대에 대한 맹렬한 비난과 단일세의 기초 위에 '하느님의 도시'를 건설하겠다는 황홀한 환상보다 더 중요한 일이었다. 새롭고 힘이 넘치는 시대정신이 영국과 유럽 대륙 그리고 미국까지도 휩쓸었으며, 이것은 "앵글로색슨 종족은 역사와 세계 문명의 지배적 동력으로 확실히 운명 지워져 있다."[29]와 같은 구호의 급격한 증가로 자신을 드러냈다. 이러한 사조는 영국에 국한되지 않았다. 해협 건너편에서는 빅토르 위고(Victor Hugo, 1802~1885)가 "인류에게는 프랑스가 필요하다."[30]고 선언했다. 러시아에서는 절대주의의 대변자인 콘스탄틴 포비에도노스체프(Konstantin Pobyedonostsev)가 서구의 퇴폐적 타락을 겪지 않은 러시아는 동방을 이끌어나갈 소명을 받았다고 선언했다. 독일의 황제는 하느님이 자신들 편에 있다고 설명했다.[31] 신세계에서는 시어도어 루스벨트가 비슷한 철학을 근거로 자신을 미국의 대변자로 자리매김시키고 있었다.

제국주의 시대가 시작되었고, 지도 제작자들은 미개발 대륙에 대한 소유권을 나타내는 색깔을 계속 바꾸느라 바빴다. 1870년과 1898년 사이에 영국은 1035만 9991제곱킬로미터의 영토와 8800만 인구를 제국의 영역에 추가시켰다. 프랑스도 거의 같은 크기의 영토와 4000만의 인구를 획득했다. 독일은 258만 9998제곱킬로미터의 영토와 1600만 식민지인을 얻었다. 벨기에는 233만 998제곱킬로미터의 땅과 3000만 인구를 획득했다. 포르투갈조차 80만 제곱미터의 새 영토와 900만의 인구를 더하며 이 경쟁에 합세했다.

사실상 세 세대의 짧은 기간이 지구의 표면을 바꾸어놓았다. 그뿐만 아니라 이러한 변화 과정을 바라보는 서구의 태도에도 역시 주목할 만한 변화가 나타났다. 애덤 스미스가 살던 시대의 스코틀랜드 철학자는 왕의 역할을 수행하려는 상인들의 시도를 경멸했고 미국 식민지의 독립을 주장했다는 사실을 독자들은 기억할 것이다. 그리고 식민지를 치욕스럽게 생각하는 스미스의 입장은 널리 공유되고 있었다. 존 스튜어트 밀의 아버지인 제임스 밀은 식민지를 "상류층을 위한 광대한 야외 기분전환 시스템"[32]이라고 불렀고, 1852년에는 벤저민 디즈레일리(Benjamin Disraeli, 1804~1881)조차 "이 열등한 식민지들은 우리 목에 두른 맷돌이다."[33]라는 믿음을 기록으로 남겼다.

그러나 이제 모든 것은 변했다. 영국은 자주 지적된 것처럼 처음에는 별 생각 없이 영토를 늘렸다. 그러나 제국주의적 팽창이 가속화됨에 따라 무심이 일편단심으로 변했다. 로즈버리(Archibald Philip Primrose Rosebery, 1847~1929) 경이 대영제국을 지칭하여 "이 세상에 알려졌던 가장 거대한 토지관리인"이라고 표현한 것은 그 당시의 시대사조를 요약한 것이다. 영국이 소유한 땅의 위용을 자랑하는 축제, 즉 빅토리아 여왕을 위한 성년축제를 바라보던 마크 트웨인(Mark Twain, 1835~1910)은 "옳지, 영국은 성서에도 언급되어 있었지. '온유한 자는 복이 있나니 지구를 얻을 것이니라.'"[34]라고 빈정거렸다.

제국 확장을 위한 경쟁을 못마땅하게 여기는 사람은 거의 없었다. 영국에서는 조지프 러디어드 키플링(Joseph Rudyard Kipling, 1865~1936, 영국 제국주의를 찬양했으며 인도와 미얀마의 영국 군인들을 다룬 이야기 · 시 · 동화 등으로 유명하다—옮긴이)이 계관시인이 되었고, 국민의 감정은 음악 홀에서 흘러나오는 아래 노래와 같았다.

우리는 싸움을 원하지 않는다. 그러나 정말로 싸우게 된다면,
우리에겐 배가 있고 우리에겐 사람이 있고 우리에겐 또 돈도 있지 않은가!

찰스 크로스와이트(Charles Crossthwaite, 1884~1888)와 의견을 같이하는 사람들은 위와는 상당히 다른 식으로 수긍을 했다. 찰스는 영국과 태국 간의 진정한 문제는 "누가 그들 사이의 교역을 따내는가 하

는 문제와 우리의 상품을 팔 새로운 시장과 오늘날 과잉상태에 도달한 품목, 즉 우리 자식들의 일자리를 얻기 위해 어떻게 이 두 나라의 관계를 최대한 이용할 것인가 하는 문제"라고 주장했다.[35]

제국의 건설 과정은 동시에 제국 건설자들에게 번영을 가져다주었다. '불황대책위원회'를 몹시 기쁘게 한, 노동계급의 생활수준을 향상시킨 공로의 적지 않은 부분은 해외에서 흘린 땀의 결과였다. 식민지는 이제 프롤레타리아의 프롤레타리아였다. 이러니 제국주의가 인기 있는 정책이었던 것도 당연한 일이다.

이 모든 과정에서 정통 경제학계는 한쪽으로 물러서 있었다. 침착하게 제국의 성장 과정을 지켜보았고, 새로운 식민지 획득이 교역에 끼칠 영향에 대해서만 국한하여 언급을 했을 뿐이다. 이러한 새로운 역사현상에 주목한 것은 역시 지하세계의 비판가들이었다. 비판가들은 세계 전역에서 벌어지는 패권 장악 경쟁을 바라보면서, 단지 정치적 갈등이나 권력자들의 설명할 수 없는 변덕과는 전혀 다른 어떤 것을 목격했다.

그들은 자본주의가 전혀 새로운 방향으로 흘러가는 것을 보았다. 사실상 그들은 제국주의를 자본주의의 근본적 본질이 변화되는 신호라고 보았다. 더욱 중요한 것은 그들이 이 새롭고 초조한 확장 과정 속에서 자본주의가 여태껏 나타내지 않았던 가장 위험한 성향인 전쟁으로 나아가는 성향을 간파해냈다는 점이다.

자본주의의 이러한 성향을 처음으로 공격한 사람은 온건한 이단자였다. 스스로 표현한 바에 따르면, 그는 미들랜즈에 있는 중간 규모 정도 되는 도시의 중류계급에 속하는 중간층이었다.[36] 존 앳킨슨 홉슨(John Atkinson Hobson, 1858~1940)은 약하고 왜소한 체격을 가진 사람으로서, 자신의 건강을 몹시 염려했으며 언어장애까지 겹쳐 강연할 때는 늘 불안을 느꼈다. 1858년에 태어난 그는 옥스퍼드에서 교수 생활을 하려고 준비하던 사람이었다. 그의 배경과 개성에 대해 우리가 알고 있는 모든 것에 따르면〔이 수줍음 많고 나서기를 싫어하는 사람은 용케 《후즈후(Who's Who?)》라는 명사록에 오르지 않았기 때문에 그에 대해서는 알려진 것이 거의 없다〕, 그는 영국에서 은둔 상태에 가까운 학창 시절을 보낸 것이 분명하다.

그런 그의 생활에 두 가지 요소가 개입되었다. 그는 영국의 비평가이며 수필가였던 존 러스킨(John Ruskin, 1819~1900)의 작품들을 읽었는데, 그 작품들에서 러스킨은 황금의 가치에 대한 부르주아 빅토리아 시대의 교리를 냉소하고 "부란 곧 삶이다."라고 주장했다. 러스킨의 영향을 받은 홉슨은 경제학을 비인간적 학문이 아니라 인도적인 것이라고 생각하게 되었다. 그는 세련된 정통 이론을 외면하고, 협동적인 노동조합이 임금이나 이윤이 지배하는 지독한 사회보다 인간성에 더 고귀한 가치를 부여하는 세계를 찬양했다. 그는 자신의 계획이 '유클리드 기하학의 명제처럼 확실한 것'이라고 주장했다.

그는 이상주의자로서는 존경받을 수도 있었을 것이다. 영국인들은 괴짜를 좋아한다. 그러나 홉슨이 경제적으로 사회에서 추방당한 것은 그가 이단적이고 전통적인 미덕을 외면했기 때문이다. 우연히 그는 앨버트 프레더릭 머머리(Albert Frederick Mummery, 1855~1895)라는 사람과 사귀게 되었다. 머머리는 독립적인 사상가이고, 성공한 사업가며, 광적인 등산가였다(결국 머머리는 1895년 낭가 파르바트의 산봉우리 위에서 죽음을 맞이했다). "내가 그에게 관심을 가진 것은 이러한 육체적 차원에서가 아니었다. 그는 또한 정신적인 등반가이기도 했다."[37]고 홉슨은 기록했다. 머머리는 일찍이 18세기부터 실업계를 괴롭혀온 주기적 불경기의 원인이 무엇인지를 깊이 생각했다. 그리하여 그는 그 근원을 추적해냈다. 홉슨이 기록한 바에 따르면 이 작업은 학계로부터 "지구가 평평하다는 것을 증명하려는 시도만큼 합리성이 없는 것"[38]이라는 평가를 받았다. 맬서스의 주장에 귀를 기울인 머머리는 경기침체의 원인은 지나친 **저축**에 있다고 생각했다. 즉 기업계가 자신들의 생산품을 살 수 있는 구매력을 사람들에게 분배할 수 있는 능력이 만성적으로 부족한 때문이라고 믿었다.

홉슨은 처음에는 머머리의 주장을 두고 따졌지만 곧 머머리가 옳다는 것을 확신하게 되었다. 두 사람은《산업생리학(The Physiology of Industry)》이라는 공저를 발간하여, 저축은 번영의 토대를 침식할 것이라는 이단적 견해를 발표했다. 이것은 너무나 엄청난 주장이라 공식적인 세계에서는 도저히 받아들일 수 없는 것이었다. 애덤 스미스를 위시해서 위대한 경제학자들은 모두 저축이 축적이라는 금화 동전의 뒷면이라는 사실을 강조하지 않았던가? 모든 저축행위는 더 많은 사람들이 일하도록 하는 데 사용될 자본기금을 자동적으로 증대시키지 않았던가? 저축은 실업을 유발할 것이라고 말하는 것은 터무니없는 헛소리일 뿐만 아니라 사회 안정의 한 축인 검약에 대단히 해로운 영향을 끼칠 것이었다. 경제계는 충격을 받았다. 런던대학교 외래강사 초빙국은 홉슨을 강사 명단에서 제외시키기로 결정했고 자선사업회도 홉슨을 연사로 초청하는 계획을 취소했다. 이단자가 된 이 학자는 이제 부득이하게 추방당한 사람이 되었다.

이러한 모든 것은 제국주의 문제와는 동떨어진 것처럼 보일 것이다. 그러나 아이디어는 우회로를 거치며 자란다. 점잖은 세계로부터 추방된 홉슨은 사회비판의 길로 들어섰고, 이 사회비판가는 이제 당시의 가장 큰 정치문제, 즉 아프리카로 관심을 돌렸다.

아프리카 문제의 배경은 복잡하고 감정적인 것이었다. 네덜란드의 정착민들은 1836년 트란스발 지역에 독립된 주를 설립했다. 그들은 '카피르 족을 혹사하고, 성경을 읽는' 농민들로 구성된 확고한 공동체를 건설하고 있었다. 그러나 그들이 선택한, 광활하고 햇빛이 잘 드는 상쾌한 땅은 드러난 것보다 많은 부를 숨기고 있었다. 1869년에 다이아몬드가 발견되었고 1885년에는 금이 발견되었다. 몇 년 되지 않아서 소달구지를 몰고 다니는 정착지의 평온한 분위기는 일변하여 투기꾼들의 격앙된 흥분으로 가득 차게 되었다. 세실 로즈(Cecil Rhodes, 1853~1902)가 철도와 산업 건설 프로젝트를 가지고 이 무대에 등장했다. 광기에 사로잡힌 그는 영국인들이 트란스발 지역을 습격하도록 재가했고 결국 영국과 네덜란드 사이의 해묵은 긴장이 폭발했다. 보어 전쟁이 발발한 것이다.

홉슨은 이미 아프리카에 가 있었다. 스스로를 "신의 피조물 가운데 가장 겁 많은 자"[39]라고 부르는 그였지만 케이프타운과 요하네스버그를 방문하여 폴 크루거(Paul Kruger, 1825~1904), 잔 크리스티안 스머츠(Jan Christiaan Smuts, 1870~1950)와 이야기를 나누었으며, 마침내 트란스발 공격 전야에 바로 그 로즈와 식사를 함께 했다. 로즈는 복잡하고 사람을 당혹스럽게 만드는 인물이었다. 그가 아프리카로 모험하기 2년 전, 어떤 기자가 로즈의 말을 다음과 같이 인용한 적이 있었다.

나는 어제 런던의 이스트엔드(East End, 런던 동부에 있는 비교적 하층의 근로자들이 많이 사는 상업지구—옮긴이)에 가서 실업자들의 회의에 참석했다. 그곳에서 거친 연설을 들었는데 그것은 오직 '빵' '빵' '빵'을 달라는 아우성일 따름이었다. 집으로 돌아오면서 나는 그 장면을 곰곰이 생각했다. …… 내가 소중히 여기는 사상은 사회문제의 해결이다. 즉 대영제국의 4000만 인구가 피비린내 나는 내전으로 빠져들지 않도록 하기 위해서, 우리같이 식민지를 통치하는 정치인들은 잉여인구를 정착시키고 공장과 광산에서 그들이 생산한 상품을 팔 새로운 시장을 제공할 새로운 땅을 확보해야 한다. 내가 늘 말해 왔듯이 대영제국은 빵과 버터를 확보하는 문제다.[40]

로즈가 홉슨에게도 같은 감정을 토로했는지는 알 수 없다. 아마 분명 그렇게 했을 것이다. 그러나 결과는 좀 다르게 나타났다. 왜냐하면 홉슨이 아프리카에서 본 것은 그와 머머리가 주장하여 유죄를 선고받은 경제적 이단론, 즉 과잉저축의 이론과 꼭 들어맞았기 때문이다. 이것은 정말 전혀 예상하지 못한 일이었다.

그는 아프리카에서 전개되고 있는 맹목적 애국주의와 전쟁에 대한 글을 쓰기 위해 영국으로 돌아왔다. 그리고 1902년 세상에 책 한 권을 내놓았다. 그 책에는 아프리카에서 그가 관찰한 것과 그의 이단적 견해가 기묘하게 뒤섞여 있었다.

《제국주의론(Imperialism)》이라는 제목의 그 책은 통렬했다. 거기에는 이윤 체제를 공격한 비판 중에서 가장 중요하고 뜨거운 비판이 담겨 있었던 것이다. 마르크스가 주장한 최악의 사태란 체제가 스스로의 논리에 따라 멸망할 것이라는 것이었다. 홉슨이 주장한 것은 자본주의체제가 세계를 파괴시킬 수 있다는 것이었다. 그는 제국주의의 과정을 자본주의가 스스로 짊어진 딜레마로부터 벗어나려는 잔인하고 끊임없는 성향으로 파악했다. 이 성향은 필연적으로 상업적인 해외정복을 수반하고 그 때문에 끝없는 전쟁 위험에 피할 수 없이 휩쓸리게 된다는 것이었다. 이제까지 자본주의에 가해진 도덕적 고발 가운데 이보다 더 심원한 것은 없었다.

홉슨이 비난했던 핵심은 무엇이었을까?

그의 주장은 그 비정함이나 냉혹한 이론 전개로 볼 때 거의 마르크스적인 논조였다(비록 홉슨이 마르크스주의자들이나 그들의 목표에 공감하지는 않았지만). 그의 주장은, 자본주의란 해결할 수 없는 내적 난제에 직면해 있으며 순수한 정복욕에서가 아니라 자체의 경제적 생존을 확보하기 위해 제국주의로 전환하지 않을 수 없다는 것이었다.

자본주의가 안고 있는 내적 난제는 과거에는 별 주목을 끌지 못했였다. 이윤체제가 작동하게 되면 부의 왜곡된 분배를 초래한다는 사실은 오랫동안 도덕적 관심을 불러일으킨 논제였다. 그러나 그것이 초래하는 **경제적** 결과는 홉슨이 처음으로 지적했다.

그가 본 경제적 결과는 아주 놀라운 것이었다. 소득의 불평등은 너무나 희한한 딜레마, 즉 부자도 가난한 자도 충분히 재화를 소비하지 못하는 역설적인 상황을 낳았다. 가난한 자들은 소득이 너무 적어서 충분한 소비를 못하며 부자는 소득이 너무 많아서 충분한 소비를 못한다! 달리 말하자면 시장을 깨끗이 청산하기 위해서 경제는 생산되는 모든 것을 소비해야 한다고 홉슨은 말한다. 모든 상품은 구매자가 있어야 한다. 자, 가난한 자들이 최소한의 필수품 이상을 사들일 여유가 없다면 나머지는 누가 가지고 갈 것인가? 분명히 부자들이 사가야 할 것이다. 그러나 부자들은 돈을 가지고 있는 반면 그만큼 많은 소비를 감당할 육체적 능력이 없다. 100만 달러의 소득이 있는 사람은 소비할 돈으로 1000달러만을 가진 사람이 구입하는 것보다 1000배의 재화를 소비해야 할 것이다.

그러므로 부의 불평등한 분배의 결과로 부자들은 어쩔 수 없이 저축을 해야 한다. 부자들이 저축하는 것은 그들 대부분이 그렇게 하고 싶어서일뿐만 아니라 그들도 어쩔 수 없기 때문인 것이다. 그들의 소득은 너무 많아서 도저히 다 소비할 수 없는 것이다.

문제를 야기하는 것은 바로 이 저축이다. 사회의 부유층이 자동적으로 행하는 저축은 구매력 불충분에 따른 파멸적인 결과로부터 경제를 구하기 위해 반드시 사용되어야 한다. 문제는 그 저축을 어떻게 활용하느냐 하는 것이다. 고전적인 해답은 저축을 더 많은 공장과 더 많은 생산에 투자하고, 그럼으로써 더 높은 수준의 산출과 생산성을 올리도록 하는 것이다. 스미스나 리카도, 밀을 위시하여 모든 위대한 경제학자들은 이러한 해결방법에 동의했다. 그러나 홉슨은 여기에 담긴 난제를 발견했다. 많은 사람들이 너무 적은 소득으로 인해 시장에 나온 모든 상품을 사줄 수 없는 난관에 이미 봉착했다면, 물건이 넘쳐 흐르는 시장에 더 많은 상품을 투입하게 될 것이 뻔한데도 불구하고 새로운 장비에 투자할 지각 있는 자본가가 있겠는가? 예컨대 소화하기에는 너무 많은 구두가 이미 시장에 범람하고 있는데 다른 구두공장에 저축을 투자해서 무엇을 얻을 수 있겠는가? 그렇다면 어떻게 해야 될까?

홉슨의 해답은 아주 간단하다. 부유층이 자동적으로 하는 저축은 국내의 과잉생산이라는 골칫거리를 수반하지 않고도 다른 방식으로 투자될 수 있다. 바로 해외에 투자하면 되는 것이다.

이것이 바로 제국주의의 발생이다. 그것은 "국내에서 사용할 수 없는 재화와 자본을 가져갈 외국시장과 외국투자대상을 찾음으로써 잉여자본이 흐를 통로를 넓히려는 대규모 산업자본가들의 노력이다."[41]라고 홉슨은 적었다.

그 결과는 비참했다. 잉여의 부를 해외로 보내려는 것은 한 나라만이 아니었기 때문이다. 모든 국가가 같은 배에 타고 있었다. 세계를 분할하려는 경쟁이 계속해서 일어났다. 각국은 자국의 투자자들을 위해서 장악할 수 있는 한 가장 풍요하고 가장 이득이 남을 시장을 차지하려 했다. 그리하여 아프리카는 영국과 독일과 이탈리아와 벨기에가 나누어야 할 거대한 시장(그리고 값싼 원자재의 원천)이 되었다. 아시아는 일본과 러시아와 네덜란드가 나눠 먹을 풍요한 파이가 되었다. 인도는 영국의 산업이 헐값으로 물건을 쏟아 붓는 장소가 되었고 중국은 일본 앞에서 인도의 신세가 되었다.

제국주의는 이렇게 하여 전쟁으로 가는 길을 닦았다. 모험심을 자랑하거나 고상한 비극을 연출하는 데서 비롯되는 것이 아니라 자본주의국가들이 사용할 수 없는 부의 배출구를 얻기 위해 경쟁하는 암울한 과정에 따라 전쟁으로 나아갔다. 유혈 참사의 원인으로는 정말 너무나 맥 빠진 것이었다.

말할 필요도 없이 공식 학계의 경제학자들은 아무도 그러한 폭력과 투쟁의 원리를 지지하지 않았다. 사람들은 홉슨이 "경제학을 다른 요소들과 뒤범벅을 만들고 있다."고 말했다. 그리고 그 "다른 요소들"이라는 것도 쾌락의 추구를 축으로 하여 조직된 세계를 암시하지 않았기 때문에, 공식 학계는 홉슨의 제국주의 이론을 저자의 무례를 드러낸 것으로 간주했다. 절약의 사회적 공헌과 같은 상식적 원리를 어기는 경제학을 주장하는 자는 당연히 그러한 무례를 저지를 수 있다는 것이었다.

홉슨의 주장에 비판적이기는 해도 그것을 지적인 음미의 대상으로만 삼았던 사람들은 그의 이론을 신중하게 피한 반면 지하세계의 다른 부분에 있던 마르크스주의자들은 그의 이론을 열렬히 받아들였다. 그 견해는 온전히 홉슨의 독창적인 견해만은 아니었다. 요한 카를 로트베르투스(Johann Karl Rodbertus, 1805~1875)라는 독일 경제학자와 맹렬한 혁명가였던 로자 룩셈부르크(Rosa Luxemburg, 1871~1919)도 그와 유사한 견해를 제시했다. 그러나 홉슨의 이론이 보다 넓고 깊었으므로, 마르크스주의의 지도적 이론가는 이것을 마르크스주의 이론의 공식적인 외투에 새겨넣었다. 그 이론가는 블라디미르 일리치 울리야노프(Vladimir Ilich Ulyanov, 1870~1924)라는 이름의 유배자로, 레닌(Lenin)으로 더 널리 알려진 사람이었다.

홉슨의 이론은 세례를 받은 후 변형된 형태로 나타났다. 홉슨은

왜 자본주의국가들이 수십 년 동안 무관심했던 식민지 확보에 혈안
이 되었는가 하는 문제에 대한 답을 찾는 데 부심했다. 그의 제국주
의 이론은 도그마가 아니었고 절대로 피할 수 없는 전쟁을 풍자적으
로 예언한 것도 아니었다. 사실 그는 경쟁관계에 있는 제국주의국가
들이 세계의 최종 분할에 이르러 공존공영의 기초 위에서 나란히 평
화롭게 생존하기를 바라는 희망마저 표명했다.

그러나 그 이론은 마르크스주의자들의 손에 들어오자 더욱 위협
적이고 보다 냉혹한 논조를 띠게 되었다. 제국주의는 마르크스주의
경제학에서 결정적 위치를 차지했을 뿐만 아니라 홉슨의 테두리를
벗어나 더 넓어지고 확대되어, 마침내 훗날의 자본주의가 내포한 사
회적 양상 전체를 설명하는 데 이용되었다. 얼마나 가공할 모습이 나
타난 것인가!

자본주의 발전의 최고단계인 제국주의는 세계경제의 생산력을 엄
청나게 증가시킨다. 제국주의는 전 세계의 모습을 자신의 이미지대
로 만든다. 또한 금융자본 수탈의 영역 안으로 모든 식민지, 모든 인
종, 모든 국가를 끌어들인다. 동시에 자본의 독점적 형태는 기생적인
퇴폐와 쇠퇴의 요소를 발전시킨다. …… 제국주의는 수백만의 식민
지 노동자와 농민으로부터 짜낸 엄청난 규모의 초과이윤으로 전례
없는 부를 쌓아올린다. 이 과정에서 제국주의는 쇠퇴하고 기생충처
럼 타락한 지대계급과 쿠폰만 뜯고도 살아가는 기생충 같은 계급을
창출한다. 생산수단의 집중화, 거대한 규모로 이루어지는 노동의 사
회화, 노동조직의 강화 등 사회주의의 물질적 전제조건을 이룩하는
과정을 끝낸 제국주의의 새로운 국면은 동시에 열강 사이에 반목을
심화시키고 전쟁을 유발한다. 그리고 전쟁은 세계경제의 파국으로
귀결된다. 따라서 제국주의는 쇠퇴하며 죽어가는 자본주의다. 그것

은 전체적으로 자본주의 발전의 최종단계이며, 사회주의 세계혁명의 출발이다.[42]

이 글의 필자는 니콜라이 이바노비치 부하린(Nikolay Ivanovich Bukharin, 1888~1938)이다. 부하린은 1928년 제3인터내셔널에서 이 글을 발표했다. 필자, 장소, 날짜가 어떻든 우리가 듣는 목소리는 레닌의 것이다. 그리고 더욱 당혹스럽게도 내적으로 부패하고 외적으로 약탈적인, 파괴하고 파괴당하는 자본주의라는 레닌의 개념은 소련이 붕괴할 때까지 우리가 사는 현대를 공식적으로 설명하는 낙인이었다.

제국주의가 존재했다는 사실은 의문의 여지가 없다. 19세기 후반과 20세기 초반의 세계사에 익숙한 사람이면 누구나 국제적인 질시와 마찰과 전쟁이라는 끊임없는 사건을 통해서 자동표시기의 실처럼 전개되는 수탈, 영토확장 그리고 탄압적인 식민정책의 연속을 놓치지 않았을 것이다. 제1차 세계대전이 '순수한' 제국주의간의 마찰이 아니라고 보는 견해가 통설이 되었다고 해도, 제국주의 국가들이 서로 유리한 위치를 차지하려는 노력이 제1차 세계대전을 유발했다는 사실은 의심할 여지가 없다.

그러나 정복과 식민지는 고대 이집트로까지 소급되는 것이며, 최근에 있었던 소련의 헝가리와 체코슬로바키아 침공으로 볼 때 자본주의가 구실을 제공하든 그렇지 않든 정복과 식민지는 앞으로도 계속될 것이다. 제국주의 **경제**이론을 통해 우리가 직면한 문제는 지난 50년 동안에 있었던 정복이 그 이전에 있었던 정복이나 앞으로 있을 정복과 다른 동기에서 비롯된 것이냐 아니냐 하는 것이다. 왕조국가의 권력 욕구는 간단하게 이해할 수 있다. 제국주의는 우리에게 시장

경제라는 보다 비인간적인 힘이 동일한 최종결과를 이끌어낼 수 있는가에 대해 생각해보라고 묻는다.

식민지체제 옹호자들은 그것이 반드시 전쟁을 초래하지는 않는다고 주장했다. "사람들이 모국으로 돌아간다고 주장하는 이득은 실은 환상에 불과하다. 영국은 식민정책을 포기할 것이다. 비용이 너무 많이 들기 때문이다."[43] 1868년에 독일 총리 비스마르크가 한 말이다. 다른 옹호자들도 그의 말에 맞장구쳤다. 그들은 식민지가 "수지가 맞지 않는다."고 지적했다. 식민지를 운영하는 것은 즐거운 마음에서가 아니라 강대국들이 세계를 개화시켜야 한다는 사명감에서 어쩔 수 없이 하는 것이며, 그 결과 식민지가 모국보다 더 득을 보게 된다는 것이 그들의 생각이었다.

그러나 그러한 주장은 요점을 모르는 것일 뿐이었다. 실제로 일부 식민지는 수지가 맞지 않았다. 1805년 영국하원의 한 분과위원회는 전혀 수지가 맞지 않는다는 이유로 아프리카의 서해안을 제외한 모든 식민지를 포기할 것을 권유한 적이 있었다. 모든 식민지가 이윤을 생산하는 것은 아니지만, 일부 식민지는 엄청난 보답을 하고 있었다. 실론(스리랑카의 옛 이름—옮긴이)의 차밭은 풍년이 들면 투자된 자본금의 50퍼센트에 해당하는 배당금을 돌려주고 있었다. 모든 산업이 해외시장에서 이익을 내는 것은 아니었지만, 몇몇 중요한 산업은 해외시장이 없었다면 존재하지도 못했을 것이다. 그 대표적인 예가 전적으로 인도 시장에 의존하고 있던 영국의 면직물 산업이다. 또한 영국 전체로 볼 때 해외투자가 저축의 수익성 높은 출구였던 것은 확실하다. 1870년부터 1914년 사이에 영국 저축액의 **절반이** 해외에 투자되었고, 그 해외투자의 배당과 이자가 영국 국민소득의 10퍼센트를 차지했다.[44]

제국주의에 순수한 경제적 동기와 느슨하게 뒤섞여 있는 다른 동기가 있다는 것은 확실하다. 그리고 제국주의의 경제적 보상효과라는 것이 홉슨의 묘사처럼 그렇게 간단하지 않은 것도 분명하다. 그러나 유럽 열강이 아프리카와 아시아로 몰려간 이유는 경제적 이익이라는 말을 빼고는 거의 설명할 수가 없다. 예컨대 자바와 수마트라의 거대한 농장은 네덜란드 자본을 위해 이윤이 높은 중요한 투자무대를 제공해주었다. 말레이시아는 영국인들에게 귀하고 값싼 원자재의 국제적 독점을 가능하게 해주었다. 중동은 기름뿐만 아니라 수에즈 운하를 통한 해운에 대한 전략적 통제권도 제공해주었다. 1885년 한 프랑스 장관은 다음과 같이 말했다.

"우리 산업에서 부족한 부분…… 더욱 부족한 부분은 시장이다."

1926년 당시 독일 라이히스방크 총재였던 할마르 샤흐트(Hjalmar Schacht, 1877~1970) 박사는 이렇게 선언했다.

"원자재를 얻기 위한 투쟁은 국제정치에서 가장 중요한 역할을 한다. 그것은 전쟁 이전보다 더 중요한 역할을 한다. 독일의 유일한 해결책은 식민지를 얻는 것이다."

나라마다 동기는 다르더라도 경제적 이익이라는 공통분모는 모든 곳에서 발견할 수 있다.

이것은 제국주의가 진실로 자본주의와 불가분의 요소라는 뜻일까? 이 질문에 대한 답은 간단하지 않다. 자본주의는 초기부터 확장해가는 체제로서, 그 원동력이 더 많은 자본을 축적하려는 노력이었던 것은 확실하다. 그러므로 초창기부터 자본주의 기업은 시장과 값싼 원자재를 얻기 위해 외국의 땅을 넘보았던 것이다. 또한 자본주의 국가들은 보통 해외 모험에 나가 있는 자국의 개인 기업가들을 뒷받침하고 보호해왔다.

이러한 많은 제국주의적 시나리오는 의심할 여지없는 진실인 것 같다. 그러나 우리는 홉슨이나 레닌이 본 것과는 좀 다른 방식으로 자본주의의 팽창과정을 보기에 이르렀다. 제국주의의 추진력은 해외 투자를 요구하는, 소화되지 않은 채 국내에 축적된 저축에 들어 있는 것 같지 않다. 오히려 자본주의에 내재해 있는 추진기구는 자본주의적인 경제구조가 갖는 능력, 즉 다른 구조의 경제조직을 제거하고 비자본주의적 환경 속에서 자본주의를 확립해가는 탁월한 능력인 것 같다. 자본주의체제의 확장을 '불가항력적이게' 하는 것은 기술적 지향과 능률 그리고 자본주의적 생산방식에 따르는 순수한 추진력 등일 것이다.

따라서 오늘날 우리는 제국주의의 과정을 **자본의 국제화**의 한 부분으로 보게 된다. 자본의 국제화 과정은 자본주의가 완전히 형성되기 전부터 시작되었고, 앞으로도 계속될 것이다. 그러나 각 시대에 따른 국제화를 구분해줄 필요가 있다. 제1차 세계대전을 야기하는 데 일익을 담당했던 제국주의는 아프리카나 아시아, 라틴아메리카에 단순히 자본주의 생산양식만을 이식한 것이 아니었다. 그것은 노골적인 정치적 간섭, 무서운 수탈, 군사 그리고 가난한 국가들의 이익을 전적으로 무시하는 행태 등이 추가된 이식이었다. 예컨대 19세기 후반 또는 20세기 초반에 이루어진, 영국 자본의 인도 투자에서 두드러지는 사항은 그 투자가 대체로 영국의 필요에 기초를 두고 영국의 필요에 의해 진행되었을 뿐, 인도 측의 필요에서 비롯된 것은 결코 아니었다는 점이다. 벨기에령 콩고나 네덜란드령 인도네시아의 경우에는 '대체로' 대신 '전적으로'라고 표현할 수 있다.

이처럼 구식의 제국주의는 비록 외형은 변화되었지만 아직도 남아 있다. 제2차 세계대전을 거치면서 경제적 헤게모니가 힘을 행사하는 식민지주의의 관계는 대체로 끝이 났다. 전쟁 이전에는 식민지들이 대체로 무기력했지만 전쟁 후에는 독립국가로 거듭났다. 비록 이들 국가 가운데 다수가 가난하고 약하지만 그들의 국가적 지위는 상승하여 유럽 국가들은 20세기 전반에 보편적으로 했던 것과 같은 오만한 지배를 더 이상 자행할 수 없게 되었다.

그러나 미국의 경우에는 사태가 좀 다르게 진행되었다. 미국은 전후 저개발 국가를 대상으로 하여 군사력을 행사했다. 그러한 예로는 쿠바, 베트남, 니카라과 그리고 이라크가 있는데, 이러한 일로 인해 미국은 세계에서 주된 제국주의국가라는 불명예스러운 이름을 물려받게 되었다. 그러나 미국의 제국주의적 모험을 유발한 동기는 19세기에 해병대를 바나나공화국에 보내거나 포함(砲艦)을 중국에 들여보낸 것과는 다르다. 미국이 보호해온 것은 재산이 아니라 이데올로기였다. 프랑스 혁명 당시의 영국처럼, 소련이 붕괴될 때까지 미국 정부는 거대한 혁명적 힘 곧 전 세계에 걸친 공산주의의 힘에 위협당하고 있다고 느꼈다. 약하고 불안정한 제3세계 국가들은 공산주의 진영의 주요 신참이 될 징후를 보였다. 이를 막기 위해 미국은 이 국가들에서 나타나는 거의 모든 사회주의적 경향에 대항해왔다. 미국은 마치 이 국가들이 공산주의체제로 진입하는 쐐기인 것처럼 여겼고, 공산주의에 대항하는 투쟁의 한 부분으로서 이들 국가의 모든 반혁명적인 정부를 지원했다.

이러한 방어심리의 공격지향적인 정책이 어떻게 끝날지는 앞으로 지켜볼 일이다. 아마 미국은 저개발국가에 등장하는 사회주의 정부를 내리누르기 위해 경제력이나 군사력을 행사함으로써 자본주의를 안전하게 유지하려고 할 것이다. 그리고 그러한 정책은 미국의 좌절과 도덕적 타락으로 끝날 것이다. 그러나 그 결과가 어떠하건, 이러한 제국주의의 측면은 지난 세기에 발생한 제국주의적 충동의 솔직한 동기였던 사업체의 직접적인 지원보다는 거대한 왕국을 외부세력의 영향으로부터 보호하는 문제—고대 중국이나 로마처럼 오래된 문제—와 관련이 있다. 그것은 간접적인 해외 지배인 경제적 형태를 띠기보다는 직접적인 정치적 형태를 보인다.

한편 변화된 제국주의의 두번째 측면은 분명히 경제적인 것과 연결된다. 본국에서 해외로 자본이 움직이는 데 주된 매개자 역할을 하는 다국적 기업의 눈부신 출현이 바로 그것이다.

코카콜라 · IBM · 마이크로소프트 그리고 로열더치셸 같은 거대한 기업들이 다국적 기업에 속하며, 이 회사들은 여러 나라에 제조공장과 가공공장을 두고 있다. 다국적 기업은 중동이나 아프리카에서 석유를 채굴하고 그것을 유럽이나 미국에서 정제한 뒤, 세계에 판다. 또는 오스트레일리아에서 광석을 채굴하고 일본에서 이를 가공하여 마감 처리 한 금속 빔을 미국으로 보낸다.

다국적 기업은 자본의 국제화에 두 가지 변화를 가져왔다. 첫째, 자본 국제화의 지리적 흐름을 변화시켰다. 앞에서 살펴본 것처럼 고전적 제국주의시대에는 원자재를 확보하고 섬유와 같은 기본상품을 팔기 위한 시장을 확보하는 데 해외 진출의 초점이 맞춰져 있었다. 그러나 다국적 기업은 이러한 기본상품에서 자신들이 세계적 선도자 역할을 하고 있는 컴퓨터나 의약품 같은 고도의 기술이 필요한 산업 제품 쪽으로 방향을 전환했다. 그 결과 해외에 투자하는 자본의 지리적 배분에 놀라운 변화가 발생했다. 1897년에는 미국이 해외에 투자하는 자본 가운데 거의 절반이 농장과 철도와 광물 생산에 투입되었다. 그러나 오늘날에는 투자액의 일부분만이 그러한 분야에 할당되고 있다. 대신 해외에 투자하는 대부분의 자본은 제조업 분야로 향하고 있다. 그리고 국제적 투자의 4분의 3은 유럽과 캐나다 및 다른 선진 자본주의국가로 흘러 들어가고 있다. 마찬가지로 프랑스나 일본, 독일의 국제투자는 과거 식민지였던 나라보다는 선진국(미국을 포함하여)을 대상으로 하고 있다.

다국적기업발흥의두번째경제적결과는고급기술을저렴한미숙련
노동력과 결합시키는 능력이 현저하게 높아졌다는 것이다. 컴퓨터
부품이나 텔레비전 반(半)조립품 등 현대 경제생활을 뒷받침하는믿
을 수 없도록 복잡한 기계장치는, 홍콩이나 한국 또는 태국에서 생산
될 수 있다. 제국주의의 관점에서 볼 때 이러한 결과는 당혹스러운
것이다. 종전에는 단지 소농경제 지역이었던 곳에 모든 생산과정을
이식할 수 있게 됨에 따라 전례 없을 정도로 자본주의 사회제도가 빠
르게 수출되었다. 서론에서 본 바와 같이 거대한 경제혁명의 시대에
생산요소가 스스로 전자본주의사회에서 출현했듯이 우리 시대에는
새로운 경제혁명이 종전에는 세계에서 단지 수동적이었을 뿐 능동적
힘을 가지지 못했던 지역에 시장경제를 불러오게 된 것이다. 이렇듯
현대 제국주의는 해외에서 자본주의를 활성화시키는 거대한 힘이 되
고 있다.

동시에 새로운 제국주의는선진지역에서체제의경쟁력을크게강
화시켰다. 이것은 앞에서 말했듯이 서로의 시장에 대한 침투 결과
일 뿐만 아니라 다국적 기업의 저개발지역 생산기지들이 본국을 향
해 저비용 상품의 포탄을 엄청나게 쏠 수 있기 때문이다. 미국이 제
일 잘 알고 있는 일이겠지만, 홍콩이나 타이완에서 생산된 텔레비
전, 한국에서 생산되거나 멕시코에서 조립된 자동차는 캘리포니아
나 미국 중 서부지역에서 생산된 동종제품보다 더 싼 가격에 팔릴
수 있다.

이 국제화와 경쟁 격화의 결과가 무엇일지 또는 거의 모든 아시아
지역 '호랑이들'에게 당연히 나타난 금융적·정치적 위기의 결과가
무엇이 될지를 예측하는 것은 아직 너무 이르다. 분명한 것은 우리가
지구적 경제(global economy)를 향해 움직여왔다는 사실이다. 이 지구

적 경제 속에서는 새로운 세계를 누비는 기업이 종전의 국경이나 국가 주권과 불안하게 공존하고 있다. 제국주의 문제에 대한 우리의 검토 결과 자본에 대한 압력을 완화하기 위해서 출발한 움직임이 종국에는 사태를 더욱 악화시키는 것으로 끝난 사실이 확인되었는데 이것은 이율배반적인 결말이다.

빅토리아시대의 대표 주류, 마셜

홉슨은 1940년에 사망했다. 『런던타임스』의 극히 용의주도한 사망기사는 그가 선견지명적인 사상을 가졌지만 일반적으로는 인정을 받지 못했음을 적절히 지적했다.

사실 홉슨은 알려지지 않은 학자였다. 빅토리아시대에 가장 유명했던 경제학자는 홉슨과는 정반대의 인물이었다. 그는 바로 앨프리드 마셜(Alfred Marshall, 1842~1924)로, 홉슨이 직관적이고 극단적이고 말하자면 정통파가 아니었던 것과는 달리 그는 중용적이고 '공식적'이었다. 이제 빅토리아시대 밝은 대낮의 분위기로 돌아감으로써 지하세계의 그늘진 지역에서 이루어진 여정을 끝맺는 것이 적절할 것이다. 환한 대낮에 작업하는 경제학자들은 좀더 모험적인 영혼들의 눈에 비친 당혹스러운 광경은 보지 못했을 것이다. 그러나 그들은 이단자들이 하지 못한 일을 한 가지 했다. 그들은 자신이 몸담고 있는 세계에 그리고 우리들의 세계에까지 '경제학'을 가르친 것이다.

마셜의 초상화를 보면 마치 전형적인 선생을 보는 것 같다. 흰 콧수염에 백발의 가는 머리카락과 친절하고 밝은 눈…… . 저명한 교수다운 얼굴이다. 1924년 그가 세상을 떠났을 때 영국의 위대한 경제학자들은 그의 영전에 조의를 표했다. 그런 경제학자 가운데 한 사람이 C. R. 페이(C. R. Fay) 교수였는데, 그는 빅토리아시대에 살았던 이 마셜 교수의 지울 수 없는 초상을 다음과 같이 묘사했다.

아서 세실 피구(Arthur Cecil Pigou, 1877~1959)가 그를 찾아가 연구원 자격 논문에 대해 의논하라고 이야기했다. 그래서 어느 오후 황혼녘에 나는 베일리얼 크로프트(마셜이 살던 집—옮긴이)로 갔다. "들어오게, 들어와." 하고 그는 작은 복도에서 뛰어오며 말했다. 나는 그와 함께 이층으로 올라갔다.

"무슨 좋은 생각이라도 있나?"

그가 물었다.

나는 "없습니다."라고 말했다.

"좋아, 그러면 들어보게." 하고 그는 작고 까만 책을 폈다. 그러고는 논문의 제목을 읽어나갈 테니 좋은 것이 나오면 손을 들라고 말하고는 목록을 읽어 내려가기 시작했다. 나는 초조한 나머지 제일 앞에 있는 제목으로 끝내려고 했지만 마셜은 아랑곳하지 않고 그냥 읽어 내려가고 있었다. 둘째 쪽의 중간쯤에 이르자 '최근 독일의 경제적 위기'라는 제목에 다다랐다. 지난여름 그라이프스발트를 방문했던 나는 그것으로 하겠다는 신호를 보냈다.

"그건 자네에게 전혀 적합하지 않아."라고 그는 말했다.

나는 다시 5분 동안 입을 다물고 있었다. 그러다가 '아르헨티나'라는 단어가 나오자, 그의 낭독을 중지시키는 잡음을 냈다. 내가 그것을 택하려고 했던 유일한 이유는 삼촌 두 명이 사업차 그곳에 간 적이 있었기 때문이다.

"자네도 그곳에 가보았나?"

"아뇨."

그는 읽기를 계속했다. 몇 분 후 읽기를 중지한 그가 물었다.

"자네가 좋아하는 제목을 발견했나?"

나는 "잘 모르겠습니다."라고 대답했다. 그가 말했다.

"잘 알고 있는 사람은 아무도 없지. 하지만 내 교수법은 항상 이런 식이야. 그래 무엇을 쓰고 싶은가?"

나는 얼떨결에 '독일노동과 영국노동의 비교'라는 제목을 내뱉었다. 그러자 그는 작은 손전등을 꺼냈다. 그때는 벌써 실내가 어두워져 있었다. 그는 전등불빛으로 책장을 뒤지더니 영어와 독일어로 된 책—폰노스티츠사와 쿨만사에서 발행한 책—약 30권을 꺼내어 나에게 주었다. 그러고는 "자, 나는 나갈 테니 자네는 남아서 책 냄새나 맡아보게. 끝났으면 등불을 끄게. 사라가 자네에게 차를 가져다줄 걸세." 하고 말했다.[45]

이 모든 것은 홉슨의 마음을 어지럽게 한 아프리카의 투쟁이나 헨리 조지의 사상을 낳은 미국의 거친 투기와는 너무나 동떨어져 있었다. 동시대인인 에지워스처럼 마셜은 전적으로 대학이 만들어낸 인물이었다. 그는 미국으로 갔고 심지어 미국을 횡단하여 샌프란시스코까지 갔지만 그의 생활과 그의 관점 그리고 필연적으로 그의 경제학에서는 케임브리지라는 환경의 조용함과 세련미가 풍겼다.

그러나 그는 과연 무엇을 가르쳤는가! 마셜의 기본적 관심을 요약하는 용어는 우리가 이미 빅토리아시대의 새로운 경제관으로 확인한 단어, 즉 '균형'이었다. 경제적 궤변의 비합리성에 매력을 느꼈던 바스티아나 경제적 제재로 은폐된 삶의 불공평함을 지적한 헨리 조지나 자본주의경제의 비인간적 과정 속에 숨겨진 파괴적 성향을 파헤치려 했던 홉슨과는 대조적으로, 마셜은 주로 경제계의 자기조절과 자기수정 성질에 관심이 있었다. 그의 천재적인 제자였던 존 메이너드 케인스가 훗날 기술했듯이, 그는 "경제라는 우주의 모든 인자들이 상호균형과 상호작용에 의해 각자의 위치를 지키는 코페르니쿠스의 체계"[46]를 창조했다.

물론 이런 사상의 많은 부분은 전에도 교육되었다. 애덤 스미스, 리카도와 밀은 시장체제를 복잡하면서도 능률적인 피드백 메커니즘이라고 설명했다. 그러나 전체적인 시각과 세부에서 이루어지는 섬세하고 원활한 작동 사이에는 넓은 미답의 영역과 모호한 서술이 있었다. 마셜이 물려받았던 시장균형이론은 가까이에서 보는 것보다 멀리에서 보는 것이 훨씬 그럴듯하다. 가격은 정말 재화의 생산가를 반영하고 있는가 또는 그 물품이 주는 최종 만족도를 반영하고 있는가 하는 기본 문제에는 꽤 까다로운 부분이 있었다. 달리 말하자면 다이아몬드는 왜 비싼가? 찾기 힘들기 때문인가 아니면 사람들이 좋아하기 때문인가? 이런 문제는 결코 경제학자의 심장을 뛰게 만들지는 못한다. 그러나 그런 문제가 모호한 상태로 남아 있는 한 경제학이 공격하고자 하는 많은 문제에 대해서도 명확히 사고하기 어렵다.

마셜이 전념한 것은 경제이론 중에서도 바로 이러한 분명하지 않은 문제였다. 유명한 《경제학원리(Principles of Economics)》라는 저서에서 그는 수학적 정확성과 유유자적하면서도 광범위하며 비근한 예를 많이 들면서도 놀랍도록 명료한 문체를 결합시켰다. 심지어 사업가들도 이런 종류의 경제학은 이해할 수 있었을 것이다. 모든 어려운 논리적 증명은 사려깊게 주에서 설명해놓았기 때문이다(그결과케인스는 불손하게도 경제학자들은 이 책의 주만 읽고 본문은 잊어버리는 쪽이 반대의 경우보다 나을 것이라고 말할 정도였다). 아무튼 그 저서는 엄청난 성공을 거두었다. 1890년에 발간된 이 책은 지금도 경제학자가 되고자 하는 학생들은 꼭 읽어야 할 추천도서다.

그런데 경제학의 개념적 혼란을 해결하는 데 기여한 마셜의 위대한 공헌은 무엇이었을까? 그의 주된 공헌은 균형의 작동과정에서 핵심적인 요소가 되는 **시간**의 중요성을 강조한 점이다.

마셜이 지적했듯이 균형은 경제의 조정과정이 단기에 행해지느냐 또는 장기에 행해지느냐에 따라 그 기본적인 의미가 변하기 때문이다. 단기적으로는 구매자와 판매자가 시장에서 값을 흥정하기 위해 만난다. 근본적으로 흥정과정은 일정한 수량의 재화를 두고 이루어진다. 다이아몬드 상인이 가방에 싸들고 온 다이아몬드의 양은 일정하다. 그러나 장기적으로 볼 때 다이아몬드의 양은 고정되어 있지 않다. 수요가 넘치면 새로운 광산이 개발되기도 하고, 공급이 넘치면 낡은 광산을 포기하기도 한다. 따라서 단기간의 경우 다이아몬드의 시장가격에 더욱 즉각적인 영향을 미치는 것은 다이아몬드의 심리적 효용 곧 그것에 대한 수요였다. 그러나 장기적으로 볼 때 계속되는 공급의 흐름이 소비자의 수요에 맞춰서 조절되기 때문에 생산비용이 다시금 우세한 위치에 서게 된다. 물론 생산비나 효용이 가격 결정과 완전히 유리될 수는 없다. 수요와 공급은, 마셜의 표현에 따르면 "가위의 두 날"[47]과 같다. 아랫날 아니면 윗날만으로 자른다고 말하는 것이 의미가 없는 것처럼 공급이나 수요 중 어느 한 쪽이 가격을 결정하느냐고 묻는 것은 쓸데없는 일이다. 그러나 두 날이 모두 잘랐다고 하더라도 그중 하나는 능동적이고 다른 하나는 수동적인 날이 된다. 주어진 시장에서 짧은 기간 내에 자르는 행위가 일어날 때는 효용 – 수요의 날이 능동적이 된다. 반면 산출규모와 생산유형이 바뀔 수 있는 긴 기간을 두고 자르는 행위가 계속된다면 생산비 – 공급의 날이 능동적이 된다.

마셜이 분석적인 정신으로 취급한 모든 것처럼 이것은 빛나는 통찰이었다. 그러나 《경제학 원리》로부터는 이론적인 탁월함 이상의 빛이 발산되었다. 마셜은 '공식적' 경제학계의 가장 뛰어난 지성이었으며, 또한 가장 온정적인 지성이었다. 노동 빈민에 대한 진심에서 우러난 관심, 그가 런던의 빈민가를 방문했을 때 목격한 '매달리는 창녀들'에 대한 진정한 염려, 사회개선의 도구로서의 경제학에 대한 진정한 관심, 이 모든 것이 그의 저서 속에 한데 엮여 있다. 마찬가지로 마셜이 "'상상으로' 쉽게 만들어내는 제도 하에서 성립할 수 있는 인생의 아름다운 그림"에 굴복하지 않도록 미래를 평가한 것도 언급해야 한다. 그는 이와 함께 부자들이 '기사도'[48]를 발휘하여, 조세 징수자(국가—옮긴이)가 빈곤이라는 최악의 불행을 지상에서 추방할 수 있도록 도와주기를 희망했다.

빅토리아시대의 이러한 정서는 우리를 미소 짓게 한다. 그러나 그러한 정서가 경제학에 최고의 각인을 남긴 마셜이 제시한 비전의 양상을 이루고 있는 것은 아니다. 그것을 알아내기 위해 《경제학 원리》의 앞부분으로 돌아가보자. 거기에는 눈에 띄는 두 가지 선언이 있다. 첫번째는 상품을 구입해서 얻게 될 즐거움과 그것을 위한 지출이 가져올 즐거움의 손실을 요리조리 재보는 개인을 설명하는, 전형적으로 마셜다운 우아한 구절이다.

> 부자는 여송연 한 개비에 1실링을 써야 할지 말아야 할지를 망설이면서, 가난한 사람보다 더 적은 즐거움으로 여송연의 가치를 매기고 있다. 가난한 사람은 한 달 동안 피울 담배를 구입하는 데 1실링을 소비할지를 망설인다. 일 년에 100파운드를 받는 점원은 300파운드를 받는 점원보다 더 심한 비를 무릅쓰고 일하러 나갈 것이다.[49]

두번째 선언은 이것보다 몇 쪽 뒤에 있는, 마셜이 경제학의 목적을 논하는 곳에 나온다. 그는 말한다. 경제학은,

> 경제적 수단과 인간의 정치적·사회적·개인적 생활의 제반 측면에 대한 연구다. 그러나 특별히 인간의 사회생활이 보여주는 측

면…… 그것은 실제적인 사람이면 무시할 수 없는 많은 정치적 이슈를 멀리한다. …… 따라서 그것은…… '정치경제학'이라는 좁은 개념보다는 '경제학'이라는 넓은 개념으로 더 잘 설명될 수 있다.[50]

두 선언은 얼핏 보기에 이처럼 악의 없는 구절로 표현되고 있지만 그 내용은 주목할 만하다. 택시를 타는 데 돈을 써야 할지 말아야 할지를 고민하는 점원에게서 빛나는 형태로 실현된 첫번째는 경제에 대한 마셜의 비전을 홉스 시대의 위대한 왕국과 같이 적절하게, 비록 이보다는 덜 극적이기는 하지만, 축약해줄 새로운 인물이다. 그 새로운 인물은 바로 '개인'이다. 개인의 계산은 시장체제의 작동을 상징할 뿐만 아니라 사실은 경제를 궁극적으로 떠받치는 바위이기도 하다. 마르크스식 계급투쟁은 말할 것도 없고, 왕국 또는 스미스의 사회(Smithian Society)의 사회적 동학에 대한 연구로서의 경제학 비전은 이제 사라졌다. 그 자리에 말하자면 모두가 자기 자신을 위하는 개인의 집단적 생활에 대한 설명으로서의 경제학이 들어섰다.

이것과 긴밀히 연결된 것이 두번째 인용에 이미 함축되어 있는 또다른 변화이다. 그 변화는 초기 비전의 중심 부분이었던 주제, 즉 경제학의 정치적 내용이 사라진 것이다. 마셜은 경제학의 목적을 어떻게 균형가격에 도달하는가 하는 문제를 설명하는 것으로 보았다. 그리고 사회질서를 각자가 자신의 '효용'을 추구하는 개인들의 집합으로 간주할 뿐, 경제학의 목적이 모든 계급사회에 구조를 제공하는 권력과 복종의 관계가 어떻게 발생하게 되는지를 설명하는 것이라고 생각하지는 않았다.

왜 **정치**경제학으로부터 이러한 기묘한 전환이 이루어졌는가. 두 가지 가능성을 생각해볼 수 있다. 첫째는 1848년의 사건(유럽을 휩쓴 혁명과《공산당 선언》의 발표 등—옮긴이) 그리고 아마 사회주의 사상의 흐름이 증가하면서 권력과 복종에 대한 공개적인 인정이나 검토가 스미스나 밀의 시대보다 더욱 논쟁적이 되었다는 것이다. 두번째 가능성은 위와는 반대로 19세기 동안 민주주의 사상이 점진적으로 승인됨으로써 마셜의 비전이 초기에는 누릴 수 없었던 타당성을 얻게 되었다는 것이다.

이는 우리가 제기할 수는 있으되 해결할 수는 없는 질문이다. 확실하게 이야기할 수 있는 것은 '경제학'이 '정치경제학'을 대체하게 되었고, 경제학의 새로운 장이 시작되었다는 것이다. 이 점은 앞으로 더욱 중요해질 것이다. 마지막으로 언급해 두어야 할 것이 있다. 바로 마셜의 분석에서 핵심을 이루는 요소이고 그가 경제 분석에 제공한 가장 중요한 선물이다. 그것은 시간이라는 요소다. 마셜에게 시간은 추상적인 것이었다. 수학적 곡선들이 벗겨져 떨어지고 이론적 실험을 진행하고 또 되돌리는 그러한 시간이었다. 그러나 무언가 사건이 실제로 일어나는 시간은 아니었다. 말하자면 그것은 역전 불가능한 역사적시간, 무엇보다도 마셜 자신이 살던 역사적 시간이 아니었다. 그가 살면서 무엇을 보고 들었는지 잠시 생각해보라. 러시아에서 일어난 폭력적인 반자본주의 혁명, 전 세계를 휩쓰는 전쟁 그리고 반식민지주의의 첫번째 불평소리 등이다. 그러면 그가 바라본 가까운 미래는 무엇이었는지 생각해보라. 유럽 여러 지역에서 자본주의가 쇠퇴하고 있었고, 전세계적으로 정부개념이 크게 변질했으며, 미국에 서는 세계를 뒤흔드는 대공황이 있었다. 그러나 경제학이 이러한 엄청난 변화와 관련되어 있다는 사실을, 그의 동료들은 말할것도 없지만 마셜 자신도 이해하지 못했다. '자연은 결코 갑작스러운 비약을 하지 않는다(Natura non facit saltum).'는 것이 1890년에 나온 초판에 이어 1920년에 나온《경제학 원리》최종판의 모토였다. 역사가 갑작스러운 비약을 할 수 있다는 사실, 경제학은 역사와 불가분의 관계에 있다는 사실, 교과서에 나오는 장·단기 개념은 사회적 시계의 무자비한 똑딱 소리와는 전혀 다른 시간개념을 의미한다는 사실, 이 모든 것은 마셜이 경제연구의 중심으로 삼았던 균형이론과는 너무 동떨어진 것이었다. 그가 말한 것을 놓고 그를 비난할 수는 없다. 그는 온화한 신념과 깊은 확신을 가진 사람이었기 때문이다. 문제는 그가 말한 것치고 충분히 성공한 것이 전혀 없었다는 점이다.

이것조차도 한 가지 사실만 아니라면 뒤늦게나마 용서받을 수 있는 일이다. 마셜과 그의 동료들이 섬세한 균형 메커니즘을 다듬고 있는 동안, 몇몇 비정통 이단자들은 실세계의 특징을 이루고 경제연구의 주제를 적절히 형성하는 것은 균형이 아니라 격렬한 변화라고 주장했다. 그들은 전쟁과 혁명, 불경기와 사회적 긴장이 경제적 음미의 기본문제이지 균형이나 안정된 교과서적 사회의 정연한 적응과정은 기본문제가 아니라고 생각했다. 그러나 이단자들과 비전문가들이 빅토리아시대의 학계에 이런 점을 지적했을 때, 그들의 간여는 원망을 샀고 그들의 경고는 무시되었으며 그들의 처방은 경멸당했다.

공식세계의 자기만족은 그 시대에 대한 후회스러운 언급일 뿐만 아니라 대단히 큰 지적 비극이었다. 학자들이 이 지하세계에 주의를 기울였더라면, 마셜이 홉슨과 같이 사람을 혼란스럽게 하는 비전을 가지거나 또는 에지워스가 헨리 조지와 같은 사회 불의에 대한 감각을 가졌더라면, 세계는 격렬한 사회변화에 대해 전혀 준비되지 않은 채로 20세기의 대재앙에 부딪치지는 않았을 것이기 때문이다. 돌이켜 보건대 사상이란 그것이 아무리 이단적인 것이라 해도 무시해서는 좋을 게 없다는 것을 우리에게 가르쳐준다. 보수적—잘못 사용되는 용어이지만 좋은 의미로 사용해서—인사들은 더욱이 그러한 사상을 무시해서는 안 될 것이다.

chapter 8

베블런의 눈에 비친 야만사회

소스타인 번드 베블런
Thorstein Bunde Veblen, 1857~1929
경제학자이자 사회과학자. 부자의 생활상을 묘사할 때 널리
사용되고 있는 '과시적 소비' '금전상의 경쟁' 등의 말을 처
음 만들어낸 사람으로 알려져 있다.

17 76년 《국부론》이 세상에 나온 이래 125년이 지났다. 이렇게 긴 시간이 지나는 동안 위대한 경제학자들은 이 세계의 모든 측면을 남김없이 검토한 것처럼 보였다. 세계의 웅장함과 비참함, 그 천진난만함이나 때로는 불길한 함축, 기술의 웅장한 성취, 또는 인간적 가치 속에 숨은 비열한 결점 등 검토하지 않은 것이 없는 듯했다. 그러나 이 다면적 세계는 이렇게 수십 가지 다른 해석을 수반하고 있음에도 불구하고 하나의 공통요소를 가지고 있었다. 그것은 유럽적이라는 것이었다. 사회의 체질이 아무리 변해도 그것은 여전히 '구세계'였고, 그래서 약간이나마 격식을 고집하고 있었다.

따라서 이발사의 도제였던 리처드 아크라이트가 수력방적기로 돈을 모은 뒤 리처드 경으로 변신한 사건은 의미심장한 일이었다. 권세를 위협받던 전통적인 영국 귀족들은 그런 벼락부자들을 고상한 혈통과 예절의 동아리로 끌어들임으로써 문제를 해결했다. 사실 벼락부자들은 일련의 중류계급적인 행동거지와 함께 반귀족적 감정도 가지고 있었다. 그러나 동시에 돈만으로는 사기 어려운 더 높은 사회계층이 있다는 사실도 내밀하게 인식하고 있었다. 수많은 풍습 코미디가 묘사하듯이, 많은 돈과 매수한 문장(紋章)을 가진 양조장 주인 출신 자작과 이웃에 사는 가난하지만 작위를 세습해온 자작 사이에는 차이가 있었다. 유럽의 성공적인 부자는 크로이소스[Kroisos, 기원전 6세기의 리디아국(Lydia) 최후의 왕이며 큰 부자로 유명했다—옮긴이]만큼 부유할 수는 있었지만 사회계층의 사다리에서는 맨 꼭대기가 아니라 겨우 한 칸 올라간 것일 뿐임을 깨닫게 되면서 부가 주는 달콤함은 조금 줄어들게 된다.

그러나 이 모든 것이 아메리카에서는 전혀 달랐다. 아메리카는 가문과 출생의 등급을 깊게 반대하는 사람들이 건설한 곳이었고, 개인적 독립성과 개인적 성취를 존중하는 의식이 사람들의 일상생활에까지 깊이 스며들어 있었다. 아메리카에서 평판을 얻기 위해서는 스스로 잘났음을 입증하기만 하면 되었고 성공을 하는 데 족보학자의 확인까지 받을 필요는 없었다. 따라서 뉴잉글랜드(미국 동부지방으로, 유럽에서 온 이주민들이 처음 정착한 곳—옮긴이)에 있는 저임금으로 혹사당하는 어두침침한 공장과 영국의 음침한 공장 사이에는 별 차이가 없었지만, 그 공장주인들의 예의범절과 행동을 자세히 살펴보면 차이점을 발견할 수 있었다. 유럽의 자본가는 여전히 봉건적인 과거의 그늘을 벗어나지 못한 반면, 미국의 자본가는 햇빛으로 일광욕을 하고 있었다. 즉 자본가들이 권력을 향해 질주하거나 부를 요란하게 향유해도 그것을 가로막을 만한 것이 전혀 없었다. 요란했던 19세기 후반기에 미국에서는 돈이 사회의 인정을 받는 디딤돌이었으며, 미국 백만장자들이 상류계급으로 들어가는 데는 적절한 부라는 여권만 얻으면 충분했다. 비자까지는 필요 없었다.

그래서 '신세계'에서의 돈벌기 게임은 다른 나라에서 벌어지는 경쟁적 투쟁보다 더 거칠고 신사답지 못했다. 판돈도 컸고 성공의 가능성도 높았다. 따라서 스포츠맨 정신이 좀 부족했다.

예컨대 1860년대에 해운과 상업분야의 전설적인 사업가였던 코넬

리어스 밴더빌트(Cornelius Vanderbilt, 1794~1877)는 동업자들이 자신
의 이익을 위협하고 있음을 알았다. 아주 드문 일은 아니었다. 그는
그들에게 편지를 썼다.

　　신사분들께
　　당신들은 나를 파멸시키려 하고 있소. 그러나 나는 당신들을 고소
　하지는 않겠소. 법은 시간이 너무 많이 걸리니까. 대신 내가 당신들
　을 파멸시킬 것이오.
　　　　　　　　　　　　　　　　　코넬리어스 밴더빌트 드림[1]

　그리고 그는 그대로 실행했다. "내가 왜 법에 의존해야 하지? 내
가 힘이 없단 말인가?"[2] 하고 밴더빌트는 주위 사람들에게 물었다.
그 후 존 피어폰트 모건(John Pierpont Morgan, 1837~1913)도 약간 세
련되기는 했지만 똑같은 감정을 드러냈다. 그의 동료인 게리 판사가
어쩌다가 법적인 소송 절차를 진행하자 모건은 폭발했다.
　"내가 할 수 없는 일을 알려주는 변호사를 내가 원할 것 같은가.
나는 내가 하고 싶은 일의 방법을 가르쳐줄 변호사를 고용하겠어."
　미국인이 동시대의 유럽인을 능가했던 것은 정교한 법 절차를 무
시하는 것뿐만이 아니었다. 그들은 싸울 때 신사의 결투용 칼을 버리
고 난폭한 무뢰배들이 쓰는 철권을 택했다. 그것에 딱 맞는 사례가
바로 알바니-서스퀘해나 철도의 지배권을 둘러싼 투쟁이다. 철도망
에서 핵심노선인 이곳을 두고 짐 피스크(Jim Fisk)와 귀족인 모건은
서로 갈라서게 되었다. 모건은 노선의 한쪽 끝을 쥐고 있었고, 다른
한쪽은 피스크의 본거지였다. 분쟁은 양쪽편이 기관차에 타고 거대
한 장난감처럼 양편에서 달려와 서로 충돌하는 것으로 해결되었다.
그런 후에도 진 쪽에서는 포기하지 않았고 최선을 다해 퇴각하는 모

습을 보였다. 철로를 걷어내고 다리받침까지 헐어버린 것이다.

이러한 기업의 패권을 둘러싼 난투극(mêlée)에서는 항복한 적에게 베푸는 자비를 아무도 요구하지 않았고 그것을 베푸는 사람도 없었다. 스탠더드오일 그룹의 끈질긴 경쟁자를 제거하는 데는 다이너마이트까지 이용되었다. 그보다 덜 난폭한 유괴와 같은 수단은 부도덕함보다는 독창적이라는 점에서 두드러졌다. 1881년 심한 눈보라가 뉴욕의 전신환 선로를 넘어뜨렸을 때, 화폐시장의 무법자 제이 굴드(Jay Gould, 1836~1892)는 어쩔 수 없이 심부름꾼을 통해 주문서를 브로커에게 보내야 했다. 그의 적들은 절호의 기회임을 알아채고 행동을 개시했다. 그들은 심부름꾼 소년을 유괴하고 비슷한 용모를 가진 다른 소년으로 교체했다. 그리하여 굴드는 몇 주일 동안 어떻게 된 영문인지 상대가 자신의 모든 움직임을 미리 알고 있는 것을 보면서 낭패했다.

말할 필요도 없이, 뱃전에서 밖으로 내민 판자 위를 눈을 가린 채 걷도록 하여 적을 물속에 빠뜨려 죽인 해적들이 대중을 정중히 다룰 것이라고 기대할 수는 없다. 투자자들을 속이고 주가를 조작하여 돈을 탈취하는 일은 당연지사로 여겨졌다. 증권시장은 대중이 돈을 걸면 재계의 거물들이 미리 짜고 노름판을 조종하는, 부자들을 위한 일종의 사설 도박장 같았다. 이런 상황에서 판돈은 어떻게 될까. 그것은 대중이 알아서 할 일이라는 식이었다. 이 거물들은 대중을 자신의 사업에 끌어들이기 위해 온갖 수단을 동원했는데 그런 태도는 사실 말도 안 되는 것이었다.

주목할 만한 것은 사람들이 진지하게 반응했다는 사실이다. 굴드나 록펠러(William Rockefeller, 1841~1922)가 철도나 동광 또는 철강회사 주식을 구입하고 있다는 소문이 '돌' 때 대중들은 공짜로 한몫 보려고 몰려들었다. 양을 죽일 때마다 털을 깎는다는 사실조차 그들의 무한한 신뢰를 흔들지 못했다. 당시의 기업가들은 이러한 믿음의 힘을 기초로 하여 사실상의 속임수로 자금을 조달할 수 있었다. 헨리 로저스(Henry Rogers, 1840~1909)와 윌리엄 록펠러가 자기 돈 한 푼 안 들이고 아나콘다 동광회사를 매입한 사건은 정말 현란한 사례이다. 그들의 수법은 다음과 같았다.

1. 로저스와 록펠러는 아나콘다 회사의 자산에 대한 대가로 마커스 데일리에게 3900만 달러의 수표를 주었다. 단 조건이 있었는데, 데일리가 이 수표를 내셔널시티은행에 예치하고 특정한 기간 동안 돈을 찾지 말아야 한다는 것이었다.

2. 곧이어 이들은 '통합동광회사(Amalgamated Copper Company)'라는 가공의 조직을 설립하고 자신의 사무원들을 명목상의 이사로 임명했다. 그리고 그 가공회사가 아나콘다를 구입하도록 했다. 현금이 아니라 이 목적을 위해 간단히 인쇄한 가공 회사의 주식 7500만 달러로.

3. 로저스와 록펠러는 자신들이 마커스 데일리에게 준 수표를 막기 위해 내셔널시티은행으로부터 3900만 달러를 대출하고, 담보로 통합동광회사 주식 7500만 달러를 제공했다.

4. 그들은 (브로커를 통해 요란하게 선전한 다음) 이제 통합동광회사 주식을 시장에 내다 팔아 7500만 달러를 손에 넣었다.

5. 그들은 그 판매대금으로 내셔널시티은행에 진 빚 3900만 달러를 갚고 나머지 3600만 달러는 거래에서 얻은 이익금으로 제 주머니에 챙겼다.[3]

누구에게나 열려진 무료입장 경기는 아찔한 사기를 품고 있었다. 시카고-세인트폴-캔자스 철도회사 회장이었던 앨피어스 비즈 스티크니(Alpheus Beede Stickney)는 어떤 철도회사 회장이라도 신사로서는 신뢰하지만 철도회사 회장으로는 전혀 믿지 않으며, 그들 앞에서는 잠시라도 시계도 풀어놓지 않겠다고 말했다.[4] 이런 냉소에는 이유가 있었다. 운임 할인이라는 자살경쟁으로부터 철도사업을 구할 공통의 화물운임표를 만드는 데 합의하기 위해 소집된 철도회사 두목들의 모임에서 한 철도회사 회장이 회의 휴식시간을 이용하여 살그머니 빠져나와 합의된 운임표를 본사에 전보로 알렸다. 자기 회사 노선이 가장 낮은 운임을 받도록 하기 위해서였다. 우연히 그 전보문은 중간에서 가로채였고, 다음 모임이 열렸을 때 그것은 도둑들 사이에서조차 염치가 없다는 확실한 증거가 되어 논란의 대상이 되었다.

우리가 되돌아보기에도 낯 뜨거운 시대였다. 겉치레도 괴상할 정도로 요란했다〔어떤 파티석상에서는 부(富)를 들이마시는 짜릿한 기분을 내기 위해 궐련을 100달러 지폐로 말아 피웠다〕. 또한 투사정신의 면에서는 거의 중세적이었다. 하지만 그 시대의 정신을 오산하지는 말자. 부자 귀족들은 대중을 짓밟았지만 서로에게도 무자비하게 대했다. 그들의 대담하고 무원칙한 행동은 계산된 야비함이라든가 기독교 이상을 의식적으로 저버리는 행위라기보다는 오히려 양심과 점잖은 관습이라는 장벽을 모를 정도로 에너지가 넘친 결과였다. 모건은 "나는 대중에게 신세 진 것이 하나도 없다."[5]고 말한 적이 있다. 그가 이렇게 말한 뜻은 세계에 대한 냉담한 반항이라기보다는 자신의 철학 신조를 그대로 표현한 것일 뿐이다. 이런 시대에 사업이란 잔인한 것이었다. 도덕을 지킨 대가는 패배이기 일쑤였다.

이 모든 것에 대해 경제학자들은 어떻게 생각했을까?

생각한 게 별로 없었다. 미국의 전문가들은 자신을 가르친 유럽 선생들의 발자취를 따라갔고, 미국 사회를 전혀 맞지 않은 틀에 강제로 집어넣었다. 피비린내 나는 돈싸움의 환상적인 게임을 두고 '검약과 축적'의 과정이라고 표현했고, 명백한 사기행위를 '사업'이라 했으며, 그 시대의 금빛 나는 사치를 아무 색깔 없이 '소비'라고 묘사했다. 정말로 너무나 북북 문질러서 뭐가 뭔지 알 수 없는 세계였다. 존 베이츠 클라크(John Bates Clark, 1847~1938)의 《부의 분배(Distribution of Wealth)》라는 대표적인 책을 읽어봐도 미국이 백만장자의 땅이라는 사실을 알 수 없다. 프랭크 윌리엄 타우시그(Frank William Taussig, 1859~1940)의 《경제학 원리(Principles of Economics)》을 정독해도 증권시장의 사기극을 접하지 못한다. 『애틀랜틱먼슬리(Atlantic Monthly)』에 실린 로플린(James Laurence Laughlin, 1850~1933) 교수의 논문을 들여다보면 '희생과 노력과 기술'이 거대한 부의 원천이라는 것을 배울 것이고, 모든 인간은 '피땀 흘려 번 재물을 다른 사람을 제쳐놓고 누릴' 권리가 있다는 말을 듣게 될 것이다. 아마도 이 권리는 다이아몬드로 입법부를 매수할 권리까지 포함할 것이다.

한마디로 말해서 공식세계의 경제학(official economics)은 변호론이었을 뿐, 사태를 제대로 인식할 능력이 없었다. 공식세계의 경제학은 미국이라는 무대의 정수를 이룬 지나침과 낭비는 외면하고, 그 대신 공식적인 선(線)과 광택 없는 색깔로 이루어진 상투적인 상을 그리고 있었다. 공식세계의 경제학은 정직성이나 용기 또는 지적 능력을 결여하지는 않았지만 맬서스가 말한 '상황과 이해에 대한 무감각한 편견'이라는 병에 걸려 있었던 것이다. 미국 경제학자들은 이러한 열광적인 시대의 흐름에 너무나 얽매인 나머지 그들의 연구주제로부터 물러나 냉정하고 명확하게 그리고 거리를 두고 주제를 바라볼 수 없었다.

필요한 것은 이방인의 눈이었다. 미국 상황에 낯설기 때문에 오히려 명료하게 그리고 넓은 시야로 바라볼 수 있었던 토크빌이나 브라

이스와 같은 사람의 눈이 필요했다. 미국 출생이지만 천성적으로 어느 국가의 시민도 아니었던 소스타인 번드 베블런이라는 사람에게는 그러한 눈이 있었다.

사회의 본질을 파고든 괴짜 경제학자

베블런은 정말 괴상한 사람이었다.[6] 겉모습은 농부, 그것도 노르웨이의 농부처럼 보였다. 사진을 보면 그의 머리카락은 부드러우면서도 가라앉아 있으며, 낮고 경사진 이마 위로 뒤집힌 V자 모양으로 흘러내리고 있다. 놈(gnome, 땅속의 보물을 지키는 땅신령—옮긴이) 같은 머리의 가운데로는 가르마를 내었고, 날카로우면서도 명상적인 농부의 눈이 뭉툭한 코 뒤에서 내다보고 있다. 그리고 단정치 못한 콧수염이 입을 가리고 짧고 덥수룩한 턱수염이 턱을 감싸고 있다. 다리지 않은 두터운 양복을 입고 있는데, 조끼에는 큼직한 안전핀이 꽂혀 있어 회중시계를 고정시켜준다. 사진에는 양말을 고정시키기 위해 바지에 꽂아놓은 두 개의 안전핀이 보이지 않는다. 그러나 사진을 보면 그가 가늘고 호리호리한 체격을 가졌으며, 발을 높이 올리며 사냥꾼처럼 소리 없이 걷는다는 것을 짐작할 수 있다.

괴상한 용모 뒤에는 더욱 괴상한 성격이 감춰져 있다. 꿰뚫어볼 듯이 날카로운 그의 눈은 마치 날카로운 분석정신을 암시하는 듯하다. 촌스러운 외모 때문에 사람들은 그가 둔감한 질문을 할까 대비할지도 모르겠다. 그러나 그의 일생에서 기조가 되는, 즉 그가 사회에서 소외감을 느끼고 있다는 사실은 외모에서는 나타나지 않는다.

소외감은 흔히 병자들에게 나타나는 현상이고, 우리의 기준으로 볼 때 베블런은 실제로 노이로제에 걸려 있었음에 틀림없다. 그에게 은둔자적인 고립증세 비슷한 것이 나타났기 때문이다. 그는 마치 딴 세상에서 온 것처럼 일생을 살았다. 따라서 그와 동시대인들이 자연스럽게 보았던 세상사가 그에게는 마치 고고학자의 눈에 비친 야만사회의 의식(儀式)처럼 자극적이고 이국적이며 신기하게 여겨졌다. 애덤 스미스와 마르크스를 포함한 다른 경제학자들은 그들이 살던 사회 속에 있었을 뿐 아니라 그 사회의 **일부**였다. 다시 말해서 그들은 때로 주위에 펼쳐진 세계를 한껏 찬미하기도 하고, 때로는 자신들이 보는 현상을 놓고 절망과 분노를 느끼기도 했다. 그러나 베블런은 전혀 그렇지 않았다. 그는 부산 떨고 서로 밀치며 무리 지어 사는 사회에 속해 살고 있었지만 초연함을 잃지 않았다. 그는 사회에 연루되거나 얽혀 들지 않고 외따로 살았으며, 초연하고 무관심한 이방인이었다.

이방인이었기 때문에 그는 순응을 몰랐다. 그렇다고 과격파는 아니었다. 베블런에게 세상은 불편하고 가까이 하기 어려운 곳이었다. 그는 선교사가 원시사회에 적응하듯 사회에 적응했다. 완전히 원주민이 되기를 거부하고, 무서운 고독을 치루는 대가로 자신의 본래 모습을 유지했다. 많은 사람들이 그를 찬양하고 사랑하기까지 했다. 그러나 그에게는 친한 친구가 없었다. 이름만으로 부르는 친한 사람도, 푹 빠져 사랑한 여자도 없었다.

예상한 대로 그는 괴짜였다. 집에 전화 놓기를 거부했고, 책도 원래의 포장상자에 넣은 채 벽에다 쌓아놓았으며, 매일 침대를 정리해야 하는 이유를 이해하지 못했다. 아침에는 이불을 아래로 걷어찼다가 저녁에는 다시 끌어당겨 덮었다. 아주 게을러서 사용한 접시를 찬장이 텅 빌 때까지 계속 쌓아두었다가 한꺼번에 호스로 물을 뿌려 닦을 정도였다. 얼마나 과묵했던지 방문객들이 안절부절못하고 있는데도 말없이 몇 시간을 앉아 있곤 했다. 관행을 조롱하는 것을 좋아해서 학업성과에 관계없이 모든 학생에게 같은 학점을 주었고, 어떤 학생이 장학금을 신청하기 위해 좀더 높은 학점이 필요하다고 요청하면 기꺼이 C학점을 A학점으로 고쳐주었다. 대학 행정당국을 항상 도끼눈으로 바라보던 그는, 대학 당국이 학생의 출석확인을 철저히 해줄 것을 요청하자 과장되어 보일 정도로 세심히 출석을 불러 결석한 학생의 카드를 한편에 조심조심 쌓아올렸다. 이렇게 양과 염소를 가려낸 그는 겉으로 보기에 우연한 실수인 것처럼 해서 두 카드를 섞어버렸다. 묘하게 가학증 기질도 있어서 지나가는 농부한테서 자루를 빌렸다가 돌려줄 때는 그 안에 말벌의 벌집을 넣는 무의미한 장난을 치기도 했다. 드물지만 변덕스럽기도 해서, 한번은 어느 소녀가 그의 이름 첫 자인 T. B.가 무엇을 뜻하느냐고 질문하자 테디 베어를 뜻한다고 대답해버렸다. 그녀는 그를 그 별명으로 불렀지만 다른 사람은 감히 그렇게 하지 못했다. 또한 수수께끼 같은 사람이어서, 어떤 것에 대해서도 자신의 의견을 말하지 않았다. 대표적인 예로 어떤 사람이 와서 그가 편집한 잡지에 게재된 한 사회학자의 글을 어떻게 생각하느냐고 묻자 베블렌은 "한 페이지에 들어가는 단어의 수가 평균 400개인데, 그 교수의 글이 실린 페이지에는 375개밖에 들어 있지 않더군." 하고 대답했다. 그런데 너무나 이상한 것은 이 냉소적이고 무뚝뚝한 남자에게 여성을 끄는 묘한 매력이 있었다는 사실이다. 그는 항상 이러저러한 염문을 몰고 다녔지만 항상 자신이 먼저 시작한 관계는 아니었다. "여자가 품에 들어오는데 당신이라면 어떻게 할 거요?"라고 그가 물은 적이 있었다.

사람들을 당황하게 만드는 복잡한 인물인 베블런은 자신을 닫고 지냈지만 스스로를 드러내는 단 한 가지 통로가 있었다. 그는 면도날 같은 영어로 글을 써서 자신을 표현했다. 문체도 자신과 같아서 뒤얽혀 있고 특이하며 비밀종교 같은 지식과 전문용어로 가득 차 있었다. 세상을 있는 그대로 드러내는 데도 피 한 방울 나지 않게 하는 일종의 외과적인 문체였다. 그만큼 그의 칼날은 예리했다. 그는 박애에 대해 기술한 글을 '실용주의적 낭만으로 쓴 수필'이라고 이름 지었다. 종교를 설명하면서 "팔 수 있되 헤아릴 수는 없는 물건을 N 차원에서 만들어내기"라고 특징지었다. 그리고 중요한 종파조직들을 "연쇄점"으로, 개별 교회를 "소매점"으로 묘사했다.[7] 잔인하지만 재미있는 구절이다. 또한 지팡이는 "가지고 다니는 인간의 손이 유용한 노력 이외의 것도 할 수 있다는 광고"라고 묘사하고는 다시 그것이 무기라는 사실에 주목했다. "그처럼 실체적이고 원시적인 공격수단을 가지고 다니는 것은 심지어 보통 정도의 잔혹성을 타고난 사람에게도 큰 위안이 될 것이다."[8] **타고난** 잔혹성! 얼마나 야만적이면서 묘하게 노골적인 표현인가!

그러나 이런 것이 경제학과 무슨 관계가 있었는가? 그 용어를 사용하는 관행적인 뜻으로 본다면 전혀 관계가 없다. 베블런에게 경제학이란 세상만사가 미분학으로 정당화되는, 빅토리아시대 사람들의 정연하고 정확한 게임과는 전혀 관계가 없는 것이었다. 또한 사태가 어떻게 진행되어 가는지를 설명하려는 초기 경제학자들의 노력과도 별로 관련이 없었다. 베블런은 다른 것을 알고 싶어했다. 먼저 사물이 어째서 현재 상태로 있게 되었는가에 의문을 가졌다. 따라서 그의 연구는 경제라는 경기가 아니라 경기자로부터 시작되었다. 이야기의 줄거리가 아니라 '기업체제'라는 특별한 경기를 초래한 전체 관습과 사회풍습에서 시작하는 것이었다. 한마디로 그는 경제적 인간 및 경제적 의례와 의식(儀式)의 본질을 파고 들어갔다. 그런데 이러한 거의 인류학적 연구방법에서는 사회가 지대라고 부르는 무언가를 지주가 거둬들이는 것 못지않게 신사가 지팡이를 짚고 교회로 가는 것에 주목하는 일도 중요했다. 베블런은 자신이 사는 사회의 진정한 본질까지 파고들고 있었다. 기만과 인습이라는 미로를 헤치며 탐구해나가면서 그는 모든 곳에 나타나는 여러 암시와 증거들을 손에 넣어야 했다. 의상, 예의범절, 말, 품위 있는 관습 등 어느 것도 놓치지 않았다. 정신분석학자처럼 그는 중요하지만 은폐된 현실을 투영하는 실마리라고 생각되면 그것이 아무리 하찮은 것이더라도 주목했다. 또한 그 하찮은 것 속에서 상식으로 보기에는 이상하고 심지어는 불쾌한 것이 가진 의미를 찾으려 했다.

체제 부적응자의 비타협적 세계

앞으로 살펴보게 되겠지만 사회에 대한 그의 검토는 가차 없었다. 그런데 이런 신랄한 자질은 사회를 비방하려는 욕구 때문이라기보다는 우리가 즐겨 쓰는 표현을 정확하게 평가하려는 그의 유별난 냉정함에서 비롯되었다. 베블런에게는 친숙한 것이란 존재하지 않았고 평범해서 주의할 가치가 없는 것은 아무것도 없었다. 따라서 평가대상에서 제외할 것은 전혀 없을 것 같았다. 특이할 정도로 초연한 마음을 지니고 있었기에 그는 지팡이를 보고 '여가의 은근한 과시'와 '야만적 무기'라는 의미를 간파할 수 있었던 셈이다.

초연함은 그가 늘 지녔던 성격이었던 듯하다. 베블런은 1875년 개척지의 농장에서 노르웨이 이민자의 넷째 아들이면서 여섯째 자식으로 태어났다. 그의 아버지 토머스 베블런(Thomas Veblen)은 초연하고 냉담한 사람으로서, 느긋하고도 독립적인 성품의 소유자였다. 베블런은 훗날 아버지를 그가 이제껏 만난 사람 중에서 가장 훌륭한 정신의 소유자라고 묘사했다. 그의 어머니 카리(Kari)는 따뜻한 마음씨를 가졌으며, 성질이 급하고 정열적이었다. 베블런에게 아이슬란드의 설화와 노르웨이의 무용담을 들려준 이가 바로 어머니였는데 베블런은 평생토록 그것들을 좋아했다. 베블런은 처음부터 색다른 아이였다. 게을렀고, 집안의 잡일을 하는 대신 다락방에서 독서에 빠져들었으며, 별명 짓기에 타고난 재주를 가지고 있었다. 그가 지은 별명은 정곡을 찔렀고, 어른스럽도록 멋졌다. 손아래 동생은 이렇게 말했다.

"나는 아주 어렸을 때부터 우리 형이 모르는 게 없다고 생각했어요. 난 형에게 무엇이든 물어보았고, 형은 모든 것을 상세히 설명해 주었죠. 그가 나에게 들려준 많은 것들이 완전히 꾸며낸 이야기였다는 것을 나중에 알게 되었지만 그의 거짓말조차 좋았어요."[9]

이러한 특이한 성격을 형성하는 여러 요인 가운데는 액면가치대로 받아들여야 할 세계와 자신 사이를 쐐기로 갈라놓았던 그의 유별난 성장과정을 보태어야 할 것이다. 그는 소년기에 개척민으로 생활했다. 소박하고 엄하며 외로운 생활이었다. 옷은 집에서 만들어 입었는데, 털옷은 보지도 못했으며 외투는 소가죽으로 만든 것이었다. 커피와 설탕은 사치품이었고 속내의 정도의 간단한 옷도 사치품이었다. 그러나 더욱 중요한 것은 외국인 곧 이방인으로 보낸 소년시절이었다. 미국에 온 노르웨이 사람들은 다른 민족과 분리되어 자신들만의 사회에서 살았는데 그곳에서는 노르웨이어가 공용어였고 노르웨이가 조국이었다. 베블런은 영어를 외국어로 배워야 했고, 대학에 갈 때까지도 영어를 완벽하게 구사하지 못했다. 그리고 얼마나 가부장적인 분위기에서 살았던지, 밭에서 불려 들어와 마차 위에 꾸려진 가방이 놓여 있는 것을 보고서야 자신이 대학에 간다는 사실을 알게 되었을 정도였다.

그의 나이 17세 때의 일이었다. 가족들이 선택한 곳은 칼턴대학이었다. 그 대학은 그의 가문이 농사짓고 사는 미네소타 시 근처에 위치한, 동부지역의 문화와 계몽을 책임진 작은 전초기지였다. 그를 이 대학에 보낸 것은 장차 루터교 목사로 만들기 위해서였다. 그는 칼턴대학이 철두철미하게 종교적임을 알게 되었다. 그러나 이미 왕성하고 성상파괴주의 사상에 물든 지성(知性)을 길들이거나 종교적인 분위기에 적응시킬 희망은 없어보였다. 이 이교도를 개종시키기 위해 관행적인 토론보다는 연설시간을 매주 갖게 되었는데, 베블런은 '식인풍습의 변명'이라든가 '주정꾼을 위한 변호'와 같은 제목으로 교수들을 소란으로 몰아넣었다. 이러한 악행을 옹호하느냐는 질문을 받자 베블런은 자신은 과학적 관찰에 전념할 뿐이라고 담담하게 대답했다. 교수들은 그의 천재성을 인정하면서도 그를 약간 두려워했다. 그의 선생이었던 존 베이츠 클라크(나중에 미국의 걸출한 경제학자 가운데 한 사람이 될 인물)는 베블런을 좋아했지만 한편으로는 그를 '부적응자'로 생각했다.

이 기이하면서도 천부적 재능이 있는 부적응자는 칼턴대학에서 있을 법하지 않은 특별한 기회를 얻었다. 베블런과 그 대학 총장의 조카인 엘렌 롤프(Ellen Rolfe) 사이에 로맨스가 싹튼 것이다. 그녀는 나름대로 지적이며 명석한 여자였고, 두 젊은 남녀는 자연 중력의 힘에 따라 자연스럽게 가까워졌다. 베블런은 엘렌에게 스펜서의 저서를 읽어주었고, 그녀를 불가지론(不可知論)으로 개종시켰으며, 그녀가 바이킹족 최초의 영웅인 롤로(롤프라고도 부른다—옮긴이)의 후손이라고 확신했다.

그들은 1888년에 결혼했지만 두 사람의 관계는 기복이 심했다. 베풀 애정이 별로 없었던 이 고독한 남자는 여자의 보살핌이 필요했던 모양이다. 몇몇 예외를 제외하고(어떤 여자는 그를 '침팬지'라고 불렀다) 그는 여복이 많았다. 어떤 스타일의 여자라도 상관없었던 것 같다. 베블런은 엘렌에게 충실하지 않았고, 그녀는 여러 번 그를 떠나야 했다. 때로는 그의 무분별함 때문에, 때로는 그가 그녀를 잔인하게 대했기 때문에, 어떤 때는 그녀가 그의 수수께끼 같은 태도와 벽으로 둘러싸인 정신을 이해하려 애쓰다 좌절했기 때문이었다. 그러나 베블런은 수년간 화해하기 위해 예고도 없이 숲 속에 있는 그녀의 거처를 방문하곤 했다. 검은 스타킹을 흔들면서 "부인, 이 양말이 댁의 것입니까?"라고 묻는 능청을 떨면서.

베블런은 칼턴대학을 졸업한 뒤 학자의 길을 걷기로 결심했다. 그러나 그의 직장생활의 특징이 되어버린 길고 끝없는 좌절이 그를 기다리고 있었다. 그는 사실 이해관계를 적극적으로 챙기지 못했고, 게다가 일종의 불운도 그를 따라다녔던 듯하다. 예컨대 한번은 옛 동창생에게 뉴욕에 있는 어떤 민간 복지기관에 일자리를 알아봐달라고 부탁했다. 친구는 그러마고 대답했지만 결과는 친구가 그 자리를 가로채는 것으로 나타났을 뿐이다. 그러나 이것은 상당히 세월이 흐른 후의 이야기이다. 베블런은 위스콘신에 있는 모노나아카데미라는 조그만 대학에 자리를 얻었다. 그러나 일 년 후 학교가 영원히 문을 닫자 그는 장학금을 기대하며 철학을 공부하러 존스홉킨스대학교로 갔다. 요란한 추천서를 첨부했음에도 불구하고 장학금을 받지는 못했다. 베블런은 예일대학교로 옮겼다. 그리하여 1884년에 전 과목 A학점에 박사학위를 받았다. 그러나 미래도 전망도 없었다.

그는 고향으로 돌아왔다. 볼티모어에서 걸린 말라리아 치료를 위해 특별한 음식을 먹어야 했기 때문이다. 그러나 그는 감사할 줄 모르는 환자였다. 말과 마차를 집에 꼭 필요한 시간에 끌고 나가버려 가족들을 괴롭혔고, 가족들에게 모두 결핵환자라고 소리 지르기도 하고, 너무 정직한 바보들이기 때문에 결코 성공하지 못할 것이라고 말하기도 했다. 그는 방안에서 뒹굴며 빈둥거렸다. 그의 형제 중 한 사람은 이렇게 썼다.

"가족의 충성과 결속을 종교처럼 중시하는 종족과 가문에서 태어난 것이 그로서는 행운이었다. …… 아주 점잖은 우리 고장에서 빈둥거리는 사람은 소스타인 베블런뿐이었다. …… 그는 책을 읽으며 빈둥거리고 다음 날에도 다시 빈둥거리며 책을 읽었다."[10]

분명히 그는 모든 것을 읽었다. 정치학 소책자, 경제학, 사회학, 루터교의 찬송가집, 고고학 논문 등등. 그러나 게으름 때문에 사회로부터 더욱 격리되었고, 더욱 신랄하고 내향적이 되었다. 그는 가끔 집안 잡일을 했고, 성과도 없는 발명품을 만든다고 시간을 허비했고, 그 당시의 호화로운 행사에 대해 시큰둥한 논평을 했으며, 식물채집도 하고, 아버지와 이야기도 나누고, 몇 편의 글을 쓰기도 했다. 그리고 직장을 구하기도 했다. 그러나 아무 결실도 없었다. 신학 관련 학위가 없었던 그는 종교 계통의 대학에는 들어갈 수 없었다. 그에게는 남에게 호감을 살 만한 세련미나 풍채도 없었다. 그가 엘렌과 결혼할 당시 여자 쪽 가족이 무척 실망하면서도 결혼을 승낙한 것은 그가 최소한 먹고 살 수는 있으리라 여겼기 때문이다. 그는 애치슨-토피카-샌타페이 철도회사의 경제분석가 자리를 희망하고 있었다. 엘렌의 삼촌이 그 회사 회장으로 있었던 것이다.

그러나 그의 변덕스러운 악운이 개입했다. 철도회사는 재정난에 빠져 은행관리로 넘어갔고, 그의 자리도 사라지고 말았다. 아이오와대학교에 자리가 났다. 박사학위와 추천서와 처가의 연고로 인해 그의 임명은 확실한 듯했다. 그러나 그것도 무산되었다. 박력이 부족하고 또 불가지론을 믿고 있던 것이 그에게 크게 불리하게 작용했다. 세인트올라프대학교의 자리도 11시간 만에 거절당했다. 운명도 음모를 꾸미며 그에게 고립된 생활을 계속하도록 강요하는 것 같았다.

그의 고립된 생활은 7년간 계속되었고, 그동안 그는 책 읽는 것 이외에 한 일이 전혀 없었다. 마침내 가족회의가 열렸다. 결국 그는 34세나 되었음에도 불구하고 그럴듯한 자리를 전혀 얻지 못한 것이다. 그가 대학원 과정을 다시 이수해서 학계 진입을 한 번 더 시도해야 한다는 것으로 의견이 모아졌다.

그는 코넬대학교를 선택했다. 1891년 그는 제임스 로렌스 로플린 교수의 방으로 들어가서 "제가 소스타인 베블런입니다." 하고 말했다. 보수경제학계의 거두였던 로플린은 깜짝 놀랐음에 틀림없다. 자신을 소개하는 사람은 너구리 가죽모자에 코르덴 바지를 입고 있었다. 그러나 그가 풍기는 무언가가 그 노인에게 강한 인상을 심어주었다. 노학자는 대학총장실을 찾아가 베블런을 특별연구원으로 채용하는 데 필요한 특별 연구비를 타냈다. 이듬해에 시카고대학교가 문을 열고 경제학과장으로 로플린을 임명하자, 그는 연봉 520달러에 베블런을 데려갔다. 여기서 보태고 싶은 이야기는 로플린 교수가 죽었을 때, 경제학에 대한 그의 가장 큰 공헌은 시카고대학교에 베블런을 데려간 것이었다.[11]

시카고대학교는 베블런이 35세라는 늦은 나이에 최초로 잡은 직장이었을 뿐만 아니라 그가 해부하려는 사회를 기묘하게 잘 반영하는 기관이었다. 그 대학은 록펠러가 설립했는데, 그곳 학생들이 잘 부르는 노래가 있었다.

> 존 D. 록펠러
> 그는 훌륭한 사람이다.
> 쓰다 남은 잔돈 모두를
> 시카고대학교에 희사한다.

사람들이 예상한 것과 달리 시카고대학교는 끊임없는 보수주의 정책에 얽매어 있지는 않았다. 교육계에서 시카고대학교의 위치는 사업계에서의 엠파이어빌딩과 같은 것이었다. 총장은 36세의 야심가인 윌리엄 레이니 하퍼(William Rainey Harper, 1856~1906)였는데, 저널리스트 월터 하인스 페이지(Walter Hines Page, 1855~1918)의 찬사 어린 묘사에 따르면 그 업계의 선장과 같은 인물이었다. 그는 기업가형 대학총장으로 높은 월급을 미끼로 다른 대학의 인재들을 빼앗아오는 행위를 서슴지 않았다. 그리하여 그 대학교의 아버지격인 스탠더드 오일 그룹처럼 시카고대학교도 막강한 재력으로 미국의 지적 자본 가운데 큰 부분을 독점하는 데 성공했다. 뒷날 베블런의 펜은 이 모든 것을 신랄하게 묘사했다. 그러나 동시에 이러한 점이 지성인들에게 필요한 적절한 환경을 베블런에게 제공해주었다. 전례 없는 정확도로 빛의 속도를 측정하게 될 앨버트 마이컬슨(Albert Michelson, 1852~1931), 생리학자인 자크 러브(Jacques Loeb, 1859~1924), 군집생태학을 연구하는 로이드 모건(Lloyd Morgan, 1852~1936) 등이 그곳에 모여 있었다. 더불어 거대한 도서관이 있었고 편집해야 할 새로운 경제학 저널도 그곳에 있었다〔시카고대학교 경제학과는 『정치경제학저널 (Journal of Political Economy)』이라는 권위 있는 경제학 잡지를 발행하고 있다—옮긴이〕.

베블런은 주목받기 시작했다. 그의 방대한 지식이 명성을 얻도록 만들어준 것이다. 한 학생은 "저기 26개 언어를 구사하는 베블런이 간다."라고 말했다고 한다. 시험장에서 베블런을 처음 본 유명한 학자 제임스 헤이든 터프츠(James Hayden Tufts, 1862~1942)는 당시를 이렇게 회고한다.

내가 방에 들어갔을 때 시험은 이미 시작되었고, 잘 모르는 어떤 사람이 질문을 하고 있었다. 그의 말은 이제까지 들어 본 중에서 가장 느렸다. 질문의 끝에 이를 때까지 질문의 앞부분을 기억하고 있기 어려울 정도였다. 그러나 잠시 후 나는 사물의 본질에 도달하려는 한 가지 결의 이외에는 자신의 견해를 전혀 내보이지 않고 근본문제를 꿰뚫어보고 있는 명민한 정신이 거기에 있다는 사실을 알게 되었다.[12]

그러나 그의 고립된 개성은 난공불락이었다. 아무도 그가 무엇에 대해 어떤 생각을 하고 있는지 몰랐다. 사람들은 그의 아내에게 당신 남편은 정말 '사회주의자'가 아니냐고 묻곤 했고, 부인은 자신도 알지 못하겠다고 말할 수밖에 없었다. 그는 늘 갑옷을 두르고 있었다. 정중하고도 자제된 객관성을 가지고 세상의 감정적 내용물을 벗겨냈고, 그의 개인적 방패를 관통하고 싶어하는 사람들을 적당한 거리 안으로는 못 들어오게 했다.

"베블런 교수님, 말씀해주세요. 교수님께서는 심각하게 여기는 것이 있습니까?" 하고 한 학생이 질문을 던진 적이 있었다. 그는 마치 음모를 꾸미듯 귓속말로 말했다.

"그렇다네. 하지만 누구에게도 말하지 말게."

다음은 그의 만년의 이야기인데, 그의 됨됨이를 밝히는 데 도움이 될 것 같다. 교실에 들어올 때면 그는 밤새 책을 읽은 탓에 눈이 퀭하고 초췌했다. 들어와서는 두터운 독일어 원서를 내려놓고 그의 유일한 허영인 값비싼 시가를 피는 취미 때문에 노랗게 된 떨리는 손으로 책장을 넘기기 시작했다. 한때 그의 제자였던 하워드 울스턴(Howard Woolston) 목사는 그 광경을 이렇게 묘사했다.

그는 낮고 삐걱거리는 목소리로 초기 독일인들의 마을경제에 대해 이야기하기 시작했다. 이윽고 신흥귀족이 강제하고 성직자 계층이 인가한 부당한 법률적 허구를 설명하는 대목에 이르자, 냉소적인 미소가 그의 입술을 일그러뜨렸고 파란 악마가 곧 눈에 띄었다. 귀족의 소망은 신의 의지라는 일그러진 가설을 지독한 야유로 난자했다. 이어서 그는 현대의 여러 제도도 유사한 함축이 있음을 입증하며, 조용히 너털웃음을 터뜨렸다. 그러고는 다시 역사로 돌아가 설명을 계속했다.[13]

그러나 모든 사람이 그가 보여준 교수법의 진가를 인정한 것은 아니었다. 학생들에 대한 그의 솔직한 기분은 학생이 적으면 적을수록 더 좋다는 것이었다. 그는 활기차게 토론을 하려고 하지 않았다. 사실 그는 학생들을 몰아내기를 좋아했다. 그는 종교에 독실한 어느 여학생에게 그녀가 다니는 교회의 가치가 맥주통으로 계산해서 얼마나 된다고 생각하느냐고 질문한 적이 있었다. 또한 정성을 다해 그의 말을 필기하던 한 학생이 한 문장을 반복해달라고 요청하자 그것은 반복할 가치도 없는 문장이라고 대답했다. 그는 중얼거렸으며 두서없이 말했다. 그의 강의실에서 수강생 수는 점점 줄어들었다. 어떤 강의는 마지막 시간에 한 명밖에 남지 않은 경우도 있었다. 나중에 있었던 일인데, 그가 옮겨간 다른 대학의 강의실 문에 원래는 '베블런, 10시~11시, 매주 월, 수, 금'이라는 시간표가 붙어 있었는데, 점차 시간이 줄어들어 마지막에는 '월요일 10시~10시 5분'이라고 적혀 있었다고 한다.

그러나 지루하고 단조로운 목소리를 주의 깊게 경청한 소수의 제자들에게는 이러한 특성이 보상받을 가치가 있는 것이었다. 그의 한 제자는 수강생이 아닌 사람을 데리고 강의에 들어갔는데 그는 나중에 이렇게 말했다고 한다.

"정말 그 강의는 멋졌습니다. 죽은 사람의 목소리가 느릿하게 말을 이어가는 것 같았습니다. 내리깐 눈꺼풀 뒤에서 빛이 꺼졌다 해도 무슨 차이가 있었겠습니까?"

여기에 그 제자는 이렇게 보탰다.

"그러나 매일 경청하는 우리는 그 특이한 강의방식이 사물의 표면을 넘어 움직이는 초연하고 약간 냉소적인 지성을 전달하는 데 딱 들어맞는다는 것을 발견했습니다. 초연하고 자유분방한 그의 지성이 사람들을 매료시켰지만 그는 수족이 잘린 인간 같았습니다. 그의 학자적 정신은 경이롭고 유쾌했습니다. 그는 대다수 인간의 머리로는 수용할 수 없어 넘쳐버렸을 세부적인 지식, 그 자체로도 목적이 되었을 세부사항을 모두 기억하고 있었으며, 거대한 계획을 장대한 모습으로 차례차례 펼쳐 보였습니다. …… 그의 조용한 목소리는 어떤 의견을 지적하기 위해 일순간 변하기도 했으며 당시의 은어나 유행하는 졸렬한 글귀를 교묘히 사용하기도 했고 그 다음에는 중세의 라틴어로 된 시를 줄줄이 낭독하기도 했습니다……"14

그의 가정경제는 그가 풀려고 시도하는 정치경제학만큼이나 얽히고설켜 있었다. 그는 시카고에서 아내 엘렌과 살고 있었다. 그러나 그러한 사실도 악명 높도록 난잡한 그의 행동을 막지 못했고, 결국 하퍼 총장도 불쾌하게 여기기에 이르렀다. 다른 여자와 외국으로 여행을 떠나는 사건까지 발생하자 대학에서는 더 이상 그의 행동을 용납해주지 않았다. 그는 다른 직장을 찾아 이리저리 알아보고 다녀야 했다.

그는 시카고대학교에서 14년을 보냈다. 급료도 1903년에는 1000달러라는 거액에 달했다. 그 14년이라는 세월은 결코 허송세월이 아니었다. 그의 만족할 줄 모르는 탐구정신, 탐욕적인 획득정신이 마침내 결실을 맺기 시작했기 때문이다. 일련의 탁월한 논문과 두 권의 특기할 만한 저서를 통해 그는 전국적인 명성을 얻고 있었다. 물론 무엇보다도 신기한 글이라는 이유도 있었지만.

현대사회의 야만성을 성토한 《유한계급론》

베블런은 42세 때 첫번째 저서를 냈다. 당시 그는 여전히 초라한 강사였다. 그 해에 그는 하퍼 총장을 만나 봉급을 몇 백 달러 인상해달라고 요구했다. 하퍼 총장은 그가 시카고대학교를 충분히 광고하지 못했다고 말했고, 베블런은 그럴 의사가 없다고 답했다. 로플린 교수의 중재가 없었다면 베블런은 시카고대학교를 떠났을 것이다. 그때 그가 떠났다면 하퍼 총장은 매우 중요한 광고물을 놓쳤을 것이다. 베블런은 곧 《유한계급론(The Theory of the Leisure Class)》이라는 저서를 발간할 참이었기 때문이다. 그 책이 특별한 감동을 줄 것이라고 기대했다는 징후는 찾아보기 어렵다. 베블런은 그 원고를 몇몇 제자들에게 읽힌 다음 건성으로 이 책에 다음절어(多音節語)가 많은 것을 알게 될 것이라고 말했다고 한다. 그는 출판사가 그 원고를 받아주기에 앞서 여러 번 고쳐 써야 했다. 그런데 예상 밖으로 그 책은 대단한 인기를 끌었다. 소설가이자 평론가인 윌리엄 딘 하우얼스(William Dean Howells, 1837~1920)는 이 책에 대해 두 번이나 긴 서평을 썼다. 이 책은 하룻밤 사이에 당대 지식인들의 핸드북이 되었다. 한 저명한 사회학자가 베블런에게 말했듯이 "그 책은 동부에 평지풍파를 일으켰다".[15]

그 책이 사람들의 주목을 끈 것은 당연한 일이었다. 냉정한 분석을 유지하면서도 그렇게 신랄하게 쓴 책은 지금껏 없었기 때문이다. 사람들은 그 책을 집어 들고 아무 곳이나 펴 보고는 사회에 대한 그의 짓궂은 통찰, 신랄한 구절 그리고 사회를 녹여 내리는 듯한 견해에 키득키득 웃지 않을 수 없었다. 그가 서술한 구절 속에는 우스꽝스러움, 잔혹함 그리고 야만의 요소들이 잔뜩 들어 있었다. 사람들이 모두 당연하게 여기고 또한 관습이나 대수롭지 않게 취급하는 분위기에 잘 맞는 여러 현상들과 밀접하게 뒤섞인 채로. 그 효과는 전율을 불러일으켰고, 기괴했고, 충격적이었으며 또한 즐거웠다. 그리고 단어의 선택은 절묘했다. 간단히 예를 인용해보자.

…… 프랑스의 어떤 왕은…… 훌륭한 모습을 보이느라 정신적 원

기를 과도하게 쓴 탓에 생명을 잃었다고 한다. 왕의 옥좌를 옮기는
일을 담당하는 관리가 나오지 않아서 왕은 불이 났는데도 불평하지
않고 불 앞에 앉아 있었고, 그 결과 용안과 옥체가 회복될 수 없을 정
도로 구워져버렸다. 그러나 그렇게 함으로써 왕은 '모범적인 기독교
폐하'가 천박하게 오염되는 일을 막았다.[16]

대부분의 사람들은 그 책을 귀족계급의 생활방식에 대한 풍자나
부자들의 우둔함과 결점에 대한 호된 공격이라고 여겼다. 그리고 표
면적으로 그렇게 보이는 것도 사실이다. 베블런은 무늬를 짜 넣은 아
름다운 산문을 통해, 유한계급은 과시적 소비—뻔뻔스러울 정도로
노골적이든 은근하게 내비치는 것이든—를 통해 우월성을 과시하며
유한계급의 품질증명에 해당하는 여가도 대중의 눈앞에서 과시함으
로써 만족감을 배가시킨다고 말한다. 1000개나 되는 수많은 예를 들
면서 그는 '더 비싼 것'이 반드시 '더 좋은 것'을 의미한다는 유한계
급의 태도를 심술궂게 검토했다. 하나의 예를 들어보자.

우리 모두는 집안에서의 개인생활에서조차 수공예 은식기를 사용
하고, 손으로 무늬를 그려 넣은 사기그릇(예술적 가치가 의심스러운 경
우가 많지만)을 값비싼 테이블보 위에 놓고 음식을 담아 먹으면서 '나
도 가진 게 있구나.' 하는 생각을 진지하게 그리고 불안감 없이 떠올
린다. 이러한 점에서 늘 품위 있다고 여겨온 생활수준에서 퇴보하는
것은 곧 우리의 인간적 존엄성을 비참하게 파괴하는 것으로 여긴다.[17]

이 책의 대부분은 우리의 일상생활에 대한 경제적 정신병리학의
조사와 밀접한 관계가 있다. 그는 금전적 예의범절의 규범을 완전하
게 그리고 마치 최근에 발굴된 고고학적 발견인 것처럼 기이하다는

시각에서 서술했다. 대부분의 사람들이 이 책의 많은 부분에 흥미를 가지고 애독했다. 자기광고를 하고 이웃사람에게 지지 않으려고 허세를 부리는 풍토에서는, 책에서 묘사한 자신들의 틀림없는 자화상을 보고 수긍하거나 슬프게도 찬양하지 않을 수 없었을 것이다.

그러나 우리가 가진 과시욕에 대한 묘사가 아무리 재미있고 정곡을 찔렀다 하더라도 그러한 것들은 이 책의 주장을 뒷받침하기 위한 예시 재료에 불과했다. 이 책의 제목이 말하듯 이것은 유한계급의 이론을 탐구한 책이었다. 이따금 베블런은 가던 길을 멈추고 그 지방의 놀라운 경치를 여담으로 이야기하기는 하지만 그의 관심은 여행의 최종 목적지 즉 경제적 인간의 본질은 무엇인가, 사회는 어떻게 구성되었기에 유한계급 집단을 만들어내는가, 여가의 경제적 의미는 무엇인가 등의 문제에 초점을 맞추고 있었다.

고전 경제학자들은 그러한 의문에 상식으로도 답할 수 있었을 것이다. 그들은 합리적으로 자기이익을 향상시키려고 애쓰는 개인이라는 관점으로 세계를 보았다. 때로는 절망적으로 증가하는 노동계급을 본 맬서스의 경우처럼 야수적인 인간의 본질이 보다 우세하다고 보기도 했지만 고전 경제학자들은 대체로 인류를 이성적 존재들로 이루어진 집단으로 묘사했다. 경쟁적인 투쟁 속에서 어떤 사람은 꼭대기로 올라가고 어떤 사람은 바닥으로 내려갔으며, 운이 좋거나 영리하여 번영한 자는 자신의 노력을 최소화하려고 당연히 재산을 이용했다는 것이다. 이러한 고전 경제학자들의 설명은 아주 간단하지만 꽤 합리적이었다.

그러나 그러한 인간관을 베블런은 도저히 이해할 수가 없었다. 그는 사회를 결속시키는 힘이 합리적으로 계산된 '자기이익'의 상호작용이라고는 전혀 믿지 않았고, 여가가 당연히 노동보다 더 좋은 것이라고 확신하지도 않았다. 그는 독서를 통해서 잘 알려져 있지 않은 종족들의 생활양식을 알게 되었고, 아메리칸 인디언과 일본의 아이누족과 닐기리 구릉의 토다족과 호주의 삼림지대 주민 등을 연구했다. 이 종족들이 살아가는 사회의 간단한 경제에서는 유한계급이란 전혀 존재하지 않았다. 더 충격적인 것은, 생존하기 위해서 당연히 노동을 해야만 하는 공동사회에서는 모두가 무슨 일이든 천하게 생각하지 않고 일한다는 사실이었다. 이러한 경제를 움직이는 적극적인 힘은 이윤과 손실에 대한 고려가 아니라 솜씨에 대한 자연스러운 자부심과 다음 세대에 대한 어버이 같은 배려의 감정이었다. 사람들은 매일 할당된 일을 수행하는 과정에서 남보다 잘하려고 노력했다. 그리고 비록 노동으로부터의 면제, 즉 여가가 허용된다 해도 그것이 존경받을 만한 일은 아니었다.

그러나 베블런은 다른 형태의 사회도 주목했다. 폴리네시아인과 고대 아이슬란드인의 사회, 쇼군이 지배하는 봉건적인 일본사회는 위의 원시사회와는 성격이 다른 산업사회 이전의 사회였다. 그 사회에는 잘 정의된 유한계급이 있었다. 여기에서 유의해야 할 것은 이 계급의 사람들이 무위도식자가 아니라는 점이다. 그들은 그 사회에서 가장 분주한 계급이었다. 그러나 그들이 하는 '일'은 모두 약탈을 목적으로 하는 것이었다. 그들은 강제로 또는 술수를 써서 자신들의 부를 탈취했을 뿐, 땀을 흘리거나 기술을 사용하여 부를 직접 생산하는 일에는 참여하지 않았다.

그러나 비록 이 유한계급이 생산적 봉사는 하지 않고 사회로부터 부를 취하기만 했다고 할지라도, 그들의 행위는 사회의 전적인 승인 하에 이루어졌다. 그 사회는 그러한 비생산적 계급을 감당할 수 있을 만큼 충분히 부유할 뿐만 아니라 그들을 찬양할 만큼 대단히 공격적이기도 했기 때문이다. 사회는 유한계급으로 올라온 사람들을 낭비가 심한 자나 쓸모없는 자로 보지 않고 오히려 강자나 능력을 가진

자로 우러러보았다.

그 결과 일에 대한 태도에 근본적인 변화가 일어났다. 강제로 부를 탈취하는 유한계급의 활동은 명예롭고 위엄 있는 행위로 여겨졌다. 그와 대조적으로 순수한 노동은 비천한 것이라는 오명을 쓰게 되었다. 고전 경제학자들은 일을 지겨워하는 마음이 인간의 본성에 내재해 있다고 여겼지만, 베블런은 한때는 명예로운 생활방식이었던 일이 약탈정신의 영향으로 가치가 격하된 것이라고 보았다. 폭력과 잔인한 무용을 칭찬하는 사회는 인간의 노고를 미화할 수 없다.

이런 이야기가 미국이나 유럽과 무슨 관계가 있을까? 밀접한 관계가 있었다. 베블런의 눈에 비친 현대인은 야만인이었던 조상으로부터 크게 멀어진 상태에 있지 않았다. 가엾은 에지워스 교수가 그런 견해를 들었다면 몸서리쳤을 것이다. 베블런의 견해로는 그들의 쾌락기계 대신에 검투사와 추장과 마술사와 용사 그리고 겁에 질려 사는 소박한 평민이 있을 뿐이기 때문이다. 베블런은 뒷날 논문에서 이렇게 기술했다.

야만생활의 규율이야말로 인류의 전체 생활사에 담긴 문화 중에서 가장 엄한 것이었다. 그래서 인간의 본질은 유전적으로 아직도 야만적이며, 앞으로 무한정 야만적인 것으로 남아 있을 것이다.[18]

베블런은 현대사회 속에서 과거의 유산을 보았다. 유한계급은 그 소임을 바꾸고 수법에 세련미를 더했지만 목표는 변하지 않아 여전히 노동하지 않고 물품을 약탈했다. 물론 그 계급은 전리품이나 여자들을 추구하지는 않았다. **그럴 정도의** 야만성은 이제 탈피했다. 대신 유한계급은 돈을 추구했다. 그리하여 돈의 축적이나 돈의 요란한 또는 섬세한 과시는 토인들의 움막집에 걸어놓은 머리가죽에 해당하는 현대적 재료가 되었다. 유한계급은 아직도 옛날과 같은 약탈유형을 따랐다. 뿐만 아니라 개인적 힘을 찬양하는 옛날의 태도가 이 계급을 뒷받침하고 있었다. 사회에 비친 유한계급의 구성원은 아직도 호전적이며 무서웠고 그 밑에 깔린 평민들은 우월한 유한계급을 모방하려고 들었다. 자본가들은 물론 노동자와 중류계급의 시민에 이르는 모든 성원이 돈을 의식적으로 소비하고 정말 눈에 띄게 낭비함으로써 자신의 약탈적 묘기를 과시하려 들었다. "사회의 시각에서 보기 좋은 외형을 갖추기 위해서는 정의하기 힘든 전통적 부의 기준에 도달할 필요가 있다. 그것은 초기의 원시사회에서 야만인이 그 종족의 육체적 지구력이나 교활성, 무기를 다루는 기술에서 나름의 기준에 도달할 필요가 있었던 것과 마찬가지의 경우다."[19]라고 베블런은 설명했다. 마찬가지로 현대사회에서도 모든 인간은 동료들에게 보여줄 지독한 탁월성을 염원할 뿐 아니라 같은 과정의 일환으로서 일과 같은 비약탈적 생계수단에 따르는 비천함을 '본능적으로' 느낀다는 것이다.

이것이 터무니없는 소리로 들리는가? 우리는 자신이 야만인이라는 생각에 거부감을 느끼며 야만인과 비교당하면 저항을 느끼고 야만인을 경멸한다. 그러나 좀 이상한 점은 있지만 베블런의 관찰에는 일말의 진리가 담겨 있다. 우리 사회에는 의젓한 사무직에 비해 육체적 노동을 멸시하는 풍조가 있다. 적어도 성공한 고용직 사장의 경우 합리적인 수요와 필요의 범위를 넘어서는 부를 축적하고 있는 것도 사실이다. 우리는 베블런의 주된 통찰로부터 무언가를 얻기 위해 그의 고고학적 설명(그 가운데 '야만생활'의 '규율' 같은 것은 원시사회에 대한 오늘날의 연구에 비춰보면 좀 미흡하다)을 받아들일 필요는 없다. 다시 말해서 경제행위의 동기는 그것을 합리와 상식으로 미화한 19세기의 가식적 이론의 관점보다는 인간에게 더 깊이 각인된 불합리성이라는 관점에서 보아야 더 잘 이해된다는 베블런의 설명을 받아들일 필요는 없다.

심리학적이건 고고학적이건 이러한 불합리성이 정확히 무엇이냐를 놓고 왈가왈부하느라 여기서 지체할 필요는 없다. 우리 행위의 원천을 끝까지 추적하면 결국은 감미로운 논리로 이루어진 멋진 설명 아래 깊숙한 곳에 매몰된 기저에까지 도달하게 된다는 사실만 지적해두자. 예컨대 사회학의 고전으로 평가받는 《미들타운(Middletown)》에서 로버트 린드(Robert Lynd, 1892~1970)와 헬렌 린드(Helen Lynd, 1894~1982)는 대공황 때 극빈자를 제외한 대부분의 노동계층이 '꼭 필요한' 사치품을 줄이기에 앞서 음식과 의복에 대한 소비지출을 줄였다는 사실을 발견했다. 현대의 중류계급과 상류계급의 행태에서 과시를 위한 과시라는 규범은 어느 잡지에든 실려 있는 광고란을 보면 명백히 입증할 수 있다. 경쟁적인 대항이라는 바이러스에 걸리지 않은 사람은 아무도 없다. 따라서 다만 문학적인 의미에서라도 베블런이 제시한 약탈적 야만인의 태도는 오늘날의 우리 시대를 이해하는 데 도움이 되는 것은 확실하다.

아직 마지막 결론이 남아 있다. 거죽만 문명화된 야만인이라고 우리 인간을 파악한 베블런의 개념은 유한계급이 왜 존재하는가 그리고 소비지출 기준으로서 과시가 왜 용인되는가를 설명하는 이상의 공헌을 했다. 그것은 사회 응집력의 본질을 파악하는 실마리를 제공해주었다. 초기의 경제학자들 역시 사회를 구성하는 계급들의 각기 다른 이해관계에도 불구하고 사회를 결속시켜주는 것이 무엇인지를 설명하는 데 별로 성공하지 못했기 때문이다. 예컨대 만약 마르크스의 견해가 옳고 프롤레타리아가 자본가와 서로 화해할 수 없을 정도로 극단적으로 대립하는 존재라면 즉각적인 혁명 발발을 막은 것은 무엇인가? 베블런의 논리가 그 답을 제공한다. 하층계급은 상층계급에게 칼을 겨누지 않는다. 그들은 만져지지는 않지만 아주 강력한 공통된 태도의 끈으로 묶여 있다. 노동자들은 경영자를 없애려고 하지 않는다. 다만 그들과 **경쟁하려고** 할 뿐이다. 그들은 주인이 하는 일보다 자신들이 하는 일이 다소 덜 '근사하다'는 일반적인 평가를 받아들인다. 그리고 그들의 목표는 상층계급을 제거하는 것이 아니라 그 지위로 올라가는 것이다. 유한계급의 이론 속에는 사회적 안정 이론의 핵심이 들어 있다.

기업귀족에 대항하는 기계의 시대

1899년《유한계급론》이 출간된 후 베블런은 명성을 얻었다. 비록 경제학자로서가 아니라 풍자가로서의 명성이었지만 말이다. 급진주의자와 지식인들이 그를 칭송했다. 그러나 베블런은 그들의 칭찬을 경멸했다. 동료 경제학자들은 여전히 그가 사회주의자가 아닌가 하고 의심했고, 그의 말을 진지하게 받아들여야 할지 말아야 할지 판단을 내리지 못했다. 그들이 어리둥절해하는 것은 당연했다. 그는 한 문장에서는 마르크스를 칭찬하고 다음 문장에서는 비난했으며, 가장 진지한 사회비평조차 일종의 지적 익살로 포장했다. 이 때문에 독자들은 그것을 병적인 유머로 받아들여야 할지 완전히 직설적인 감정의 표현으로 받아들여야 할지 혼란스러워 했다.

그동안 베블런은 다른 책을 집필하고 있었다. 기업체제에 대해 독특한 정의를 내린 책이었다. 베블런은 친지인 그레고리 부인에게 보낸 편지에서 이렇게 적었다.

내가 자주 듣는 말이지만, 이 책은 '허황'되며 '요점을 벗어나' 있다고 친구들은 말합니다. 책의 제목은《기업이론(The Theory of Business

Enterprise)》입니다. 이것은 내가 구체적 사실을 증거로 대지 않아도 되기 때문에 마음먹은 대로 자유롭게 이론화할 수 있는 주제입니다.[20]

새 책은 1904년에 나왔다. 사실을 다루었든 그렇지 않든 간에 그 책은 첫번째 책보다 더욱더 재치가 번득였고 훨씬 더 기이했다. 저자의 주장이 상식과 정면으로 충돌하는 것 같았기 때문이다. 애덤 스미스의 시대 때부터 모든 경제학자들은 자본가를 경제의 주동인물로 보았다. 좋든 나쁘든 자본가는 경제적 진보를 만들어가는 중심적인 존재로 간주되었다. 그러나 베블런은 모든 것을 거꾸로 보았다. 기업가는 여전히 중심적인 인물이긴 하지만 더 이상 원동력은 아니었다. 이제 기업가는 체제의 **깽판쟁이**(saboteur)로 묘사되었다!

더 말할 나위도 없이 베블런이 이렇게 상식과 맞지 않은 견해를 내놓는 것은 그가 사회에 대해 이상한 시각을 견지하고 있었기 때문이다. 베블런은 리카도나 마르크스나 빅토리아시대의 경제학자들처럼 이해관계의 상충이라는 관점에서 출발하지 않았다. 그는 그보다 한 단계 아래인, 인간이 아닌 기술이라는 하부구조에서 출발했다. 그를 매혹시킨 것은 기계였다. 그는 기계에 지배된 사회 즉 규격화에 얽매이고, 일정한 주기로 실행되도록 시간을 맞추어야 하며, 정확과 정밀을 요구하는 기계의 강요에 따라 돌아가는 사회를 보았다. 그는 더 나아가서 경제적 과정 자체가 성격상 기본적으로 기계적임을 예견했다. 경제학은 생산을 의미하고, 생산은 상품을 만들어낼 때 사회가 기계처럼 맞물리는 것을 의미한다. 물론 사회적 기계는 돌보는 사람이 필요하다. 기계의 각 부위가 서로 협조해서 최대한 능률을 발휘하도록 조정을 해나갈 전문가와 기술자가 필요하다. 그러나 전체적으로 볼 때 사회는 거대하면서도 온전히 실제적인 메커니즘, 즉 고도로 전문화되고 고도의 상호협력이 이루어지는 인간 시계로 묘사될 수 있다.

그렇다면 이러한 계획에서 기업가에게 적합한 자리는 어디일까? 기업가는 돈을 버는 데 관심이 있는 반면 기계와 기술자들은 상품을 만드는 것 이외에 다른 목적은 없기 때문이다. 만일 기계가 잘 작동하고 각 부분이 부드럽게 잘 맞아 돌아간다면 이윤 추구가 유일한 목적인 인간이 설 곳은 어디일까?

이상적인 상태에서는 기업가들에게 맞는 마땅한 자리는 없을 것이다. 기계는 가치와 이윤에는 관심이 없다. 다만 상품을 만들어낼 뿐이다. 따라서 스스로 기술자가 되지 않는다면 기업가는 수행할 기능이 없어지게 될 것이다. 그러나 유한계급의 구성원인 그는 기술직에는 관심이 없다. 그는 축적을 원한다. 그렇지만 기계는 축적할 임무를 띠고 설치되는 것이 아니다. 따라서 기업가는 사회적 기계의 틀 속에서 일하는 것이 아니라 사회적 기계에 저항하여 음모를 꾸밈으로써 자신의 목표를 달성한다. 기업가의 기능은 상품 생산을 돕는 것이 아니라 상품의 정규적인 흐름에 장해를 초래함으로써 가치가 변동되도록 하고 그 혼란을 이용해 이윤을 거두어들이는 것이다. 그래서 기업가는 기계처럼 믿을 수 있는 실제 생산체제 위에 신용, 대부 및 가공의 주식자본과 같은 상부구조를 세운다. 사회는 하부에서 기계적인 일상작업을 반복한다. 상부에서는 금융구조가 흔들리고 변화한다. 실제 세계에 대한 금융적 대응이 교란됨에 따라 이윤을 얻을 기회는 끊임없이 나타났다가 사라지고 다시 나타난다. 그러나 이러한 이윤추구의 대가는 비싸다. 이것은 사회의 자체 공급노력을 끊임없이 교란시키고 무효화시키며 심지어 의식적으로 오도하는 것이다.

이것은 언뜻 보기에 상당히 충격적인 명제다. 기업가가 생산이라는 일반적 이해관계에 맞서서 활동해야 한다는 것은 이단적인 것보다 더 나빠 보이며 정말 바보스러운 주장으로 들린다.

그러나 그의 이론을 신랄하고 기묘하게 뒤틀린 정신의 산물이라고 간단히 단정 짓기 전에 베블런이 그의 주제를 끌어낸 당시의 상황을 다시 살펴볼 필요가 있다. 이 시대가 바로 매슈 조지프슨(Matthew Josephson, 1899~1978, 미국의 전기작가—옮긴이)이 강도귀족(robber barons)의 시대라고 적절하게 불렀던 미국의 공업시대였음을 기억하자. 우리는 기업 우두머리들이 마치 야만족의 추장처럼 무책임하고 죄의식도 없이 휘두르는 권력과 오만의 실례를 이미 보았다. 그들이 약탈이라는 목표를 달성하면서 걸었던 유별난 길도 알고 있다. 이 모든 것은 베블런의 공장에서 재료가 되기는 하겠지만 그렇다고 깽판치기라는 그의 주장을 바로 정당화시키지는 못한다. 이를 위해서는 강도귀족들에게서 찾을 수 있는 또 다른 결점을 살펴보아야 한다. 그들은 제품 생산에는 관심이 없었다.

1868년의 한 사건을 예로 들 수 있다. 그때 제이 굴드는 이리 철도의 지배권을 놓고 밴더빌트와 싸우고 있었다. 공업역사책의 주석들을 보면 굴드와 그의 부하들이 나룻배를 타고 허드슨 강을 건너 도주하여 뉴저지호텔에서 방어진을 쳤다는 재미난 이야기가 있다. 지금 말하려는 것은 그들의 원시적인 싸움이 아니라 그들이 사실 철도에는 전혀 관심이 없었다는 점이다. 밴더빌트와 싸우는 동안 굴드는 감독관으로부터 다음과 같은 편지를 받았다.

철로가 전례 없이 부서지고 닳고 낡아서 저지시티와 살라망카, 버펄로 구간에서는 승객을 태우고 보통 속도로 달릴 수 있는 철로 구간이 1마일도 되지 않습니다. 대부분의 구간은 열차의 속도를 시속 10마일이나 15마일로 줄여야 겨우 지나갈 수 있을 정도입니다.[21]

사고가 잇달아 일어나자 철도회사의 부회장은 "이용자 스스로 조심하십시오. 제가 할 수 있는 것은 이것이 전부입니다." 하고 말했다. 이것은 철도회사의 재무상태가 붕괴되고 있다는 것을 멋지게 뒷받침한 말이었다.

그리고 굴드도 예외는 아니었다. 미국 금융의 황금시대를 이끈 영웅 가운데 그들이 움직이는 주식, 채권, 대부 같은 구조의 기초를 이루는 구체적 현실에 관심을 가진 사람은 별로 없었다. 뒤에 가서 헨리 포드(Henry Ford, 1863~1947)가 나타나 생산에 집중적인 관심을 두는 기업가의 시대를 열었지만 해리먼 가문, 모건 가문, 프릭 가문, 록펠러 가문 등은 상품을 생산하는 귀찮은 일보다는 무형의 막대한 부를 조작하는 일에 더 관심을 기울였다. 예를 들면 1883년 헨리 빌라드(Henry Villard, 1835~1900)는 영웅적인 기업가로 널리 칭송받았는데, 바로 그해에 그는 대륙횡단철도인 북태평양철도의 마지막 침목에다 황금 대못을 박았다. 수많은 사람들이 환호성을 올렸다. 이 일을 위해 감옥에서 특별 방면된 추장 시팅 불(Sitting Bull, 1831~1890, 대평원지역 인디언들에게 추앙받던 수(Sioux)족의 추장으로 백인의 지배에 맞서 싸웠다—옮긴이)은 공식적으로 자기 종족의 사냥터를 철도회사에 양도했다. 경제학자들은 빌라드가 전에 저지른 금융운용상의 사소한 과오는 그의 천재적인 조직능력에 비하면 무시해도 좋을 정도라고 선언했다. 그러나 그러한 찬양자들도 그의 라이벌이었던 철도기업가 제임스 힐(James Hill, 1838~1916)이 보낸 편지 내용을 알고 있었다면 달리 생각했을 것이다. 제임스 힐은 냉담한 눈으로 빌라드 왕국을 살펴보고 이렇게 선언했다.

"…… 그 철도가 설치된 일부지역은 풍요로워서 많은 곡물을 생산하는 곳입니다. 그러나 자본투자는 실제 수요를 훨씬 앞서고 있고, 노선과 등급의 선택은 말도 안 되는 엉터리입니다. 제대로 했더라면 그 철도는 이미 부설이 끝났어야 합니다."[22]

1902년에 설립된 U.S.스틸을 마지막 예로 들어보자. 베블런의 눈으로 보기에 철강산업은 철강을 생산하는 거대한 사회기계로서, 공장·용광로·선로·광석 등의 분야가 효율적으로 조화를 이루도록 단일 경영진 아래 모인 통합체였다. 그러나 U.S.스틸을 '만든' 사람들의 눈에 이런 것은 사소한 고려사항에 불과했다. 마침내 모습을 드러낸 회사는 실질자산 가치가 6억 8200만 달러 정도였다. 그러나 3억 300만 달러의 사채와 5억 1000만 달러의 우선주와 5억 800만 달러의 보통주가 팔렸다. 다시 말해서 재무상의 회사는 실재 회사보다 두 배나 '컸다'. 그리고 보통주의 이면에는 무형의 '영업권'이라는 요소 이외에는 아무것도 없었다. 그러나 이 무형재산을 창조하는 과정에서 J. P. 모건은 1250만 달러에 달하는 수수료를 벌었고, 주식 판매를 담당한 업자들에게 돌아간 응모이익금도 5000만 달러에 달했다. 이 모험적 사업을 선전하고 띄우는 데에 모두 1억 5000만 달러가 들었다. 이러한 새로운 독점이 베블런이 염두에 두었던 목적, 즉 철강공급을 위한 대단히 효율적인 기계라는 목적에 부합했다면 이러한 행태도 용인될 수 있었을 것이다. 그러나 실제로는 그렇지 못했다. 13년 동안 강철 레일은 톤당 28달러라는 높은 가격이 매겨졌는데 실제 레일을 만드는 데는 그 절반도 들지 않았다. 바꿔 말해서 철강 관련 각 분야의 통합으로 얻어진 모든 이익은 가공의 재무구조를 유지하는 목적으로 전용되었다.

당시의 사정에 비춰볼 때 베블런의 이론이 그렇게 무리한 것으로 보이지는 않는다. 야만인들의 의식(儀式), 즉 극단적인 건강부회로 보이는 관례를 대부분 묘사했기 때문에 그의 책은 독자들의 마음을 파고들었다. 그러나 그의 본질적 주장은 너무나도 정연하게 사실에 입각한 증거로 뒷받침되어 있었다. 위대한 기업의 귀족기능은 생산체계를 실제로 운영하는 사람들의 기능과는 너무나 다르다는 것을 입증했다. 금융 책략이라는 대담한 게임은 상품의 유통을 촉진시키는 만큼 그것을 교란시킨다는 것이다.

이상하게도 이 책은 《유한계급론》만큼 열광적인 반응을 얻지 못했다. 《기업이론》은 그의 처녀작과는 달리 전공자로 구성된 독자층을 뛰어넘어 폭풍처럼 미국 내 전 지식인을 사로잡지는 못했다. 그리고 앞의 책보다 더 난해했고 더 전문적이었다. 책에는 몇 가지 공식도 담겨 있었는데, 아마 학계를 향해 나도 원하면 '학문적인' 경제학을 쓸 수 있다는 것을 입증하기 위한 의도인 것 같았다. 그러나 초연하고 냉정한 산문 이면에는 누구나 눈치 챌 수 있는 증오가 깃들어 있었다. 베블런이 보기에 기업가들이란 아무리 그들과 옹호자들이 그들의 활동을 수요공급과 한계효용이라는 교묘한 이론으로 포장을 한다고 해도 본질적으로 약탈자들이었다. 후에 「산업계의 거물(The Captain of Industry)」이라는 논문에서 베블런은 기업가를 자신이 실제로 관찰한 대로 묘사했다. 다음의 인용문은 기업가의 기능을 묘사하는데 사용한 '주의깊은기다림'이라는 표현이 무엇을 의미하는지를 설명해준다.

의심할 여지없이 '주의 깊은 기다림'이라는 표현방식은 우선 두꺼비의 정신상태를 묘사하는 데 사용할 수 있을 것이다. 두꺼비는 분별력이 생길 나이에 도달했고, 수많은 파리나 거미가 그들을 부르는 전지전능하고 자비로운 신을 즐겁게 할 숙명을 마치려고 가는 도중에 다니는 정해진 길목을 알기에 이르렀다. 하지만 말을 쉽게 바꾼다면 그 표현방식은 건전한 기업원리의 지배를 받는 산업계 거물들의 성숙한 질서를 묘사하는 데 적합하다. 그런 지경에 도달한 기업 두꺼비의 얼굴에는 담담한 충만감이 번져 있고, 그 멋진 덩치는 피라미드처럼 안정된 기업원리에 대한 확신을 풍긴다.[23]

그러나 《기업이론》은 그러한 과장된 서술은 삼가고 있다. 베블런이 사회변동이론을 제시하겠다는 진지한 목적을 염두에 두고 있었기 때문이다. 보다 정확히 말해서 기업가와 그 기업가를 지탱하는 체제는 결국 쇠퇴하고 만다는 이론이었다. 베블런은 이제 기업 지도자들의 시대는 지났고, 그들의 위력에도 불구하고 그들에 대항할 강력한 적이 포진하고 있다고 믿었다. 그것은 프롤레타리아가 아니라(《유한계급론》은 하층민이 그들의 지도자를 얼마나 존경하는가를 밝혔다) 더욱 강력한 적인 기계였다.

베블런이 생각하기에 기계란 '고고학적 사고습관'을 내던져버리기 때문이었다. 기계는 사람으로 하여금 사실에 입각해서 생각하도록 하며, 정확하고, 측정가능하며 미신과 물활론을 벗어난 관점에서 생각하게 한다. 따라서 기계와 접촉하는 사람들은 '자연법'이 존재한다는 가정과 유한계급을 둘러싼 사회적 차별을 용납하기가 점점 어려워진다는 것을 알게 된다. 그리하여 사회는 분열된다. 가진 자와 가지지 않은 자의 분열이 아니라 전문가 대 기업가, 기술자 대 전쟁영웅, 과학자 대 의식주의자라는 유형의 분열이다.[24]

그 뒤 일련의 저서가 출간되었는데, 《기술자와 가격체계 그리고 부재 소유권과 기업(The Engineers and the Price System and Absentee Ownership and Business Enterprise)》이라는 책에서 베블런은 '혁명'을 더욱 상세히 설명했다. 결국 일단의 기술자들이 사회로부터 원군을 얻어 혼란한 기업체계를 인수할 것이라는 내용이었다. 그들은 이미 실제 생산능력을 장악했지만 기업체계와 진정한 산업체계는 양립할 수 없다는 것을 아직은 깨닫지 못하고 있다. 그러나 그들은 언젠가 저희끼리 의논하여 '부재 소유권을 가진 상관들'을 제거하고 거대하고 일사불란한 질서를 확립한 생산기계의 원리에 따라 경제를 운영할 것이다. 만일 그들이 그렇게 하지 않는다면? 그렇다면 기업은 수탈을 더욱 강화시켜 나가다가 마침내 벌거벗은 폭력과 노골적인 특권 그리고 자의적 명령의 체계로 타락할 것이며, 그 속에서 기업가의 자리를 대신해 과거의 전쟁군주가 다시 나타날 것이다.

그러나 1921년에 저서를 집필하고 있던 베블런에게 그 모든 것은 아직 요원한 미래의 일이었다. 《기술자와 가격체계 그리고 부재 소유권과 기업》의 마지막 문장은 이렇게 되어 있다.

"아직은 부재 소유주의 대부분을 형성하는 많은 부유한 시민이나 기업 수호자들의 감정을 불안하게 할 상황은 아니다."[25]

'아직은'이라는 것이 베블런이 사용한 전형적 표현이다. 그의 글은 냉담한 문체로 되어 있음에도 불구하고 글 곳곳에 적개심이 서려 있었다. 그러나 그것은 개인적인 증오나 사적으로 모욕을 당한 사람의 원한이 아니라 대상과 거리를 둔 인간이 가지는 풍자적인 초연함이나 즐거움이었다. 그는 모든 것은 덧없으며 야만적 의식이나 가공적인 것은 때가 되면 다른 것으로 바뀔 것이라고 보았다.

지금은 그가 한 말을 평가할 때가 아니다. 그 일은 뒤로 미루기로 하자. 그러나 한 가지 기묘한 대조에 주의를 기울일 필요가 있다. 베블런의 일반적 방법은 가장 베블런답지 않은 인물, 즉 반쯤 미친 공상적 사회주의자 생시몽을 연상시킨다. 생시몽도 생산자를 칭찬하고 장식적 기능에 그치는 집단을 야유했다는 사실을 상기하자. 한때 '국왕의 동생 M'에 대한 생시몽의 야유가 대중의 감정에 마찬가지의 충격을 준 사실을 상기한다면 우리는 기업귀족에 대한 베블런의 멸시를 다소 누그러뜨려 판단할 수 있을 것이다.

시대를 앞서 기술과 과학의 중요성에 주목하다

1906년은 베블런이 시카고대학교에서 보낸 마지막 해였다. 해외에서도 유명해지기 시작한 베블런은 노르웨이 국왕이 참석하는 연회에 초대된 적도 있었다. 평소 감정을 거의 노출하지 않는 그였지만 이번에는 미국의 어머니에게 연회의 식단을 보내드렸다. 어머니는 아들이 국왕을 만났다는 사실에 깊이 감동했다. 그러나 미국에서는 일이 그리 순조롭지 않았다. 그의 바람기는 너무 지나쳤다. 그를 유명하게 만든 책과 그가 새롭게 쟁취한 조교수 승진에도 불구하고 그의 행실은 하퍼 총장이 요구하는 방식으로 대학을 광고해주는 것이 아니었다.

그는 새로운 직장을 찾아야 했다. 그러나 그의 평판은 명성보다는 악명에 더 가까웠고, 그로 인해 다른 일자리를 얻는 데 많은 어려움을 겪었다. 결국 그는 스탠퍼드대학교로 갔다. 그곳에는 그의 몸보다 명성이 먼저 와 있었다. 대단한 학식, 접근을 불허하는 개성 그리고 불륜 기질 등에 관한 소문이 이미 쫙 퍼진 것이다. 그 소문이 모두 제대로 된 평판이었다는 것이 충분히 입증되었다. 무슨 일에든 관여하지 않으려는 맹렬한 그의 고집을 참아주었던 몇몇 동료들에게 베블런은 깊은 감명을 주었다. 그리하여 그는 '모든 것을 아는 최후의 인간'으로 통하게 되었다. 그러나 가정형편은 하나도 변하지 않았다. 한번은 친구가 머리를 좀 쓴다고 그의 집 앞에 서 있는 젊은 숙녀를 가리켜 그의 조카라고 불렀다.

"쟨 내 조카가 아니야." 하고 베블런은 솔직히 말했다. 그것으로 모든 것은 끝났다.

그의 아내는 1911년에 그와 이혼했다. 베블런은 정말 구제불능의 남편이었다(그는 아내가 뻔히 뒤져볼 주머니 속에 그를 좋아하는 여자들로부터 받은 편지를 그냥 넣어두었다). 측은하게도 일단 결혼만 하면 모든 것이 정상으로 변하리라는 희망을 가진 것은 그의 아내였다. 그러나 그는 결코 바뀌지 않았다. 변하더라도 잠시뿐이었다. 한번은 엘렌이 임신 징후를 보인 때가 있었다. 베블런은 공포에 질려서 그녀를 친정으로 보냈다. 베블런은 자신이 아버지로서 적격자가 아니라고 생각했고, 인류학적 논리에 입각하여 집안에는 남성이 필요 없다고 말하면서 자신의 공포를 합리화했다. 마침내 이혼을 피할 수 없게 되었다. 엘렌은 자기연민에 찬 장문의 편지 끝에 "베블런 씨가 내게 월 25달러의 생활비를 주도록 결정났지만 아마 이행하지 않을 것입니다."라고 기술하고 있다. 그녀의 말이 맞았다.

이혼한 해에 베블런은 다른 직장으로 옮겼는데, 이번에는 미주리 대학교였다. 친구이자 유명한 경제학자인 데이븐포트(Herbert Joseph Davenport, 1861~1931)의 집에 기거하게 된 그는 골방에 틀어박혀 집필에 몰두하는 고독하고 특이한 사람이 되었다. 그러나 베블런으로서는 이때가 가장 왕성한 생산성을 발휘한 시기였다. 그는 시카고대학교에서 근무하던 시절을 회상하며, 학문의 중심지가 어떻게 해서 강력한 홍보활동과 미식축구의 중심지로 타락했는지를 신랄한 필치로 요약했다. 미국 대학에 대해 지금까지 발표된 글 중에서 가장 신랄한 비평을 하고 있는 이 책의 제목은《미국의 고등교육(The Higher Learning in America)》이었다. 책을 집필하는 동안 베블런은 반쯤 진담으로 이 책의 부제가 '완전 타락에 관한 연구'가 될 것이라고 말했다.

그러나 더 중요한 사실을 이야기하자면, 베블런은 당시 전쟁 위협으로 긴박하게 돌아가던 유럽으로 눈을 돌렸다. 그는 독일이라는 왕조적이고 호전적인 국가를 촌충에 비유하며, 다음과 같이 신랄하게 말했다.

…… 촌충과 그것이 기생하는 주인의 관계는 말로 미화하기 쉬운 어떤 관계가 아니다. 또는 세상의 관습을 근거로 인정 넘친 마음으로 뱃속에 존재한다고 확신을 갖고 입증하기도 쉽지 않은 관계다.[26]

그런데 《제국주의 독일(Imperial Germany)》이라는 책은 유별난 운명을 겪었다. 정부 홍보국은 그 책을 전쟁에 이용하고 싶어했지만 우체국은 책 속에 영국과 미국을 비난하는 내용이 꽤 들어있음을 발견하고 책의 우송을 금지했던 것이다.

마침내 전쟁이 발발하자 그는 워싱턴 당국에 나라를 위해 일하겠다고 제안했다. 애국심을 단지 야만적 문화의 또 다른 증상에 불과하다고 생각했던 사람이지만 스스로 애국심이 전혀 없지는 않았던 모양이다. 그러나 워싱턴 관리들은 그를 뜨거운 감자처럼 다루었다. 모든 사람이 그의 말을 경청했지만 아무도 그를 원하지 않았다. 마침내 그들은 그를 식량행정국 내의 중요하지 않은 부서에 처박아버렸다. 그곳에서도 그는 그답게 행동했다. 곡물을 수확하는 가장 좋은 방법에 대한 비망록을 쓴 것이다. 그러나 그의 제안은 농촌사회와 기업방식의 전면적인 재편을 내포하고 있었기 때문에 담당자들은 그것을 '흥미 있는' 것이라고 할 뿐 무시했다. 그는 인력을 동원하기 위해 하인을 고용하는 사람에게 무거운 세금을 매길 것을 제의했으나 역시 묵살되었다. 그것은 정말 베블런다운 제안이었다. 집사나 하인은 모두가 뛰어나게 강건한 신체를 가지고 있으므로, 일상의 일을 통해 근육을 튼튼하게 하고 몸무게를 줄이면 하역인부나 화물관리인으로 잘 맞을 것이라는 것이 그의 생각이었다.

1918년에 그는 진보적 잡지 『다이얼(Dial)』에 글을 쓰기 위해 뉴욕으로 갔다. 그 전에 그는 《평화의 본질에 관한 탐구(An Inquiry into the Nature of the Peace)》라는 책을 통해 유럽은 전쟁을 벌일 모든 야만적인 동기를 지닌 옛 질서를 영속시키느냐 아니면 기업체계 자체를 포기하느냐 하는 양자택일에 직면해 있다고 아주 대담하게 서술했다. 그 계획은 처음에는 토론의 대상이 되었지만 곧 인기를 잃고 말았다. 베블런은 그 내용을 『다이얼』에 끈질기게 선전했지만 이 잡지는 발간을 할 때마다 판매부수가 떨어졌다. 그는 존 듀이, 찰스 A. 비어드 (Charles A. Beard, 1874~1948), 로스코 파운드(Roscoe Pound, 1870~1964) 같은 유명인사들과 함께 새로 창설된 뉴스쿨대학교(New School for Social Research)의 강사로 초빙되었다. 그러나 그 일조차 실패로 끝나버렸다. 그는 강의실에서 여전히 혼자 중얼거리는 사람이었고 처음에는 철철 넘쳤던 수강생들이 얼마 지나지 않아 몇 명으로 줄어들고 말았다.

명성과 실패가 기묘하게 혼합되었다. 헨리 루이 멩켄(Henry Louis Mencken, 미국의 평론가이자 언론인―옮긴이)은 이렇게 기술했다.

> 베블런주의는 찬연히 빛나고 있었다. 베블런주의자, 베블런 클럽 그리고 세상의 모든 슬픔에 대한 베블런 치료법까지 있었다. 시카고에는 아마 '깁슨 걸스〔Gibson Girls, 삽화가 찰스 데이나 깁슨(Charles Dana Gibson)이 20세기 초의 이상적인 미국 여성상을 그린 그림―옮긴이)'가 중년이 되고 절망에 이르러서 결성한 듯한 '베블런 걸스'도 있었다.[27]

그러나 그 자신에게는 아무것도 없었다. 뉴스쿨대학교의 로비에 세워놓은 그의 흉상은 그를 너무 당혹스럽게 했고, 결국 도서관으로 옮겨져 눈에 덜 띄는 방식으로 전시되었다. 그는 사생활에서는 정말 무력했다. 이제 나름대로 중요한 경제학자로 성장한 웨슬리 미첼(Wesley Mitchell)이나 이사도어 루빈(Isadore Lubin)을 포함하여 그를 열렬하게 존경했던 옛 제자들의 뒷바라지를 받아 나날의 생활을 해결했다. 얼마 동안 그는 새로운 세계 즉 기술자와 전문인의 시대가 오기를 간절히 기다렸다. 그리고 러시아 혁명이 그러한 시대를 선도할 것이라는 희망을 품었다. 그러나 사태가 진행되는 것을 보고 실망을 금할 수 없었다. 뉴스쿨대학교의 호러스 칼렌(Horace Kallen,

1882~1974)이 기술한 것처럼 "일이 제대로 된 결말을 내는 데 실패하자 그의 표정에서 의지와 관심이 점점 사라져갔다. 일종의 죽음을 향한 표정이라고나 할까……".

뒤늦게 그는 미국경제학협회의 회장 자리를 제안받았다. 그는 "정작 내가 필요할 때에는 그 자리를 제안하지 않았다."며 그 제안을 거절했다. 마침내 그는 캘리포니아로 돌아갔다. 조셉 도프먼(Joseph Dorfman)은 베블런의 전기에서 서부의 작은 오두막에 도착한 그의 모습을 전하고 있다. 베블런은 누군가가 자신의 땅을 부당하게 빼앗았다고 생각했다.

"그는 손도끼를 들더니 차례차례로 창문을 부수었다. 광증과 같은 힘없는 격정, 게으른 인간이 분노 때문에 갑작스러운 행동으로 뛰어들 때와 같은 격정을 억누르지 못하고 그 행위를 계속했다."[28]

그의 생각은 오해였고, 그는 그곳에 정착하여 살았다. 집에서 직접 만든 시골풍의 가구는 그에게 어린 시절을 상기시켰을 것이다. 시어스로벅사에서 우편으로 구입한 거친 작업복을 입었고, 주변의 자연환경을 전혀 건드리지 않고 살았다. 심지어 잡초도 그대로 두었고, 그가 불행했던 먼 과거의 생각에 휩싸여 가만히 앉아 있을 때는 쥐나 스컹크가 그의 다리를 스쳐 지나가기도 하고 오두막 안을 이리저리 돌아다니기도 했다.

돌이켜볼 때 행복하지도 성공적이지도 않은 일생이었다. 1914년에 결혼한 두번째 부인은 학대를 받는 환상에 시달려 정신병원에 수용되어 있었다. 친구들은 멀리 떨어져 있었고, 저작물은 아마추어 애호가들이 좋아하기는 했지만 경제학자들은 무시했고 기술자들에게는 알려지지도 않았다.

이제 그는 일흔이 되었고 더 이상 글을 쓸 수 없을 정도가 되었다. "나는 안식일을 어기지 않기로 결심했어. 참 훌륭한 안식일이구나."

라고 그는 선언했다. 그를 보러온 제자들은 그가 이전보다 더 멀어져 있음을 발견했다. 그는 제자임을 자처하는 인간들의 아첨을 받았고 많은 편지를 받았다. 어떤 사람은 "초기의 저작을 집필하실 때 살던 시카고의 집이 어딘지 그리고 가능하면 어느 방이었는지 알려주시겠습니까?"라고 문의했다. 《기업이론》을 독파한 한 사람은 어떻게 해야 돈을 벌 수 있는지 조언을 부탁한다는 편지를 보내왔다.

1929년 공황이 터지기 몇 달 전 그는 세상을 떠났다. 사인도 없이 연필로 쓰인 그의 유언장에는 다음과 같은 내용이 담겨 있었다.

> 내가 죽거든 어떤 종류의 의식이나 추도식도 없이 최대한 빨리 그리고 비용을 들이지 말고 화장시켜주기 바란다. 재는 바다에 뿌리거나 바다로 흘러갈 작은 시냇물에 뿌리기 바란다. 어떠한 종류나 성격의 것이든 나를 회고하거나 나의 이름을 적은 비석·석판·비명(碑銘)·초상·기념패·비문·기념물을 어느 곳 어느 때에나 세우지 말기 바란다. 사망기사·회고록·초상화·나의 전기·내가 받고 보낸 편지들은 어느 것이나 인쇄되거나 발간되지 않기를 바라며 또 복사해서 유통시키지 않기를 바란다.[29]

늘 그렇듯이 그의 요구는 무시되었다. 그를 화장한 재는 태평양에 뿌려졌지만 글을 써서 그를 회고하는 작업은 바로 시작되었다.

이 이상한 인물을 어떻게 평가해야 할까?

그가 극단으로 치달았다는 것은 새삼스레 지적할 필요도 없다. 예컨대 유한계급의 특징에 대한 연구는 어떤 곳에서는 걸작에 속하는 묘사이지만 다른 곳에서는 단순한 희화화일 뿐이다. 우리가 공인하는 아름다움의 개념에 담긴 부라는 조용한 구성요소를 그가 추출할 때 그리고 "신사의 모자나 에나멜 구두의 광택은 닳은 소매 솔기의 광택과 마찬가지로 본래의 아름다움이 없다."[30]라고 그가 익살맞게 언급할 때 그는 건전한 입장에 서 있는 셈이며 우리의 취미 속에 반복되는 속물근성을 비판하는 것으로 받아들일 수 있다. 그러나 "암소와 거의 불가분의 관계가 있는 속물적인 검약 권고는 그 동물의 장식적 용도와는 전혀 맞지 않다."[31]라고 썼을 때 그는 빛을 가리고 어리석은 논리로 빠져든다. 견딜 수 없었던 멩켄은 바로 이러한 말 속에 담긴 그의 허점을 들추어냈다.

"위대한 문제를 심사숙고하시는 온화한 교수님께서 시골에 가서 산보를 해본 적이 있을까? 산보하는 도중에 젖소를 방목하는 목장을 횡단해보셨을까? 그렇다면 그 횡단하는 과정에서 젖소의 궁둥이를 지나쳐본 적이 있을까? 그리고 궁둥이를 지나치다가 부주의해서 그만 밟은 것이 있을까……?"[32]

이와 같은 비판은 베블런이 행한 기업가의 성격 규명 또는 유한계급 자체의 성격 규명에도 해당될 수 있다. 미국 자본주의의 황금시대에 살았던 금융거물들이 강도귀족이었다는 사실은 의문의 여지가 없고, 또한 그들에 대한 베블런의 묘사는 다소 야만적이기는 하지만 기분 나쁠 정도로 진실에 가깝다. 그러나 마르크스처럼 베블런도 영국의 군주제처럼 이 기업체제가 미국이라는 크게 변화된 세계에 얼마나 순응했는지를 진지하게 탐구하지는 않았다. 더욱 핵심에 접근한다면—이것이 베블런의 접근방식과 더 가까운 것이므로—그는 생활의 완전한 재배치자 역할을 하는 기계가 노동자의 사고방식을 바꾸는 것처럼 기업가의 본질을 바꿔놓을 것임을 파악하지 못했다. 그리고 기업가 자신이 거대하게 움직이는 기계에 대한 관리자로서의 의무 때문에 더욱 관료적인 기질로 변해야 할 것이라는 사실을 깨닫지 못했다.

기계에 매혹되었던 베블런이 우리에게 경고를 해준 것은 사실이다. 그러나 서정성이 아주 부족한, 철학자의 귀에 거슬리는 어조이다. 아마 기계는 우리로 하여금 실사구시적으로 사고하도록 만들어줄 것이다. 그러나 무엇에 관해 그렇다는 말인가? 영화 〈모던 타임스(Modern Times, 인간성을 무시하는 자본주의에 대한 격렬한 분노를 고발한 1936년 작 미국영화—옮긴이)〉에서 찰리 채플린(Charlie Chaplin)은 행복하거나 현실에 잘 적응한 인간이 아니었다. 기술자 집단이 당연히 사회를 더 효율적으로 운영할 수 있을 것이지만 그들이 사회를 더 인간적으로 운영할 것이냐 하는 것은 또 다른 문제다.

그러나 베블런은 변화의 핵심과정을 잘 지적했다. 그의 시대에 무엇보다도 크게 부상했음에도 불구하고 동시대 경제학자들의 모든 연구에서 이상하게도 간과되었던 과정을 지적한 것이다. **그 과정은 현대 세계의 사회적 변화의 주된 동인인 기술과 과학의 출현이었다. 제도적 힘으로서의 기술과 과학의 등장은 현대를 규정하는 요소였다.** 따라서 그것은 여러 측면에서 경제적인 비전임과 동시에 역사적인 비전이었다. 베블런은 기술시대의 분수령이 역사 속의 어떤 것보다도 위대하다고 생각했고, 기계가 가장 작은 틈과 생활의 아주 넓은 영역에까지 도입되는 것은 인간이 짐승을 길들이는 법을 배우거나 도시에서 사는 법을 배우던 것과 비교될 정도의 혁명을 수행하는 것이라고 생각했다. 명백한 사실인데도 눈에 띄지 않았던 것을 발견한 모든 위대한 발견자들처럼 베블런 역시 너무 조급했다. 몇 세대 또는 몇 세기가 걸릴 과정이 몇 십 년, 아니 몇 년 내에 실현되기를 그는 기대했다. 그러나 기계가 당시의 경제생활에서 주된 현실이라는 점을 깨달은 것은 그의 공적이다. 이 한 가지 사실을 밝힌 것만으로도 그는 마땅히 세속의 철학자 반열에 설 자격이 있다.

또한 베블런은 경제학계에 세계를 보는 새로운 눈을 제공했다. 일상생활의 관습에 대한 베블런의 야만적 서술이 나온 후, 이 사회를 예의범절을 지키는 다과회로 묘사하는 신고전파의 그림은 점점 유지하기가 어려워졌다. 빅토리아시대를 향한 냉소는 다음과 같은 그의 글 속에 신랄하게 표현되었다.

어패류를 채취하기 위해 갈퀴를 들고 마술적 주문을 외우며 해초와 파도를 헤치고 돌아다니던 일단의 알루샨 열도 사람들이…… 지대와 임금과 이자 사이에서 쾌락주의적 균형이라는 잔치를 향유하는 데 끌어들여졌다니…….[33]

인간의 원시적 투쟁문제를 살과 피가 없는 틀에 맞춰 해결하려는 고전파의 시도를 야유한 것처럼, 그는 불완전하고 낡은 일련의 선입견에서 나온 관점으로 현대인의 행동을 이해하려는 것이 얼마나 공허한지를 밝혔다. 베블런은 인간에 내재한 난폭성과 창의성이 합리화의 외투 아래 질식되도록 만드는 '경제법칙'으로는 인간을 결코 이해할 수 없다고 말했다. 그는 아첨이 덜한 고고학이나 심리학 같은 보다 근본적인 어휘로 인간을 다루어야 한다고 말했다. 인간을 강력하고 비합리적인 동기의 덩어리이자 무엇이든 경솔하게 믿고 교육받지 않으며 의례를 좋아하는 피조물로 이해해야 한다는 것이다. 그는 경제학자들에게 감언이설의 허구를 버리고 인간이 왜 현재와 같은 행동을 하는가를 규명하라고 요구했다.

베블런의 제자로서 나름대로 위대한 경제연구가였던 미첼은 그를 다음과 같이 요약했다.

"소스타인 베블런은 혼란스러운 영향을 남겼다. 다른 세계에서 지구를 방문한 사람처럼 그는 학생이 무의식적으로 터득하는 현재의 상식도 분해하여, 아주 친근한 일상적 개념이라도 외적인 힘이 만들어내어 그에게 심어준 이상한 물건인 것처럼 묘사했다. 사회과학에서 환경의 미묘한 독재로부터 정신을 그처럼 해방시킨 사람은 없었고, 연구영역을 그처럼 확대시킨 사람도 없었다." [34]

chapter 9

케인스의 이단론

존 메이너드 케인스
John Maynard Keynes, 1883~1946
경제학자이자 언론인이며 금융인. 만성적 실업의 원인에 대
한 혁신적 경제이론을 제시했다. 저서 《고용, 이자 및 화폐
에 관한 일반이론》의 영향으로 케인스 학파가 성립되었다.

소 스타인 베블런은 죽기 몇 년 전에 자신에게 걸맞지 않는 이상
한 행동을 했다. 주식시장에 뛰어든 것이다. 한 친구가 석유
회사 주식을 사도록 권했고, 그는 노후에 필요한 돈을 마련하려고 저
금의 일부를 투자하는 모험을 했다. 그 모험으로 처음에는 약간의 돈
을 벌었지만, 평생 그에게서 떨어지지 않았던 불운이 또다시 그를 괴
롭혔다. 그가 사들인 석유회사 주가가 오르자마자 석유회사가 추문
에 휩싸인 것이다. 그가 투자한 돈은 결국 모두 날아갔다.[1]

이 사건은 베블런이 두른 두터운 갑옷에 작지만 치명적인 약점을
또 하나 드러냈다는 사실을 제외하면 그 자체로는 별로 중요하지 않
다. 그러나 다른 맥락에서 볼 때 애처롭게도 실패한 이 모험은 묘하
게 깊은 뜻을 품고 있다. 베블런조차도 온 미국을 눈멀게 한 눈부신
유혹에 희생자가 되고 만 것이다. 유혹에 아주 강한 베블런 같은 냉
정한 관찰자조차 한 모금 삼키고 싶어한다면, 온 나라가 번영이라는
특효약에 취하는 것은 너무나 당연하지 않겠는가?

확실히 번영의 표시는 어디를 봐도 눈에 띄었다. 1920년대의 미국
은 4500만 명의 시민에게 일자리를 제공하고 그들에게 임금, 지대,
이윤, 이자 등으로 770억 달러를 지급했다. 세계 역사상 전례가 없던

엄청난 규모의 소득이 흘러넘친 것이다. 허버트 후버(Herbert Hoover, 미국의 제31대 대통령―옮긴이)가 진지한 자세로 간단히 "신의 가호를 받아 우리는 멀지 않아 빈곤이 이 나라에서 사라질 날을 보게 될 것입니다."라고 말했을 때, 그는 곧 다가올 파국을 내다보지 못한 셈이다. 하지만 당시에 앞일을 제대로 내다본 사람이 과연 있었던가? 후버는 미국인 평균 가정이 세계 역사상 어느 곳의 가정보다 더 잘 살고, 더 잘 먹고, 더 잘 입고, 더 쾌적한 생활을 즐긴다는 분명한 사실에 근거를 두고 그러한 주장을 한 것이다.

당시 미국은 새로운 이미지를 꿈꾸고 있었다. 그것은 강도귀족들이 해적질을 하면서 가졌던 꿈보다 더 의기양양한 이상이었다. 민주당 의장이었던 존 J. 라스콥(John J. Raskob, 1879~1950)은 잡지 『레이디스 홈 저널(Ladies' Home Journal)』에 게재한 '모두 부자가 되어야 한다'는 제목의 글에서 그 이상을 다음과 같이 정확하게 표현했다.

"매주 15달러씩 저금하여 보통의 우량주식에 투자하면 20년 후에는 적어도 8만 달러를 쥐게 될 것이다. 그렇게 되면 월 400달러에 달하는 투자소득을 올리게 된다. 그는 부자가 될 것이다."[2]

라스콥의 계산법은 그 사람이 연간 약 6퍼센트 정도 되는 배당금을 계속 재투자한다고 가정한 것이다. 그러나 이보다 더 사람을 홀리는 축재의 길이 있었다. 라스콥의 공식에 따른 배당금은 받아서 써버리고, 투자 원금만 주가가 상승하는 만큼 늘어나도록 내버려두더라도 같은 속도로, 그것도 훨씬 편하게 그만한 돈을 벌게 됐을 것이다. 가령 일주일에 15달러를 1년 동안 저축하여 모은 780달러로 1921년에 주식을 샀다고 가정해 보자. 1년이 지난 1922년에 그의 돈은 1092달러 정도가 되어 있을 것이다. 다음으로 매년 780달러를 추가로 투자한다면 1925년에는 4800달러에 달할 것이고, 그 다음 해에는 6900달러가 되고, 1927년에는 8800달러가 되고, 1928년에는 믿을 수 없는 거액인 1만 6000달러로 늘어나 있을 것이다. 믿을 수 없다고? 1929년 5월이면 2만 1000달러(1980년의 화폐가치로는 그 10배에 해당한다) 이상의 재산을 모을 수 있을 것이다. 그리고 증권거래소 초강세시장(Great Bull Market)의 가격상승이 중단되지 않은 채로 거의 반 세대가 지속되었을 때, 누가 이런 축재의 왕도를 두고 잘못이라고 할 수 있겠는가? 이발사, 구두닦이, 은행가나 실업가 할 것 없이 모든 사람이 투기를 했고 또 모두가 돈을 벌었다. 그러니 모두가 마음속에 품은 유일한 질문은 왜 전에는 이런 기발한 생각을 하지 못했던가 하는 것이었다.

그 화려한 그림의 결말이 어떻게 되었는지를 길게 논할 필요가 없다. 1929년 10월의 끔찍한 마지막 주에 시장은 붕괴했다. 증권거래소의 홀에 있던 중개인들로서는 갑자기 창문을 뚫고 쏟아져 내리는 나이아가라 폭포에 휩쓸린 것 같았다. 도저히 처리할 수 없는 매물이 폭포처럼 시장을 휩쓸었다. 너무나 기진맥진한 중개인들은 눈물을 흘리며 와이셔츠 칼라를 찢었다. 엄청난 재산이 솜사탕처럼 녹는 것을 망연자실한 채 지켜보던 그들은 구매자의 주의를 끌려고 말울음 소리를 내며 고함쳤다. 당시에 널리 퍼진 음산한 농담이 이들의 처지를 잘 말해준다. 골드먼삭스의 주식 하나마다 덤으로 권총을 받았다는 이야기가 있었고, 호텔방을 예약하려니까 직원이 "주무실 겁니까, 투신하실 겁니까?" 하고 물어봤다는 이야기도 있었다.

파편을 치우고 난 파산의 참상은 차마 눈뜨고 보기 어려웠다. 미쳐 돌아가던 2년 동안 오른 주가가 미친 두 달 동안에 폭락했다. 400억 달러에 달하는 돈이 신기루처럼 사라졌다. 2만 1000달러로 불었던 투자가의 재산은 3년 만에 80퍼센트가 감소했다. 투자한 7000달러의 원금은 겨우 4000달러로 쪼그라들었다. '모두가 부자'라는 꿈은 환상이었음이 드러났다.

돌이켜보건대 주식시장의 붕괴는 필연적이었다. 주식시장은 대부 자금이라는 벌집 위에 세워졌기 때문에 일정한 한계 내에서만 견딜 수 있을 뿐 그것을 넘어서는 무게는 더 이상 감당할 수 없었다. 그뿐만 아니라 번영이라는 으리으리한 쇼를 떠받치고 있던 기초는 흔들리는 기둥과 썩은 목재로 되어 있었다. 라스콥 의장의 퇴직금 산출 공식은 산술적으로는 정확했고 옳았다. 그러나 주당 평균 임금이 30달러에 불과한 보통 사람이 어떻게 15달러를 저축할 수 있느냐 하는 중요한 질문에 대해서는 일언반구도 없었다.

국민소득의 흐름은 확실히 엄청난 규모였다. 그러나 소득이 흘러가는 수백만 개의 작은 지류를 따라가보면, 그 흐름으로부터 국가 전체가 고른 혜택을 받지 못하고 있는 것이 분명했다. 사회 피라미드의 꼭대기에 있는 약 2만 4000가구는 밑바닥에 있는 600만 세대의 모든 소득을 합친 것보다 세 배의 소득을 얻고 있었다. 꼭대기에 있는 부유층의 평균소득은 바닥에 있는 저소득층 평균소득의 630배에 달했다. 문제는 이것만이 아니었다. 일자리가 없는 200만 명은 끝없는 번영의 소란에 끼어들지 못했고, 공황이 닥치기 전 6년 동안 대리석으로 지어진 고전적 건물의 뒤에서 하루 평균 두 개의 은행이 파산해갔다. 또한 보통의 미국인들이 번영을 무턱대고 즐긴 사실도 빠뜨릴 수 없다. 미국인들은 목까지 차오르도록 저당을 잡히고 빚을 냈으며, 할부구매의 유혹에 빠져 소득과 부를 위험스럽도록 활용했다. 그리고 환상적인 규모의 엄청난 주식을 열심히 사들여 자신의 악운을 피할 수 없는 지경에 이르렀다. 당시 미국인들은 약 3억 주를 매입한 것으로 추산되는데 그것도 현금이 아니라 외상으로 산 것이었다.

불가피했건 아니건 그 당시에는 누구의 눈에도 파국의 도래가 보이지 않았다. 당시의 대표적인 인물이 출연하여 국민들에게 미국이 안정기조에 있다고 힘주어 말하는 뉴스가 나오지 않는 날이 거의 없었다. 심지어 예일대학교의 어빙 피셔(Irving Fisher, 1867~1947) 같은 저명한 경제학자까지도 이러한 피상적인 번영의 증거에 현혹되어 우리는 '항상 높은 고원'을 따라 행진하고 있다고 선언했다. 이러한 내용을 발표한 지 꼭 일주일 만에 주식이 고원에서 낭떠러지로 떨어졌으니 그는 정말 섬뜩한 유머를 한 셈이다.

그러나 이 사건이 극적이기는 하지만, 끝없는 번영을 확신하고 있던 그 세대의 신념에 손상을 입힌 것은 주식시장의 급작스런 붕괴가 아니었다. 오히려 가정에서 일어난 일이 사람들의 생각을 바꿨다. 무서웠던 시절에 있었던 몇 가지 실례를 들어보자. '미들타운'으로 선정되어 유명해졌던 인디애나 주의 먼시에서는 네 명의 공장노동자 중 한 명이 1930년 말까지 직장을 잃었다. 시카고에서는 대부분의 직장여성이 시간당 25센트 미만을 벌고 있었고, 4분의 1은 임금이 시간당 10센트 미만이었다. 뉴욕의 바우어리 지역에서만 2000명의 실직자들이 매일 빵 배급을 타려고 줄을 섰다. 주택건설은 전국적으로 95퍼센트가 감소되었다. 900만 개의 예금구좌가 없어졌고, 8만 5000개의 기업이 도산했다. 전국의 급료 총액이 40퍼센트 줄었고, 배당금은 56퍼센트 줄었으며, 임금은 60퍼센트 감소했다.

설상가상으로 대공황의 가장 불행한 양상은 언제 끝날 지 알 수 없고 전환점도 없으며 기복도 없는 것처럼 보였다. 1930년에 미국은 남자답게 〈행복한 날이 다시 오리라(Happy Days are Here Again)〉라는 노래를 불렀지만 국민소득은 870억 달러에서 750억 달러로 곤두박질쳤다. 1931년 미국은 〈나는 5달러를 벌었어요(I've Got Five Dollars)〉라는 노래를 불렀지만 국민소득은 590억 달러로 떨어졌다. 1932년에 이르자 노래는 더욱 침울해졌다. 〈형, 한 푼만 줘(Brother, Can You Spare a Dime)〉라는 노래가 불렸다. 그러는 동안 국민소득은 비참하게도 420억 달러로 줄어들었다.

1933년에 이르러 미국은 사실상 파산상태에 빠졌다. 국민소득은 390억 달러까지 내려갔다. 4년 전에 비해 소득의 반 이상이 흔적도 없이 사라진 것이다. 평균 생활수준은 20년 전으로 뒷걸음질쳤다. 거리 모퉁이, 집안 그리고 후버빌(Hoovervills, 실직자들이 도시 외곽에 설립한 판자촌―옮긴이)에서 1400만 명의 실업자가 소굴을 이루고 앉아 있었다. 희망의 자부심은 미국에서 영원히 사라진 것 같았다.

가장 견디기 어려운 것은 실업문제였다. 실직한 수백만 명의 사람들은 미국이라는 육체를 순환하는 혈관을 막는 혈전 같았다. 누구도 부정하지 못하는 그들의 존재가 어떤 교과서보다도 현재의 체제에 잘못이 있다는 것을 대변해주고 있었다. 이러한 엄청난 사태에 직면하여 경제학자들은 골머리를 앓으며 애덤 스미스의 죽은 혼까지 찾았다. 그러나 진단도 제대로 할 수 없었고 처방도 할 수 없었다. 이러한 종류의 대량실업은 그 체제가 걸릴 가능성이 있는 질병의 목록에 수록되어 있지도 않았다. 이러한 실업은 터무니없고, 이치에 맞지 않으며, 따라서 일어날 수 없는 것이었다. 그럼에도 실업이 존재하고 있었다.

일자리를 찾으려 아무리 애써도 찾지 못하는 사람이 있는 반면 생산은 충분히 이뤄지지 않는 이러한 있을 수 없는 역설을 해결하려던 사람이 좌익 인사, 즉 프롤레타리아를 동정하는 분노한 경제학자였다고 한다면 그것은 논리적으로 당연하다. 그러나 사실은 전혀 그렇지 않았다. 이 문제에 달려든 사람은 체제에 대한 원한을 눈곱만큼도 가지지 않은 한 예술애호가였다. 확실한 것은 이 사람이 모든 분야에서 재능을 보이고 있었다는 점이다. 예컨대 그는 수학적 확률에 대해 매우 심오한 저서를 썼고, 이 책에 대해 버트런드 러셀(Bertrand Russell, 1872~1970)은 "아무리 높이 평가해도 지나치지 않다."고 격찬했다.[3] 나아가서 그는 심오한 논리에 대한 지식과 기술을 돈 버는 재능으로 활용했다. 그는 가장 위험한 축재방법으로 50만 파운드의 재산을 모았는데, 바로 국제통화와 상품거래를 한 것이었다. 더욱 인상적인 사실은 그가 정부 공무원으로 일하면서 많은 수학논문을 완성했고, 개인재산은 매일 잠자리에서 일어나기 전 단지 30분을 할애함으로써 모았다는 것이다.

그러나 이것은 다방면에 걸친 그의 재능을 보여주는 한 사례일 뿐이다. 그는 물론 경제학자였다. 케임브리지대학교의 교수였고, 직책에 어울리는 위엄과 학식을 지니고 있었다. 그러나 아내를 선택하는 문제에 있어서는 학식 있는 여성을 피하고 유명한 디아길레프 무용단 출신의 수석 발레리나를 아내로 택했다. 더불어 영국에서 가장 뛰어난 전후 지성인들의 모임이었던 블룸즈버리 그룹의 총아였고, 지적인 것과는 거리가 먼 생활인 생명보험회사 회장직도 맡아서 일했다. 그는 국제외교라는 미묘한 문제를 다루는 분야에서도 안정된 기둥역할을 했다. 그가 공식적으로 단정한 태도를 취했다고 하여 유럽의 여러 정치가들을 자세히 알아보는 일을 포기한 것은 아니었다. 그는 그들의 연인들이나 노이로제적 사고방식이나 재정적 편견을 소상히 알고 있었다. 또한 그는 미술품 수집 취미가 유행하기 전에 이미 현대 미술품을 수집하고 있었다. 동시에 고전 수집도 좋아해서 최고의 뉴턴 서적 소장자이기도 했다. 그는 극장을 경영했으며 영국은행 은행장으로도 재직했다. 그가 알고 지낸 인물로는 루스벨트, 처칠, 버나드 쇼 그리고 피카소가 있다. 그는 투기꾼처럼 브리지 놀이를 했다. 차근차근 점수를 올리는 콘트랙트 브리지보다는 스릴 만점의 놀음을 좋아했으며, 통계학자처럼 솔리테르(혼자 하는 카드놀이─옮긴이)를 좋아했다. 그것도 두 번 하는 데 몇 분 걸리는가를 재면서. 언젠가 그는 평생에 한 가지 후회가 있다고 말했다. 바로 샴페인을 좀더 마셨더라면 좋았을 것이라는 아쉬움이었다.

다재다능한 엘리트의 순조로운 출발

그의 이름은 존 메이너드 케인스였다.⁴ 이 이름은 윌리엄 드 카그네스(William de Cahagnes)라는 1066년경의 인물로까지 소급되는 오랜 역사를 가진 이름이다. 케인스는 전통주의자였고, 가문의 혈통이 훌륭하다는 것을 자랑스러워했다. 사실 그의 아버지는 바로 훌륭한 경제학자인 존 네빌 케인스(John Neville Keynes, 1852~1949)였다. 그러나 아들을 설명하려면 유전된 평범한 재능만으로는 충분하지 않다. 여섯 명이 나눠 가져도 충분한 재능이 행복하게도 우연히 한 인간에게 집중된 것 같았기 때문이다.

그는 1883년에 태어났는데 이 해는 바로 마르크스가 죽은 해였다. 이렇게 시간상으로 연결되었던 두 경제학자는 자본주의체제를 이해하는 철학에 깊은 영향을 주게 되지만 그 양상은 서로 전혀 달랐다. 마르크스는 모질고, 궁지에 몰리고, 무겁고 좌절에 빠진 사람이었다. 우리가 알다시피 그는 '멸망하는 자본주의(Capitalism Doomed)'를 그린 인물이었다. 그러나 케인스는 인생을 사랑했고, 명랑하게 지냈으며, 매사에 느긋했고 대단한 성공을 거두었다. 그는 '생존하는 자본주의(Capitalism Viable)'의 설계자가 되었다. 자본주의의 멸망을 예언한 마르크스를 이해할 수 있는 실마리는 그가 실생활에서 무수히 겪었던 실패의 노이로제에서 찾을 수 있을 것이다. 마찬가지로 케인스의 설득력 있고 세일즈맨다운 기질도 인생에서 그가 겪은 희열과 성취에서 비롯되었을 것이다.

빅토리아시대에 소년시절을 보낸 그는 구식교육을 받았는데, 어릴 적부터 수재의 징조가 보였다. 그가 네 살 반이 되었을 때 벌써 혼자 힘으로 이자의 경제적 의미를 터득했고, 여섯 살에는 자신의 두뇌가 어떻게 작용하는지를 궁금하게 여겼다. 일곱 살이 되었을 때 아버지는 케인스를 '정말 유쾌한 말동무'로 삼았다. 굿차일드 씨의 예비학교에 들어간 케인스는 그곳에서 동료들을 다루는 놀라운 재능을 보여주었다. 자신의 책가방을 들고 고분고분하게 따라다니는 '노예'를 두기도 했는데, 어려운 숙제를 도와준 대가로 그런 봉사를 받은 것이었다. 케인스는 싫은 친구와는 '상업적 조약'을 체결했는데, 그 친구에게 매주 책 한 권을 도서관에서 빌려주고 그 대가로 친구는 케인스 근처 14미터 이내에는 접근하지 않는다는 내용이었다.

열네 살이 된 케인스는 이튼고등학교에 입학했고, 우수한 성적으로 장학금을 받았다. 영국의 고등학교에는 끔찍한 이야기가 많았지만 그는 상급생에게 육체적으로 학대받지도 않았고 지적인 억압도 당하지 않았다. 그는 활짝 피어났다. 점수는 최상이었고 받은 상만 해도 20개나 되었다. 그 무렵 그는 스스로 라벤더 색깔의 조끼를 사입고 샴페인에 취미를 들이고 보트를 타기도 했다. 키도 많이 자라 상체가 약간 굽을 정도였고 거기에다 콧수염도 길렀다. 그는 무서운 논객이 되었으며 속물스럽지 않게 이튼고등학교를 찬양할 줄도 알았다. 그러나 당시 아버지에게 보낸 편지에는 그 나이의 소년답지 않은 성숙한 분별력이 담겨 있었다. 보어 전쟁이 절정에 달할 무렵 교장이 이에 관한 연설을 했는데, 케인스는 다섯 구절로 그 상황을 완벽하게 묘사했다.

"평범한 내용이었다. 감사를 느껴야 한다. 학교의 명예를 기억해야 한다. 무엇이든 최고로 해야 한다. 전에도 항상 하던 말이었다."[5]

이튼고등학교 시절은 대단히 성공적이었고, 진학한 케임브리지대학교의 킹스칼리지에서도 대성공을 거두었다. 앨프리드 마셜은 그에게 경제학자가 될 것을 간청했다. 마셜의 후계자로 지목된 피구 교수는 일주일에 한 번씩 케인스와 조찬을 함께 했다. 케인스는 학생회의 서기로 선출되었는데, 자동적으로 세계에서 가장 유명한 비정부 토론기구의 의장이 되었다. 레너드 울프(Leonard Woolf, 1880~1969, 영국의 문학·정치·사상에 큰 영향을 끼친 인물—옮긴이)와 리턴 스트레이치(Lytton Strachey, 1880~1932, 영국의 전기작가이자 비평가—옮긴이) 같은 이들이 그와 교제하기를 바랐고(스트레이치는 그의 애인이 되었다), 블룸즈버리 그룹으로 알려진 집단의 핵이 형성되어갔다. 케인스는 산봉우리들을 차례로 올라갔다(스트레이치는 일이 첩첩산중이라고 불평했다). 책을 구입하고, 밤늦게까지 자지 않고 토론했다. 그의 모습은 빛을 발했다. 그는 천재였다.

그러나 '천재'도 먹고 살아야 했다. 졸업 후의 진로문제가 닥쳐왔다. 당시 케인스에게는 돈이 별로 없었고, 학자라는 직업으로는 돈을 많이 벌 가능성이 별로 없었다. 그는 더 큰 포부를 품고 있었다. 스트레이치에게 보낸 편지에서 그는 이렇게 쓰고 있다.

"저는 철도회사를 경영하거나 트러스트를 조직하고 싶습니다. 그런 일에 대한 원리를 완전히 익히기는 너무 쉽고 또 재미있습니다."[6]

그에게 철도회사나 트러스트의 운영권을 맡기는 사람은 아무도 없었다. 그런 사업들은 케인스의 상상력으로는 사악한 면만 보였다. 결국 케인스는 성공을 위해 공직생활을 선택했다. 그는 겉으로는 무관심한 척하면서 공무원 시험에 응시했다. 그의 태평스러움을 보고 스트레이치의 여동생은 일부러 그러는 것이 아니냐고 물었다. 그의 대답은 결과가 어떨지 잘 알고 있는데 안달해봐야 무슨 소용이 있느냐는 것이었다. 사실 그는 상위 10명 이내에 포함될 것을 확신하고 있었다. 실제로 그는 10등 이내에 들었다. 정확히 2등으로 합격했던 것이다. 시험과목 중 점수가 가장 낮은 과목은 경제 부분이었다. 케인스는 "나는 분명히 시험 출제자들보다 더 많이 알고 있었다."[7]고 뒤에 말했다. 만약 사실이 아니라면 정말 용서할 수 없을 정도로 건방진 태도였다.

1907년 그는 동인도회사에 발령을 받고 인도로 갔다. 케인스는 그 일을 싫어했다. 마침 그는 수학논문의 초안을 작성하는 데 온 힘을 쏟고 있었고, 또한 그런 말단공무원직은 철도운영과는 너무나 거리가 멀었다. 그곳에서 2년을 근무한 것만으로도 충분했다. 그는 자신의 노력은 한 마리의 순종 황소를 봄베이로 운송하는 것에 불과하다고 선언했다. 공무원으로 일하며 그가 깨달은 것이라고는 분별없는 말을 했다가는 '무시당한다는' 사실 뿐이었다. 그는 사직하고 케임브리지대학교로 돌아왔다. 그러나 공무원으로 보낸 세월은 전혀 헛된 것이 아니었다. 그는 인도에서 얻은 지식을 바탕으로 1913년에 《인도의 화폐와 재정(Indian Currency and Finance)》이라는 책을 썼다. 그것은 누구나 인정하는 작은 걸작이었다. 그리하여 그해에 인도의 화폐문제를 조사하기 위한 왕립조사위원회가 구성되었을 때 29세의 케인스는 위원회의 위원으로 위촉되었다. 이것은 대단한 명예였다.

케임브리지대학교는 그의 마음에 들었다. 그는 곧 성공을 거두었다. 그가 상당한 존경을 받고 있다는 증거일 터이지만 케임브리지는 그를 『이코노믹저널(Economic Journal)』의 편집자로 임명했다. 이 학술지는 영국에서 가장 영향력 있는 경제학 출판물이다. 케인스는 13년 동안 이 잡지의 편집장직을 수행했다.

케임브리지보다 더 유쾌한 곳은 블룸즈버리 그룹이었다. 블룸즈버리는 모임장소인 동시에 시대정신을 대표하는 이름이었다. 케인스가 대학생일 때 결성된 이 지식인 집단은 이제 독자적인 모임장소와 철학과 명성을 얻고 있었다. 겨우 이삼십 명이 그 그룹에 속해 있었지만 그들의 의견이 영국의 예술적 기준을 설정했다. 블룸즈버리에는 레너드와 버지니아 울프(Virginia Woolf, 1882~1941), 소설가이자 평론가인 에드워드 모건 포스터(Edward Morgan Forster, 1879~1970), 미술평론가인 클라이브 벨(Clive Bell, 1881~1964)과 로저 프라이

(Roger Fry, 1866~1934) 그리고 리턴 스트레이치가 참가하고 있었다. 만일 블룸즈버리가 미소를 지으면 한 시인의 이름이 뜨고, 만일 찡그리면 그 시인은 몰락했다. 블룸즈버리 사람들이 얼마나 섬세했는지 '정말(really)'이라는 단어를 말하는 데도 12가지의 다른 억양이 있었는데, '닳고 닳은 지루함'이라는 뜻으로 쓰는 경우가 적지 않았다고 한다. 이 그룹은 이상주의적이면서 동시에 냉소적이었고 용감하면서 동시에 연약했다. 그리고 약간 미쳐 있었다. '드레드노트 사기'라고 알려진 사건까지 있었다. 버지니아 울프(당시 이름 스티븐)와 몇몇 공모자들이 아비시니아 황제와 그 수행원으로 변장하고 영국의 가장 강력한 전함 가운데 하나였던 드레드노트 선상에 올라 극진한 대접을 받은 것이다.

이 모든 것에서 케인스는 중심인물이었다. 조언자요 지도위원이며 심판이었다. 그는 모든 것에 대해 확신을 가지고 말했다. 작곡가 윌리엄 월턴(William Walton, 1902~1983)이나 무용가 프레더릭 애슈턴(Frederick Ashton, 1904~1988)이나 그밖에 많은 예술가들은 케인스로부터 "아냐, 자네는 그 점에서 전적으로 틀렸어."라는 말을 듣는 데 익숙했다. 한 가지를 더 보탠다면 그의 별명은 포조(Pozzo)였는데, 여러 가지 잡다한 취미와 체계적인 두뇌로 유명했던 코르시카 외교관의 이름에서 따온 것이었다.

자본주의 세계에 충격을 줄 인물로서는 퍽 예술애호적인 출발을 한 셈이다.

돈과 명성을 동시에 거머쥐다

전쟁 기간 동안 블룸즈버리 그룹의 활동은 상당히 위축되었다. 케인스는 영국 재무성에 차출되어 영국의 해외재정에 관한 일을 맡게 되었다. 그곳에서도 그는 평범한 보통 인물을 넘어서서 천재답게 일했다. 뒷날 그의 옛 친구는 당시의 일화를 다음과 같이 소개했다.

"에스파냐 화폐 페세타가 급히 필요해, 간신히 약간의 페세타를 모은 적이 있습니다. 케인스는 장관에게 그것을 지체 없이 보고했고, 장관은 어쨌든 단시일 내에 페세타를 모으라고 지시를 했습니다. 그러자 케인스는 '안 됩니다.' 라고 대답했고 놀란 장관이 '뭐라고!' 하고 되물었습니다. 케인스는 '이미 모두 매각했습니다. 이제 그 시장을 폐쇄하겠습니다.' 라고 대답했고, 실제로 그대로 했죠."⁸

케인스는 곧 재무성의 중심인물이 되었다. 최초로 그의 전기를 쓴 동료 경제학자 로이 해러드(Roy Harrod, 1900~1978)는, 원숙한 판단력을 가진 사람들이 케인스야말로 민간인 가운데 누구보다도 전쟁을 승리로 이끄는 데 큰 공을 세운 인물이라고 선언했다고 전한다. 어쨌든 케인스는 다른 일에도 시간을 할애하고 있었다. 재정 관련 임무로 프랑스에 갔을 때 그는 프랑스가 값나가는 그림을 많이 소장하고 있으니 일부라도 왕립미술관에 팔면 영국에 진 빚을 갚을 수 있을 것이라는 착상을 했다. 이리하여 그는 우연찮게 수십만 달러에 이르는 코로, 들라크루아, 포랭, 고갱, 앵그르 그리고 마네의 작품을 수집해 영국으로 가져올 수 있었다. 더불어 자신도 세잔의 그림 한 점을 구입했다. 독일군의 고성능 대포가 파리를 포격하고 있어 예술품의 가격이 폭락하는 운을 만났던 것이다.⁹ 런던으로 돌아온 케인스는 어느 날 〈마음씨 좋은 숙녀들〉이라는 작품의 발레를 관람하러 갔다. 이 작품에서는 리디아 로포코바(Lydia Lopokova)가 미인 역으로 춤추고 있었는데 인기가 대단했다. 시트웰 가문이 그녀를 초대한 파티에서 케인스는 그녀와 만났다. 고전적인 영어를 하는 케인스와 영어로 말하려고 고전적인 노력을 기울이는 리디아를 상상할 수 있을 것이다. 그녀는 이렇게 말했다.

"저는 8월에 영국에 오는 것을 싫어합니다. 변호사들이 제 다리를 자꾸 물어뜯으니까요."[10]

그러나 이 모든 것은 전후 유럽의 질서 정립이라는 주된 과제의 곁가지일 뿐이었다. 케인스는 이제 중요한 인물이 되었다. 국가 원수의 좌석 뒤에서 귓속말로 조언을 하는 익명의 인물이 된 것이다. 그는 전권을 가진 영국 재무성 대리로 파리에 가서 최고경제회의에 참석했고, 재무성 대표로 평화회담에도 참석했다. 그러나 제2진이었을 뿐이다. 특별관람석에 앉아 있었지만 직접 경기에 개입할 권한은 없었다. 그러자니 좌절과 무능에서 오는 괴로움이 컸을 것이다. 왜냐하면 그는 가까운 거리에서 윌슨 대통령이 조르주 클레망소(Georges Clemenceau, 1841~1929, 프랑스의 정치가—옮긴이)의 작전에 넘어가고 인류평화에 대한 포부가 복수와 야망의 달성으로 대체되는 것을 지켜보았기 때문이다.

1919년에 그는 어머니에게 보낸 편지에 이렇게 썼다.

누구에게 편지를 써본 지도 여러 주가 되었을 겁니다. 하지만 저는 극도로 지쳐 있습니다. 일 때문이기도 하지만 주위에서 일어나는 악행에 낙담했기 때문입니다. 지난 2~3주 동안처럼 비참함을 느낀 적은 여태 없었습니다. 평화회담은 터무니없고, 성사되기 어렵습니다. 평화회담은 결국 불행만 가져다줄 것입니다.[11]

평화는 카르타고식 평화(제1, 2차 포에니 전쟁을 통해 로마는 카르타고에 두 번의 막대한 배상금 지급과 영토 포기를 강요했다. 그리고 제3차 포에니 전쟁 후 로마는 카르타고의 싹을 아예 잘라내고자 시민 전체를 학살하거나 노예로 흩어버리고, 카르타고를 무려 17일 동안 불태움으로써 폐허로 만들어버렸다. 이것이 로마의 평화였다—옮긴이)였다. 막대한 배상금을 지불해야 했던 독일은 파운드와 프랑과 달러를 확보하기 위해 국제 무역에서 가장 사악한 행위를 하지 않을 수 없었다. 이것은 물론 모든 사람들이 인정하는 의견은 아니었다. 그러나 케인스는 베르사유 조약에 독일의 경제적 자급자족과 군국주의의 강력한 재발을 부추기는 요소가 담겨 있다는 것을 파악했다.

그는 절망에 빠져 사임했다. 그리고 조약이 조인되기 사흘 전에 조약을 공격하는 글을 썼다. 글에는 《평화의 경제적 결과(The Economic Consequence of the Peace)》라는 제목을 붙였다. 그해 12월에 그 저서가 나오자(그는 그 글을 전속력으로, 분기탱천한 마음으로 썼다) 그는 유명해졌다.

그 책은 재기가 넘쳤고 독자를 압도했다. 역사적 주역들의 행동을 직접 본 케인스는 소설가적인 기교와 블룸즈버리 비평가의 특징인 날카로운 통찰력을 결합하여 그들에 대해 서술했다. 예를 들면 클레망소에 대해서는 "그는 프랑스에 대해서는 환상을 가지고 있으면서, 동시에 자신의 동료를 포함해 인류에 대해서는 환멸을 느끼는 인물이다."[12]라고 평했다. 윌슨에 대해서는 "오디세우스처럼, 그는 앉아 있을 때 더 현명해 보인다."[13]라고 평했다. 재기 넘치는 초상화적 표현보다도 더 잊을 수 없는 것은 평화회담에서 저질러진 해악에 대한 그의 분석이었다. 케인스는 평화회담을 그 당시의 긴요한 문제인 유럽을 통합하여 통일체로 재건하는 문제는 완전히 제쳐놓고 정치적 원한을 무모하게 해결하려는 회의로 파악했다.

4인 위원회는 다른 문제에 열중한 나머지 이러한 중요한 문제에는 관심이 없었다. 클레망소는 적국의 경제를 부수려는 집념에 가득 찼고, 로이드 조지(David Lloyd George, 1865~1945)는 일주일 동안 국가간 거래를 통해 검열을 통과할 어떤 것을 본국으로 가져가려는 데 집착하고 있었고, 윌슨 대통령은 공정하지 않거나 정당하지 않은 것은 절대 하지 않겠다는 데 집착하고 있었다. 그들의 눈앞에서 곪고 분열되어 있는 유럽의 근본적인 문제가 이들 4인의 관심을 불러일으키지 못한 것이 정말 이상했다. 배상문제는 경제분야에서 주된 참견의 소재였다. 그들은 배상문제를 신학적·정치적·선거 책략의 문제로서 해결했다. 어떤 점에서 보더라도 그들이 좌지우지하는 국가의 경제적 미래를 고려하는 신중함은 없었다.[14]

케인스는 나아가서 다음과 같이 엄숙한 경고를 했다.

따라서 우리가 직면한 위험은 유럽인들의 생활수준이 급격히 하락하여 상당수 사람들이 실제로 아사하는 지경에 이를 수 있다는 것이다(러시아는 이미 그런 지경에 도달했고, 오스트리아도 거의 그 지경에 근접하고 있다). 인간이 항상 조용히 죽는 것만은 아니다. 굶주림을 당하게 되면 어떤 사람들은 무기력과 절망에 빠지지만 어떤 사람들은 신경불안의 히스테리와 광적인 절망으로 나아가기도 한다. 곤궁에 처한 사람들은 현재 남아 있는 사회조직을 전복시키고, 각자의 거스를 수 없는 본능적 욕구를 만족시키기 위해 문명 자체를 수장시킬 수도 있다. 이것이야말로 우리 자신이 가진 모든 자원과 용기와 이상주의를 모아 대항해야 하는 위험이다.[15]

이 책은 엄청난 성공을 거두었다. 평화조약은 조인되는 그 순간부터 이행이 불가능하다는 것은 명백했다. 그러나 이것을 깨닫고 공개적으로 말하며 당장 개정할 것을 제의한 사람은 케인스가 처음이었다. 그는 특출한 선견지명을 지닌 경제학자로 알려지게 되었다. 그리고 1924년의 도스 안(案)이 1919년의 난국을 푸는 긴 여정을 시작했을 때 그의 예언자 자질은 입증되었다.

그는 이제 유명해졌다. 그러나 아직 무엇을 할 것인가의 문제는 남아 있었다. 그는 사업, 그중에서도 가장 모험적인 사업을 택했다. 수천 파운드의 자본으로 국제시장에서 도박을 시작한 것이다. 그러고는 대부분의 돈을 잃었다. 그런데 그를 본 적은 없지만 전쟁 동안 그의 활동에 감명 받은 어떤 은행가로부터 대부를 받는 도움 덕분에 다시 회복하여 당시 돈으로 200만 달러라는 거액의 재산을 쌓아올릴 수 있었다. 이런 일도 그는 아주 가볍게 해냈다. 케인스는 시장의 내부정보를 경멸했다. 그는 월스트리트의 투자가들이 '내부' 정보를 무시하기만 하면 큰 재산을 모을 것이라고 말한 적이 있다. 그의 비법은 별것이 아니라 대차대조표의 면밀한 분석, 재정에 관한 백과사전적 지식, 인간을 보는 직관 그리고 매매거래에 대한 약간의 안목이었다. 그는 아침에 침대에 누운 채로 필요한 항목의 재무정보를 살펴보고 결정을 내려 주문전화를 걸었다. 그것이 전부였다. 따라서 낮시간은 경제이론과 같은 더 중요한 일에 몰두할 수 있었다.[16] 리카도와 같은 시대에 살았더라면 소문날 정도로 사이좋게 지냈을 것이다.

케인스는 자신만을 위해 돈을 번 것은 아니었다. 그는 킹스칼리지의 재정담당이 되어서 3만 파운드의 학교기금을 38만 파운드라는 큰 돈으로 불려놓았다.[17] 또한 투자신탁회사를 운영하기도 했고 한 생명보험사의 재무관리를 지도하기도 했다.

항상 여러 가지 일을 한꺼번에 했던 케인스는 앞에서 이야기한 일 외에도 일간지 『맨체스터 가디언(Manchester Guardian)』에 기고도 하고 케임브리지대학교에서 정규 강의도 했다. 케인스는 메마른 이론에다 국제 상품시장의 동향과 인물들에 대한 해박한 지식을 보태어 맛깔나는 강의를 했다. 더욱 많은 그림을 사들이고 책을 사 모았으며, 리턴 스트레이치나 던컨 그랜트(Duncan Grant, 1885~1978, 후기인상파화가이자 디자이너—옮긴이) 그리고 그 외 다수의 남성 연인들과 격정적인 연애를 한 후 리디아 로포코바와 결혼했다. 발레리나가 케임브리지대학 교수의 아내라는 새로운 역할을 담당해야 했는데, 케임브리지의 친구들은 놀라면서도 안도의 한숨을 내쉬었다. 그녀가 그 역할을 완벽하게 해낸 것이다. 그녀는 물론 무용가의 길을 포기했다. 그러나 케인스의 집을 방문했던 친구들은 위층에서 쿵쿵거리는 소리를 들었다고 말했다. 리디아가 여전히 발레 연습을 하고 있었던 것이다.

그녀는 너무나 아름다웠다. 그녀를 찬미한 케인스는 미남은 아니었지만 키가 크고 위엄이 있었다. 케인스의 체구는 길고 삼각형의 탐구적인 얼굴이 올라앉을 수 있는 적당한 받침대 역할을 하고 있었다. 곧은 콧날과 이튼 시절부터 기른 짧게 자른 콧수염, 짙은 색깔의 날렵한 입술에 턱은 좀 실망스럽게 못생겼다. 눈은 그의 얼굴에서 가장 두드러지는 부분이었다. 둥근 눈썹 밑에 있는 그의 두 눈은, 어떤 편집자의 표현을 빌면 그가 정부 밀사인지 투기꾼인지 아니면 블룸즈버리의 수재인지 발레 관람자인지에 따라 침울하기도 하고 얼음처럼 차갑기도 했으며 섬광을 발하기도 하고 또는 '푸른 꽃 속에 들어온 벌의 배처럼 부드럽기도' 했다.

케인스에게는 하나의 기이한 버릇이 있었다. 중국 관리처럼 양손을 양복의 다른 쪽 소매 속으로 넣어서 보이지 않도록 팔짱을 끼고 앉기를 좋아했던 것이다. 남의 손에 유별난 관심을 가졌고, 또 자기 손에 대해서 자부심까지 품고 있던 케인스가 자신의 손을 감추려는 이러한 몸짓을 하는 것은 좀 이상하게 보였다. 사실 그는 자기 손과 아내의 손을 주물로 주조해둘 정도였고, 심지어 친구들의 손을 주형으로 만들어 수집하겠다는 말까지 했다. 어떤 사람과 처음 만나는 순간 그가 처음 주목하는 것은 상대방의 손바닥과 손가락과 손톱의 특징이었다. 루스벨트 대통령과 처음 대면했을 때 그는 대통령에 대한 인상을 다음과 같이 기록했다.

…… 물론 처음에는 이러한 것들을 자세히 보지 않았다. 나의 주의
는 자연히 그의 손에 집중되어 있었기 때문이다. 단단하고 상당히 강
한 그의 손은 사업가의 손가락 끝처럼 짧고 둥근 손톱을 가졌지만 똑
똑하거나 술책이 있는 손은 아니었다. 그 손을 자세히 묘사할 수는
없다. (나의 눈에) 두드러져 보이지는 않았지만 그 손은 평범한 타입
은 아니었다. 동시에 그 손은 이상하게 친숙하게 느껴졌다. 내가 저
런 손을 어디서 보았지? 그 잃어버린 이름을 찾으려고 적어도 10분
동안 기억을 더듬었다. 기억을 더듬느라 은과 균형예산 그리고 공공
사업 등에 대해서 내가 무슨 말을 하고 있는지도 몰랐다. 마침내 생
각이 떠올랐다. 에드워드 그레이(Edward Grey, 1862~1933) 경이었
다. 더 단단하고 미국화된 에드워드 그레이 경의 손이군.[18]

만일 자신이 상대방의 눈에 영국 외무장관의 기업인 판으로 비춰
지고 있다는 것을 알았다면, 루스벨트가 대법원 판사인 펠릭스 프랑
크푸르터(Felix Frankfurter, 1882~1965)에게 다음과 같은 편지를 썼을
지 의문스럽다.

"케인스와 멋진 대화를 나눴고 그가 너무나 좋았다."

탁월한 분석, 실패한 문제 해결 《화폐론》

1935년에 그는 벌써 확고하게 자리 잡힌 빛나는 경력을 쌓은 상태
였다. 《인도의 화폐와 재정》은 소책자였지만 역작이었고, 《평화의 경
제적 결과》는 대성공이었다. 《확률론(Treatise on Probability)》은 훨씬
전문적인 책이었지만 앞의 책 못지않게 성공작이었다.

마지막에 언급한 저서와 관련된 한 가지 재미난 일화가 있다. 케인스는 인간정신의 더욱 놀라운 업적인 양자역학의 발달을 주도한 수학 천재 막스 플랑크(Max Planck, 1858~1947)와 만찬을 나누고 있었다. 플랑크는 케인스를 쳐다보며 자신도 한때 경제학을 전공할까 고민했지만 너무 어려워서 그만두기로 결심했다고 말했다.[19] 케인스는 케임브리지로 돌아와 친구에게 이 에피소드를 재미있게 전했다. "그건 이상하군. 며칠 전에 러셀이 자기도 경제학에 투신하려고 생각했다고 나한테 말했어. 그러나 너무 쉬워서 하지 않기로 했다더군." 하고 그 친구가 말했다.

우리가 알다시피 수학은 케인스로서는 부업이었을 뿐이다. 1923년에 그는 《화폐개혁론(Tract on Monetary Reform)》을 발간해 세상 사람들을 놀라게 했다. 케인스는 금에 대한 물신숭배를 통렬히 비난하고 있었다. 또한 화폐에 대한 의식적인 통제를 포기하고 국제 금본위제라는 비인격적 메커니즘에 책임을 전가시키는 행태에서 드러나는 기묘한 소극성에 대해서도 맹렬하게 비난했다. 이 책은 물론 전문서적이었지만 케인스의 다른 저서와 마찬가지로 눈에 띄는 문장으로 주목을 끌었다. 영국의 금언집에 그의 날카로운 경구도 첨가해야 할 것이다. 케인스는 어떤 장엄한 경제적 공리의 '장기적' 결과에 대해 이야기하다가 "장기적으로 우리는 모두 죽는다(In the long run we are all dead)."라고 비꼬아서 적었다.

케인스는 이 책의 내용을 마무리하기 위해 1930년에 《화폐론(Treatise on Money)》을 발간했다. 이 저서는 길고 어려웠으며, 내용에서도 고르지 않은 주장을 펴고 있었다. 때로는 경제 전반을 설명하기 위한 천재적 노력처럼 보이는 곳도 있고, 때로는 시도했으나 실패한 것으로 보이는 부분도 있었다. 《화폐론》은 매혹적인 저서였다. 경제가 오르락내리락 하는 이유가 무엇인지, 즉 때로는 번영으로 북적대는가 하면 때로는 침체로 부진한 이유가 무엇인지를 문제 삼고 있었기 때문이다.

물론 그것은 수십 년 동안 경제학자의 주의를 빼앗은 문제였다. 1929년의 대공황이나 과거의 역사적 선례(예컨대 18세기 프랑스에서 미시시피 회사가 도산한 때)와 같은 거대한 투기적 대폭락은 차치하고라도, 정상적인 거래과정은 연이어지는 팽창과 수축의 물결을 보여주는 것 같았다. 즉 경제적 호흡을 하는 것 같았다. 예컨대 영국에서는 1801년에 경기가 나빴지만 1802년에는 좋았고 1808년에는 나빴고 1810년에는 좋았고 1815년에는 다시 나빴다. 이런 변동이 100년 이상 계속되었다. 미국에서도 비록 발생시기는 약간씩 다르지만 경기가 변동하는 양상은 같았다.

이러한 번영과 침체의 교차 뒤에 있는 것은 무엇일까? 처음에는 이러한 경기순환이 일종의 집단적 신경불안으로 생각되었다. "이러한 주기적 붕괴는 절망, 희망, 흥분, 실망 그리고 공포의 교차에 의존하기 때문에 본질적으로 정신적인 것이다."[20]라고 1867년에 어떤 관찰자가 기술한 적이 있다. 그러한 묘사는 월 가나 롬바드 가, 랭커스터나 뉴잉글랜드의 정신상태를 잘 나타내고 있기는 하지만 그러한 광범위한 정신적 히스테리를 야기하는 것이 무엇인가 하는 근본문제는 풀지 못했다.

초기의 몇몇 이론은 경제 과정의 바깥에서 해답을 찾았다. 앞에서 다룬 적이 있는 제번스는 모든 것이 **태양의 흑점** 때문이라고 설명했는데, 보기보다 억지스러운 이론은 아니었다. 1721년부터 1878년에 이르는 기간에 경기순환 주기는 호경기에서 다음 호경기에 이르는 평균기간이 10.46년이었다는 사실과 태양 흑점[1801년 윌리엄 허셜(William Herschel) 경이 발견했다]이 10.45년의 주기를 가졌다는 사실에 제번스는 깊은 인상을 받았다. 그 상관관계는 너무나 밀접해서 순전한 우연으로 돌릴 수는 없다고 제번스는 확신했다. 태양의 흑점은 기후 주기에 영향을 미치고, 기후 주기가 강수량 주기에, 강수량 주기가 곡물 주기에 영향을 미치며, 곡물 주기가 결국 경기순환에 영향을 미친다고 생각한 것이다.[21]

이것은 한 가지만 제외하면 그리 나쁜 이론은 아니었다. 태양 흑점의 주기는 더 정밀하게 계산해본 결과 11년으로 늘어났던 것이다. 그리하여 천체 역학과 경기의 변덕 사이에 빈틈없는 상관관계는 깨어지고 말았다. 태양의 흑점은 천문학의 분야로 돌아갔고 경기순환을 일으키는 요소가 무엇이냐에 관한 탐구는 현실적인 연구로 되돌아왔다.

사실상 한 세기 전에 맬서스가 요란하면서도 직관적으로 지적한 영역, 즉 저축의 영역으로 돌아온 것이다. 맬서스의 의문 즉 저축은 어쨌든 '전반적 과잉'을 초래할 수 있다는 그의 투박한 느낌을 기억할 것이다. 맬서스의 주장에 대해 리카도는 비웃었고 존 스튜어트 밀은 일소에 부쳤다. 그러한 생각은 지하세계에서나 통하는 창피하고 위험한 난센스가 되고 말았다. 저축이 문제의 원천이 될 수 있다고 말하다니, 그것은 절약 자체를 비난하는 것이며 거의 부도덕에 가까운 주장이었다. "모든 개별 가정에서 사려 깊은 행위를 한 것이 위대한 국가의 행위에서 우둔함을 초래할 리가 있겠는가?"[22]라고 애덤 스미스는 적지 않았던가?

그러나 초기의 경제학자들이 저축이 경제의 저해요소가 될 수도 있다는 사실을 인정하지 않은 것은 도덕적 개종에 빠지지 않았기 때문이 아니다. 그들은 다만 실제 세계의 사실을 관찰했을 뿐이다.

1800년대 초반에 저축을 하는 사람들은 대체로 그 저축된 돈을 사용하는 바로 그 사람들이었다. 리카도나 밀의 압축된 세계에서는 저축할 여유가 있는 사람들은 사실상 지주계급과 자본가들이었다. 그들이 모은 돈은 이러저러한 생산적 투자에 사용되었다. 따라서 저축을 '축적'이라 불러도 별 문제가 없었다. 동전의 양면과 같았기 때문이다. 한편으로는 일정한 액수의 돈을 축적하는 것이며, 동시에 다른 한편으로는 도구나 건물이나 땅을 구입하여 더 많은 돈을 벌기 위해 그것을 바로 이용하는 것이었다.

그러나 19세기 중엽에 이르자 경제구조가 바뀌었다. 부의 분배가 개선되었고 그와 동시에 저축의 가능성도 사회의 더 많은 성원에게 열렸다. 또한 기업은 대형화되고 제도화된 성격을 띠게 되었다. 기업은 점점 새로운 자본을 찾기 시작했는데, 그것은 바로 기업주의 주머니뿐만 아니라 전국에 흩어져 있는 무명 저축자의 주머니에 있는 돈이었다. 그리하여 저축과 투자는 서로 이혼하기에 이르렀다. 저축과 투자는 별개의 집단에 속한 사람들이 행하는 별개의 활동이 되어버렸다.

이것 때문에 경제에 곤란이 발생했다. 맬서스는 그 이유를 전혀 내다보지 못했지만 결국 그의 주장이 옳았다.

이 곤란은 매우 중요하므로—경기침체의 문제에서 핵심적이기 때문에—우리는 이 문제를 명확히 해야 한다.

우리는 국가의 번영을 어떻게 측정할 것인가 하는 문제를 올바로 이해하는 데서 출발해야 한다. 그것은 금으로 측정되는 것이 아니다. 빈곤에 빠진 아프리카도 금은 풍부했다. 또한 물리적 자산으로 측정되는 것도 아니다. 1932년에 건물과 광산, 공장과 임야가 증발하지는 않았다. 호경기와 불경기는 과거의 영광에 대한 문제가 아니라 현재의 성취에 대한 문제다. 따라서 호경기와 불경기는 우리가 현재 벌어들이는 **소득**에 의해 측정된다. 우리 대부분이 개인적으로(따라서 우리 모두가 집단적으로) 많은 소득을 누리면 국가도 잘 살게 된다. 개인 전체의 소득, 즉 국민총소득이 줄어들면 우리는 불경기 상태에 빠지게 된다.

그러나 소득, 즉 국민소득은 정태적인 개념이 아니다. 사실 경제의 핵심적 특징은 바로 한 손에서 다른 손으로 소득이 흐른다는 것이다. 상품을 구매할 때마다 우리는 소득의 일부를 다른 사람의 주머니에 넣어준다. 마찬가지로 그것이 임금, 임대료, 이자, 이윤 등 어떤 소득이든 우리의 소득은 모두 궁극적으로는 다른 사람이 소비한 돈에서 나온 것이다. 소득 가운데 일정 부분을 떼어서 생각해보면 그것이 다른 사람의 주머니에서 나온 것이 명백하다. 그(또는 그녀)가 당신의 서비스를 이용했거나 당신이 일하는 가게의 단골손님이 되었거나 당신이 주주나 채권자로 있는 회사의 제품을 구입한 결과인 것이다.

경제가 끊임없이 재생산되는 것은 바로 이렇게 화폐를 차례로 돌리는 과정 곧 위에서 설명한 대로 어떤 사람이 쓴 돈을 다른 사람이 수입으로 받아들이는 과정을 통해서이다.

대체로 소득을 차례로 돌리는 과정은 아주 자연스럽게 그리고 방해를 받지 않고 이루어진다. 우리는 소득의 상당 부분을 우리가 쓰고 향유할 상품—이른바 소비재—을 구매하는 데 소비한다. 따라서 우리가 매일 또는 매달 주기적으로 소비재를 구매하는 행위를 지속하기 때문에 별 탈 없이 국민소득의 큰 부분을 순환시킬 수 있는 것이다. 우리는 먹고, 입고, 즐거움을 추구해야 하므로 꾸준히 그리고 정기적으로 돈을 써서 소비를 해야 하는 것이다.

여기까지는 모든 것이 간단하고 직접적이다. 그러나 우리의 소득이 직접시장으로 가서 타인의 소득이 되지 않는 부분이 있다. 즉 우리가 저축하는 돈이 있다. 우리가 저축한 돈을 양탄자바닥에 숨기는 등 현금을 쓰지 않고 쌓아둔다면 분명히 소득의 순환이 끊어지게 될 것이다. 그럴 경우 우리는 사회로부터 얻은 소득보다 적은 양을 사회에 내놓지 않을 수 없게 된다. 그러한 동결과정의 폭이 광범위해지고 기간이 지속된다면 매번 순환될 때마다 수량이 점점 줄어들어 모든 사람의 화폐소득은 누적되어 감소할 것이다. 그렇게 되면 우리는 경기침체의 고통을 겪을 수밖에 없다.

그러나 이러한 소득 순환의 위험한 중단은 보통 일어나지 않는다. 대개 저축을 동결한 상태로 두지 않기 때문이다. 우리는 저축을 주식이나 채권을 구입하는 데 사용하거나 은행에 예금한다. 이렇게 되면 그 저축된 돈은 다시 활용될 수 있다. 따라서 우리가 새로운 주식을 산다면 그것은 우리의 저축을 직접 기업에 주는 셈이다. 우리가 은행에 예금하면 그 저축은 자본을 찾는 기업을 위한 대부자금으로 이용될 수 있다. 돈을 은행에 넣든, 보험증권이나 주식을 사든, 이 저축된 돈이 기업활동을 매개로 해서 순환의 물결 속으로 다시 돌아갈 통로는 얼마든지 있다. 기업이 우리의 저축을 사용하게 되면, 그 돈은 다시금 누군가의 임금이나 누군가의 이윤이 되어 다시 모습을 나타내기 때문이다.

그러나 주목해야 할 사실은 이러한 저축-투자의 연결고리에는 **자동적인** 것이 아무것도 없다는 점이다. 기업이 매일의 사업운영을 계속해나가기 위해 우리의 저축을 필요로 하는 것은 아니다. 기업은 판매수입금으로 소요경비를 지불한다. 저축된 돈은 기업이 사업을 **확장**할 경우에만 필요하다. 기업의 통상적 수입만으로는 새로운 공장을 세우거나 장비를 크게 확장하는 데 필요한 자본을 충분히 조달할 수 없기 때문이다.

바로 이 부분이 문제가 발생하는 지점이다. 검약하는 사회는 항상 소득의 일부를 저축하려 한다. 그러나 기업이 항상 사업을 확장해야 할 처지에 있는 것은 아니다. 어떤 시장에 '과잉'이 발생하거나 국제정세가 불안하다거나 기업가들이 물가인상에 대해 불안을 느끼거나 그 밖의 다른 이유로 사업 전망이 흐려질 때, 투자의욕은 감퇴된다. 기업가들이 걱정에 휩싸여 미래를 바라보고 있는데 시설을 확대할 리 있겠는가?

바로 여기에 경기침체의 가능성이 있다. **우리가 저축한 돈이 사업을 확장하는 기업에 투자되지 않으면 우리의 소득은 감소할 수밖에 없다.** 결국 돈을 집에다 감추어 동결하는 것과 꼭 같은 나선형적인 불황에 빠지게 되는 것이다.

이러한 우발적 사태가 실제로 일어날 수 있을까? 한번 살펴보기로 하자. 그러나 이것은 이상야릇하고도 냉정한 줄다리기 전쟁이라는 점을 일러둔다. 여기에는 탐욕스러운 지주도 자본가도 없다. 소득의 일부를 신중하게 저축하려는 완전히 선량한 시민이 있고, 경기 여건이 새로운 기계를 도입하거나 새로운 공장을 세우는 모험을 보장해줄지 신중하게 고려하는 완전히 선량한 기업가가 있을 뿐이다. 그런데 이 양자의 현명한 결정이 불러온 결과에 경제의 운명이 달려 있다. 만일 결정이 어긋난다면, 예컨대 기업가들이 사회가 저축하려는 액수보다 작은 규모로 투자를 한다면 경제는 불경기라는 주름살을 띠게 될 것이다. 호경기냐 불경기냐 하는 아주 중요한 문제는 무엇보다도 여기에 좌우된다.

저축과 투자의 상호작용에 우리의 운명이 달려 있다는 것은 어떤 의미에서는 경제적 자유에 대해 우리가 지불하는 대가라 할 수 있다. 소련에는 그러한 문제가 없었고, 파라오가 지배하던 고대 이집트에도 그런 문제는 없었다. 이들 사회에서는 저축과 투자가 모두 위에서 결정되며, 국가의 모든 경제활동에 대한 전반적인 통제를 통해서 국가의 저축은 피라미드나 발전소 건설 재정에 소요되는 액수와 일치하도록 조절되기 때문이다. 그러나 자본주의 세계에서는 그렇지 않다. 저축의 결정과 투자의욕은 경제 주체의 자유로운 결정에 달려 있다. 그리고 결정이 자유롭기 때문에 어긋날 수도 있다. 저축을 흡수할 투자가 너무 적거나 저축이 너무 적어 투자를 충분히 뒷받침하지 못할 수도 있다는 말이다. 경제적 자유는 아주 바람직한 상태다. 그러나 우리는 불경기와 호경기 속에서 발생할 수 있는 결과에 직면할 준비를 해야 한다.

이야기를 하다보니 존 메이너드 케인스와 그의 《화폐론》을 시야에서 거의 놓친 것 같다. 그러나 정말 그런 것은 아니다. 《화폐론》은 이러한 저축과 투자 사이에 벌어지는 시소게임을 탁월하게 서술했기 때문이다. 그 개념은 케인스가 처음 이야기한 것은 아니다. 여러 명의 중요한 경제학자들이 이 두 요소가 경기순환에서 중요한 역할을 하고 있다는 것을 이전부터 지적해왔기 때문이다. 그러나 케인스가 손댄 모든 경우처럼, 경제학의 적나라한 추상적 명제는 그의 산문 속에 들어오는 순간 새로운 광채를 발했다.

세상의 축적된 부란 개인들이 소비하는 기쁨을 자발적으로 절제하는 행위, 이른바 검약을 통해서 고통스럽게 얻어진 것이라고 생각하는 것이 보통이다. 그러나 단순한 절제만으로는 도시를 건설하거나 늪지대를 개간하기에 충분하지 않다는 것은 명백하다.

…… 사회의 부를 축적하고 향상시키는 것은 기업이다. …… 만약 기업이 활발하게 움직이면 검약에 어떠한 일이 일어나건 부는 축적된다. 그리고 만약 기업이 잠들면 검약으로 무엇을 하건 부는 쇠퇴하게 된다.[23]

그러나 탁월한 분석에도 불구하고 케인스는 《화폐론》을 쓰자마자, 비유적으로 말하자면 그것을 찢어버렸다. 저축과 투자가 시소게임을 한다는 그의 이론은 핵심문제를 해결하는 데 실패했기 때문이다. 그 책은 어떤 경제가 어떻게 해서 오래 끄는 경기침체 상태에 머물러 있는지 그 이유를 설명하지 못했다. 시소게임의 비유가 시사하듯, 잉여 저축의 무게에 눌렸던 경제는 비교적 짧은 기간 내에 스스로를 정정하여 그 반대방향으로 나아가는 것처럼 설명했던 것이다.

저축과 투자 곧 검약과 기업의 의욕은 서로 전혀 관련이 없는 경제활동은 아니기 때문이다. 양자는 기업가들이 저축을 '구매'하거나 적어도 차용해 쓰는 시장에서는 서로 긴밀하게 연결되어 있다. 금융시장이 바로 그렇다. 여기서는 저축도 다른 상품처럼 가격이 있다. 바로 금리다. 따라서 저축이 홍수를 이루는 불경기의 바닥에서는 금리가 폭락한다. 구두가 과잉 공급되면 구두값이 떨어지는 것과 꼭 같다. 저축의 가격이 하락하면, 즉 금리가 하락하면 투자 유인(誘因)이 높아지게 될 것이다. 만일 금리가 10퍼센트일 때 공장 건설 비용이 너무 많이 든다고 생각했다면, 자금을 금리 5퍼센트로 얻을 수 있을 때 공장 건설로 훨씬 큰 이득을 얻을 수 있다고 생각하지 않겠는가?

따라서 시소게임 이론은 경기순환 자체에 자동안정장치가 설치되어 있다는 것을 약속하는 것처럼 보인다. 즉 저축이 많이 늘어날 때는 돈을 싸게 빌릴 수가 있고, 따라서 기업은 투자할 유인을 갖게 된다. 이 이론에 따르면 경제가 위축된다 해도 곧 다시 활기를 띨 것이 틀림없다.

그러나 대공황 때 이 자동안정장치는 작동하지 않았다. 금리가 계속 떨어졌는데도 아무 일도 일어나지 않았다. 국부진정제와 희망찬 기다림이라는 전통적인 묘약은 제구실을 하지 못했고 환자는 회복되지 못했다. 이론의 모든 논리에도 불구하고, 시소게임에서 저축과 투자가 균형을 이루도록 작용하는 금리에 관한 산뜻한 공식은 분명히 무언가가 결여되어 있었다. 무언가 다른 것이 경제의 회복을 저지하고 있는 것이 틀림없었다.

장기적 경기침체의 진단과 치유책

케인스의 걸작은 완성되기까지 상당한 시간이 걸렸다. 케인스는 1935년 버나드 쇼에게 보낸 편지에서 이렇게 말하고 있다. 이때 그는 쇼의 제안에 따라 마르크스와 엥겔스를 막 다시 읽었지만 구미에 맞는 내용은 별로 찾아내지 못했다.

> 내 심정을 이해하기 위해서는…… 지금 당장은 아니지만 닥쳐올 십 년 동안의 경제문제에 대한 세상 사람들의 사고방식을 혁명적으로 변화시킬 경제이론서를 내가 쓰고 있다는 것을 자네는 알아야 할 걸세. …… 현. 단계로서는 자네나 어느 누구도 이것을 믿어주리라고 기대할 수 없네. 그러나 나는 마음속에 품고 있는 내 이야기를 확신하고 있다네.[24]

항상 그랬듯이 그는 옳았다. 그 책은 출간된 후 거대한 폭탄이 되었다. 그러나 쇼가 내용을 소화했다 하더라도 그 책을 그렇게 높게 평가했을지는 의문이다. 책은 《고용, 이자 및 화폐에 관한 일반이론 (The General Theory of Employment, Interest and Money, 이하 일반이론)》이라는 가까이하기 어려운 제목을 달고 있었고, 내용은 더욱 가까이하기 어려웠다. "N명을 고용해서 얻는 산출물의 총공급가격을 Z라고 하면 Z와 N의 관계는 $Z = \emptyset(N)$으로 표시되는데, 이것은 곧 총공급함수라 부를 수 있다."는 말이 25쪽에 나오는 것을 보고 쇼가 눈을 부릅뜨는 모습을 상상할 수 있을 것이다. 케인스는 문외한이 스미스나 밀, 또는 마르크스의 책을 읽으면서 기대했던 사회행위의 변동과 정도 거의 서술하지 않았다. 책의 여기저기에 재미난 구절이 나오고, 그 가운데는 주식 선택과 미인선발대회의 우승자 뽑기에 관한 유명한 구절도 있다. 그러나 이런 구절은 대수학과 추상적 분석의 사막에서 오아시스처럼 드물 뿐이다.

그럼에도 그 책은 혁명적이었다. 다른 적당한 말이 없을 것이다. 책은 스미스의 《국부론》과 마르크스의 《자본론》이 그랬듯이 경제학의 위상을 한껏 드높여주었다.

《일반이론》은 놀랍고 당황스러운 결론을 내고 있기 때문이다. 결국 자동안정장치란 것은 없었다. 경제란 언제나 스스로 균형을 잡아가는 시소이기보다는 오히려 엘리베이터를 닮았다. 경제는 계속 오르내릴 수 있지만 완전히 멈춰버릴 수도 있는 엘리베이터였다. 맨 위층에서 멈출 수 있는 것처럼 1층에서 멈출 수도 있다. 달리 말해서 불경기는 결코 저절로 치유되지 않을 수도 있다. 바람이 없어 멈춘 배처럼 경제는 끝없이 침체될 수도 있다는 것이었다.

어떻게 그럴 수가 있는가? 불경기의 바닥에서 저축이 홍수처럼 불어나면 금리는 떨어질 것이고, 금리가 떨어지면 기업들은 제조시설을 확장하기 위해 싼 돈을 이용하려 할 것이 아닌가?

케인스는 이러한 논법이 가진 오류를 (전에도 한 번 지적했듯이) 가장 간단하고 명백한 경제생활의 어떤 사실 속에서 찾았다. **불황의 밑바닥에서는 저축의 홍수가 일어나지 않을 것이다.** 경제가 침체하면 소득이 감소하고, 소득이 감소하면 저축이 줄어들 것이기 때문이다. 모두가 쪼들릴 때 어떻게 번창할 때만큼 저축할 것을 사회에 기대할 수 있겠는가 하고 케인스는 물었다. 그것이 불가능하다는 것은 너무나 분명했다. 경기침체의 결과는 넘쳐나는 저축이 아니라 저축의 고갈을 불러올 것이다. 저축의 홍수가 아니라 물방울이라고 해야 적당할 것이다.

그리고 그것은 사실 그대로였다. 1929년에 미국인들은 자신들의 소득 중에서 37억 달러나 저축했다. 그러나 1932년과 1933년에 그들은 저축을 전혀 하지 않았으며, 오히려 몇 년에 걸쳐 저축한 돈을 인출했다. 호경기의 절정에 있을 때는 세금과 배당금을 지불한 뒤에도 26억 달러나 챙긴 회사들이 3년 뒤에는 60억 달러의 손실을 보고 있었다. 정말 분명하게 케인스의 이론은 옳았다. 저축이란 어려운 때를 견딜 수 없는 일종의 사치였다.

이러한 저축 감소가 주는 더욱 충격적인 결과는 그것이 초래한 개인적 안정의 상실보다 더 큰 의미를 지니고 있다. 그것은 바로 경제가 가장 역동적이어야 할 때에 마비상태에 빠져 있다는 사실이다. 만약 넘치는 저축이 없다면 기업인들이 돈을 빌려 쓰도록 유도할 금리 인하의 압력도 없을 것이고, 대부와 투자지출이 없다면 기업 확장 움직임도 없을 것이므로, 경제는 꼼짝도 하지 않을 것이기 때문이다. 따라서 남녀 실업자들과 가동률이 낮은 공장과 설비가 있는데도 불구하고 경제는 '균형' 상태에 머물러 있을 것이다.

따라서 풍요 속의 빈곤이라는 역설과 일자리가 없어 노는 사람과 가동되지 않는 기계가 동시에 존재하는 변칙적 상황이 발생한다. 경기 침체가 바닥인 상황에서는 한편에서 실업자들이 먹고살 일용품이 모자라 아우성인데 다른 한편에서 공장은 제품을 제대로 생산하지 못하는 비정한 모순이 발생한다. 그러나 그 모순은 물리적인 것이 아니라 사회적인 모순일 뿐이다. 경제는 인간의 **욕구**(wants)— 욕구는 항상 꿈처럼 크다—를 충족시키기 위해 작동하지는 않기 때문이다. 경제는 **수요**(demand)를 충족시키기 위해 상품을 생산한다. 그리고 수요는 개인의 돈지갑만큼 작다. 그러므로 실업자들은 경제적으로는 존재하지 않는 것과 다름없다. 그들은 시장에 대해 경제적 영향력을 행사하지 못한다는 점에서는 달에 가 있는 것과 마찬가지다.

일단 투자가 감소하고 경제규모가 위축되면 사회적 불행이 나타난다. 그러나 케인스가 지적하듯이 유효한 사회적 불행은 아니다. 국민들이 양심적 가책을 느껴도 기업의 충분한 투자를 대신할 쓸모 있는 대용물 역할을 하지는 못한다. 그리하여 저축이 투자와 함께 감소했기 때문에, 경제 규모가 과거 늘 그랬던 것보다 작아졌다는 사실에 전혀 영향을 받지 않고 경제의 흐름은 무리 없이 돌아간다.

이 기묘한 상황은 정말 범인도 없는 비극이다. 저축이 너무나 분명히 개인의 미덕인 때 저축한다고 해서 사회를 비난할 사람은 아무도 없다. 성공할 합리적인 기회를 발견할 경우 누구보다 먼저 흔쾌히 나설 사람이 바로 기업가인데 그들더러 투자하지 않는다고 질책하는 것도 마찬가지로 불가능하다. 사실 난국은 이미 도덕적인 차원의 문제가 아니다. 그것은 정의, 수탈 또는 인간적 우둔함 등의 문제도 아니다. 그것은 기술적인 난제이며 거의 기계적인 오류이다. 그러나 그 모든 것에 대해 치러야 할 대가는 비싸다. 움직이지 않는 경제활동의 대가는 실업이기 때문이다.

그리고 여기에 모든 것 가운데 가장 이해하기 어려운 사실이 있다. 투자의욕은 무한정 지속될 수 없고, 조만간 투자는 위축되지 않을 수 없다.

어느 때이든, 산업은 제품을 공급하는 시장의 크기로 인해 제한을 받기 때문이다. 새로운 철도노선에 엄청난 투자를 하던 시기인 1860년대의 철도산업을 예로 들어보자. 초창기의 철도재벌들이 1960년의 시장을 겨냥하고 철도를 건설했던 것은 아니다. 그들이 만일 100년 앞의 경제가 필요로 할 선로까지 건설했다면 인간이 거주하지도 않는 지역에다 존재하지도 않는 도시들을 잇는 철도를 건설하고 있었을 것이다. 그들은 사용될 수 있는 철도만을 건설했을 뿐 그 이상 나아가지 않고 거기서 멈췄다. 자동차 산업도 마찬가지다. 포드가 1910년에 1950년대의 리버루지 공장을 건설할 자본을 구할 수 있어서 공장 건설에 착수했다면 그는 곧바로 파산했을 것이다. 도로와 주유소가 부족한 것은 물론이고 생산될 자동차에 대한 **수요**가 부족했기 때문이다. 문제를 오늘날에 좀더 가깝게 적용해본다면, 1990년대 말의 미국 기업은 새로운 설비에 해마다 1조 달러를 투자했지 2조 달러를 투자하지는 않았다. 언젠가는 2조 달러가 될 수 있겠지만 20세기가 끝날 때까지 그런 날은 오지 않았다.

투자의 움직임에는 전형적인 패턴이 있다. 처음에는 새로운 기회를 이용하고자 하는 열의가 있고, 그 다음에는 그 열의가 과잉투자를 초래하지 않도록 조심한다. 그리고 당분간 시장에 물건이 꽉 차 있을 때에는 더 이상 움직이지 않는다.

각각의 투자계획이 중지될 때, 만약 다른 투자계획이 즉시 나타난다면 경기침체는 존재하지 않을 것이다. 그러나 그러한 경우는 발생하기 어렵다. 인간의 욕구가 엄청나다는 사실만 가지고 어떤 투자든 수지 맞을 것이라고 생각할 수는 없다. 경제는 성급하고 어리석은 과다 확장으로 인해 망해버린 기업들로 흘러넘친다. 대부분의 투자는 낙관적 기대가 주는 자극 이상의 것을 필요로 한다. 무언가 더 구체적이고 새로운 발명이 필요하며 더 나은 처리과정이 필요하며 소비 대중의 눈을 끌만한 기발한 상품이 필요하다. 그런데 모든 기업가들에게 기회가 항상 주어지는 것은 아니다.

따라서 한 가지 투자계획이 끝나갈 때 바로 위험한 공백을 메울 다른 투자계획이 나타나지 않을 수도 있다. 만일 다른 투자계획이 있다면, 즉 투자의 내용이 바뀌더라도 투자 규모가 유지된다면 경제는 순탄하게 항해를 계속할 것이다. 그러나 중단되는 각각의 투자에 대한 대체투자가 선뜻 나타나지 않으면 경제활동은 수축하기 시작할 것이다.

케인스는 체제가 지닌 이런 내적 취약성을 살펴보고는 다음과 같이 지적했다.

고대 이집트가 두 배로 운이 좋았고 의심할 여지없이 전설적인 부를 가지는 데 힘이 되었던 것은 피라미드 건설과 귀금속의 탐색이라는 **두 가지** 활동을 병행한 데 있다. 이런 활동은 소비됨으로써 인간의 필요를 충족시킬 수 있는 것이 아니었으므로, 아무리 많아도 활동을 멈추지 않았기 때문이다. 중세에는 사원을 건립하고 미사를 올렸다. 죽은 자를 위한 피라미드나 미사는 횟수가 많을수록 좋다. 그러나 런던에서 뉴욕까지 연결하는 철도를 두 개 놓는다고 더 좋아지는 것은 아니다.[25]

그런 다음《일반이론》은 우울한 진단을 내린다.

첫째, 침체에 빠진 경제도 그 상태로 머물러 있을 수 있다. 경제 메커니즘 속에는 경제를 침체에서 끌어낼 본래의 힘이 없다. 대규모의 실업이 존재할지라도 그런 실업을 수반한 '균형'이 존재할 수 있다.

둘째, 번영은 투자에 달려 있다. 만약 자본장비에 대한 기업의 지출이 줄어들면 경기축소의 나선형적 움직임이 시작될 것이다. 기업의 투자가 증가할 경우에만 팽창의 나선형 움직임이 뒤따를 것이다.

그리고 셋째, 투자는 경제활동을 해나가는 데 있어서 의지할 수 없는 동력이다. 자본주의의 핵심에는 확실성이 아니라 불확실성이 존재한다. 기업가의 잘못이 없어도 투자는 항상 포만(satiety)에 이를 위험이 있고, 포만은 경제활동의 위축을 초래한다.

이것은 사람들을 불안하게 만드는 전망이었다. 그러나 이러한 우울한 진단을 내려놓고 그대로 내버려두는 데 만족했다면 그것은 전혀 케인스답지 않은 자세였을 것이다. 많은 위험을 예언하기는 했지만《일반이론》은 말세를 알리는 책은 아니었다. 반대로 그 책은 약속을 내놓고 치유책을 제안했다.

사실상 치유책은 그 처방전이 쓰이기 전부터 시작되었다. 의사들이 약의 효능을 확신하기 이전에 이미 약이 사용되고 있었던 셈이다. 정부의 무관심이라는 제방 뒤에서 20년 동안 방치되어왔던 엄청나게 많은 사회적 법률들이 뉴딜 정책 아래 소집된 백일의회(Hundred Days)에서 제정되었다. 이 법률들은 불만에 쌓인 국민의 사회적 분위기와 사기 개선을 염두에 두었다. 그러나 환자의 소생을 위해 고안된 것은 사회적 법률이 아니었다. 그 강장제는 이와는 다른 것으로서, 경제를 활성화시키기 위해 정부지출을 의도적으로 추진한 것이었다.

그것은 임시변통의 실업자 구제사업에서 시작되었다. 실업이 증가하여 순전히 정치적인 필요성 때문에 행동을 취해야만 하는 지점에 도달하게 되었다. 어쨌든 당시는 디어본에서 폭동이 연달아 일어났고, 워싱턴에서는 남루한 거지들이 줄을 지어 행진했고, 여러 가족들이 시(市)의 쓰레기 소각로에 몸을 녹이러 몰려왔고, 심지어 쓰레기차를 헤집어 먹을 것을 찾던 시기였다. 구제사업이 긴급히 필요했고, 마침내 후버 대통령의 명령으로 구제사업이 시작되었다. 루스벨트 정부에 와서는 구제사업이 실업자들에게 일자리를 주는 취로사업 정책으로 바뀌었고, 이것이 다시 건설사업으로 전환되었다. 정부가 갑자기 주요 경제투자자가 된 것이다. 도로·댐·강당·비행장·항만사업·주택건설사업이 한꺼번에 꽃피기 시작했다.

케인스는 1934년에 워싱턴에 왔다. 그가 루스벨트 대통령의 손에 대한 인상을 기록했던 것이 바로 이때였는데, 그는 그런 사업계획을 확장할 것을 촉구했다. 통계를 보면 그때는 사기업의 투자활동이 바닥으로까지 떨어진 상황이었다. 1929년에 임금과 봉급 그리고 이윤의 형태로 150억 달러를 쏟아냈던 기업활동이 1932년에 와서는 8억 8600만 달러라는 한심한 숫자로 떨어졌다. 94퍼센트나 하락한 것이다. 경제라는 차량을 끌어올리기 위해서는 투자원동기에 시동을 걸 무언가가 필요했다. 케인스는 정부의 지출이 국가의 전반적인 구매력을 높여 자극의 역할을 해줄 것이라고 기대했다. 당시에는 국가의 전반적 구매력을 높여서 경기를 자극하는 것을 '펌프에 마중물 붓기(priming the pump)' 라고 불렀다.

1936년에 나온《일반이론》에서 제안하는 것은 참신하고 급진적인 프로그램이라기보다는 이미 적용되고 있는 일련의 행동을 옹호하는 것이라 할 수 있다. 즉 현행 정책에 대한 옹호이며 동시에 설명이었다. 왜냐하면《일반이론》은 미국과 서구 세계 전체가 직면하고 있는 파국이 기업에서 충분한 투자를 하지 않은 결과일 뿐이라고 지적했기 때문이다. 그래서 그 처방은 완벽하게 논리적이었다. 케인스는 기업이 확장될 수 없다면 정부가 불황을 떠맡아야 한다고 보았다.

케인스는 반 놀림조로 다음과 같이 기술했다.

> 만일 재무부가 낡은 병에다 은행권을 넣어 그것을 도시 쓰레기로 입구까지 매립한 석탄 폐광에 알맞은 깊이로 묻어둔 다음, 그 지폐를 다시 캐내는 일은 시험을 잘 거친 자유방임의 원칙에 입각하여 사기업에 맡긴다 해도…… 더 이상 실업은 생기지 않을 것이며 간접적 영향 덕분에 사회의 실질소득도 현재보다 훨씬 많아질 것이다. 주택을 짓는 등의 일을 한다면 더 지각 있는 행위가 될 것이다. 그러나 이런 건설사업을 벌이는 데 실질적인 난관이 존재한다면 위에서 말한 방식이 아무것도 안 하는 것보다는 나을 것이다.[26]

일부 사람들의 눈에는 정부가 벌인 다수의 비정통적 프로젝트가 케인스의 별난 제안과 마찬가지로 미친 짓으로 보였을 것이 틀림없다. 그러나 최소한 지금에 와서는 이러한 프로젝트의 이면에는 합당한 근거가 있음을 알 수 있다. 만일 사기업이 충분히 큰 투자계획을 추진할 수 없다면 정부가 할 수 있는 한 개입해야 한다. 어떤 종류이든 자극이 필요했기 때문에 무엇이라도 하는 것이 아무것도 안 하는 것보다는 나았다.

투자를 직접적으로 자극할 수는 없다 하더라도 적어도 소비를 자극할 수는 있다. 투자는 그 체제에서 변덕스러운 요소인 반면 소비는 경제활동의 큰 바탕을 제공한다. 따라서 공공사업 프로젝트는 양날의 칼로 문제를 공략하는 것과 같다. 그런 프로젝트가 없었더라면 실업자가 되었을 사람들의 구매력을 유지하도록 직접적으로 도와줌으로써, 다른 한편으로는 사기업의 확장이 회복되도록 길을 인도해줌으로써.

케인스는 1934년 『뉴욕타임스(The New York Times)』에 보낸 편지에서 이렇게 쓴 적이 있다.

> 나는 다음과 같은 관점에서 경기회복의 문제를 바라보고 있다. 정상적인 기업활동이 언제 구제될 수 있을 것인가 그리고 이런 비정상적인 정부 지출이 어느 정도의 규모로, 어떤 수단을 통해서, 얼마나 오래 지속될 때 당분간 권할 만한 것이 될 것인가 하는 점이다.[27]

'비정상적'이라는 말에 유의하기 바란다. 케인스는 정부 프로그램을 기업의 진로에 대한 영구적인 간섭으로 보지 않았다. 즉 미끄러졌지만 다시 균형을 되찾으려 애쓰는 체제를 향해 구원의 손길을 내민 것일 뿐이라고 생각했다.

이것은 상식의 진수처럼 보였다. 사실 그것은 상식의 진수였다. 그러나 이와 같은 펌프 물 끌어올리기 프로그램은 기획자들이 희망한 만큼의 성과를 가져오지 못했다. 1929년부터 1933년까지 100억 달러 수준에서 맴돌던 정부의 총지출은 다음 해에 120억 달러, 그 다음 해에 130억 달러로 늘어났고 1936년에 와서는 150억 달러로까지 증가했다. 민간투자는 바닥을 벗어나서 그동안 줄어들었던 투자의 3분의 2를 회복했다. 또한 사기업들은 1936년에 100억 달러나 투자를 했다. 국민소득과 국민소비는 정부가 강장제를 수혈한 3년 뒤 50퍼센트나 증가했다. 그러나 실업문제는 여전히 남아 있었다. 실업문제는 이제 어느 정도 다룰 수는 있게 되었지만 적어도 900만 명의 실업자가 있었기 때문에 새로운 경제시대가 도래했다고 말할 수는 없었다.

치유책이 더 나은 효능을 보이지 못한 데는 두 가지 이유가 있었다. 첫째, 정부지출 프로그램은 완전고용 수준으로 경제를 끌어올리는 데 필요한 만큼 충분한 규모로 수행된 적이 결코 없었다. 그 후 제2차 세계대전을 치루면서 정부 지출은 1030억 달러라는 기록적인 금액으로 증가했다. 이것은 완전고용을 달성했을 뿐만 아니라 인플레이션도 초래했다. 그러나 1930년대의 평화 시기 경제체제라는 테두리 안에서는 그러한 전면적인 지출의 증가는 거의 불가능했다. 사실 웬만한 정부지출 프로그램조차 연방정부가 전통적인 한계를 넘어서고 있다는 뒷말을 들었다. 설상가상으로 연방준비제도이사회(Federal Reserve Board)는 실업보다는 인플레이션(침체의 밑바닥에서!)을 더 두려워했고, 이에 따라 은행대출을 **억제하는** 정책을 수립했다.

둘째 이유도 첫째 이유와 밀접한 관계가 있었다. 케인스는 물론 정부의 재정지출정책 입안자들도 이러한 새로운 투약의 수혜자들이 오히려 이 혜택을 질병보다 못한 것으로 생각할 줄은 미처 생각하지 못했다. 정부지출은 실업계에 대한 도움의 손길을 **의미했다.** 그러나 실업계는 그것을 자신들을 위협하는 몸짓으로 **해석했다.**

이것은 놀라운 일이 아니었다. 뉴딜 정책은 반기업 풍조라는 물결에 편승하여 도입되었다. 사람들은 사실상 그동안 신성불가침이었던 가치와 기준을 갑자기 회의적으로 음미하고 비판의 도마에 올렸다. '영업권' '재산권' '정부의 역할' 등에 대한 개념 전체가 격렬하게 흔들렸다. 몇 년 사이에 실업계는 의문의 여지없는 탁월성이라는 전통을 잊어버려야 할 처지로 내몰렸다. 그리고 노동조합과의 협력이라는 새로운 철학, 새로운 원칙과 규정의 수용, 사업활동 방식의 개혁 등을 받아들여야 했다. 실업계는 워싱턴의 정부가 자신들을 적대시하고, 편향되어 있으며, 노골적으로 급진적이라고 여겼다. 대규모의 투자를 강행하겠다는 실업계의 열의가 이러한 낯선 풍토에서 느끼는 불안감 때문에 꺾이는 것은 당연했다.

따라서 모든 실업자를 일소하기 위해 충분한 규모의 사업을 벌이려는 정부의 모든 노력—실제 수행한 정부 프로그램보다 적어도 두 배는 큰 규모일 것이다—은 '사회주의적' 계획이라는 이유로 공격당했다. 동시에 정부가 채택한 어중간한 조치조차도 실업계를 놀라게 하여 전력투구하려는 의지를 상실하게 만들었다. 이것은 의학에서 흔히 보게 되는 상황과 유사했다. 약을 투약하여 환자의 질병 하나를 고치면 그 약의 부수적 작용으로 환자의 몸이 쇠약해지는 것과 같은 이치였다. 정부지출은 경제를 온전히 치유하지는 못했다. 경제적으로 건전하지 못했기 때문이 아니라 이념적으로 혼란을 초래했기 때문이다.

그것이 일을 엉망으로 만들었다는 의미는 아니다. 뉴딜 정책은 의도적으로 고안한 것이 아니라 절망적 상황으로 인해 태어난 정책이기 때문이다. 정부가 공공지출이라는 밸브를 열지 않았다면 십중팔구 민간업계가 다시금 길을 열어갔을 것이다. 과거에 민간업계는 항상 그렇게 해왔고, 대공황의 가혹한 상황에도 불구하고 민간업계는 틀림없이 적절한 시기에 새로운 모험의 활로를 찾았을 것이다. 그러나 기다리는 것은 불가능했다. 미국인들은 벌써 4년이라는 긴 세월을 기다려왔고, 더 이상 기다릴 수 있는 분위기가 아니었다. 경제학자들은 **경기침체**가 자본주의의 고질병이라고 이야기하기 시작했다. 마르크스의 목소리가 과거 그 어느 때보다 더 요란하게 울려 퍼졌다. 사람들은 실업자들이야말로 마르크스가 옳았음을 말해주는 명백한 증거라고 말했다. 프롤레타리아가 아니라 기술자들을 출동시키고 싶어하던 베블런의 중얼거림이 전문직 기술자들의 변덕스러운 유행 속에서 들려왔다. 더욱 소름끼치는 목소리는 히틀러와 무솔리니가 그 실업자들과 관계 있다는 사실을 끈질기게 지적하고 있었다. 이러한 여러 가지 처방이 나오고 절망적 행동을 변호하기도 하는 혼란스러운 상황에서 《일반이론》의 메시지, 즉 케인스의 야만스럽지 않고 문명화된 목소리는 확실히 적당한 수준이었고 사람들을 안도하게 만들었다.

케인스는 자본주의를 관리하는 정책을 신봉하기는 했지만 그렇다고 사기업에 반대한 것은 아니었기 때문이다. 그는 《일반이론》에 "동료 시민에게 학정을 펴는 것보다는 그들의 은행 예금잔고를 학대하는 것이 낫다."[28]고 썼다. 나아가 그는 정부가 충분한 공공투자를 제공하는 데 관심을 가지고 있다면, 방대한 덩치를 가진 경제의 작동은 민간 주도에 맡길 수 있고, 또한 마땅히 그래야 한다고 선언하기까지 했다. 잘 살펴보면 《일반이론》은 극단적 해결을 주장하고 있지 않다. 오히려 불가피한 치료법을 왜 채택해야 하는가를 설명하고 있다. 침체에 빠진 경제가 무한정 표류하고 있다면, 정부가 아무런 움직임을 보이지 않았을 때 치러야 할 대가는 대담하게 비정통적인 정책을 편 결과보다 훨씬 더 클 것이라는 것이다.

진정한 문제는 경제적인 것이 아니라 정신적인 것이었다. 제2차 세계대전 중에 프리드리히 하이에크(Friedrich Hayek, 1899~1992) 교수는 《노예의 길(The Road to Serfdom)》이라는 책을 썼다. 과장된 부분도 많았지만 깊이 있는 느낌과 설득력을 가지고 지나친 계획경제를 고발한 책이었다. 케인스도 그 저서에 공감하면서 좋아했다. 그러나 그는 이 저서를 칭찬하면서도 하이에크 교수에게 다음과 같은 편지를 썼다.

저는…… 오히려 다른 결론을 내리겠습니다. 우리가 원하는 것은 계획이 없거나 적은 것이 아닙니다. 사실 우리는 더 많은 계획을 원하고 있습니다. 그러나 계획은 지도자든 추종자든 가능한 한 많은 사람들이 당신의 도덕적 입장을 전적으로 공유하는 사회에서 실행되어야 합니다. 계획을 실행하는 자들의 정신과 감정이 도덕적으로 올바른 지향을 가지고 있다면 적절한 계획은 충분히 안전할 것입니다. 이것은 사실상 몇몇 사람들의 경우에는 이미 타당하다는 것이 확인되었습니다. 그러나 저주받을 일은, 결실을 거두기 위해 계획을 원하는 것이 아니라 도덕적으로 당신과 정반대되는 생각을 지니고 있고 또한 신이 아니라 악마에게 봉사하고 싶어서 계획을 원하는 것으로 보이는 부류가 존재한다는 사실입니다.[29]

이것은 혹시 순진한 소망일까? 자본주의는 관리될 수 있을까? 정부의 계획입안자들이 사기업을 쫓아내는 것이 아니라 사기업을 보완하는 방식으로 정부지출의 꼭지를 틀었다 잠갔다 할 수 있을까? 이 문제는 지금도 여전히 쟁점이고, 아직 해결되지 않고 있다.

그렇지만 이 문제에 대한 논의는 다음 장으로 미루기로 하자. 여기서는 인간 케인스와 그의 신념을 다루고 있기 때문이다. 그의 신념에 대한 우리의 판단이 물론 잘못될 수도 있다. 그러나 자본주의를 구출하는 것을 목표로 삼은 이 사람을 자본주의의 멸망을 원하는 자들의 진영에 편입시키는 것은 중대한 판단 오류일 것이다. 사실 그는 자신의 의도가 무엇을 의미하는지 명확히 하지 않은 채 투자의 '사회화'를 주장했다. 그러나 그가 그 부분을 희생시켰다고 하더라도 그것은 전체를 구하기 위해서였다.

왜냐하면 그는 속속들이 보수주의자였기 때문이다. 그는 오랫동안 영국의 정치가인 에드먼드 버크를 찬미해왔고, 버크가 견지하고 있는 제한적 정부의 전통을 찬미해왔다. 케인스는 그의 견해가 아직 많은 사람의 지지를 받지 못하던 1931년에 다음과 같은 글을 쓴 적이 있다.

> 시대에 뒤떨어진 진부한 교과서를 비판도 할 수 없는 성경으로 여기는 '공산주의' 교리를 내가 어떻게 받아들일 수 있다는 말인가? 나는 그 교과서가 과학적으로 오류일 뿐만 아니라 현대에 대해 전혀 관심도 없고 현실에 적용하려고도 하지 않는 것으로 알고 있다. 물고기보다는 진창을 더 좋아하고 부르주아나 인텔리 계층보다 촌스러운 프롤레타리아를 높이 찬양하는 신조를 어떻게 채택할 수 있다는 말인가? 부르주아와 인텔리들은 많은 결점을 가지고 있기는 하지만 삶의 질이며 인류가 성취한 모든 업적의 씨앗을 분명히 계승하는 계층이 아닌가?[30]

그의 이론과 진단과 치유책을 놓고서 흠을 찾아 왈가왈부할 수도 있을 것이다. 그러나 순조롭게 잘 돌아가는 체제를 놓고 케인스가 장난스럽게 참견했을 뿐이라고 주장하는 자들이 제출한 것보다 훨씬 사려 깊은 이론과 심오한 진단 그리고 설득력 있는 치유책을 낸 사람이 바로 케인스였다고 해야 공평할 것이다. 누구도 그의 목표를 헐뜯을 수는 없었다. 자본주의 경제가 지속되는 것을 위협하는 가장 크고 심각한 요소인 실업이 거의 사라진 자본주의 경제를 창조하는 것이 바로 그의 목표였다.

경제학자의 이상적 모습에 가장 근접한 사람

그는 한 번에 한 가지 일만 하고는 견디지 못하는 사람이었다. 그는 《일반이론》을 집필하면서도 지갑을 털어 케임브리지에 극장을 짓고 있었다. 그야말로 케인스다운 사업이었다. 극장은 개관 초에는 적자였지만 2년 만에 흑자로 돌아섰다. 또한 그 예술적 성공은 대단했다. 케인스는 극장 이곳저곳에서 동시에 일을 했다. 재정적인 후원자였고, (언젠가 서기가 출근하지 않았을 때는) 표 받는 사람이 되기도 했고, (셰익스피어 연극에서 돋보이는 연기로 대단한 주목을 끌던) 주연배우리디아의 남편 노릇도 했으며, 심지어 구내 매점업자 역할도 했다. 그는 극장에 딸린 식당을 차려놓고 영수증을 관찰하여 연극의 종류에 따라 영수증의 내용과 고객수의 변화를 그래프로 그렸다. 인간의기분상태에 따라 음식 소비가 어떻게 변하는지를 알아보기 위해서였다. 그곳에는 물론 술집도 있었고, 소비를 늘리기 위해 특별할인가로샴페인을 판매하기도 했다. 이때가 그의 유쾌한 인생에서 아마 가장유쾌한 간주곡이었을 것이다.

그러나 이 일은 오래 지속되지 못했다. 1937년에 이르러 그의 성공담은 중단되었다. 심장질환을 앓고 있어서 휴양이 필요했던 것이다. 그렇지만 상대적인 휴양이었다. 그는 주식거래 사업을 활발하게했고, 『이코노믹저널』을 편집했으며, 《일반이론》을 옹호하는 몇몇 탁월한 글을 썼다. 《일반이론》이 나왔을 때 어떤 학자가 "아인슈타인이물리학에서 이룬 바를 케인스는 경제학에서 이루었다고 스스로 믿고있다."[31]고 이야기한 적이 있었다. 그런데 케인스는 사람들이 태연하게 그런 말을 하도록 내버려 둘 성격이 아니었다. 그는 원할때는 언제든지 신랄한 펜을 휘두를 수 있었다. 이제는 일대일로 하건 집단적으로 하건 자신을 비판한 자들을 부수기 위해 체계적으로 작업을 했다. 때로는 야유로 때로는 기발한 천재성을 발휘하며 공격했고 불쾌한 마음을 감추지 않고 공격하는 경우도 드물지 않았다. "아무개 씨는 나를 이해하기를 **거부해**."라고 하면서 여러 번의 간단한 의사소통 과정에서 느낀 절망을 한숨처럼 내뱉었다.

한편 전쟁이 닥쳐오고 있었다. 뮌헨조약 이후 사태는 더욱 악화되어갔다. 케인스는 겨우 시간을 내어 이사직을 맡고 있던 『뉴스테이츠맨앤드네이션(New Statesman and Nation)』지에 투서한 몇몇 좌익인사들의 무기력한 편지를 분노의 눈길로 바라보고 있었다. 케인스는 그 신문에 칼럼을 썼다.

실제로 '진짜 사회주의자'가 존재한다고는 믿기 힘듭니다. 저는 그런 자의 존재를 믿지 않습니다. 전쟁이라는 대결의 장이 코앞에 닥쳤는데도, 불과 4주 전에 그들은 자신들을 평화주의자라고 칭하며 본지의 칼럼난에 패전주의적 편지를 보냈습니다. 그래서 자유나 문명의 수호는 극우 반동주의자나 보수주의자에게 맡기고 그들을 위해 만세 삼창이나 부르자는 것입니다.[32]

전쟁이 시작되었을 때, 케인스는 병이 심해 정부에서 상임으로 일을 할 수가 없었다. 정부는 재무부에 방 하나를 내주고 그의 두뇌를 활용했다. 그는 1940년에 《어떻게 전비를 조달할 것인가(How to pay for the War)》라는 또 한 권의 저서를 냈다. 전비 조달의 주된 수단으로 '거치예금'을 주장하는 대담한 계획이 담긴 저서였다. 계획은 간단했다. 모든 봉급생활자의 봉급 중 일부를 정부에서 발행한 채권을 구입하는 데에 자동적으로 투자하도록 하고, 전쟁이 끝날 때까지 그 채권을 상환하지 않는다는 것이었다. 그런데 소비자의 구매가 다시 필요하면 그 예금증서는 현금화될 수 있다는 단서가 붙어 있었다.

강제저축이라니, 일종의 강제적인 투자를 달성하려던 이전의 노력과 비교할 때 얼마나 큰 변화인가! 그러나 케인스의 생각에 변화가 생긴 것이 아니라 시대가 변한 것이었다. 이전의 문제는 투자 규모가 너무 작다는 것이었고 그것이 가져올 증세는 실업이었다. 그런데 새로운 문제는 투자 액수가 너무 많다는 것이었고, 그것도 전적으로 군비를 위한 것이었다. 그리고 그 증세는 인플레이션이었다. 그러나 《일반이론》의 분석틀이 이전의 인플레이션과는 반대의 위치에 있는 실업을 이해하는 데 쓸모가 있었던 것처럼 이제는 인플레이션을 이해하는 데도 유용했다. 다만 반대의 상태라는 점이 달랐다. 수레바퀴가 한 바퀴 돌아갈 때마다 소득이 점점 줄어드는 것이 아니라 더 많이 흘러나왔던 것이다. 따라서 치유책은 경기침체 때의 강장제와는 정반대의 것이 제시되었다. 이전에 케인스는 가능한 모든 수단을 동원하여 투자를 북돋워야 한다고 주장했다. 이제 그는 저축이 증가해야 한다고 주장했다.

이 점은 매우 중요하다. 많은 사람들이 케인스는 인플레이션을 두둔하는 경제학자라는 잘못된 평가를 해왔기 때문이다. 케인스는 불경기의 바닥에서 벗어나기 위한 '리플레이션(물가는 올리지 않고 소득만 끌어올리는 것)'을 두둔했다. 그러나 그가 인플레이션을 위한 인플레이션을 두둔했다고 생각하는 것은 《평화의 경제적 결과(The Economic Consequences of the Peace)》에 나오는 다음과 같은 구절을 간과한 것이다.

레닌은 자본주의체제를 파괴하는 가장 좋은 방법은 화폐가치를 폭락시키는 것이라고 선언했다고 한다. 지속적인 인플레이션 과정을 통해 정부는 은밀히 그리고 눈에 띄지 않게 국민의 부 가운데 중요한 부분을 몰수할 수 있다. 뿐만 아니라 정부는 독단적으로 몰수하기도 한다. …… 레닌의 말은 정말 옳았다. 사실 현존하는 사회의 기초를 전복시키는 방법으로 화폐가치를 폭락시키는 것보다 더 오묘하고도 확실한 수단은 없다. 그 과정은 경제법칙의 숨겨진 모든 힘을 파괴의 편으로 끌어들이고, 또한 100만 명 중 단 한 명도 알아채지 못하는 방식으로 이루어진다.[33]

케인스의 계획은 논리적이고 호소력이 있었음에도 불구하고—케인스는 자신의 거치예금 계획이 모든 사람들을 정부 공채의 소유자로 만들어서 부의 분배를 확대하는 데 기여할 것이라는 사실을 강조했다—큰 지지를 불러일으키지는 못했다. 그것은 당대 사람들이 받아들이기에는 너무 새로운 계획이었다. 정부는 과세와 배급과 자발적인 저축의 장려라는 옛날 방식을 추진했고, 또한 그것이 전쟁의 재원을 확보하는 데에 믿을 만한 수단이었던 때였기 때문이다. 그래서 거치신용 계획은 장식물로서만 받아들여졌을 뿐, 케인스가 구상한 것처럼 중심적 위치를 차지하지는 못했다.

그러나 케인스는 자신의 계획이 냉담하게 받아들여지는 것을 슬퍼하고 있을 시간이 없었다. 이제 그는 전쟁을 수행하는 영국 정부에 완전히 휩말려들었다. 1941년 그는 리스본을 경유하여 미국으로 날아갔다. 이런 여행을 총 여섯 번 했는데, 이것이 그 첫번째 여행이었다. 리디아는 그의 간호사 겸 보호자로 동행했다. 처음 심장병이 발병한 때부터 그녀는 지칠 줄 모르고 일하는 남편을 지키는 비서 역할을 해왔다. 케인스를 찾아온 많은 고관들이 그에게 허락된 업무시간이 지났다는 이유로 정중하지만 단호하게 밖으로 쫓겨났다. "신사 여러분, 시간이 다 됐습니다." 하고 리디아가 말하면 업무도 끝났다.

그의 미국여행은 영국의 전비 조달이라는 불안한 문제와 관련되어 있었고, 처참한 전후 과도기에 무엇을 해야 하느냐 하는 절박한 문제와도 관련된 것이었다. 관련 국가는 영국만이 아니었다. 미국 역시 절망적인 금융전쟁을 피할 국제무역의 흐름을 위한 기초를 놓고 싶어 했다. 금융전쟁이 너무나도 빈번하게 실제 전쟁으로 번져나갔기 때문이다. 국제은행과 국제통화기금을 세워 국제적 화폐 유통의 관리자 역할을 하도록 하자는 의견이 제시되었다. 각국이 다른 나라를 꺾지 못해 안달하는 과거와 같은 비극적인 세계 대신에 통화상의 곤란을 당한 국가를 돕는 새로운 협력에 대한 노력이 있어야 했다.

마지막 회의가 미국 뉴햄프셔 주의 브레턴우즈에서 열렸다. 케인스는 지병과 피로에도 불구하고 분명 그 회의를 이끌었다. 그의 모든 주장이 받아들여졌기 때문이라기보다는 그가 인격의 힘으로 회의 분위기를 압도했기 때문이다. 사실 최종계획은 케인스가 내놓은 영국 측 제안보다는 미국 측 제안에 훨씬 더 가까웠다. 당시 회의 참석자 가운데 한 사람이 케인스에 대한 통찰을 그의 일기에 적어서 우리에게 전하고 있다.

그날 저녁 나는 아주 빼어난 기념파티에 참석했다. 그날은 케임브리지의 킹스칼리지와 옥스퍼드의 뉴칼리지 사이에 화친협약을 맺은 500주년 기념일이었다. 그래서 이런 뜻 깊은 날을 축하하기 위해 케인스는 그의 방에서 조촐한 연회를 열었다. …… 마치 흥분한 어린 학생처럼 몇 주일 전부터 이날을 손꼽아 기다렸던 케인스는 너무나 멋진 모습이었다. …… 그는 세련된 연설을 했다. …… 그 연설은 이 비범한 인물이 지닌 기묘하게 복합적인 면모를 드러내주는 재미있는 예였다. 그의 관점은 순수한 지적인 문제에서는 너무나 급진적이었던 반면, 문화라는 문제에서는 그야말로 에드먼드 버크식의 철저한 보수주의자였다. 연설은 그 기념일에 적합하게 아주 낮은 목소리로 이어졌다. 그러나 우리가 과거에 대해 지고 있는 빚을 말할 때 그의 감정은 실로 감동적이었다.[34]

국제회의가 폐회될 때 케인스는 마지막 연설을 했다.

"우리가 이렇게 제한된 과제의 해결에서 시작한 만큼 앞으로 더 큰 과제의 해결을 위해 계속해나갈 수 있다면 세계는 희망이 있는 것입니다."[35]

각국 대표자들은 기립하여 그에게 환호를 보냈다.

항상 그랬지만 케인스는 굵직한 문제에 전력하면서도 다른 소소한 일에도 관여했다. 그는 영국은행장이 되었으며("이것이 또 다른 사람의 착한 아내가 될 것이라는 사실은 누구나 추측하는 바입니다."라고 그는 선언했다), 정부에서 주도하는 음악과 예술에 관한 새 위원회의 위원장도 맡았다. 이처럼 케인스는 영국의 입장을 국제경제협의회에 제시하는 막중한 임무를 수행하면서도 공연여행을 다니는 음악가들이나 빅-웰스 발레단과 교류를 지속했으며, 시 낭송이나 도서전시회에도 다녔다. 그리고 물론 수집도 계속했다. 한번은 폴저도서관보다 먼저 스펜서의 희귀본을 입수하기도 했다. 그리고 약간 죄책감을 느낀다는 투로 도서목록을 받아보는 데 외교관 행낭을 이용했다고 그 도서관 직원에게 설명하기도 했다.

이제 명예가 홍수처럼 쏟아져 들어오기 시작했다. 그는 귀족의 지위로 격상되었다. 그는 이제 틸턴의 남작, 케인스 경(卿)이었다. 틸턴의 땅은 그가 중년 무렵 구입한 것이었는데 알고 보니 기쁘게도 케인스 가문 일파가 옛날에 소유했던 땅이었다. 또한 에든버러대학교와 소르본대학교 그리고 자신이 졸업한 케임브리지대학교에서 명예박사 학위를 받았다. 또한 국립미술관 이사로 지명되었다. 그러나 아직도 여전히 할 일이 있었다. 미국이 영국에 준 1차 차관에 관한 협상을 해야 했다. 당연히 케인스가 영국의 입장을 밝히는 과제를 안게 되었다. 그가 임무를 마치고 귀국했을 때 한 기자가, 영국이 이제 미국의 49번째 주로 편입되는 것은 아니냐고 물었다. 그의 대답은 간명했다.

"그런 행운은 없습니다."[36]

1946년이 되어서야 그의 시련이 끝났다. 그는 독서와 휴식을 위해 그리고 케임브리지대학교에서 재개할 교수생활을 준비하기 위해 서식스로 돌아왔다. 어느 날 아침 발작적인 기침소리가 들렸다. 리디아가 그의 곁으로 달려갔다. 그는 이미 세상을 떠난 뒤였다.

장례식은 웨스트민스터성당에서 거행되었다. 93세의 아버지 존 네빌 케인스와 어머니 플로렌스 여사가 복도를 걸어왔다. 그의 통찰력과 지혜가 가장 절실히 요구되는 때에 서거한 이 위대한 지도자에게 온 국민이 애도의 뜻을 표했다. 4월 22일자 『타임스』에는 그에게 바치는 긴 조사(弔詞)가 실렸는데, 다음과 같은 구절이 있었다.

"그의 죽음으로 이 나라는 한 사람의 위대한 영국인을 잃었다."

그는 결코 천사가 아니었다. 위대한 경제학자 가운데서도 가장 눈부셨던 이 경제학자는 뛰어나기는 했지만 사람이라면 누구나 갖는 결점과 실수를 가지고 있는 한 사람의 인간일 뿐이었다. 그는 백작부인 두 명과 공작 한 명과 벌인 브리지 게임에서 22파운드를 따고 좋아서 어쩔 줄 몰라 하기도 했다. 알제리에 갔을 때는 한 구두닦이에게 팁을 너무 적게 주고도 "나는 화폐 가치를 떨어뜨리는 편에 서고 싶지 않다."고 말하며 팁을 더 주기를 거부하기도 했다. 머리가 둔한 학생에게는 특별한 친절을 베풀기도 했다(경제학자는 치과의사처럼 겸손해야 한다고 그는 말했다[37]). 그런가 하면 그가 본능적으로 거부감을 느낀 기업가나 고위관료들에게는 밉살스럽도록 신랄했다. 영국 한 지방은행의 은행장이었던 해리 고선(Harry Goschen) 경이 한번은 "일이 자연스럽게 진행되도록 내버려둬야 합니다."라고 주장하여 케인스의 신경을 건드렸다.[38] 케인스는 이렇게 답했다.

"이렇게 무딘 감정을 갖고 계시다니 정말 웃어야 할지 분개해야 할지 모르겠군요. 아마 가장 좋은 것은 해리 경 스스로 자연스럽게 종말에 이르도록 놔두는 것일 겁니다."

케인스는 자서전을 쓸 시간을 갖지 못했지만 자신의 천재성을 드러내는 실마리를 내비치기는 했다. 옛 스승 마셜(케인스는 그를 사랑하기도 했고 '어리석은 영감'이라고 야유하기도 했다)에 대해 언급하면서, 경제학자가 갖추어야 할 자질을 다음과 같이 이야기했다.

경제학을 연구하는 데는 전문화된 고도의 재능은 별로 필요하지 않다. 지적인 측면에서 볼 때 경제학은 철학이나 순수과학 등의 고등 학문 분야에 비해 매우 쉬운 과목이 아닌가? 참 쉬운 분야인데도 잘 하는 사람은 매우 드물다! 정말 역설인데 훌륭한 경제학자는 여러 가지 재능을 남다르게 **겸비해야** 한다는 것으로 설명을 대신할 수 있다. 경제학자는 어느 정도는 수학자·역사가·정치가·철학자가 되어야 한다. 상징을 이해할 수 있어야 하고 또 그것을 말로 표현해야 한다. 보편적인 것에 비추어 특수한 것을 생각해야 하고, 추상과 구체를 동시에 고려하면서 다루어야 한다. 미래에 지향할 목적을 위해 과거에 비추어 현재를 연구해야 한다. 인간의 본성이나 인간의 제도 그 어떤 것도 경제학자의 관심영역에서 완전히 벗어난 것은 없다. 경제학자는 목적의식과 초연함을 동시에 지녀야 한다. 예술가처럼 초연하고 부패하지 않으면서 동시에 정치가처럼 세속에 접근해야 한다.[39]

케인스가 말한 것처럼 마셜은 그러한 경제학자의 이상적 모습에 근접한 유일한 사람이었다. 그러나 그는 빅토리아시대의 사람이어서 그렇겠지만 자신의 경제학이 심오한 사회적 투시경을 갖도록 하는 데 필요한 인습타파의 정신이 결여되어 있었다. 케인스야말로 그 이상적 경제학자상에 더 가깝다. "신성한 것은 없다"는 블룸즈버리 그룹의 태도가 정통 경제학의 좁은 성역을 뚫어버린 것이다. 그리하여 세계가 앓고 있는 질병을 알아차릴 수 없을 정도로 눈이 멀지 않고 또 그것을 치료하지 않은 채 내버려둘 정도로 감성과 지성이 메마르지 않은 한 인간이 나타나, 세계를 냉정하게 파헤쳤다. 그는 경제학적으로 세련된 사람이면서 정치적으로는 열정적이었다. 바로 이런 기술자적 정신과 낙관적인 가슴이 기묘하게 결합된 데서 그의 비전이 빛을 발할 수 있었다.

그렇다면 그의 분석은 어떨까? 이에 대한 평가를 하려면 좀더 복잡한 이야기를 해야 한다. '케인스주의' 경제학은 1940년부터 1960년대까지 미국 경제학계를 지배했다. 그런 다음 서서히 쇠퇴하다가 1980년대에 이르러서는 케인스주의의 강력한 옹호자인 앨런 블라인더(Alan Blinder)의 말을 빌면 "40세 이하의 교수 중에서 스스로 케인스주의자라고 공언하는 경제학자를 발견하기 힘들게 되었다".[40]

이러한 극적 변화의 원인은 무엇일까? 부분적으로 그것은 투자자의 예측할 수 없는 '동물적 본성'이 지배하는 거대한 지출의 흐름이 경제를 지배한다고 보는 케인스주의 '거시' 경제론과 개별 시장은 구매자와 판매자의 합리적 고려에 의해 지배된다고 보았던 마셜의 '미시' 경제론을 조화시키는 만족스러운 방안을 찾는 데 실패한 데에 기인한다. 또 다른 각도에서 보면 케인스주의는 인플레이션과 연관된 화폐문제에서 금리의 역할이 부활하면서 취약해졌다. 또한 케인스가 의문의 여지없이 확신했던 적극적인 정부의 역할에 대한 환상이 여기저기에서 깨어지기 시작했다. 그 결과 케인스주의 정책에 의해 속임을 당하지 않는 동력이자 추진력인 개별 경제주체의 행위를 다시금 믿기 시작한 것이다.

케인스주의는 시들해졌지만 완전히 죽지는 않았다. 경제사상의 측면에서 새로운 시대에 접어들었던 1980년대 초반에는 경제를 어떻게 인식할 것인가를 두고 명확한 합의가 성립되지 않았다. 그 결과 이 글을 적고 있는 지금까지도 명확한 분석적 처방이 내려지지 않은 채 서로 피할 수 없이 상호연관된 비전의 위기가 나타나고 있다. 기묘하고 의미심장하게도 이런 균열이 미국은 물론 더 멀리는 유럽, 특히 영국에도 영향을 미치고 있다. 유럽의 경제학자들 가운데 마셜 신봉자는 사라졌으며, 그들은 케인스와도 거리를 두고 있다. 그 대신 스칸디나비아 국가들, 독일, 네덜란드, 프랑스에서는 미시경제와 거시경제를 실용적으로 결합시키려는 시도가 등장하고 있다. 그 비전을 요약하자면 자본주의는 우리가 획득할 수 있는 작동 가능한 유일한 체제이지만 그 체제는 강력한 정부의 존재 없이는 만족스럽게 작동할 수 없다는 것이다. 왜냐하면 정부라는 존재는 전례 없는 세계화 과정에서 경쟁의 필요성과 함께 그 경쟁의 과정에서 생긴 희생자들에게 복지와 교육이라는 관대한 프로그램을 제공해줄 필요성도 깨닫고 있기 때문이다. 그 결론은 매우 실용적인 '세속' 철학이라 할 수 있다. 미국은 제대로 작동할 수 있는 대안적인 경제학을 아직 찾지 못하고 있다. 이것은 우리가 이 책을 마무리하기 전에 마지막으로 살펴볼 문제다.

chapter 10

슘페터의 모순

조지프 알로이스 슘페터
Joseph Alois Schumpeter, 1883~1950
경제학자. 사회학자. 자본주의는 자체의 성공 때문에 붕괴
하고 특정한 형태의 공적 통제 또는 사회주의가 그것을 대
체하게 될 것이라고 주장했다.

대부분 사람들의 마음이 암울한 불황에 사로잡혀 있던 1930년에 케인스는 아주 다른 경향의 생각을 만지작거리고 있었다. '장기적으로 우리는 모두 죽는다'는 자신의 교훈을 무시하고 그는 미래—먼 장래—를 흘낏 들여다보았다. 그러고는 경제침체에 관한 당시의 불평불만과는 크게 대조되는 예언을 하기에 이르렀다. 주체할 수 없는 인구의 홍수라든가 파괴적인 전쟁을 제외한다면, 케인스가 내다본 세계는 현재의 참상과 의문의 상태가 지속되는 것이 아니라 거의 믿기지 않을 정도로 공정한 전망을 가진 세계가 될 것이었기 때문이다. 그것은 애덤 스미스가 예고했던 보편적 풍요의 땅에 못지않은 것이었다.

케인스는 미래를 향한 그의 짧은 여정을 「우리 손자들을 위한 경제적 가능성(Economic Possibilities for Our Grandchildren)」이라고 이름 붙였다(덧붙이자면 케인스에게는 손자가 없었다). 그렇다면 그 가능성은 무엇이었을까? 그는 너무 서정적인 과장은 하지 않았으며, 소박한 천년왕국과 같은 사회를 암시했다. 2030년경이면 경제문제는 해결될 것이라고 케인스는 생각했다. 발등에 떨어진 경기침체의 곤경만이 아니라 경제문제 그 자체, 즉 오랜 역사를 가진 '불충분한 살림살이

(Not Enough to Go Around)' 문제가 해결된다는 것이었다. 역사상 처음으로 인류—최소한 영국인—는 빈곤과의 투쟁에서 벗어나, 모든 사람이 공동의 식탁에서 후한 대접을 받을 수 있는 새로운 천년왕국으로 들어갈 것이라고 그는 말했다.

그것은 예상하지 못한 곳으로 돌진하는, 전형적으로 케인스다운 행동이었다. 제1차 세계대전이 끝나고 세계가 자축의 기쁨으로 들떠 있던 때, 케인스는 골방에서 해골을 덜걱거리며 만지고 있었다. 이제 1930년대에 들어와 세계가 자기 연민에 빠져 있던 때, 케인스는 이 진통은 곧 끝날 것이라고 용감하게 말했다. 그러나 케인스가 어둠 속에서 호각을 불었던 것만은 아니다. 반대로 그는 과거의 모든 위대한 설계자들을 사로잡았던 경제학의 한 가닥, 즉 자본주의의 성장 경향이라는 가닥을 잡고 있었다.

자본주의의 성장 경향은 불황의 시기에는 간과되기 쉽다. 그러나 자본주의가 걸어온 200년을 돌이켜볼 때 단순히 요란한 호경기와 사람을 실망시키는 불황이 무의미하게 이어져오기도 했지만 동시에 극히 불규칙하게나마 꾸준히 성장해온 것도 사실이다. 케인스 시대에 살던 4000만의 영국인들은 분명히 스스로를 풍요한 신의 혜택을 받은 자라고는 생각하지 않았다. 그러나 당시의 모든 역경에도 불구하고 그들은 분명히 맬서스 시대의 1000만 영국인들보다는 자연의 식탁에서 훨씬 나은 자리를 차지하고 있었다.

자연이 더욱 관대해진 것은 아니다. 반대로 유명한 수확체감의 법칙이 밝혀주듯이 자연은 더욱 밀도 높게 개발됨에 따라 부를 더 적게 내놓았다. 경제성장의 비결은 각 세대가 자신들의 힘과 자원뿐만 아니라 조상들이 축적한 장비라는 유산을 가지고 자연을 공략한 데 있었다. 그리고 그 유산이 증가함에 따라 다시 말해서 각 세대가 새로운 지식, 새로운 공장, 새로운 도구와 기술이라는 자신들의 몫을 과

거의 부에 첨가함에 따라 인간의 생산성은 놀라운 속도로 증가했던 것이다. 1960년대의 미국 공장노동자는 높은 기술 수준으로 일했기 때문에 남북전쟁 당시의 할아버지 세대 노동자에 비해 슈퍼맨이 될 수 있었다. 만약 생산성을 높이는 이러한 과정이 한 세기(단지 3세대)만 더 지속된다면, 자본주의는 이제 재주를 모두 부린 셈이 될 것이다. 케인스의 계산에 따르면 지난 1세기와 같은 속도로 향후 1세기 동안 부를 축적하게 된다면 영국의 실질적인 생산적 부는 7.5배로 늘어날 것이다. 2030년이 되면 모든 노동자는 1930년에 살던 할아버지 대의 노동자에 비해 슈퍼맨이 되고도 남을 정도로 풍부하게 기계를 사용할 것이다.

그러한 엄청난 생산성의 증가는 모든 것을 변화시킬 수 있다. 그리고 희소성을 연구하는 학문인 경제학을 역사 교과서에서나 찾아볼 수 있는 학문으로 만들어버릴 수도 있다. 새롭게 대두하는 사회문제는 여가를 얼마나 확보하는가가 아니라 전에 없이 넘쳐나는 여가를 어떻게 사용할 것인가 하는 문제가 될 것이다. 케인스는 환하게 웃으면서 늙은 잡역부가 흥얼거리는 전통적인 가락을 인용하여 새 세상을 내비추었다.

친구들, 날 위해 슬퍼 마오, 날 위해 영원히 울지 마오.
나도 이제 영원히 일하지 않을 테요.
성가와 하늘나라에서 울려 퍼지는 달콤한 음악이 있을 테니,
나는 전혀 노래하지 않아도 될 거요.[1]

이것은 물론 미래를 향한 이론적 산책에 불과했으므로 누구도 진지하게 받아들이지 않았다. 1930년대만 해도 기계는 너무나 소란스러웠기 때문에 누구도 케인스의 그러한 미래도를 재미있는 공상소설

이상으로 받아들이지 않았다. 케인스 자신도 당시 세계를 마비시키고 있는 실업의 본질을 규명해야 하는 더욱 다급한 문제에 몰두한 나머지 그 미래도에 대해서는 곧 잊고 말았다.

그러나 그저 희망사항을 적은 것이든 맑은 정신으로 쓴 것이든, 케인스의 미래도는 우리에게 중요하다. 「우리 손자들을 위한 경제적 가능성」에서 우리는 처음으로 우리의 미래라는 문제에 맞닥뜨려본 것이기 때문이다. 이제까지 우리가 고려해온 것은 결국 역사일 뿐이다. 17세기라는 고도로 규제되고 성문화된 세계가 애덤 스미스의 서술처럼 원자화된 시장자본주의로 변천한 것, 리카도의 예견처럼 지주가 지배하는 경제로부터 자본주의가 아슬아슬하게 탈출한 것 혹은 맬서스가 우려했던 것처럼 겨우 목숨만 부지하면서 살아가는 과잉인구 사회로부터 탈출한 것, 마르크스가 예언한 자본주의의 필연적인 자기멸망, 케인스가 분석한 자본주의의 만성적 침체 경향 등 이와 같은 자본주의의 성공과 실패에 대한 모험은 모두 흥미 있는 것이기는 하지만 어딘가 서스펜스의 요소가 부족해보인다는 것만은 확실하다. 역사의 매 고비마다 그 결과가 어떻게 결정될 것이라는 것을 뻔히 알고 있었기 때문에 긴장감을 느낄 수가 없었던 것이다. 이제 우리는 조금 더 편치 않은 위치에 와 있다. 현대의 경제학자들에게로 눈을 돌려보면, 그들이 더 이상 우리의 과거를 형성하는 데 도움이 된 사상을 가지고 토론하지 않는다는 사실을 쉽게 알아챌 수 있다. 불안한 것은 우리의 사회와 우리의 운명이며, 우리 자손들이 이어받을 유산이다.

그러니까 우리는 과거에 대한 연구로부터 미래에 대한 평가로 눈을 돌려야 한다. 오늘날 자본주의는 어디에 서 있는가? 어떤 이정표가 우리 앞에 놓인 길을 가리키고 있는가? 이러한 것들이 이제 우리들이 주의를 돌려야 할 현대세계의 커다란 문제들이다.

따라서 우리는 케인스 이상으로 우리에게 현재의 목소리로 말해
줄 세속의 철학자에게로 향해야 한다. 그 목소리는 작고 까맣고 귀족
적인 인물로서 극적인 산문과 연극예술에 대한 취미를 가진 신사가
내는 목소리였다. 대공황이 한창이던 당시, 하버드대학교에서 경제
에 관한 강연이 있었다. 조지프 슘페터는 강의실로 어슬렁거리고 들
어와서는 유럽풍의 외투를 벗고, 놀란 수강생들에게 빈식 발음으로
이렇게 선언했다.

"신사 여러분, 당신들은 불황에 대해 우려하고 있습니다. 그래서
는 안 됩니다. 왜냐하면 자본주의를 위해서 불황은 건강에 좋은 찬
물벼락이기 때문입니다."

놀란 수강생 가운데 한 명이었던 나는 우리들 대다수가 물벼락이
샤워라는 것은 알지 못했지만 그의 주장이 대단히 기이하고 케인스
와는 전혀 다른 메시지를 담고 있다는 사실은 알아차렸다고 증언할
수 있다.

슘페터는 경제생활에 대한 자신의 생각이 케인스와는 다르다는
것을 강조한 최초의 인물이었을 것이다. 두 사람은 많은 사회적 견해
를 공유했다. 무엇보다도 교양 있는 부르주아 생활에 대한 동경과 자
본주의의 전반적 가치에 대한 신념 등이 그러하다. 그러나 자본주의
의 미래에 대해서는 놀라울 정도로 다른 견해를 가지고 있었다. 앞에
서 본 대로 케인스에게 있어서 자본주의는 불황의 가능성 때문에 내
재적으로 위협받는 존재였다. 우리 자손들을 위한 낙관적 전망은 실
제로 정부의 적절한 지원에 달려 있었다. 반면 슘페터에게 있어서 자
본주의는 내재적으로 다이내믹하고 성장지향적인 것이었다. 그는 불
황이 발생했을 때 사회적 긴장을 완화하는 데 정부지출이 이용될 수
있다는 점에는 동의했지만 항구적인 부차적 엔진으로서 정부지출의
필요성은 인정하지 않았다.

그러나 자본주의의 내재적인 회복력에 대한 그의 모든 신념에도 불구하고 슘페터의 장기전망은 케인스의 전망과는 정반대였다. 그는 거의 끈덕지게 지분거리는 투로 우선 "단기에는" 자본주의가 긴 오르막길을 걸을 것이라고 주장했고, "이러한 성격의 일에서는 1세기도 '단기'"[2]라는 말을 덧붙였다. 그러나 그 다음에는 이러한 단기적 진단과는 어울리지 않는 최후의 판단이 나왔다.

"자본주의는 생존할 수 있는가? 아니다. 나는 그것이 가능하다고 생각하지 않는다."[3]

이 이상스럽게 모순적인 인물에 대해 좀더 알아보도록 하자.

혁신적 기업가가 이윤을 창출한다

조지프 알로이스 슘페터[4]는 1883년에 오스트리아에서 태어났다. 네 살 때 아버지가 세상을 떠나고 7년 후 어머니는 유명한 장군과 재혼했다. 젊은 슘페터는 귀족자제들만 다니는 학교인 테레지아눔에 입학했다. 젊은이가 완전히 새로운 사회계층과 접하게 될 때 대개 그러하듯이 이것은 그의 장래를 결정하는 데 결정적으로 중요한 작용을 했다. 슘페터는 곧 학교 동료들의 매너와 취미를 받아들여서 평생 그에게서 풍긴 귀족적 분위기를 몸에 익히게 되었다. 그는 승마복을 입고 교수회의에 참석하여 여러 대학의 동료들을 당혹스럽게 하곤 했다. 그리고 자신은 세 가지 소망 즉 멋있게 연애하고 싶고, 승마의 명수가 되고 싶고, 위대한 경제학자가 되고 싶은 소망을 가지고 있었는데 유감스럽게도 셋 중에서 두 개만 이루었다고 주장하기를 좋아했다. 그러나 그의 모든 귀족적 분위기에도 불구하고 슘페터는 결국 역사의 월계관을 다른 집단에게 수여하는 것을 보게 된다. 이에 대해서는 이 장의 마지막 부분에서 언급될 것이다.

그는 당시 경제학 교육의 유명한 중심지였던 빈대학교에 입학했다. 그리고 바로 스타 학생이 되었다. 유명한 경제학자 아서 스피토프(Arthur Spiethof, 1873~1957)에 따르면 그는 결코 "신출내기가 아니었고"[5], 더욱 유명한 스승 오이겐 폰 뵘바베르크(Eugen von Bohm-Bauwerk, 1851~1914)의 견해에 공개적으로 맞서는 모험을 마다하지 않는 무서운 아이였다. 대학교를 졸업한 후 영국에 체재하면서 짧지만 행복하지 못한 결혼생활을 했고, 그 후에는 이집트 왕자의 금융 자문관으로 윤택한 생활을 했다. 거기서 그는 왕자의 영지에서 지대를 절반으로 내리면서 수입은 배로 늘리는—단순히 자신의 보수를 법정 수준 이상으로 받지 않음으로써—기적을 이룩했다. 더욱 중요한 것은 이집트에 머무는 중에 그가 경제이론의 본질에 대한 최초의 저서를 펴냈다는 것이다. 이 책을 기반으로 그는 오스트리아에서 교수가 되었고, 3년 후, 27세의 젊은 나이에 《경제발전의 이론(Theorie der wirtschaftlichen Entwicklung)》을 펴냈다. 이 책은 바로 작은 명작이라는 인정을 받았다.

《경제발전의 이론》은 우리가 그 후 저개발세계라고 부르게 된 경제의 분석같이 들린다. 그러나 1912년에는 그러한 '세계'의 특별한 경제적 지위와 그와 관련된 문제는 아직 거론조차 되지 않았다. 이 당시는 아직 부끄러움을 모르는 제국주의와 식민지시대였다. 슘페터의 책은 다른 종류의 발전, 즉 자본주의가 성장 경향을 발전시켜나가는 방식을 다루었다. 학자풍의 지루한 스타일로 저술된 이 책이 매우 큰 정치적 중요성을 가지고 있다는 것을 보통 사람들은 알아채기 어려웠다. 이 학문적인 저서는 슘페터가 이제까지 발표된 자본주의에 대한 가장 영향력 있는 해설 가운데 하나를 제출할 수 있는 기초가 된다. 내용은 슘페터의 특징인 모순적 서술방식으로 시작된다. 자본주의의 성장과 동학에 대한 책이지만 전혀 성장이 없는 자본주의 경제를 설명하는 데서 시작한 것이다. 슘페터는 책의 앞부분에서 애덤 스미스와 밀 그리고 마르크스와 케인스 등의 세계에 성장을 가져오는 요인 즉 자본 축적을 결여한 자본주의를 설명한다. 이들과는 달리 슘페터는 축적 없는 자본주의 즉 생산의 흐름이 완전히 정태적이고 변화가 없으며 결코 부의 창조를 바꾸거나 확장하지 않는 '순환적 흐름' 속에서 스스로를 재생산하는 자본주의를 묘사한다.

그 모델은 리카도나 밀이 그린 정상 상태와 닮았다. 단, 앞선 저술가들이 정상 상태를 자본주의의 종말로 여긴 반면 슘페터에게 그것은 자본주의의 시작을 위한 무대였다. 따라서 우리는 순환적 흐름의 특징을 좀더 자세히 검토해봐야 한다. 그 체제는 추진력이 없고, 관성이 경제생활의 법칙이 되고 있기 때문이다. "모든 지식과 습관은 한번 취득되면 철도가 대지 속에 박히듯, 우리 자신 속에 깊숙이 뿌리내리게 된다."[6]고 슘페터는 말한다. 따라서 시행착오를 거쳐 우리에게 가장 유리한 경제과정을 발견하게 되면 우리는 그것을 판에 박힌 것처럼 반복한다. 경제생활은 처음에는 도전이었지만 이제는 습관이 된다.

더욱 중요한 것은 이러한 변화 없는 흐름의 반복 속에서는 생산에 기여한 몫의 가치 이상의 모든 수입이 없어진다는 점이다. 고용주들은 서로간의 경쟁으로 말미암아 노동자들에게 그들이 생산한 가치를 모조리 지불해야 될 것이고, 토지나 기타 천연자원의 소유주도 마찬가지로 자원이 기여한 몫만큼의 지대를 받게 될 것이다. 그리하여 노동자와 지주는 순환적 흐름 속에서 그들의 몫을 얻을 것이다. 그러면 자본가는? 또 한 번 놀라게 된다. 자본가는 경영자로서 자신의 임금 이외에는 아무것도 받지 못한다. 왜냐하면 그들이 소유한 자본재로부터 비롯되는 생산물에 대한 어떠한 기여도 이 자본재를 만든 노동의 가치와 그 속에 품은 자원의 가치에 의해 완전히 흡수될 것이기 때문이다. 따라서 정확하게 리카도와 밀이 예견했듯이, **정상 상태의 경제에서는 이윤의 기회가 없다!**

일부러 꾸민 것이 아니라 하더라도 슘페터는 왜 이렇게 이상한 체제의 모습을 우리에게 보여주는 것일까? 아마 여러분은 그의 방법 배후에 있는 목적을 이미 간파했는지도 모르겠다. 정태적 자본주의의 모델을 설정하는 것은 이윤이 어디에서 나오는가라는 질문에 답하기 위해서다.

이윤의 원천이 무엇인가는 대부분의 경제학자들이 신중하게 다루어왔던 문제다. 애덤 스미스는 이윤에 대해 노동으로 창조된 가치로부터의 공제로 보는 입장과 자본에서 비롯되는 독립적 보수로 보는 입장 사이에서 우왕좌왕했다. 만약 이윤이 공제라면 이것은 노동이 손해를 본다는 것을 의미한다. 그리고 만약 그것이 자본의 기여라면 왜 이윤이 기계의 발명가나 사용자가 아니라 **소유자**에게 귀속되는지를 설명해야 한다. 밀은 이윤이 자본가의 '절제'에 대한 대가라고 주장했다. 그러나 그는 자본가가 자신의 이익을 위한 활동에 대한 대가를 받을 자격이 있는지에 대해서는 설명하지 않았다. 다른 경제학자들은 이윤을 자본의 이득, 즉 마치 삽이 생산에 기여한 것을 지불받는 것처럼 이야기했다. 당연히 마르크스는, 비록 스미스가 이윤이 노동자계급에 의해 창조된 실제가치로부터의 공제라는 것을 제대로 이해하지는 못했지만 일단은 옳았다고 말했다. 그러나 그것은 누구나 틀렸음을 알고 있고 따라서 진지하게 고려해서는 안 되는 노동가치론의 한 부분이었다.

슘페터는 이 핵심문제에 대해 빛나는 답을 제시했다. 그는 이윤이란 노동의 착취나 자본의 이득으로부터 나오는 것이 아니라고 했다. 그것은 다른 과정의 산물이었다. 이윤은 정태적 경제 속에서, 순환적 흐름이 판에 박힌 코스를 따르는 데 실패할 때 나타났다.

이제 우리는 왜 대단히 비현실적인 순환적 흐름이 빛나는 출발점인가를 알 수 있다. 관성을 교란으로 이끄는 모든 힘 가운데 하나가 두드러진다. 기술적 혹은 조직적 혁신—제품을 더욱 새롭거나 저렴하게 생산하는 방법 또는 완전히 새로운 제품을 생산하는 방법—을 순환적 흐름 속으로 도입하는 것이다. **이러한 혁신의 결과, 노동이나 자원소유자의 기여로 돌릴 수 없는 소득의 흐름이 생겨난다.** 혁신적 자본가는 새로운 과정에 힘입어 경쟁자보다 상품을 더 저렴하게 생산할 수 있게 된다. 이것은 비옥한 토지를 소유한 지주가 척박한 토지를 소유한 지주보다 더 저렴하게 작물을 생산할 수 있는 것과 같다. 다시 운 좋은 지주처럼 혁신적 자본가는 비용의 차액으로부터 '수익'을 낸다. 그러나 이 수익은 신이 내린 위치나 비옥도의 혜택에서 유래한 것이 아니다. 그것은 혁신적 자본가의 의지와 지혜로부터 나온다. 그리고 그것은 다른 자본가가 혁신적 자본가의 비결을 배우게 되는 순간 사라진다. 따라서 새로운 소득의 흐름은 영구적인 수익이 아니다. 그것은 완전히 일시적인 것이다.

혁신이 있으면 당연히 혁신자가 존재한다. 혁신자는 여러 생산요소를 새로운 방식으로 결합하는 데 주된 역할을 한다. 이들은 기존의 노선을 추종하는 '정상적인' 사업가가 아니다. 경제생활에 변화를 가져오는 사람은 다른 계급 내지 다른 그룹의 대변자다. 혁신자는 어떤 특정 사회계급에서 나오는 것은 아니기 때문이다. 슘페터는 그들을 **기업가**(entrepreneur)라고 불렀다. 기업가와 그들의 혁신활동이야말로 자본주의체제에서 이윤의 원천이었다.

《경제발전의 이론》에는 기업가에 대한 찬사 이외에도 많은 것이 있다. 슘페터는 순환적 흐름에 대한 혁신의 효과를 분석하는 것으로부터, 이윤의 발생에 대한 이론뿐만 아니라 이자와 신용에 관한 이론 그리고 그것을 넘어 경기순환에 대한 설명까지도 도출해낸다. 혁신은 보통 개척자들이 하는 일로서 선도하기는 힘든 반면 따르기는 쉬운 것이라고 슘페터는 말한다. 혁신자의 발뒤꿈치를 모방자의 무리—이것은 슘페터가 쓴 용어다—가 뒤따르는 것이다. 처음의 개선은 전 산업으로 퍼져 나가고 분별없는 은행대출과 투자지출의 홍수가 호경기를 가져온다. 그러나 바로 이 일반화의 결과, 격차의 우위가 없어지게 된다. 경쟁으로 인해 가격은 새로운 생산비 수준으로 내려가도록 강요당한다. 이윤이 감소함에 따라 투자도 감퇴한다. 실제로 일부 모방자 무리들이 때를 놓치거나 솜씨가 처지는 투자를 하게 되면서 후퇴가 시작될 수도 있다.

슘페터의 경기순환에 대한 설명은 뒤에 다시 이어질 것이다. 지금 우리의 흥미를 끄는 것은 기업가의 기능에 대한 슘페터의 강조이다. 기업가는 바로 그 이윤의 생산자이기는 해도 자신이 반드시 이윤수취자인 것은 아니다. 지대가 토지소유자에게 가듯이 이윤은 기업의 소유자에게 간다. 슘페터의 기업가는 리카도의 자본가보다도 더 심하게 발동을 건 과정의 바로 그 동학에 의해서 자신의 소득이 줄어들게 되는 압박을 받는다.

뿐만 아니라 기업가는 직업이 아니고 한 세대로부터 후대로 넘겨줄 수 있는 지위도 아니다. 그것은 특별한 종류의 리더십으로서 장군이나 정치가들을 창조하는 화려한 종류의 리더십이 아니라 사업상 유리한 기회를 파악하고 추구하는, 다소 사회적으로 존경을 덜 받는 재능이다.

> 따라서 (슘페터는 쓴다) 우리는 (기업가의 지위에서) 모든 종류의 사회적 리더십의 영광인 매력적인 특색이 나타나는 것을 볼 수 없다는 사실을 이해할 것이다. 여기에 더해서 개별 기업가나 기업가 집단의 지위는 불확실하고, 경제적 성공을 이룩하여 사회적 지위가 상승한

다고 해도 그에게는 뒤를 받쳐줄 문화적 전통이나 태도가 없으며, 벼락부자처럼 사회에서 겉돌고 곧 웃음거리가 되는 운명에 처해 있다는 사실도 이해할 것이다. 그리고 이러한 유형이 왜 인기가 없는지도 이해하게 될 것이다.[7]

그러면 기업가들은 왜 불확실하면서 감사를 받지도 못하는 일을 하는 것일까? 슘페터는 이렇게 말한다.

첫째, 보통 반드시 그렇지는 않지만 거기에는 개인의 왕국이나 명문가를 건설하려는 꿈과 의지가 있다. …… 다음으로 거기에는 정복에 대한 의지가 있다. 투쟁에 대한 충동, 남보다 우월하다는 것을 증명해 보이려는 충동, 성공의 열매가 아니라 성공 자체를 얻기 위해 성공하려는 충동 등이 있다. …… 마지막으로 거기에는 일을 성공시켰다거나 자신의 에너지와 상상력을 행사했다는 창조의 기쁨이 있다.[8]

이것은 이상한 인물의 초상이다. 베블런이 칭찬한 노동하는 사람의 본능과 그가 그렇게도 경멸한 본능적 지배 욕구로 충만한 인물이 뒤섞인 꼴이다. 분명히 여기에는 스미스가 말하는, 자본가의 축적에 동기를 부여하는 사회적 인정에 대한 욕구가 없다. 그리고 마르크스가 말하는, 실력자들이 축적에 나서도록 하는 복잡한 압력도 없다. 슘페터가 말하는 기업가는 낭만적인 인물 곧 그 체제에서 무술을 익히며 편력하는 기사와 같은 존재다. 그 자신은 반드시 부르주아이지는 않아도 되지만 기업가는 부르주아가 되기를 열망한다. 그리고 자신의 열망을 실현하기 위해 노력함으로써 그는 토마스 만(Thomas Mann, 1875~1955)의 소설 《부덴브로크 가(家)의 사람들(Die Buddenbrooks)》에 나오는, 신을 두려워하는 상인의 세상처럼 무기력에 빠질 수 있는 사회에 생명력을 불어넣는다. 뿐만 아니라 기업가는 슘페터가 공개적으로 밝힌 것보다 더욱 의미 있는 역할을 해낸다. 그러나이 점을 살펴보는 것 역시 슘페터의 비전에 대한 마지막 설명을 마친후까지 기다려야 한다.

불황의 세 가지 형태와 그 이유

《경제발전의 이론》을 발판으로 해서 슘페터의 학계 경력이 시작되었지만, 제1차 세계대전 직후 정부와 업계에 진출하면서 잠깐 중단되었다. 1919년에 그는 신생 사회주의 독일정부에 의해 설립된 공업국유화위원회에 참여하는 데 동의했다. 기업을 그렇게 칭찬하던 젊은 경제학자가 어떻게 기업을 국유화하는 위원회에 참여할 수 있는가라고 물었을 때 그는 이렇게 답했다.

"누군가가 자살하기를 원할 때 의사가 있어서 도움을 받으면 좋을 것이다."[9]

같은 해에 그는 새로 구성된 오스트리아 중앙파 사회주의 정부의재무장관이 되어달라는 요청을 받았다. 그는 오스트리아 화폐를 안정시키기 위한 의욕적인 계획을 세웠지만 승인을 받기도 전에 정부내의 갈등과 의견 불일치 때문에 사직할 수밖에 없었다. 그렇지 않았더라도 아마 그의 계획은 실패했을 것이다. 당시의 불가항력과 같은인플레이션 항진은 어떤 것으로도 붙잡을 수 없었다. 그 후 빈에 있는 민간은행인 비더만은행의 총재로 잠깐 근무했지만 바로 폭풍을만나(뿐만 아니라 몇몇 동료의 부정행위 때문에) 그만두게 되었다. 은행이 파산했을 때 새 총재는 개인적으로 상당한 부채를 지게 되었음을알았다. 귀족처럼 행동하는 사람답게 그는 파산법 뒤에 숨어서 예금자에게 지불할 금액을 축소시키지 않았다. 물론 이 때문에 그는 재산을 손해 봤고, 그 후 10년 동안 계속 자신의 소득에서 갚아나가야 했다. 여기에 개인적인 불운까지 겹쳤다. 그는 어머니 아파트 관리인의 스물한 살짜리 딸과 5년 동안 교제한 끝에 결혼했는데 일 년 후 출산 과정에서 그만 사망하고 말았다. 이 상실감은 전부터 음울했던 슘페터의 성격을 더욱 침울하게 만들었다. 이 사건은 슘페터의 운명을 너무나 계시적으로 보여주는 것이므로 이 쓰라린 비극에 코미디에 가까운 이야기가 수반되지 않을 수 없다. 슘페터는 친구들에게 약혼자 애니의 천한 출신배경을 도저히 이야기할 수 없었다. 그녀가 결혼 전 일 년 동안 집을 떠났을 때, 그는 그녀가 프랑스와 스위스의 학교에서 교육받고 있다고 말했다. 사실 그녀는 파리에서 하녀로 생활비를 벌고 있었다.[10]

그 후 그의 진정한 경력이 시작되었다. 처음에는 일본에 초빙교수로, 다음으로는 독일에서 교수로 일했고, 얼마 지나지 않아 하버드대학교로 옮겼는데 그의 매너와 외투 때문에 바로 캠퍼스의 명물이 되었다. 그는 거기에서 여성 경제학자 엘리자베스 부디(Elizabeth Boody)를 만나 결혼했다. 마지막으로 거기에서 그는 불황이 '건강에 좋은 냉수마찰'이라고 선언했는데 적어도 한 명의 학생(이 책의 지은이—옮긴이)은 이 말을 결코 잊지 못했다.

불황은 사실 슘페터의 생각을 시험대에 올려놓았다. 만약 자본주의가 기업가의 혁신으로부터 그 에너지를 이끌어낸다면 1930년대의 우중충한 시대에 왜 그들의 자극이 보이지 않는 것일까? 케인스는 불황은 사업가들의 기대 상태를 반영한다고 말했지만 그의 이론구조로 볼 때 사업가들의 '동물적 기백(animal spirits)'이 왜 낮은지 그가 설명할 필요까지는 없었다. 그러나 슘페터는 설명해야 할 것이 더 많았다. 왜냐하면 그는 호황과 불황을 기업가의 연이은 혁신과 무리 행동으로 설명했기 때문이다. 끝없는 불황을 맞이하여 슘페터는 왜 새로운 혁신이 적절한 시기에 나오지 않는지를 설명해줄 것을 강력히 요구받았다.

1939년 슘페터는 두 권으로 된 3000쪽의 방대한 저작물인《경기순환론(Business Cycles)》에서 두 가지 이유를 제시했다. 우선 그는 불황이 더욱 심해진 이유를 불황에는 하나가 아니라 서로 다른 세 가지의 형태가 있다는 점에서 찾았다. 불황의 첫번째 형태는 초단기 불황이고, 두번째는 7~11년의 주기를 가지는 불황 그리고 세번째는 증기기관이나 자동차 등 기념비적인 기술혁신과 관련 있는 50년 주기의 불황이라고 볼 수 있는데, 이번 대불황은 이 세 가지 경우의 경기순환이 모두 같은 시기에 각각의 밑바닥에 도달했다는 것이었다. 두번째 이유는 러시아 혁명, 무능한 정부정책 등 여러 외부적 요소가 끼친 부정적 영향이었다. 두번째 요소는 경기순환 이론의 영역 '밖'에 있음에도 불구하고 상황의 변동에 영향을 미친다고 보았다.

비록 경기순환 원인으로서의 무리 현상에 대해 잘 설명하지는 못했지만, 이것은 결코 경제위기에 대한 무지한 평가는 아니었다. 그러나 슘페터의 책은 다른 이유로 우리의 흥미를 끌었다. 자본주의는 다른 사회체제처럼 숨쉬는 것만으로는 살 수 없다는 것이다. 자본주의는 확신을 필요로 한다. 이 경우 자본주의가 창조하는 문명의 가치와 장점에 대한 확신이 다시금 자본주의를 재생산하는 것이다. **그리고 체제의 경제적 성공에도 불구하고 이 확신은 동원 능력을 잃고 있었다.**

따라서 이 책은 다시금 모순적인 기술로 끝을 맺는다. 순전히 경제적 기반 위에서 판단할 때 자본주의는 여전히 돈을 벌 수 있는 장기적 전망을 가지고 있다. 슘페터가 마지막 구절 앞에서 말하듯이, 만약 세 개의 겹치는 투자순환이라는 그의 도식이 옳다면 다음 30년은 앞의 20년보다도 더욱 호황이어야 한다. 그러고는 이것과 조화되지 않는 마지막 구절이 튀어나온다.

"그러나 사회학적 분위기는 바뀔 것이라고 기대할 수 없다."[11]

마르크스는 명예를, 슘페터는 승리를

우리는 《경제발전의 이론》에서 이 주장의 힌트를 발견할 수 있고, 《경기순환론》에서 힌트 이상의 것을 발견할 수 있다. 그러나 자본주의의 장래에 대한 슘페터의 비전은 1942년 《자본주의, 사회주의, 민주주의(Capitalism, Socialism and Democracy)》를 출판할 때까지는 제시되지 않았다. 이 책은 우리가 자본주의 체제에 대해서 생각하는 방식을 바꿔놓았다.

이 책은 마르크스로부터 시작한다. 좀 이상하지만 가장 자기중심적인 사람인 슘페터는 자신을 위해서라기보다는 다른 사람과 대항하기 위해서 지적 생활을 해왔다. 케인스는 그가 직접적으로 몹시 싫어하는 사람이었다. 철학적으로 케인스의 비전과 대립했을 뿐만 아니라 자신은 학계 동료들로부터 인정을 받는 데 만족해야 하는 반면 케인스는 전 세계의 관심을 끌고 존경을 받는 것에 개인적으로 질색했기 때문이다. 거물답지 않게 그는 케인스가 인정받아 마땅한 부분에까지 거부감을 표시했다. 케인스가 《일반이론》을 저술했을 때, 슘페터는 대가를 할퀴고 싶은 심정과 굴복감을 함께 가지고 그 책을 검토했지만, 점잖지 못하고 또 설상가상으로 제대로 이해하지도 못한 채 논의를 회피해버렸다("여기에 대해서는 적게 말할수록 더 좋을 것이다."[12]).

그러나 슘페터의 지적 생활에서 진정한 적수는 케인스가 아니라 마르크스였다. 슘페터는 학생 시절에 마르크스를 연구했고, 당대의 뛰어난 젊은 마르크스주의자 가운데 두 사람인 루돌프 힐퍼딩 (Rudolph Hilferding, 1877~1941)과 오토 바우어(Otto Bauer, 1881~

1938) 등의 연구자와 함께 세미나에 참가하기도 했다. 그는 마르크스를 이해하는 서구의 어느 경제학자보다 마르크스의 저작을 잘 접하고 있었다. 마르크스의 저작은 대부분 1950년대 이전에는 영미권 국가에 소개되지 않았다. 하버드대학교에 재임하는 동안 그는 젊은 학자들과 언제나 마르크스를 주제로 토론할 준비가 되어 있었다. 사실 그는 케인스보다 마르크스에 더욱 열린 마음을 갖고 있었다. 따라서 《자본주의, 사회주의, 민주주의》가 그의 진정한 호적수인 마르크스로부터 시작하는 것은 어쩌면 당연한 일인지도 모른다.

예언자 마르크스, 사회학자 마르크스, 경제학자 마르크스, 교사 마르크스. 이것은 이 책이 시작하는 첫 네 개 장의 제목이다. 어디에서 두 사람의 의견이 일치하고 또 어디에서 불일치하는지는 이미 분명하다. 마르크스에게 자본주의의 본질은 변증법적 변동과 자기창조적인 불균형이다. 이 모든 것은 슘페터의 공장에서 재료가 된다. 실제로 자본주의의 내재적인 발전이라는 마르크스의 개념은 분명히 슘페터의 의견에서 원천을 이룬다. 그러나 마르크스는 이 동학의 원인을 노동자계급과 소유자계급 간의 계급투쟁에서 찾았다. 계급투쟁은 잉여가치를 계속적으로 압박하고 이에 따라 모든 자본가(개척자뿐만 아니라)는 노동절약적 기술을 도입하여 그들의 이윤을 지키려 한다.

여기가 바로 슘페터가 마르크스와 갈라지는 지점이다. 슘페터는 이 체제에 대해 다른 견해, 즉 배를 채우지 못하는 게걸스러운 측면보다 자본주의의 '부르주아' 측면을 강조하는 견해를 내놓는다. 슘페터에게 부르주아라는 요소는 합리적 쾌락주의자인 기업가의 문화적 표현이었다. 그는 기업가를 허세 부리는 명예주의자인 전사와는 반대되는 존재로 간주했다.

"부르주아적 생활방식의 진화는 신사복의 발생이라는 말로 쉽게 그리고 아마 재미있게 설명될 수 있다."[13]

이러한 말은 베블런에게 어울리는 것이다. 따라서 슘페터의 견해에 따르면 자본주의는 그 중심인물인 부르주아 자본가로부터 모든 중요한 추진력을 얻는 것이 아니라, 국외자이고 침입자인 벼락출세 기업가로부터 힘을 얻는다. 마르크스나 베블런은 그 차이에 의문을 표했지만 슘페터로서는 체제를 설명하는 데 있어서 핵심적인 부분이었다.

슘페터와 마르크스 간의 다른 차이를 따지면서 오래 머물 여유가 없다. 슘페터가 그의 적수를 속속들이 정확하게 파악하지 못했는지 모르지만, 자신의 터에서 만나고 이겨야 할 이 놀라운 지식인이 가진 사상의 줄거리를 파악하고 있었던 것은 확실하다. 그것이 바로 그가 착수한 연구의 주제다. '교사 마르크스'라는 장 다음 쪽을 넘기면 슘페터가 "자본주의는 생존가능한가?"라고 쓴 것을 보게 되기 때문이다. 이에 대한 대답은 우리들에게 이중의 충격을 준다.

"아니, 나는 그것이 불가능하다고 생각한다."

그러나 자본주의가 운이 다한다면, 그것은 마르크스가 설명하는 이유 때문일 수는 없다. 그래서 우리는 슘페터가 '그럴듯한 자본주의(plausible capitalism)'라고 부른 절묘한 설명을 들여다보기로 한다. 그럴듯한 자본주의란 무엇인가? 그것은 이미 케인스가 우리에게 제시한 전망을 그가 주의 깊게 추론한 시나리오, 즉 1세기 동안 계속될 성장의 가능성이라는 시나리오와 같은 것이다. 이 부분이 슘페터의 가장 빼어난 지점이다. 그는 투자기회가 소멸할지도 모른다는 침체주의자들의 우려를 가벼운 손짓으로 무시해버린다. 그는 우주의 정복이 인도의 정복과 같이 거대한 것이 될 것이라고 말한다.[14] 확산되는 독점의 경화증에 관한 다른 경제학자들의 우려도 자본주의적 혁신을 '창조적 파괴의 질풍노도'[15]로 설명함으로써 간단하게 날려버린다. 혁신적 변화를 수행하는 주체들이 '독점' 그 자체라는 것이다. 마르크스 이론의 직접적인 부정을 제시할 수 있는 무대는 마련된 셈이다. 그럴듯한 자본주의는 계속적인 자기혁신적 성장에 휩쓸린 경제체제를 모델로 추론한 것이다.

그러나 바로 여기에 슘페터의 이론이 지닌 모순이 나타난다. 자본주의는 **경제적** 성공일 수 있지만 **사회학적** 성공은 아니다. 이미 살펴보았듯이 자본주의의 경제적 기초는 자신의 이데올로기적 상부구조—낭만적이기보다는 이성적인, 영웅적이기보다는 비판적인, 갑옷이 아니라 사교복을 입은 사람을 위해 설계된 상부구조—를 창조하기 때문이다. 결국 체제를 쓰러뜨리는 것은 이 자본주의적 정신구조, 자본주의적 **심적 상태**(mentality)다.

> 자본주의는 다른 수많은 기관의 도덕적 권위를 파괴한 후에 결국에는 자신을 겨냥하는 비판적 정신구조를 창조한다. 부르주아는 합리주의적 태도가 교황과 왕의 신임장 앞에서 멈추지 않고 사유재산과 부르주아적 가치의 전체 일람표 체계를 공격하는 데까지 나아가는 것을 보고 놀란다.[16]

그래서 위대한 기업가적 모험은 끝난다. 노동계급이 봉기하기 때문이거나 그 체제가 악화되는 연속적 위기를 극복하지 못했기 때문이 아니라 단순히 분위기가 변했기 때문이다. 인간성과 성격의 힘이 어느 정도의 원인이 되고 관료적 관리가 큰 원인이 된다. 혁신은 제도화되고 관행으로 전락된다. 자본주의적 가치의 거대한 전달 벨트 역할을 하는 부르주아 가족은 합리주의라는 질병에 오염된다. 부르주아 계급은 자신에 대한 확신을 상실한다. 그래서 표면적으로는 모든 일이 잘 돌아가는 가운데, "심층에서 서서히 작동하는, 다른 문명으로 나아가는 경향이 존재한다".[17]

다시 한 번 우리는 책장을 넘긴다.

"사회주의는 작동할 수 있는가? 물론 가능하다."[18]

그것은 바로 슘페터식의 사회주의, 즉 온화하고 관료적인 계획경제다. 이것에 대해서는 좀 있다가 이야기하기로 하고, 슘페터의 주장에서 주목할 만한 부분을 확인해보도록 하자. 그는 자신의 본거지에서 마르크스를 격파했다. 그는 주장의 핵심요점, 즉 자본주의는 생존 가능한가라는 문제에 대해서는 마르크스에 항복했다. 그러나 마르크스가 거론한 이유가 아니라 자신이 제시한 이유 때문에 자본주의가 사회주의에 패배하게 됨을 증명함으로써—적어도 주장함으로써—마르크스를 이겼다. 마르크스는 모든 명예를 얻었다. 그렇지만 슘페터의 견해는 승리를 거두었다.

과연 그런가? 이 질문은 대단히 중요하다. 단순히 슘페터를 칭찬하기 위해서가 아니라 슘페터가 그 운명을 서술하고 있는 체제의 주민으로 살고 있는 우리에게 영향을 미치기 때문이다.

우리가 느끼는 최초의 느낌은 혼란과 함께 어지러울 정도의 감탄이다. 슘페터는 온화한 부르주아 보수주의자의 코를 쥐고 흔들건, 마르크스 광신자를 대하건 간에, 점잔 빼는 태도에서 벗어날 수 없었다. 그는 자신이 내세우는 많은 자랑스러운 아이디어를 알리기 위해 책을 이용했다. "마르크스는 위대한 보수주의자이다(!)"[19] 독점은 "좋은 두뇌의 영향력 범위를 증가시키고 나쁜 머리의 영향력 범위를 줄인다".[20] 어떤 국가가 "더욱 완전히 자본주의적으로 될수록" 공격적이 될 가능성은 줄어든다[21]—이 판단은 19세기 영국의 제국주의와 20세기 미국의 외교정책을 연구하는 학생들에게는 흥미로울 것이다.

그러나 이러한 슘페터다운 과시는 그의 주장 전체를 고려하여 제시되는 전망 속에서 그 위치를 찾아야 한다. 그의 주장은 별로 권위를 얻지 못할 것인가? 광대한 미개척 기술 분야가 존재할 전망, 기업과 정부가 관료제로 흘러갈 전망, 부르주아 윤리가 쇠퇴할 전망 등은 우리에게 신비스러운 선견지명으로 다가오는가? 이 책이 1942년에 출판되었다는 사실을 기억하라. 선각자로서 슘페터는 그의 시대에 필적할 사람이 없을 정도로 출중했다. 그는 자본주의가 곧 망한다고 생각한 당대 좌파의 무모한 기대, 적절한 정부지출이 문제를 영원히 교정할 것으로 믿었던 당대 중간파의 순진한 희망 그리고 우리가 노예제의 길로 향하고 있다고 본 우파의 암울한 예감 등을 한순간에 부끄럽게 만들었다.

그럼에도 불구하고 슘페터의 예측은 한결같지 않고 자세히 검토할 경우 처음 대할 때보다 인상적이지 않다. 슘페터가 광대한 기술적 미래를 예측한 것은 옳았다. 그러나 핵무기와 에너지로부터 컴퓨터에 이르기까지 기술의 질은 자본주의뿐만 아니라 투자영역에도 상당한 위험을 초래할 수 있다는 것을 예측하지는 못했다. 대기업에서 관료제의 성장이 임박했음을 말하는 그의 선견지명은 부정할 수 없다. 그러나 거대한 거인이 생겨나서 공격적 행위를 쇠퇴시킬 것이라고 한 것은 옳지 않았다. 엄청난 다국적 기업들이 세계시장에서의 점유율을 두고 다투는 광경은 확장을 위한 자본가들의 추진력이 쇠퇴한다는 슘페터의 예측과는 일치하지 않는다.

그렇다면 일종의 권태, 신념의 상실이 자본주의 세계를 지배할 것이라는 그의 주장은 맞는 것일까? 만약 1960년대만을 두고 본다면 그 예측은 아주 선견지명이 있는 것이다. 당시 서구 자본주의는 일종의 계획경제로 가는 것처럼 보였기 때문이다. 몇 십 년이 지난 지금, 그 예측은 우리를 확신시키는 힘이 약해졌다. 미국뿐만 아니라 유럽 전역에서 우리는 자본주의에 대한 확신이 다시 살아나는 것을 보고 있다. 계획경제로의 움직임은 첫번째로 성장, 다음으로 인플레이션을 가져왔고, 마지막으로 계획과정에 대한 신념의 상실로 귀결되었다. 이 마지막 부분에 대해서는 소비에트 시스템의 붕괴가 최후의 일격이 되었다.

물론 슘페터는 장기적인 관점에서 글을 쓰고 있다. 그리고 우리는 단기적인 시간구조 속에서 그를 비판하고 있다. 자본주의 신념의 부흥자로서의 정신은 단기적 생명력만을 가질지도 모른다. 일종의 온건한 사회주의적 자본주의로 향하는 질주가 다시 시작될 수도 있다. 아마 관료제로의 움직임이 기업 지배의 추구보다 결국 우세하게 될 것이다. 거대한 다국적 기업들은 1세기 이전의 제국주의처럼 세계를 사적 경제왕국으로 나누는 일종의 거대한 카르텔로 귀착될 것이다.

이러한 것들은 더 이상 추측이 아니라 현실이 되어가고 있다. 슘페터의 비전 역시 추측으로서, 그럴듯한 자본주의의 한 종류이지만 유일한 것은 아니었다. 그의 시나리오는 매우 계몽적일지 모르지만 리카도나 스미스 그리고 마르크스에게서 확인할 수 있는 것과 같은 체제의 기존 전개과정으로부터 논리적으로 도출한 것은 아니었다. **그 이유는 슘페터의 예측이 궁극적으로 경제적인 것이 결코 아니기 때문이다.** 그것은 오히려 사회적·정치적 문제에 대한 그의 재빠른 진술을 모아놓은 것이라 할 수 있다. 그러한 문제들은 스미스와 마르크스가 그들의 놀라운 이론을 구축할 수 있었던 정밀성을 가지고 예측하기는 힘든 영역이다. 슘페터의 이론에서 자본주의에 대한 전망을 망쳐놓는 데 큰 역할을 하는 비판적 지식인은 축적하는 자본가나 경쟁하는 상인이 따랐던 것과 동일한 규범을 따른다고 할 수 없다. 게임이 애쓸 만한 가치가 없다고 판단한 기업가는 경제적 압력이 아니라 문화적 압력에 굴복한다. 사실 경제학의 과정은 체제가 어떻게 진행해갈지를 결정하는 데는 부족하다는 것이 슘페터의 의기양양한 최종 결론이 아니던가?

그렇다면 그의 비전은 다른 세속의 철학자들과 같은 기준에 의해서 평가되어서는 안 될 것이다. 그의 비전은 경제적인 예측이라기보다는 사회적인 예측이고 문화적 변화의 바람이 불어오는 방향에 대한 판단이다. 자신의 귀족적 취미, 초연한 학문적 지위, 정치와 사업에서의 힘든 경험 등으로 인해 슈페터는 세속적 성공을 너무 미리 누린 케인스나 그것을 전혀 맛보지 못한 마르크스보다 일이 진행되어가는 실정을 더 잘 판단할 수 있었을지도 모른다. 그의 예리한 통찰의 날은 고전적 관찰자의 비전에 강력한 힘을 가져다준 엄격한 경제논리를 희생시키고 얻은 것이다.

슈페터의 논문이 가진 의미는 자본주의뿐만 아니라 경제학도 불안하게 만들었다. 세속의 철학자들이 이룬 위대한 업적은 바로 사회가 나아가는 방향을 추론할 수 있는 능력에 있었던 것이 아닌가? 세부적으로는 아닐지 몰라도 크게 볼 때 경제학은 예측능력 위에 세워진 것이 아닌가? 슈페터의 시나리오는 이 모든 것이 이제 끝난다는 것, 즉 경제학의 예측능력이 어떠하든 이제 더 이상 의미가 없다는 것을 뜻하는 것이 아닌가? 이 결정적인 질문은 마지막 장에서 다시 다루어질 것이다. 그러나 슈페터의 돈키호테식 풍모에 대해서는 아직 끝낼 때가 아니다. 그의 이야기에 마지막 뜻밖의 전개가 남아 있기 때문이다. 우리는 이로부터 슈페터의 전기에서 직관 이상의 것을 얻을 수 있을 것이다.

슈페터가 묘사한 자본주의의 중심적 모순에 대해 다시 생각해보자. 그 모순은 《경제발전의 이론》에서 병렬되어 있음을 알 수 있다. 그 책에서 자본주의는 정태적이고, 활력이 없으며 변화가 없는 '순환적 흐름'으로 그려졌다. 그리고 동시에 변화의 동학, 뒤에 창조적 파괴의 질풍노도로 표현된 그러한 동학에 휩싸인 체제로 그려졌다. 어떻게 슘페터는 동일한 체제를 이렇게 일관되지 않은 개념으로 그릴 수 있었을까? 변화 없는 순환적 흐름을 체제의 정수(精髓)로 표현하면서 동시에 체제를 계속적인 자기창조적 전환과정으로 특징짓는 것이 어떻게 말이 될 수 있을까?

우리는 슘페터가 순환적 흐름이라는 개념을 통해 기업가의 영향을 단순히 자본주의 내의 동력으로서만이 아니라 이윤소득의 독특한 흐름을 이루는 원천으로 평가할 수 있다고 설명한 것을 알고 있다. 그러나 슘페터의 기묘한 병렬을 설명할 수 있는 또 다른 방법이 있다. 슘페터가 말하고 있는 기업가들이란 특정계급에서 배출되는 것이 아니었음을 돌이켜 기억하자. 그들은 혁신능력을 보유한 사람들일 뿐이다. 이렇듯 자본주의의 '발전'은 자본주의에 내재해 있는 것이 아니다. 그것은 비자본가인 엘리트의 손에 달려 있는 사회의 동학이다!

슘페터는 역사에서 특별한 능력을 가진 소수의 개인인 엘리트의 중요성을 믿고 있었던 것이 분명하다. 음악적 재능을 그 예로 든 《경제발전의 이론》에서 그가 무엇을 말했는지 알아보자.

우리는 건강한 사람이라면 누구나 노래를 부를 수 있다고 가정할 수 있다. 아마 같은 민족 집단에 속한 개인 가운데 절반가량은 보통 정도의 능력을 가지고 있을 것이다. 4분의 1은 재능이 떨어지고 나머지 4분의 1은 재능이 보통 이상일 것이다. 이 4분의 1 안에서 더 적은 수의 사람들은 노래 실력이 계속 나아짐에 따라 더 뛰어난 능력을 가지게 되고, 결국에는 그 속에서 카루소와 같은 명가수가 나온다.[22]

노래 실력이 그렇듯이 경제적 리더십을 포함하는 리더십 능력도 그렇다. 인구의 대략 4분의 1은 이러한 능력이 부족하여 업계에서 사무직이나 기능직을 수행하게 된다고 슘페터는 말한다.[23] 다음의 절반은 보통의 혁신능력을 소유한 사람들이다. 이들 가운데서 우리는 경험의 안락한 관례에 주로 의지하고 일상에서 정상적 범위의 도전에 적응하는 '현실의 모든 사업가들'을 보게 된다. 그리고 나머지 4분의 1에서 우리는 '정상을 뛰어넘는 지식과 의지를 가진' 진정한 엘리트를 만나게 된다.[24]

그래서 변화와 발전을 서술하는 역사는 사회의 활력 없는 대중에게 엘리트들이 끼친 영향을 쓴 이야기이다. 서로 다른 사회적 맥락에서는 영향을 행사하는 데 필요한 능력의 질도 달라질 것이다. 봉건사회에서는 군사적 재능이 중요할 것이고, 시장사회에서는 경제적 재능이 중요할 것이다. 그러나 어떤 종류의 엘리트이건 그들의 원동력은 언제나 거기에 있다. 따라서 리더 계층은 특별한 그룹을 구성하게 되고, 사회의 정상에서 정당한 자리를 차지하게 된다. 리더는 바뀌겠지만 리더십은 바뀌지 않는다. 슘페터는 이렇게 쓴다.

"사회의 상층은 사실 항상 사람들로 만원인 호텔과 같다. 그러나 사람들의 구성은 끊임없이 변한다."[25]

여기에 마르크스에 대한 또 하나의 공격이 있다. 공격 대상은 혁명에서 프롤레타리아 계급이 수행하는 역할에 대한 마르크스주의자의 생각이다. 슘페터는 모두 틀렸다고 말한다. 프롤레타리아 계급은 결코 변화의 주역이 될 수 없다. 인원수 때문에 그들은 평범한 인간의 범주에 속할 수밖에 없기 때문이다. 개별적 프롤레타리아트는 리더십 능력을 가질 수도 있다. 그러나 소수의 작은 그룹만 그러한 리더십을 가질 수 있다.

아마 이것이 슘페터가 사회주의의 도래에 대해서 그렇게나 달관한 입장을 취한 이유일 것이다. 그러면 그가 자본주의 운명의 마지막 산물로 간주한 관리경제는 누가 운영할 것인가? 물론 그러한 재능의 소유자, 즉 부르주아일 것이다. 그는 이렇게 쓴다.

"여기에 선택의 과정을 거쳐서 뽑힌 보통 이상의 능력을 가진 한 계급이 있다. 이 보통 이상의 능력은 어떠한 사회조직이라도 이용하는 것이 합리적인 일종의 국가자산이다."[26]

따라서 관리자 계급이 사회주의를 두려워할 이유는 없다. 사회주의체제를 운영하는 데 필요한 기술은 부르주아 엘리트가 자연스럽게 사회의 정상에 자리를 잡게 되는 선진자본주의체제를 운영하는 데 필요한 능력과 충분히 같다.

비전이 만드는 분석적 차이

이것이 경제학인가? 전통적 개념으로는 결코 그렇지 않다. 역사사회학이라고 하는 편이 더 좋다. 관제고지를 장악하는 것은 계급이 아니라 엘리트들이다. 경제학은 전장에서, 설교단에서 또는 관리실에서가 아니라 시장에서 행사된 재능에 대해 대가를 지불하는 사회의 결과를 서술한다. 그러나 어떤 엘리트이건 쇼를 이끌어가는 것은 언제나 카루소와 같은 소수의 명가수다.

슘페터는 더욱 큰 사회적 비전을 빚어내기 위해 경제학 모델을 활용한 것이다. 앞에서 살펴보았듯이 용어는 슘페터가 만들어낸 것이다. 1950년 사망하기 전에 몰두했던 경제사상에 관한 그의 대작에서는 '비전'이 모든 것의 중심에 있다.[27] 분석은 경제학의 큰 영광일 수 있다. 그러나 지혜의 여신 미네르바가 유피테르의 이마에서 나온 것이 아니듯, 분석은 경제학자의 마음에서 완전히 개화한 채 나온 것이 아니다. 논리적 시나리오에 앞서 이루어지는 '분석 이전(pre-analytic)'의 과정이 있는데, 이 과정은 우리가 피할 수 없는 것이고 불가피하게 우리의 내면적 가치나 선호로 채색된다. 슘페터는 이렇게 쓴다.

분석 작업은…… 우리가 보고 있는 사물의 그림 속에 내재해 있다. 어느 곳에서든 우리가 그것을 다른 시각이 아닌 주어진 시각으로 보기를 희망한다면, 우리가 사물을 보는 방식은 그것을 보고자 원하는 방식과 거의 구별하기 어렵다.[28]

이것은 빛나는 직관으로서, 슘페터 자신은 거의 의식하지 못한 하나의 사례라고 할 수 있다. 이것이 바로 가장 주의 깊고 철저한 경제학자였던 마셜이 소비와 투자라는 두 가지 유량(流量)의 결정적 차이에 관해 케인스가 발견한 것을 예상하지 못한 이유다.

마셜이 **생산자 재화**(producers' goods)라고 부른 것과 비교해서 **소비자 재화**(consumers' goods)의 본질을 토론할 때 그의 《경제학 원리》에서 그 답을 찾을 수 있다.[29] 그는 "상당히 중요한 구별이 이 두 형태의 재화 사이에 있다."고 지적한다. 우리는 놀라움으로 숨을 죽인다. 케인스의 핵심적 직관이 바로 그 근처에 있음을 알 수 있기 때문이다. 그러나 그렇지 않다. 마셜은 그 구별을 "막연하거나 아마 실제적 필요가 없는 것"이라고 부른다. 왜? 경제를 바라보는 그의 비전은 생산이 미래의 성장에 미치는 결과가 아니라 재화의 가격이 결정되는 과정을 강조하고 있기 때문이다. 뿐만 아니라 이러한 시각에서 볼 때는 마셜이 옳다. 셔츠와 기계의 가격 결정에는 근본적 차이가 없다. 그는 이것과 저것을 생산하는 것 사이의 차이를 보지 않은 것이다.

비전이 만드는 분석적 차이의 사례로 이보다 더 극적인 예가 있던가? 만약 마셜이 케인스처럼 총생산의 변동에 초점을 맞췄다면 그는 케인스가 본 것을 볼 수 있었을 것이다. 그러나 그는 단지 가격 결정만 보았고, 케인스의 보트를 놓치고 말았다. 어쩌면 보트에 올라타지 않았을지도 모른다.

그렇다면 경제학은 분명히 존재하는 세계를 초연한 자세로 객관적으로 파헤치는 것이라기보다는 우리가 보기를 원하거나 보지 않을 수 없는 것을 분석하는 것인가? 우리는 다음 장에서 세속의 철학자들이 이룬 업적 그리고 세속철학 전체의 전망을 평가할 때 다시금 이 질문으로 돌아갈 것이다.

실끝에는 풀어야 할 마지막 매듭이 하나 남아 있다. 우리는 젊은 슘페터가 빈의 귀족학교라는 환경으로 헤치고 들어가 향후 자신의 인생에 중요한 의미를 지니는 가치들을 받아들인 사실을 알고 있다. 이러한 가치들이 엘리트가 중심적인 동력이 된다는 그 자신의 역사관으로 전환되었다고 이해한다면 잘못된 것일까? 분명히 엘리트는 귀족이고, 선택된 소수인 그들은 선천적으로 우월한 능력을 가지고 있다는 신념을 품고 있다. 이러한 신념은 모든 귀족적 사회관의 핵심이기도 하다. 그러나 슘페터가 말하는 소수는 혈연에 의해서가 아니라 '지성과 의지'에 의해서 선택된다는 사실을 지적하고 싶다. 그들은 **재능을 가진** 귀족이며, 슘페터가 속한 엘리트 그룹이다. 슘페터가 보여주었듯이, 역사의 드라마는 자본주의를 정당화해줄 뿐만 아니라 한 그룹—슘페터 자신이 포함된 그룹—이 이름이나 출생보다는 오래 견디고 가치 있는 무언가에 의해 뒷받침된다고 정당화시켜주기도 한다. 그래서 개인적 경험과 많은 모순을 드러내는 그의 역사적 비전은 최종적으로 맞아떨어지게 된다.[30]

이러한 평가는 아마 슘페터 자신이 흔쾌히 받아들일 평가는 아닐 것이다. 그러나 이것을 부정하지는 않을 것 같다. 그는 위대한 경제학자가 되기를 열망했다. 물론 그가 살아온 인생이 이러한 존재가 되는 것을 부정했는지 어떤지는 확실하지 않다. 슘페터가 그의 학생들이나 동료들의 간청에도 불구하고 자신의 이론에 대해 강의를 하지 않았다는 것은 흥미로운 일이다. 어떤 학자는, 이론을 끝까지 분석해 들어가서 정식화하는 것이 부적절하다는 것을 스스로 느꼈기 때문일 것이라고 그 이유를 제시한다.[31] 그가 위대한 몽상가가 되고 싶어했는지 우리로서는 알지 못한다. 그는 확실히 몽상가였다. 그를 분석가로 보건 몽상가로 보건 간에, 경제학에 관심을 가진 모든 사람들은 그와 맞붙어 씨름해야 한다. 그가 이 분야에서 이룩한 것 때문만이 아니라 직접 그 한계를 보여준 바로 그의 성취 때문에 그렇다.

chapter 11

세속철학의 끝?

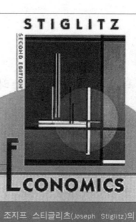

조지프 스티글리츠(Joseph Stiglitz)의
《경제학(Economics)》

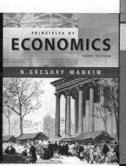

그레고리 맨큐(N. Gregory Man-
kiw)의 《경제학원론(Principles of
Economics)》

이 책의 끝맺음이 당황스러운 것이 될지도 모른다고 한 서문의 경고를 기억할 것이다. 이 장의 제목이 그것을 한 번 더 확인해주는 것처럼 보일지도 모르겠다. 그러나 나는 끝(end)이라는 단어가 종말(termination)과 목적(purpose)이라는 두 가지 의미를 지닌다는 사실을 독자들에게 상기시키고자 한다. 이는 우리가 이 주제, 즉 세속 철학의 장래와 의미를 계속 고려할 때 반드시 염두에 두어야 할 복합적인 중요성을 가진다. 세속철학이라는 이름은 앞서 말했듯 내가 여러 해 전에 이 책의 집필을 끝내고 적절한 명칭을 찾아 애쓰고 있을 때 누가 나에게 행복하게 선물해준 것이다.

이러한 도전적 과제를 어떻게 시작하는 것이 좋을까? 내 생각에는 경제학이 궁극적으로 무엇에 관한 학문인가라는 문제를 환기함으로써 처음으로 돌아가는 것이 가장 좋을 것 같다. 당연히 경제학은 단지 그림이나 예측, 매일의 경제뉴스거리가 되는 정부 발표에 관해 논의하는 것만은 아니다. 또한 경제학을 공부하는 모든 학생들에게 익숙한 수요공급 곡선과 방정식에 관한 것도 아니다. 경제학의 핵심은 우리가 경제라고 부르는 복잡한 사회적 실체의 작동에 관해 규명하고 그에 따른 문제와 전망에 관해 규명하는 것을 목적으로 하는 설명체계다.

　지금까지 우리가 이를 설명해주는 비전과 분석들에 관해 강조해 온 것은 그것들이 엄청나게 다양하다는 점이다. 중상주의를 신봉하는 군주에서부터 마셜의 이론을 따르는 점원까지 또는 스미스가 주장한 완전한 자유의 사회로부터 베블런이 말한 사업가 파업의 사회까지 훑는 것은 모든 범위를 포괄하는 것으로서, 그 안에서 연구대상을 통일할 가능성은 전혀 없어 보인다. 그러나 이 마지막 장에서 나는 이러한 배열을 다른 시각에서 바라볼 것을 제안한다. 표면적 차이를 강조할 것이 아니라 공통의 구조적 핵심을 찾자는 것이다.

　이러한 질문에 답하기 위해 우리는 제2장의 고려사항들로 되돌아가 생각해봐야 한다. 인류가 지구상에 출현한 이래 99퍼센트에 달하는 기간 동안 수렵과 채취 활동을 지배하는 관습에 의존해 어떻게 생존해왔는가를 살펴보는 데서 시작했다. 그러나 우리는 이러한 복잡한 규칙과 금기를 '경제학'이라고 부르지는 않는다. 기원전 4000년 내지 3000년 즈음에 도시와 관개시설 그리고 거대한 피라미드를 건설한 사회질서 속에서 출현한 더욱 복잡하고 혁신적인 시스템 역시 마찬가지다. 살펴보았듯이 인류의 물질적 생활이 이제 관습의 잔재뿐 아니라 명령이라는 새로운 강력한 힘에 의해 지배받게 된 것이다.

　이러한 사회의 출현만큼 극적인 사건도 없을 것이다. 그러나 과연 명령에 의해 이루어진 변혁을 설명하는 데 '경제학'이라는 새로운 개념이 필요할까? 나는 아니라고 생각한다. 하나의 예로서 가격변동은 항상 경제학의 설명체계에서 주된 부분을 이루는데, 파라오의 일꾼이 잘라낸 벽돌에는 가격이 없으며 그렇게 해서 완성된 피라미드 자체에도 가격이 없다. 명령은 사회를 엄청나게 변화시켰지만 생산과 분배의 조직을 발생시키지는 않았다. 생산과 분배의 조직을 위해 우리는 완전히 새로운 이해방식이 필요했고 그것을 우리는 경제학이라 부르는 것이다.

그렇다면 사회가 돌아가는 것을 이해하기 위한 새로운 수단 즉 경제학을 위한 무대는 어떻게 만들어졌을까? 제2장에서 이미 살펴보았듯이 중세적인 관습과 봉건적 명령이 정말로 새로운 분류 방식을 요구하는 사회질서로 천천히 대체되어가는 과정에서 그것은 마련되었다. 이러한 사회질서는 곧 **자본주의**로 불리게 되며, 물질적 생활을 조직하는 수단은 **경제**로, 새로운 설명체계는 **경제학**으로 불리게 된다.

경제학의 종말

이제 자본주의가 초래한 변화를 간략하게 서술해보자. 첫째, 사회의 물질적 필요에서 이루어지는 생산과 분배를 조직하는 주된 수단으로 취득 욕구에 의존하게 된다. 어떤 사회이든 부의 추구가 누구의 경우에나 인정되고 하물며 칭송까지 받는 일이 이전에는 결코 없었다는 점을 상기해보기 바란다. 왕이 부를 추구하는 것은 당연했고, 모험가는 아마 그럴 수 있었겠지만, 하층계급은 불가능했다.

둘째, 자본주의는 생산과 분배의 안내자 역할을 시장의 장려와 억제에 일임한다. 수렵과 채취 또는 명령체제 하에서는 그러한 과정이 없었다. 경쟁적인 구매와 판매에 의해 생활용품을 조달하는 것은 이전 사회질서에서는 유례가 없었다.

셋째, 자본주의는 두 개의 권위가 그 사회를 전체적으로 이끌어가도록 맡긴 최초의 사회다. 두 개의 권위란 바로 공공과 민간을 말하며, 이 둘은 각각 권력과 권력의 한계 범위를 동시에 지니고 있다. 공공기관, 즉 정부는 물리력을 행사하고 법이 시행되도록 하지만 매일의 생산과 분배에는 관여하지 않는다. 이것은 대체로 이윤을 추구하는 개인의 특권 하에 있다. 이윤 추구자들은 그들이 원하는 것을 생산하고 그들이 제시하는 임금과 근로조건을 수용하는 노동자를 고용하고 그렇지 않은 노동자들은 회사를 떠나도록 하지만 피라미드 건설자가 하듯이 노동력을 징발하거나 봉건 영주가 할 수 있는 것처럼 비효율적인 노동자를 처벌하지는 못한다.

이러한 세 가지 역사적 혁신은 모든 위대한 경제학자들의 비전이 빛을 볼 수 있는 무대를 마련해주었다. 새로운 경제가 관습의 끈질긴 힘과 명령이 가지는 자의성의 약화에 대해 신속하게 대응함에 따라 그들의 설명과 처방은 변한다. 그러나 스미스로부터 케인스와 슘페터에 이르는 모든 변화에도 불구하고 그들의 공통적 원천인 사회구성을 잘못 파악한 경우는 없다. 세속철학은 자본주의가 낳은 자식이고 그것이 없으면 존재할 수 없었다.

이제 이 모든 것이 경제학 그 자체의 가능한 종말 그리고 궁극적 목표라고 하는 이 장의 제목이 가지는 두 가지 의미와 무슨 관계가 있을까? 첫째 질문에 대한 답은 경제학자들의 비전이 크게 변화한 것에서 찾을 수 있다. 그것은 첫째로 구매와 판매행위를 추상적 용어로 묘사하는 경향이 증가하고 있는 데서 나타난다. 이러한 경향은 아마 7장에서 언급했듯이 에지워스가 행복을 기준으로 하는 미적분학으로 쾌락과 고통을 묘사한 것이나 튀넨이 노동의 '공정임금'을 공식화한 것에서 시작되었을 것이다. 마셜의 시대에 와서는 아름다운 그림들이 책의 많은 장을 장식하고, 우리가 앞에서 언급했듯이 케인스는 자신의 분석적 발견을 묘사하기 위해 대수학을 사용한다.

그러나 기묘하게도 우리 시대의 경제학에서 핵심적 변화는 수학 사용이 늘어난 데 있지 않다. 수는 현대적 기술에 의존하는 어떤 사회질서에도 수반된다. 모든 공업체제는 고속 생산과 초고속 통신이 등장하기 이전에는 상상할 수 없었을 정도로 대량의 수량적 정보를 생산하고 또 필요로 한다. 오늘날의 경제학은 애덤 스미스의 바늘공장 노동자보다 더욱 상호의존적이고, 이러한 상호의존성이 높아짐에 따라 완전히 새로운 규모로 정보량과 정보에 대한 요구도 증가한다. 이곳이 바로 통계학과 수학이 현대 경제학으로 들어오는 지점이다. 그것 없이 어떻게 수백만 기관의 생산물을 국내총생산(Gross Domestic Product)으로 불리는 하나의 수로 변환할 수 있으며, 셀 수 없이 많은 재화와 서비스의 평균가격을 표현하기 위해 물가(Price Level)를 계산할 수 있겠는가? 그렇다고 수학적 모델이 우리에게 쏟아지는 엄청난 정보를 기반으로 우리가 행동할 최선의 길을 찾아준다는 말은 아니다. 통계학과 경제이론의 현대적 결합인 계량경제학의 예측능력은 정확도의 면에서 볼 때 결코 두드러진 성과를 보여주지 않는다. 오히려 문제의 핵심은 경제학의 존재 이유인 여러 분석적 목적의 해결에 있어서 여러 형태의 수학을 사용하는 것 외에는 대안이 없다는 것이다.

그러나 이렇듯 두드러지는 수학화의 추세가 이 장에서 내가 관심을 가지는 가장 중요한 변화는 아니다. 수학은 오늘날 경제학을 지배하고 경제학을 공식화하고 있으며, 경제학자들은 자신의 논의를 수학적 방법으로 표현하는 것을 선호한다. 그러나 누구도 수학과 경제학을 혼동하지는 않는다. 내가 보기에 더욱 깊고 의미심장한 변화는 경제학의 비전으로 새로운 개념이 더욱 많이 등장하고 이에 상응해서 다른 훨씬 오래된 비전이 사라지고 있다는 점이다. 새로운 비전은 **과학**이며 사라지고 있는 것은 **자본주의**다.

이러한 내 주장을 좀더 명확하게 하기 위해 최근에 나온 두 경제학 교과서를 인용해본다. 바로 그레고리 맨큐(N. Gregory Mankiw)의 《경제학원론(Principles of Economics)》[1]과 조지프 스티글리츠(Joseph Stiglitz)의 《경제학(Economics)》[2]이다. 두 저자는 그 분야에서 최고의 명성을 누리고 있고 그들의 저서는 명확성과 지성을 갖추고 있으면서도 읽기 좋은 교과서의 모델이 되고 있다. 이 두 교과서가 내 주장의 핵심을 입증해주는지 살펴보자. 우선 맨큐의 책 서문을 인용한다.

경제학자들은 그들의 주제를 과학자의 객관성으로 다루려고 노력한다. 그들은 물리학자들이 사물의 연구에 접근하고 생물학자들이 생명의 연구에 접근하는 것과 같은 방법으로 경제의 주제에 접근한다. 그들은 이론을 구성하고 자료를 수집하고 이 자료를 분석해서 그들의 이론을 증명하려고 한다.

과학이 경제학에서 중심적 위치를 차지하게 된 것이 어떤 의미를 가지는지 곧 따져보겠지만, 경제학자들이 경제를 자본주의로 설명하기를 포기하고 있다는 나의 단언은 어떤 의미를 가지는 것일까? 나는 이제 스티글리츠가 이 문제에 대해 말하고 있는지를 알아보기 위해 두 권으로 된 그의 책을 살펴보려 한다. 답은 간단하다. 자본주의라는 용어는 997쪽짜리 책에 단 한 번도 언급되지 않는다. 어떠한 의도와 목적에서든 자본주의는 이 경제학 입문서에는 존재하지 않는다.

몇 개만 골라서 인용하는 것으로는 당연히 의문이 제기될 수 있을 것이다. 내 말을 믿기 어렵다면 가까운 도서관에 가서 미국경제학회의 간판 학술지인 『미국경제평론(American Economic Review)』과 영국에서 나오는 자매지 격인 『경제학저널』을 찾아 1950년 이전치와 최근 10년치 가운데 무작위로 추출해 비교해보기 바란다. 단언컨대 내 말에 회의적이던 독자들은 후자 그룹에서 과학의 방법에 대한 참고문헌이 두드러지게 증가하는 반면 자본주의라는 용어의 출현빈도는 급격히 감소한다는 사실을 발견하게 될 것이다. 설령 내 주장의 타당성에 어떤 위험이 따를지라도 나는 왜 이러한 변화가 일어났는지를 감히 설명해야겠다.

먼저 과학을 보자. 과학이라는 개념이 경제학자의 비전에서 점점 더 두드러지는 부분을 이루게 된다고 기대할 수 있는 데에는 한 가지 이상의 이유가 있다. 그 가운데 첫번째이자 가장 설득력 있는 이유는 경제의 작동을 연구하는 학자들이 자연의 작동을 연구하는 학자들처럼 과학의 가장 중요한 업적인 '법칙' 발견의 첫번째 핵심으로 행위의 규칙성을 추구한다는 것이다. 중력의 법칙에 대한 이해 없이는 행성의 궤도나 비행기의 궤적을 설명(또는 예측)할 수 없다. 그렇다면 문제는 경제행위에도 역시 법칙과 같은 측면이 있는가 하는 점이다.

개인들의 행위가 우주를 움직이는 물체의 행위보다 훨씬 복잡하기 때문에 나는 "법칙 같은"이라는 말을 쓴다. 의류의 가격이 오르면 우리가 구입하는 의류의 양은 감소할 것이다. 그러나 우리의 기호가 광고 캠페인에 영향을 받는다면 그렇지 않을 수도 있다. 그럼에도 재화의 가격과 구매자의 구입량 간에 일반적 관계가 있다는 것을 누구도 부정할 수 없을 것이다. 가격이 변하면 구입량은 보통 그와 반대 방향으로 변한다.

뿐만 아니라 소득과 소비재에 대한 지출 간에 그리고 이자율 변화와 기업의 투자지출 간에도 이와 같은 종류의 관계, 즉 일반적으로 예측 가능한 자극-반응 관계를 확인할 수 있다. 따라서 경제행위는 일정 정도의 예측가능성이라는 특성을 가진다. 정치와 같은 다른 사회생활 영역에서는 이러한 예측가능성을 발견하기가 어렵거나 거의 불가능하다. 그리고 이에 못지않게 주목을 끄는 점은 경제적 자극의 변화가 우리의 역할 차이, 예컨대 우리가 구매자인지 판매자인지에 따라 반대의 결과를 가져온다는 사실이다. 이것이 경제생활을 다른 분야와 구분시켜주는 또 다른 특징이다. 시장이 무질서가 아니라 사회적 질서를 부여하는 수단이 될 수 있는 것은 바로 이러한 가격 자극의 쌍방효과 때문이다. 이 특유한 안정화 효과는 다시금 경제행위를 일종의 자기조절적인 자연적 과정으로 연결시키는 역할을 한다. 따라서 시장체제가 과학이 주목하는 자연적 과정과 상당한 유사성을 가졌다는 자각이 일찍이 나타나기 시작한 것은 그리 놀라운 일이 아니다. 이러한 유사성은 당연히 주목을 끌었다. 만약 경제학이 과학의 진정한 한 분과가 될 수 있다면, 경제학은 사태의 진행과 그러한 진행을 변화시키려는 노력의 결과를 예측하는 우리의 능력을 엄청나게 향상시켜 줄 것이다. 물리학이 중력법칙의 진행에 대한 통제력을 우리에게 가져다 주지 못하듯이 분명 경제과학은 우리의 미래에 대한 완전한 통제력을 우리에게 제공해주지는 못할 것이다. 그러나 의문의 여지없이 그것은 경제체제의 변화하는 작동 결과를 예측하고, 이에 따라 가장 선호하는 행동 과정을 선택할 수 있는 우리의 능력을 높여줄 것이다. 그렇다면 우리가 경제학을 과학으로 간주하는 경향이 점점 심해지는 것에 환호하지 말아야 할 이유는 무엇인가?

거기에는 두 가지 이유가 있다. 마셜이 그중 하나를 언급했다. 비록 경제학의 과학 같은 측면에 미혹되기는 했지만 그는 이렇게 경고했다.[3]

"경제학은 정확한 물리학과 비교될 수 없다. 왜냐하면 그것은 끊임없이 변화하는 미묘한 인간본성의 힘을 다루기 때문이다."

우리는 과학자들이 연구하는 전자(電子)와 중성자의 움직임을 설명하면서 물리학이나 화학의 법칙을 말한다. 그러나 이들 자연요소의 '움직임(behavior)'과 사회과학의 연구대상인 인간의 행위 사이에는 넘을 수 없는 간격이 있다. 예컨대 과학자들이 전자의 움직임을 가지고 빛의 현상을 설명할 때 누구도 각각의 전자 스스로가 움직일지 말지를, 또는 어디로 움직일지를 결정한다고 생각하지 않는다. 이와 비교하여 경제학자들이 구매자와 판매자의 행위를 가지고 가격변동 현상을 설명할 때, 그들은 각 개인이 각자의 행동을 결정한다고 가정하지 않고서 연구대상을 설명할 수 없다. 한마디로 순수한 물리적 반사와는 달리 인간행위는 의지라는 개념 없이는 이해될 수 없는 것이다. 인간은 최후의 순간에 마음을 바꿀 수 있는, 예측 불가능한 능력을 가졌다. 이와는 대조적으로 자연 요소는 우리가 알고 있는 단 하나의 이유 때문에 그렇게 '움직인다'. 물리학의 분자는 그들의 움직임을 '선택하지' 않는다.

따라서 '행위'라는 용어를 무분별하게 사용하는 것은 두 가지 전혀 다른 것을 쉽게 섞어버리는 결과를 초래할 수 있다. 하나는 의식을 가진 존재의 정수(精髓)를 이루는 요소이고, 다른 하나는 이것과 전혀 관계가 없는 것이다. 만약 경제학이 사실상 과학이라면 철의 분자가 자석의 힘에 끌려가듯이 우리 인간도 가격상승에 어떻게 반응해야 할지 전혀 선택할 수 없는 단순한 로봇이 되고 말 것이다.

두번째 반대 이유는 전혀 다른 것처럼 보이지만 실제로는 같은 동전의 다른 쪽 면일 따름이다. 그것은 인간의 사회생활이 본질적으로 **정치적**이라는 것이다. 즉 모든 사회는 일단 수렵과 채취 수준을 넘어서 **명령**의 수준으로 나아가면, 귀족으로부터 노예까지, 계급으로부터 카스트까지 그리고 재산권으로부터 빈궁의 불이익까지 다양한 특권과 차별의 범주를 만들어낸다. 이 마지막 단어들에서 분명히 알 수 있듯이, 자본주의도 이러한 일반적 서술에서 예외가 아니다. 소득과 부의 분배와 같은 핵심적인 경제문제가 중력법칙과 사회적 차원에서 상응하는 법칙에 의해 결정되는가? 조세, 상속권 또는 저임금 착취공장의 존재가 불변하는 자연법칙의 표현인가? 아니면 우리가 살고 있는 사회정치적 질서의 아주 변하기 쉬운 결과물인가?

질문은 경제학자들이 "과학자의 객관성을 가지고 그들의 주제를 설명하려고 노력한다."는 맨큐의 진술을 겨냥한다. 그러나 상속받은 재산이나 비참한 빈곤과 같은 것에 대해 '객관적'인 자세를 취한다는 것이 무엇을 의미하는 것일까? 과학자가 망원경이나 현미경으로 연구한 질서를 받아들이듯이, 그러한 질서는 우리가 수용해야만 하는 사회의 어떤 성질을 반영한다는 것을 의미하는가? 또는 만약 우리가 사회의 질서를 승인하거나 반대하는 자신의 의사를 정확히 알고 있다면 적절히 참작해가며 진실로 중립적인 견해에 도달할 수 있다는 것을 의미하는가? 그 경우에 비록 연구대상이 자연이 아니라 사회의 산물이라 해도 우리의 발견 결과를 설명하는 데 '과학적'이라는 용어를 쓸 수 있을까?

대답은 우리는 그렇게 할 수 없다는 것이다. 물론 경제학이 해명하고자 하는 많은 문제를 분석하는 데 있어서, 경제학자들이 자신의 관찰 사실을 빈틈없이 보고해야 한다는 요구조건을 포함하여 과학적 방법을 동원할 수 있는 여지는 많다. 그러나 그것이 정책 권고에 이르게 되면, 마치 사회의 기정사실로부터 거역할 수 없이 도출된 것처럼 경제 분석을 제시하는 것은 불가능하다. 왜냐하면 사회에는 자연의 기정사실과 비교할 수 있는 그러한 것이 없기 때문이다. 뿐만 아니라 모든 사회질서 속에는 권력과 복종이 존재한다는 사실을 인정할 경우, 우리는 우리의 설명이 자연의 해명에서 추구하는 객관성을 충족했다고 주장할 수 없다. 다만 우리가 자연의 작동을 설명하는 데 사용하는 언어를 사회의 작동에 적용할 수 있을 뿐이다. 만약 이러한 가짜 과학적인 견해가 경제학의 목적이 된다면 그것은 세속철학으로서는 종말을 기록하게 될 것이다.

21세기 경제학의 목적

이제 우리의 토론은 내가 이 장의 처음에 제기한 두번째의 더 큰 질문—즉 그 목적, 목표라는 뜻으로 본 우리 주제의 '끝(end)'—을 생각해보기에 이르렀다. 경제학이 사회의 과학이 아니라면 그 궁극적인 사회적 유용성은 무엇인가?

나의 대답은, 예측 가능한 장래에 우리들의 집단적 운명을 결정하게 될 자본주의 무대를 우리가 더 잘 이해하도록 돕는 것이 바로 경제학의 목적이라는 것이다. 오랜 세월, 민주적 사회주의의 이념과 목표에 대해 찬성해온 나로서는 말하기 쉽지 않은 주장이다. 그러나 20세기 형태의 사회주의 경험을 기초로 판단해본다면 21세기에 사회주의의 멋진 재탄생을 기대하기는 어렵다. 향후 수십 년 동안 겪게 될 긴장과 시련을 고려한다면, 장래의 사회주의는, 특히 그것이 등장할 가능성이 상당히 있는 저개발지역에서는 다시금 정치적 과대망상증, 관료적 타성 그리고 이데올로기적 불관용의 경향을 키울 가능성이 너무나 크다.

분명 이러한 긴장과 시련은 자본주의 사회에도 파괴적 힘을 행사할 것이다. 생태적 위험, 특히 지구온난화 문제로 말미암아 우리는 가난한 국가들에서의 기후변화로 인한 피해를 억제할 필요성뿐만 아니라 그 원천이 되는 부유 국가들에서 온도를 상승시키는 탄산가스 배출량을 감축해야 하는 더욱 어려운 과제도 안게 될 것이다. 여기에 더해서 한편으로 놀라울 정도의 핵무기 확산, 다른 한편으로는 민족적·인종적·종교적 적대감 등 자본가 세력이 빠져나갈 수 없는 문제와 긴장의 무대가 마련될 것이 확실하다. 마지막으로 지구화 경제의 빠르게 확산되는 문제가 있다. 지구화 경제는 대개 개별 자본주의 경제에서 비롯되나 그 뒤 그들의 통제로부터 벗어나 가장 부유한 국가의 주권까지 위협하게 된다. 요약하자면 가난한 전(前)자본주의국가나 가난한 전(前)사회주의국가가 직면한 것과 마찬가지로 부유한 국가들 역시 절망적이라고까지는 할 수 없어도 자신을 위협하는 전망을 안고 있는 것이다.

이러한 조건에서 비전과 분석의 목적은 무엇이 될 수 있는가? 분명한 것은 경제학이 정치적 리더십, 외교적 기술 그리고 사회적 영감 등과 같이 자본주의사회의 작동이 무력화되는 것을 막는 데 있어 중요한 역할을 하는 영역에 대해 제공할 것이 적다는 점이다. 그럼에도 불구하고 세속철학은 앞으로 몇 세기 동안 적어도 몇몇 자본주의가 가능한 한 안전하게 나아가는 데 구체적이지는 않아도 비전으로나마 도움을 주는 안내자 역할을 할 수 있는 특유의 잠재적 능력을 가지고 있다.

몇몇 유형의 자본주의를 강조하고자 한다. 한마디로 말해 모든 자본주의체제의 뚜렷한 성격은 자본을 향한 질주, 시장체제의 지도와 제약 그리고 다행히 권력이 공공과 민간이라는 상호침투적이고도 여전히 독립적인 두 부문으로 나뉘어 있다는 점—물론 이것들은 종종 혼합되기도 한다—을 꼽을 수 있다. 그러나 여기에는 순응과 혁신의 능력이 보태져야 하며, 사실 이것 때문에 여러 자본주의사회의 업적이 다양한 모습을 띠게 된다. 그 다양함은 자본을 향한 질주의 강도, 시장 지배에 따른 자유의 정도, 공공과 민간 사이의 경계 위치 등에서 볼 수 있다. 그래서 우리는 그들 경제의 일반적 유사성에도 불구하고 상당히 다양한 자본주의사회를 볼 수 있다. 경제적으로 언제나 성공적인 것은 아니지만 사회적으로는 성공적인 스칸디나비아와 유럽의 자본주의와, 경제적으로는 성공적이지만 사회적으로는 대실패라 할 수 있는 미국의 자본주의 사이에 존재하는 간격을 보라. 예컨대 미국에서 상위 회사 경영진의 보수는 프랑스와 독일에서보다 두 배나 높다. 반면 미국 빈곤자들의 신분 상승 가능성은 이들 국가의 절반 이하이고 스웨덴의 3분의 1 이하이다.[4] 첫번째 비교는 탐욕의 문화와 관계 있는 것이고, 두번째 비교는 사회적 무관심의 문화와 관계가 있다. 이러한 결합은 향후 수십 년간의 긴장을 최소화하려고 하는 국가들에게 요구되는 제도적 적응이 세계적 리더십을 위한 모델로서는 별로 기여하지 못하고 있음을 보여준다.

재탄생하는 세속철학이 가장 유용한 역할을 할 수 있는 부분은 바로 자본주의의 사회적 측면과 관련 있다. 경제 분석은 그 자체로 우리 미래의 길을 밝힐 횃불을 제시해주지는 못한다. 그러나 경제적 비전은 자본주의 구조가 그 동기를 확대하고, 유연성을 높이며, 사회적 책임을 발전시킬 수 있는 방법을 알아내는 원천이 될 수 있다. 한마디로 시련을 내다볼 수 있는 이 시대에 세속철학의 의미심장한 목표는 사회적으로도 경제적으로도 성공적인 자본주의가 필요하고 또 가능하다는 것을 새롭게 깨닫도록 일깨우는 것이 되어야 할 것이다.

물론 그러한 원대한 프로그램을 실현하는 데는 비범한 정치적 리더십이 필요하며, 또 그러한 비전의 내용을 채우는 데 필요한 많은 학습은 심리학, 사회학, 정치학 등 다른 지식분야의 범위에 속한다는 이유로 경제학에 기대할 위와 같은 역할에 반대 의견이 제기될 것이다.

그렇다. 모두 옳다. 활기찬 리더십을 가지지 못한 국가를 경제학 혼자의 힘만으로는 제대로 이끌고 갈 수 없다. 그러나 깨우친 자의 영감과 함께 자신의 범위를 확장해서 새롭게 정의한 경제학이 없으면 리더십은 분명한 방향을 잡지 못할 것이다. 분명 그러한 새로운 경제학은 기타 사회과학 분야의 지식을 포괄할 것이다. 그러나 21세기의 세속철학이 19세기나 20세기의 세속철학에 못지않게 쓸모가 있으려면 심화와 확장의 과정을 필요로 한다. 무엇보다도 우리가 오늘 처해 있는 무기력한 주변적 위치와 비교했을 때 그러하다. 이 장의 제목에서 "끝"이 가진 두 가지 의미를 염두에 두면서, 이 책을 내일의 세속철학이 가지는 이러한 희망찬 비전에 바친다.

추가 독서 안내

경제학 서적을 읽는 것은 곧 먼지 날리고 지루한 글들의 사막에서 헤매는 것과 같다고 사람들은 말한다. 사실 대부분의 경제학 서적이 그렇다고 할 수 있다. 경제학을 배우려는 학생은 속이 시원해지는 구절을 만날 일이 하나도 없는 긴 여행을 각오해야 할 것이다. 훌륭한 교과서를 몇 권 독파하려면 낙타와 같은 지구력과 성자와 같은 인내심이 필요하다.

그러나 모든 경제학 책이 다 그런 것은 아니다. 첫발을 들여놓는 사람에게 생생하고 자극적이고 힘이 나게 해주는 것들도 많이 있으며, 충분히 흥미롭고 설득력이 있으며 중요한 책이기에 힘들여 읽을 만한 가치가 있는 것들도 많다. 여기 소개되는 책들이 바로 이러한 범주에 속하는 것들이다. 이 책들은 경제학의 전반에 걸친 탐험을 하는 것은 아니다. 짧은 서적 목록으로는 도저히 그렇게 할 수 없다. 이 책들은 다만 경제학 전 분야의 한 영역을 정찰하는 데 도약대 구실을 할 것이다. 여기에는 어려운 책도 있다. 그러나 읽기 불가능하고 아무런 성과도 얻을 것이 없는 책은 없다. 나는 이러저러한 이유로 여기에 소개하는 모든 책을 즐겨 읽었고, 또한 큰 도움을 얻었다. 그리고 다행히도 아래에 소개하는 책 가운데 상당수가 보급판으로도 나와 있다.

경제학이 과연 '무엇을 다루는' 학문인가를 알기 위해 경제학 교과서를 읽는 것에서부터 시작하고 싶어하는 독자들도 있을 것이다. 그렇게 할 시간 여유가 있고, 즐기는 것이 아니라 배우기를 원한다면 그렇게 해보는 것도 좋다. 나는 여러 권의 교과서 가운데 사무엘슨(P. A. Samuelson)의 《경제학》(*Economics*, McGraw-Hill, Maidenhead)을 권하고 싶다. 이 책은 분명 우리 시대의 가장 유명한 경제학 교과서이다. 사무엘슨의 교과서는 빛나고 광범하며 노력을 요구한다. 단순히 읽어나갈 것이 아니라 연구를 해야 할 책이다. 좀더 간단한 것을 원하는 독자에게는 레스터 서로우(Lester Thurow)와 내가 공저한 《경제학 해설》(*Economics Explained*, Touchstone Books, Simon & Schuster, Inc., New York, 1998)을 권한다.

경제이론의 역사에 관한 책을 소개하는 것, 즉 이 분야의 전체 영역을 포괄하지만 동시에 더욱 자세하고 경제사상의 영역 전체에 주의를 기울이는 책을 소개하는 것은 간단하지 않다. 마르크 블로흐 (Mark Blaug)의 《경제사상사》(*Economic Theory in Retrospect*, Cambridge University Press, 1978)가 훌륭하지만 경제이론에 관한 상당한 지식이 있어야 읽을 수 있다. 웨슬리 미첼(Wesley Mitchell)의 유명한 《강의노트(Lecture Notes)》는 아우구스투스 켈리(Augustus Kelley) 사에 의해 《경제이론의 형태들(Types of Economic Theory)》이라는 제목으로 출판되었다. 이것은 굉장한 책이지만 유감스럽게도 값이 비싸다. 그리고 편집하면서 너무나 세세한 부분까지 책에 다 포함시키는 바람에 비슷한 내용이 끝없이 반복되어 미첼의 엄청난 지식의 폭을 손상시키고 책 읽는 즐거움이 반감되는 결과를 낳았다. 조지프 슘페터의 《경제분석의 역사》(*History of Economic Analysis*, Routledge, London, 1987)는 이 분야의 거작으로서, 경제 분석에 대해 저자처럼 빛나고 고집이 센 백과사전적 조사연구이다. 나로서는 전문적인 경제학자들 중 몇 사람이나 이 책을 끝까지 읽었는지 의문이다. 마지막으로 내가 지은 《세속철학의 가르침》(*Teachings from the Worldly Philosophy*, New York, Norton, 1996)을 들 수 있는데 이 책은 주요 인물들의 글을 뽑아서 나의 코멘트를 곁들여 보여주고 있다.

자본주의의 태동에 관한 주제는 칼 폴라니(Karl Polany)의 《거대한 변환》(*The Great Transformation*, Farrar & Rinehart, New York, 1944)이 아주 재미있게 다루었다. 이 책은 시장지향적이지 않았던 18세기에 시장이라는 개념을 도입하는 것이 얼마나 어려웠는지를 연구한 것으로, 동시에 이러한 문제의 현대적 측면까지 다루고 있다. 매우 흥미진진한 책이다. 비슷한 주제를 다루면서 자본주의의 발생에 대한 다른 측면에 초점을 둔 책으로는 토니(R. H. Tawney)의 《종교와 자본주의의 발생》(*Religion and the Rise of Capitalism*, Penguin Books, London, 1990)이 있다. 이것은 비할 데 없이 우수한 책으로서, 위대한 역사학자가 아주 훌륭한 문체로 쓴 심오한 저서이다. 막스 베버(Max Weber)의 《프로테스탄트 윤리와 자본주의 정신》(*Protestant Ethics and the Spirit of Capitalism*, G. Allen & Unwin, London, 1930)은 이 분야의 또 다른 고전이지만 독자들로서는 읽기가 좀 벅찰 것이다. 자본주의 발전의 역사에 대해 덜 전문적인 개관을 원하는 사람들은 윌리엄 밀버그(William Milberg)와 내가 공저한 《경제사회의 형성》(*The Making of Economic Society*, Prentice-Hall, Englewood Cliffs, N. J., 1998)을 읽어볼 만하다.

자본주의 발전의 역사적 배경을 좀더 자세히 알고 싶은 독자에게는 피렌느(H. Pirenne)의 《중세유럽의 경제사회사》(*Economic and Social History of Medieval Europe*, Harcourt, Brace, New York, 1937)를 권한다. 여러 사학자들이 쓴 매혹적인 논문을 모은 두 권짜리 《케임브리지 유럽경제사》(*Cambridge Economic History of Europe*, Cambridge University Press,

London, 1952)도 있다. 재미로 읽으려는 독자들에게는 데이비드 란데스(David Landes)의 《멍에 풀린 프로메테우스》(*The Unbound Prometheus*, Cambridge University Press, Cambridge, 1969)와 크게 호평 받은 그의 《국가의 부와 빈곤》(*The Wealth and Poverty of Nations*, Little, Brown, London, 1998), 또는 훌륭한 고전인 폴 망투(Paul Mantoux)의 《18세기 산업혁명》(*The Industrial Revolution in the Eighteenth Century*, Harcourt, Brace, New York, 1928)을 권하고 싶다.

스미스 이전시대 경제학 저작의 표본을 찾아보려는 분에게는 즐겨 볼 수 있는 몇 가지 가능성이 있다. 순전히 재미를 즐기려면 버나드 맨더빌의 《꿀벌의 우화》(*The Fable of the Bees*, Penguin Books, London, 1970)를 읽을 수 있고, 경제과학의 발흥에 관한 체계적인 조사를 위해서는 윌리엄 레트윈(William Letwin)의 《과학적 경제학의 기원》(*The Origins of Scientific Economics*, Doubleday, New York, 1964) 그리고 로날드 미크(Ronald Meek)의 전문적이면서도 훌륭한 책, 《중농주의 경제학》(*The Economics of Physiocracy*, Harvard University Press, 1963)이 있다. 또한 맥퍼슨(C. B. MacPherson)의 《소유욕적 개인주의의 정치이론》(*The Political Theory of Possessive Individualism*, Oxford University Press, New York, 1962)에 대해 언급하고 싶다. 제목이 암시하듯이 이 책은 '경제학'은 아니지만 경제적 문제에 대한 우리의 이해를 아주 잘 도와주는 책이다. 마지막으로 프랑스 역사학자 페르낭 브로델의 여러 권으로 된 명저 《문명과 자본주의》(*Civilization and Capitalism*, Harper & Row, New York, 1967~1979; 주경철 역, 《물질문명과 자본주의》 총 7권, 까치글방, 1997)를 필독서로 권한다.

애덤 스미스는 문제의 인물이다. 글래스고대학교는 《국부론》 출판 200주년을 기념하여 스미스 전집을 발행했는데, 포괄적인 반면 가격은 상당히 비싼 편이다. 애덤 스미스 연구자가 되려고 하는 사람은 이 가운데서 스키너(A. Skinner)와 윌슨(E. Wilson)이 공동 편집한 《논문집》(*Essays*, Clarendon Press, Oxford, 1975)을 읽어야 할 것이다. 그렇지 않으면 Modern Library 판 《국부론》(*The Wealth of Nations*: 김수행 옮김, 《국부론》, 비봉출판사, 2003)을 사도 좋다. 혹시 《국부론》의 상당 부분을 뽑아서 읽고, 《도덕감정론》 가운데 '가장 잘 된 부분'과 스미스의 여타 저작도 읽기를 원하는 분에게는 《핵심 애덤 스미스》(*The Essential Adam Smith*, W. W. Norton, New York, 1985)를 함께 추천한다.

맬서스와 리카도의 경우도 애덤 스미스와 마찬가지로, 비전문적인 독자들에게는 선택의 폭이 제한되어 있다. 케인스는 그의 《전기(傳記) 논문집》(*Essays in Biography*, Horizon Press, New York, 1951)에서 짧은 글로 맬서스를 훌륭하게 묘사했다. 그리고 앞에서 언급했던 《강의 노트》에서 미첼은 리카도를 무척 재미있게 다루었다. 리카도에 대한 모든 것은 피에로 스라파(Piero Sraffa)가 꼼꼼하게 편집한 여러 권짜리 《리카도 전집》(*Works of David Ricardo*, Cambridge University Press, London, 1951)에서 찾아볼 수 있다. 특히 전집 가운데 마지막 권은 그렇게 재미나지는 않지만 많은 전기적 자료를 포함하고 있다. 그러나 지적 상처를 감수할 자세가 되어 있지 않다면 리카도로 뛰어들지 말기를 독자들에게 권하는 바다. 그의 책은 추상적 논의로 가득하고 쉽게 읽히지 않는다. 그럼에도 불구하고 호기심이 많은 분들은 스라파 편집본의 두번째 권을 읽어보길 바란다. 이 책에는 맬서스의 《정치경제학 원리》와 매 구절마다 상대방을 완패시키는 리카도의 날카로운 논평이 함께 실려 있다. 이곳에서는 다정한 논적 두 사람의 진면목을 볼 수 있다. 맬서스의 진수를 알고 인구의 딜레마에 관해 알고 싶은 독자는 역사가인 게르트루드 힘멜파브(Gertrude Himmelfarb)의 《인구론》(*On Population*, Modern Library, New York, 1960)을 읽기 바란다. 이 책은 인구문제에 관한 현대의 여러 서적보다 훨씬 낫고 특히 서문이 아주 재미있다. 최근에 사무엘 헌팅튼은 1000쪽짜리의 방대한 《맬서스》 (*Malthus*, University of Toronto Press, 1997)를 내놓았는데 이 저서는 이 분야의 학자가 되려는 모든 사람이 꼭 봐야 할 책이다.

유토피아 경제학자들의 책을 읽으려고 애쓸 필요는 없다. 대신 프랭크 매뉴얼(Frank Manuel)의 《파리의 예언자들》(*The Prophets of Paris*, Harvard University Press, 1962)을 권한다. 아니면 알랙산더 그레이 (Alexander Gray)의 《사회주의 전통》(*The Socialist Tradition*, Longmans, Green, London, 1946)도 좋다. 나는 생시몽과 푸리에에 대한 것을 이 책에서 많이 배웠다. 그레이의 문체는 약간 짓궂지만 좀 색다른 인물들을 묘사하는 데는 더 어울리는 것 같다. 이 책은 '과학적' 사회주의에 대항하는 공상적 사회주의자들을 너무나 공공연하게 편애한다. 이런 글에 감화를 받은 독자는 도서관에 가서 원저를 찾아볼 수 있다. 그러나 원저는 견딜 수 없을 정도로 장황하다는 것을 경고해둔다. 포드모어(F. Podmore)의 《로버트 오언》(*Robert Owen*, Appleton, New York, 1907)은 좀 오래되기는 했지만 오언에 대한 훌륭한 전기이다. 콜(G. D. H. Cole)의 오언 전기는 사실에는 충실하지만 읽기가 좀 어렵다. 오언 자신이 쓴 《로버트 오언의 생애》(*The Life of Robert Owen*, Knopf, New York, 1920)가 그에 관한 전기로서는 가장 좋을 듯하다.

다음으로 물론 존 스튜어트 밀이 있다. 그가 쓴 《자서전》 (*Autobiography*, Penguin Books, London, 1989)은 고전이기는 하지만 좀 지루하다. 또한 마이클 팩크(Michael Packe)가 쓴 밀에 대한 뛰어난 전기 (*The Life of John Stuart Mill*, Macmillan, New York, 1954)가 있다. 이런 책을 보고 밀에 흥미를 갖게 된 독자라면 프리드리히 A. 하이에크(Friedrich A. Hayek)가 밀과 해리엇 테일러 사이의 편지를 편집해서 펴낸《존 스튜어트 밀과 해리엇 테일러》(*John Stuart Mill and Harriet Taylor*, University of Chicago Press, 1951)를 읽어볼 수 있다. 이 책은 밀이라는 인간의 면

모를 새롭게 조명하고 있다. 밀의 계몽적 견해 및 밀과 이 수수께끼 같은 해리엇 테일러 사이의 관계를 읽고 싶은 독자는 게르트루드 힘멜파브의 《자유와 자유주의론》(*On Liberty and Liberalism*, Knopf, New York, 1974)을 읽어보기 바란다. 경제학에 있어서, 밀에 관한 책은 읽으면 그 수고에 값하는 대가를 얻을 수 있을 것이다. 《정치경제학 원리》(*Principles of Political Economy*, Penguin Books, London, 1970)는 아름다운 문장으로 쓰인 책으로, 적당히 건너뛰어 읽으면 오늘날의 독자도 흥미를 느낄 수 있다. 반탐(Bantam) 사가 출판한 보급판 《존 스튜어트 밀 정선집(精選集)(The Essential Works of John Stuart Mill)》은 《자서전》과 그 유명한 《자유론》을 포함하고 있다.

마르크스에 관한 문헌은 방대하다. 독자는 최근에 나온 몇몇 뛰어난 마르크스 전기에 도전해볼 수 있다. 내 입맛에 가장 맞는 책은 데이비드 멕렐란(David McLellan)의 《카를 마르크스》(*Karl Marx*, Harper, 1973)와 분량은 좀더 작지만 역시 좋은 책 《마르크스》(*Marx*, '현대의 거장' 시리즈, Viking, New York, 1975)이다. 그리고 좀더 오래된 책인 에드먼드 윌슨(Edmund Wilson)의 《핀란드 역까지》(*To the Finland Station*, Penguin Books, London, 1991)도 권하고 싶다. 이 책은 무엇보다도 마르크스와 엥겔스의 전기이고, 그들의 저작에 대한 개관이며, 역사적 저술 일반에 대한 비판이다. 이 모든 것을 탁월하게 소화해내고 있는 데 더해서 문체도 최상급이다. 마치 소설을 읽는 것과 같다.

아마 마르크스에 관한 가장 훌륭한 입문서는 마르크스 자신일 것이며, 특히 《자본론》 제1권이 그러하다. 랜덤하우스(Landom House)에서 새로 펴낸 판(Vintage, New York, 1977)이 훌륭하다. 이것에 매혹을 느끼게 되면 다음 단계는 짧은(길지 않은) 《요강(要綱)》(*Grundrisse*, ed. David McLellan, Harper Torchbook, New York, 1971; 김호균 옮김, 《정치경제학비판 요강》, 백의, 2000)을 읽는 것이다. 로버트 턱커(Robert Tucker)의 독본(*The Marx-Engels Reader*, W.W. Norton, New York, 1978)이 아마 그 다음의 좋은 선택일 것이다. 다음으로 폴 스위지(Paul Sweezy)의 《자본주의 발전이론》(*The Theory of Capitalist Development*, Monthly Review Press)이 있을 것이고, 그 다음으로 간단한 소개로는 도저히 설명할 수 없는 방대하고 방만한 저서들이 있다. 또다시 나를 내세워 민망하지만 내가 쓴 《마르크스주의, 옹호와 반대》(*Marxism, For And Against*, W. W. Norton, New York, 1983)를 추천한다.

빅토리아시대의 경제학자들에 대해서는 책이 없다. 독자는 앨프레드 마셜의 《경제학 원리》(*Principles of Economics*, Macmillan, Oxford, 1948)를 보고 싶어할 것이다. 이 책은 방대하지만 난해하지는 않다. 어려움이 있다면 상당한 지식이 아니라 상당한 양의 인내가 필요하다는 것이다. 한편 케인스는 위에서 언급한 그의 《전기 논문집》에 마셜과 에지워스 각각에 대한 훌륭한 전기를 실었다.

지하세계의 경제학자들에 대해서는 재미있는 읽을거리가 좀더 있는 편이다. 이제 시대에 뒤떨어지긴 했지만 헨리 조지의 《진보와 빈곤》(*Progress and Poverty*, Doubleday, New York, 1926; 김윤상 옮김, 《진보와 빈곤》, 비봉출판사, 1997)은 여전히 우리의 감성에 호소하는 힘을 가지고 있으며, 풍부하고—때로는 지나치게 풍부한—언론인다운 문체로 쓰여 있다. 홉슨은 좀더 심각하고 또 좀더 재미있다. 《제국주의》(*Imperialism*, G. Allen & Unwin, London, 1938)는 아직도 체계적이고 엄청나게 재미있으며, 같은 이름으로 된 레닌의 유명한 소책자에 비해서도 그렇다.

독자 여러분이 베블런의 행동방식을 좋아하게 된다면, 베블런 자신이 많은 읽을거리를 남긴 것을 알게 될 것이다. 모든 사람이 그렇지는 않지만 베블런에 열광하는 사람들은 그의 보석 같은 문구를 열심히 인용하고 있다. 《유한계급론》(*The Theory of the Leisure Class*, Modern

Library, New York, 1934; 김성균 옮김, 《유한계급론》, 우물이 있는 집, 2005) 이 가장 유명하지만, 나는 《포터블 베블런》(*The Portable Veblen*, Viking Press, New York, 1950)을 권한다. 이 책에 있는 막스 러너(Max Lerner)의 뛰어난 서문은 베블런과 그의 사상을 아주 정확하게 묘사하고 있으며, 책은 베블런의 광범위한 저작을 수록하고 있다. 베블런의 사상에 대해서는 잭 디긴스(Jack Diggins)의 날카로운 연구서 《야만의 방랑시인》(*The Bard of Savagery*, Seabury Press, New York, 1978)을 강력히 추천하고 싶다. 베블런이 살던 시대에 대해서는 매튜 조셉슨(Matthew Josephson)이 쓴 《강도귀족》(*The Robber Barons*, Harcourt, Brace, New York, 1934)이라는 탁월한 책이 신랄하고 명랑한 문체로 잘 묘사하고 있다.

케인스의 주된 전기로 꼽을 수 있는 것은 두 권이다. 로이 해로드(Roy Harrod)의 《존 메이너드 케인스의 생애》(*Life of John Maynard Keynes*, Harcourt, Brace, New York, 1951)는 포괄적이지만 다소 건방진 저서이다. 로버트 스키델스키(Robert Skidelsky) 경의 《존 메이너드 케인스》(*John Maynard Keynes*, Viking, New York, 1986; 이상훈 옮김, 《케인스》, 시공사, 2000)는 아주 뛰어난 책인데 총 세 권 가운데 두 권만 나왔다. 또는 케인스의 발랄하고 명징한 산문을 통해서 그라는 인간을 직접 만나볼 수도 있을 것이다. 《평화의 경제적 결과》(*Economic Consequences of the Peace*, Harcourt, Brace, New York, 1920)과 《설득논문》(*Essays in Persuasion*, Harcourt, Brace, New York, 1951)은 케인스의 문체와 사상을 훌륭하게 보여주고 있다.

자본주의는 어디로 가느냐, 그리고 경제학은 어디로 가느냐 하는 문제에 이르게 될 때 나는 여전히 조지프 슘페터의 《자본주의, 사회주의, 민주주의》(*Capitalism, Socialism and Democracy*, Harper, New York, 1947)를 목록의 맨 앞자리에 둔다. 슘페터의 견해로부터 파생되는 견해에 관해 흥미를 가진 독자는 내가 쓴 《자본주의의 본질과 논리

(Nature and Logic of Capitalism)》를 들여다볼 것을 바라고 싶다. 슘페터의 생애에 대해서는 로버트 로링 앨렌(Robert Loring Allen)의 《문을 열다》 1, 2권(*Opening Doors*, 2 vols, Transactions Publishers, New Brunswick, N. J., 1991)을 능가하는 책이 아직까지는 없다.

고별의 말은 마지막 장과 관련이 있다. 거기에서 우리는 경제학 자체의 본질에 관한 질문을 생각해보았다. 이 질문은 바로 기술적 고려사항으로 옮겨가게 된다. 그러나 관심을 가진 독자들에게 나는 아래의 저작들을 권한다. 이 책 가운데 '쉬운' 것은 없지만 모두 중요하다. 데보라 레드만(Deborah Redman)의 《경제학과 과학철학》(*Economics and the Philosophy of Science*, Oxford, New york, 1991)은 경제학과 과학철학 간의 점진적 친화성(rapprochement)을 훌륭하게 보여주고 있다. 이 책은 역사적 안목을 가지려는 사람들에게는 필독서이다. 필립 밀로위스키(Philip Mirowski)의 《빛보다는 더 많은 열을》(*More Heat than Light*, Cambridge University Press, New York, 1989)은 '사회과학으로서의 경제학'에 대한 비판적 견해로서 도발적이고 논쟁적이면서 대단히 가치 있는 책이다. 토머스 메이어(Thomas Mayer)의 《경제학에서 진리와 정확성》(*Truth and Precision in Economics*, Edw. Elgar, U. K., 1993)은 바로 그 제목이 말하는 주제를 다룬 책들 가운데 가장 훌륭하고 가장 공정하면서도 가장 강력한 비판서다.

단지 입수하기 어렵다는 이유로 마지막에 소개하는 것인데 오늘날의 경제학이 어떻게 그 역사적 경로를 따라왔는지 그리고 그것이 추구해왔고, 또 추구할지도 모르는 어려운 길에 대한 매혹적인 견해가 있다. 저자는 노르웨이 경제학자 에릭 라이너트(Erik S. Reinert)이다 (그는 영어로 논문을 잘 쓴다). 그의 저작을 볼 수 있는지에 대해 정보를 원하는 독자는 아래 주소로 편지를 보내보기 바란다. University of

Oslo, Center for Development and The Environment, P. O. Box 1116-Blindern, N-0317, Oslo, Norway. 라이너트는 이 주제에 대해 많은 소책자와 논문을 썼지만, 나는 먼저 그의 소책자, 《국가의 역할(The Role of the State)》을 읽어볼 것을 권한다. 당신은 골칫거리에 다가간 것을 후회하지 않을 것이다.

하일브로너의 생애와 경제사상

장상환

로버트 루이스 하일브로너가 쓴 이 책 《세속의 철학자들》은 1953년에 초판이 나와 1999년 제7판이 발간되었으며, 전세계적으로 24개 이상의 언어로 번역되어 400만 부 이상이 팔린 베스트셀러이고, 반세기가 지난 지금도 꾸준히 팔리고 있다. 경제학 분야에서는 폴 새뮤얼슨(Paul Samuelson, 1915~)의 《경제학(Economics)》 다음으로 많이 팔린 책이다.

이 책의 매력과 특징

이 책이 이렇게 많이 팔린 이유는 우선 저자인 하일브로너의 뛰어난 글 솜씨와 유려한 문체로 인해 경제학을 전공하는 학생뿐만 아니라 일반인도 책을 쉽게 읽을 수 있었기 때문이다. 그는 대학에 들어가서 처음에는 소설을 전공할 생각을 했고, 남들은 물론 스스로도 작가(writer)라고 부를 정도로 타고난 글쟁이였다. 두번째 이유로는 하일브로너가 위대한 경제학자들의 생애 가운데 유별난 특징을 자세히 소개했다는 것이다. 예컨대 애덤 스미스에 대해서는 "얼빠진 행동을 잘했다. 하루는 친구와 함께 길을 걸어가다가 어떤 문제에 대한 논쟁에 열중한 나머지 그만 길가에 있는 가죽제조용 웅덩이에 빠진 일이 있었다." 그리고 "아흔 살의 고령까지 생존한 모친과 함께 평화스럽고 조용한 독신생활을 보냈다."라고 소개했다. 카를 마르크스는 "정돈해놓고 사는 사람이 아니어서 집에는 먼지투성이 원고더미들이 어지럽게 널려 있었다. 그는 아무렇게나 옷을 걸친 채 눈도 제대로 못 뜰 정도로 담배 연기를 내뿜으며 그 사이를 어슬렁거렸다."라고 소개했고, 조지프 슘페터에 대해서는 "귀족처럼 행동하는 사람"으로서 "친구들에게 약혼자 애니의 천한 출신배경을 도저히 이야기할 수 없었다. 그녀가 결혼 전 일 년 동안 집을 떠났을 때, 그는 그녀가 프랑스와 스위스의 학교에서 교육받고 있다고 말했다. 사실 그녀는 파리에서 하녀로 생활비를 벌고 있었다."라고 묘사하기도 했다. 그의 독특한 기여라 할 수 있는 이러한 재미난 이야기들이 없었으면 위대한 경제학자들은 '음울한 학문(dismal science)'인 경제학의 역사에서 얼굴 없는 거인으로 남아 있었을 것이다.

그러나 60년 이상이나 베스트셀러였던 《세속의 철학자들》의 인기는 이러한 책의 스타일에만 원인이 있는 것은 아니었다. 이 책이 가진 힘의 원천은 자본주의의 동학을 이해하려는 위대한 경제사상가들의 노력을 그가 흥미롭게 해석한 데서 나온다. 동학에는 단기적 순환과 장기적 경향, 부의 축적과 그에 따르는 소득불평등, 빈곤, 정부의 부패, 기업의 음모적인 경영, 산업 집중 등의 파괴적 부수효과 그리고 이러한 난폭한 동학과 사회적 · 정치적 · 윤리적 · 기술적 문제 사이의 관계 등이 포함된다. 이 책에는 지난 2세기 반 동안 자본주의사회의 소란스러운 진화와 이 복잡한 동학을 파악하려는 '위대한 경제사상가들'의 창조성이 가득 담겨 있다. 뿐만 아니라 하일브로너는 그

극적인 이야기들이 오늘의 시대와 미래 전망에도 깊은 관계가 있음을 보여준다.

하일브로너가 원서의 제목을 《위대한 경제학자들(The Great Economists)》이 아니라 《세속의 철학자들(The Worldly Philosophers)》이라고 지은 동기도 이 책의 높은 인기와 관계가 있다. 하일브로너는 오늘날의 경제학은 딱딱하고 희소성의 문제를 다루는 너무 좁은 범위에 갇혀 있어 책 제목을 《위대한 경제학자들》이라고 달았다가는 일반 독자들의 외면을 받기 쉽다고 생각했다. 지난 2세기 반 동안의 고전 경제학자들은 오늘날의 경제학이 다루는 범위를 훨씬 넘어서서 역사적·정치적·사회적·심리적 문제까지 포괄하여 다루었으므로 '세속철학'이라고 부르는 것이 적절하다고 생각했다. 하일브로너는 세속철학을 "인간행위 가운데 가장 세속적인 부분, 즉 부를 향한 욕구를 포괄하는 철학"이라고 정의한다. 그에 의하면 "세속철학이란 오랫동안 경제학이 지향한 문제를 보는 시각이다. 다른 말로 하자면 세속철학이란 애덤 스미스가 본 그것, 슘페터가 본 그것이다. 애덤 스미스가 《국부론》에서 답하고자 한 문제는 왕이 재화와 영토와 지위를 배분했던 역사를 벗어난 후에 어떻게 '완전한 자유'의 사회가 잘 맞물려 돌아갈 수 있는가를 설명하는 것이었다".[1]

이 책은 백과사전식으로 모든 것을 포괄하려는 자세를 취하지 않았다. 예컨대 초판에는 경제학의 역사에서 중요한 인물이라 할 수 있는 앨프리드 마셜에 대한 언급이 전혀 없다. 비록 2판에 와서 빠진 부분을 보충하기는 했지만 마셜에 대한 기술은 로버트 오언, 샤를 푸리에 그리고 생시몽 등 공상적 사회주의자들에 대해 각각 기술한 부분의 겨우 반밖에 되지 않는다. 대부분의 경제사상사 교과서에서는 공상적 사회주의자들을 단지 각주로 취급해버리고 있다. 하일브로너는 왜 마셜보다 공상적 사회주의자들을 더 내세웠을까? 하일브로너는,

비록 그들이 깊은 통찰력을 보여주지는 못했을지라도 자본주의 하의 시장교환 관계라는 표면 밑으로까지 파고들어간 사상가들에게서 깊은 감명을 받은 것이 분명하다. 그가 보기에 마셜은 시장경제의 표면적 현상에 대한 설명을 좀 다듬은 정도의 기여밖에 하지 않은 인물이었다. 또한 하일브로너는 이 책에서 20세기 후반 주류 경제학계의 핵심인물인 통화주의자 밀턴 프리드먼(Milton Friedman, 1912~)에 대해서도 다루지 않았다. 프리드먼이 20세기 후반기 자본주의의 작동 메커니즘에 대해서 애덤 스미스 이상으로 진전된 이론을 전개하지 못했기 때문이라는 이유에서다.

이 책은 대부분의 독자들이 알고 있는 것보다는 무겁다. 위대한 경제학자들의 사상에 대한 분석은 경제학자들로부터 높은 점수를 받았고 박사학위논문 제출 자격시험을 준비하는 대학원생들에게 인기가 높았다. 하버드대학교의 존 K. 갤브레이스(John K. Galbraith, 1908~) 교수는 "이 책은 해당 주제를 거의 완벽하게 다룬 빛나는 업적이다. 그는 명료하고 간결하다. 무엇이 핵심인가를 판단하고 그것을 요약하는 능력은 탁월하다."라고 평가한다. 한 독자는 이렇게 서평을 썼다.

"이 책은 내가 접한 것 가운데 가장 좋은 경제학 책이었고, 대학원에서 미시 및 거시경제학을 들으면서도 계속 참고했다. 각 경제학자의 사상과 생애의 요약은 아주 정확하다. 여기에 더해 나는 경제학의 종합학문적 성격과 사회학, 역사학, 정치학 및 철학 등이 어떻게 경제학 속으로 통합되어 들어오는가를 설명하기 위해 노력하는 저자의 모습을 아주 즐겼다."[2]

처음 이 책이 출간되었을 때는 큰 반응이 없었다. 그러나 얼마 지나지 않아 아이비리그(미국 동부의 명문대학들)에서 주목을 받았고, 그 다음에는 제2선의 대학들에서, 그리고는 교육대학에서 많이 읽히게 되었다. 지금은 고등학교에서도 이 책을 교재로 채택하고 있다. 하일브로너는 자신의 저서가 누린 높은 인기에 대해 이렇게 말했다.

"경제학은 이 세계를 이해하기 위한 최고의 진입지점이다. 그리고 전기와 경제사 및 경제사상은 경제학을 뚫고 들어가는 최고의 방법이다."

실제로 이 책은 많은 경제학도들에게 경제학에는 교과서에서 배우는 것과 같은 건조하고 보수적인 내용 이외에도 더욱 흥미로운 것이 있다는 사실을 일깨워주었고, 그들을 전문경제학자 지망생으로 유도했다.

이 글에서는 하일브로너의 생애와 경제사상, 즉 고전 경제학자들의 전통과 경제학의 본질, 신고전파 경제학에 대한 비판, 자본주의와 사회주의 그리고 대안적 경제체제 등에 대한 그의 생각을 살펴봄으로써 이 베스트셀러 경제학자에 대한 이해를 돕고자 한다.

하일브로너의 생애

하일브로너는 1919년 4월 24일 뉴욕 맨해튼의 웨스트사이드에서, 루이스 하일브로너(Luis Heilbroner)와 헬렌 하일러 하일브로너(Helen Heiler Heilbroner)의 셋째 아들로 출생했다. 그의 아버지는 노스캐롤라이나의 가난한 가문 출신이었으나 뉴욕에서 남성의류 소매 체인점을 창업해서 상당한 돈을 벌었다. 그러나 아버지는 하일브로너가 다섯 살 때 돌아가셨고, 가족이 운영하던 사업은 팔렸다. 그와 누이들은 컬럼비아대학교 부속 명문 사립학교인 호러스만학교(Horace Mann School)에 입학했다. 부친 사후에 가족 전속 운전사인 윌리 거킨(Willy Gerkin)이 10여 년간 아버지의 대리 역할을 해주었다. 가족들은 거킨을 아랫사람으로만 대했는데 하일브로너 박사는 뒷날 이 대리 아버지가 받는 부당한 대우에 분개했던 감정이 자신의 사상을 형성하는 데 큰 영향을 미쳤다고 말했다.

1936년에 하버드대학교에 입학한 하일브로너는 소설을 전공할 계획이었으나 어쩌다 보니 경제학 강좌를 듣게 되었다. 그리고 그가 고백했듯이 "오리가 물을 좋아하듯이 경제학을 좋아하게 되었다". 마침 그에게는 운이 좋은 때였다. 케인스의 《고용, 이자 및 화폐에 관한 일반이론》이 그해에 출판되었고, 하버드대학교 경제학과는 케인스의 메시지를 수용할 것이냐를 두고 열띤 논쟁을 벌였다. 결국 1940년경부터 하버드대학교는 미국 내에서 케인스 사상의 주도적인 센터 역할을 하게 된다.

하일브로너는 1학년 때 폴 스위지(Paul M. Sweezy, 1910~2004)의 강의를 들었다. 당시 스위지는 케인스주의자였으나 전후에는 미국 내의 대표적인 마르크스주의 경제학자로 변신했다. 강좌의 주제는 '절욕(abstinence)에 대한 대가로서의 이자'였지만 스위지는 베블런의 《유한계급론》을 숙제로 내주면서 하일브로너에게 "자네는 베블런이라면 절욕에 대해서 어떻게 생각했으리라고 보는가?"라는 질문을 던졌다. 경제학의 사회적 차원에 대한 스위지의 관심이 하일브로너가 이미 가지고 있던 강한 사회적 관심을 뒷받침해준 셈이었다.[3]

1940년에 하버드를 최우등으로 졸업한 하일브로너는 뉴욕으로 가서 아버지가 창업한 남성의류 소매 체인점에서 일했으나 곧 자신이 그 일을 좋아하지 않는다는 사실을 깨달았다. 그러나 그가 박사학위를 받은 것은 하버드대학교를 졸업한 지 23년이나 지난 뒤의 일이었다. 제2차 세계대전이 일어난 직후에는 워싱턴으로 가서 연방가격관리국에서 일했고, 그 후에는 육군정보국에 차출되어 일본어를 배우러 미시간대학교로 갔다. 전쟁 기간 동안 그는 태평양 지역에서 2000명 이상의 일본군 포로들을 면담하면서 귀중한 정보를 획득했다. 전쟁을 겪는 동안 그는 자신이 언어와 화술에 재능이 있음을 알게 되었고, 월스트리트의 물자회사에서 몇 년간 일한 후 잡지에 경제관련 기사를 쓰는 프리랜서 생활을 시작했다. 그가 『하퍼스매거진』에 쓴 기사 몇 편을 보고 흥미를 느낀 사이먼앤드슈스터(Simon & Schuster) 출판사의 한 편집자가 그에게 책을 써볼 것을 제안했다. 제안을 받아들인 그는 사업을 영원히 버렸고 그 뒤로는 거의 글 쓰는 일로 일생을 보냈다.

그는 프리랜서로 일하는 한편, 1946년에는 뉴스쿨대학교 사회과학부 대학원에 진학했다. 여기서 아돌프 로웨라는 독일 출신 교수와 운명적 만남을 갖게 된다. 로웨 교수의 경제사상사 강좌를 들은 하일브로너는 그의 마력에 빨려들고 말았다. 하일브로너는 이렇게 회고했다.

> 로웨가 우리에게 전해준 것은 사회의 물질적 생활 질서를 형성하고 또 그것을 자극하는 힘으로서의 경제적 과정에 대한 사상이었다. 고전 정치경제학은 18세기 중엽부터 19세기 중엽에 걸쳐 이것을 설명하려는 시도의 연속이라고 볼 수 있다. 경제사상사를 배우는 학생으로서 내가 특별히 관심을 가졌던 것은 서로 다른 시기의 탐구자들이 진화의 핵심으로 간주한 사회의 각각 다른 측면에 집중하는, 또는 그것을 설명하는 방식이었다.[4]

이 강좌가 바로 하일브로너의 대표적인 책, 《세속의 철학자들》 초판의 인큐베이터가 되었고 그 후 40년에 걸쳐 하일브로너가 전문적 경제학자로서 뛰어난 업적을 내는 데 도약대 역할을 했다. 1952년에 그는 아동도서 작가인 조안 크냅(Joan Knapp)과 결혼했고, 두 아이(피터와 데이비드)를 두었다. 1975년 조안과 이혼한 하일브로너는 같은 해에 셜리 엘리너 데이비스(Shirley Eleanor Davies)와 재혼했다. 그의 전처와 재혼한 아내는 아직 생존해 있다.

1952년 하일브로너는 박사과정을 끝냈고, 이듬해에 이 책을 완성했다. 책은 즉시 히트를 쳤고, 그 후 수백만 부가 팔렸다. 그러나 박사학위를 받는 데는 10년이나 더 걸렸다. 박사학위 논문으로 제출한 《세속의 철학자들》이 출판된 후 지도교수들은 그가 돈을 너무 밝힌다고 꾸짖으면서 학위 수여를 거부했다. 그래서 1963년에 또 다른 박사학위용 논문『경제사회의 형성(The Making of Economic Society)』을 제출한 뒤에야 박사학위를 받을 수 있었다. 이 논문도 바로 책으로 출판되었고 11판을 거듭하여 현재도 대학교재로 널리 읽히고 있다. 하일브로너는 1963년에 뉴스쿨대학교 경제학 교수로 임명되었고 30년 후 퇴직할 때까지 교수직을 유지했다.

그는 정말 별난 존재였다. 학자로서 많은 명예를 누렸고, 사상 최고의 경제학서적 베스터셀러 작가였지만 늘 학계의 주류 경제학자들과는 떨어져 있었다. 그가 동료 경제학자들과 달랐던 가장 뚜렷한 특징은 대가답고 권위 있는 글 솜씨를 가지고 있었다는 점이다. 대부분의 경제 관련 글들은 난해하기로 악명 높다. 그러나 하일브로너는 뛰어난 글 솜씨를 가지고 있을 뿐만 아니라 독자들을 정치경제학과 공공정책이라는 복잡한 문제로 이끌고 가서는 계속해서 핵심을 분명하게 이해할 수 있도록 만들어주는 탁월한 능력이 있었다. 이러한 능력 때문에 하일브로너는 전공인 경제학을 넘어서서 현대의 위대한 지식인 가운데 한 사람이 될 수 있었다.

하일브로너는 좌파 인사로서 주류 학계와는 떨어져 있었다. 제3세계가 아니라 뉴욕의 특혜받은 섬(맨해튼) 출신이었던 그는 결코 공산주의자가 아니었다. 그러나 공산주의에 대한 그의 공감은 어린 시절의 가족 운전사에 대한 애정으로까지 거슬러 올라갔고, 평생 동안 일관되게 지속되었다. 하일브로너는 미국 내에서 사회주의 정치지도

자 반열에 오르는 거의 유일한 경제학자다. 대처-레이건 시대에 경제학 분야도 포함해서 세계적으로 자본주의에 대한 축하 분위기가 극에 달한 상황에서도 그는 마르크스주의적 방법과 자본주의에 대한 비판을 바탕에 둔 저작들을 발표했다. 하일브로너는 통념과는 반대로 애덤 스미스가 자유방임의 챔피언일 뿐만 아니라 시장경제의 여러 특징을 깊이 있게 비판한 사람이었다는 사실을 밝혀냈다.

하일브로너는 이전 시기보다 더욱 정확하게 경제적 추론을 할 수 있도록 정교한 수학적·통계적 기법을 발전시키려는 현대 주류 경제학의 연구경향을 별로 인정하지 않았다. 그는 이러한 시도를 대체로 경멸했다. 그것은 "엄밀성을 추구하지만 유감스럽게도 사후경직(死後硬直)을 초래한다(rigor, but, alas, also mortis)."는 유명한 말을 남길 정도였다. 하일브로너가 현대경제학이 무기력하다고 생각하는 이유는 현대경제학이 고전 경제학자들의 특징이었던 큰 그림을 그릴 시도조차 하지 않으려 한다는 점 때문이었다. 전 생애에 걸쳐서 하일브로너는 '집중조명(pinpoint beams)'보다는 '넓게 비추는 횃불(wide-searching beacons)'을 켜기 위해 애썼다.

하일브로너는 낙천가로 가득한 학계에서 비관주의자 및 회의주의자 역할을 해냈다. 그는 환경의 위기, 악성 민족주의, 경제침체, 민주적 사회주의 기풍의 쇠퇴 등 당대 사회의 고통은 물론이고, 인간의 본성 자체에 깃든 악마성까지도 조금도 주저하지 않고 거침없이 이야기했다. 하일브로너는 다른 사람을 불편하게 하는 자신의 평가조차 완전히 믿지 못하는 비관주의자였다. 그렇지 않았더라면 그는 이성, 창조적 학문, 윤리적 의무 그리고 진보적인 정치 변화의 필요성에 대해 그렇게나 많은 글들을 써내지 못했을 것이다. "정신은 비관적으로, 마음은 낙관적으로"라는 안토니오 그람시(Antonio Gramsci, 1891~1937)가 남긴 유명한 말은 하일브로너의 행적 속에 뚜렷이 드러난다.

하일브로너는 비주류 경제학자였다. 그는 자신이 경제학자로 간주되는 것을 별로 내켜하지 않았다.

"나는 실은 경제학자가 아니다. 꼭 용어를 쓰자면 지식인이다. 사회적·정치적 문제에 대해 경제적 관점을 제시하지만 경제학의 사소한 문제에 대해서는 흥미가 없다."

그러나 경제학계는, 그가 워낙 혼자 움직이는 것으로 유명함에도 불구하고, 그를 경제학자로 인정하는 데 주저하지 않았다. 그는 1962년부터 뉴스쿨대학원의 경제학 교수직에 있었고, 경제학계의 대가들은 그를 중요인물로 인정해 1971년에 미국경제학회 집행이사와 부회장으로 지명했다.

"지명 소식을 듣고 크게 놀랐다. 내가 가진 견해나 접근방법으로 볼 때 나는 흔히 말하는 전통적인 경제학자가 아니다. 지금 시작했더라면 아마 경제학자가 되지 못했을지도 모른다. 아마 학계는 나를 양면적으로 생각했을 것이다. 쓸모가 있기는 하지만 정통은 아니라고 말이다. 그러나 학계도 성숙하고 있다. 십 년 전이라면 이렇게 지명되는 일은 생각도 못했을 것이다."

하일브로너는 좌파 급진경제학자 가운데 대표적인 인물이었지만 스스로를 '급진적 보수주의자(radical conservative)'라고 불렀다.

자본주의를 역사적 조건과 끊임없는 변화의 과정 속에서 보고, 사회주의라고 불리는 평등을 향한 여러 변화를 지지한다는 점에서 나는 급진주의자다. 그러나 제도적 변화로 모든 문제가 해결될 것이라고는 믿지 않는다는 점에서는 보수주의자다. 급진주의자나 자유주의자는 무시하는 문제이지만 보수주의자가 전면에 내세우는 문제가 있다. 바로 인간의 조건, 악을 행할 수 있는 인간 능력의 문제다. 급진

주의자는 이 커다란 문제가 무엇인지를 파고들지 않는다. 경제체제
는 명백히 불의를 내포하고 있지만 문제를 해결하는 것은 너무나 어
렵다는 사실 때문에 나는 마음이 괴롭다. 예컨대 누가 지배하고 어떻
게 법을 만드는가 하는 것은 작은 문제가 아니다. 문제만큼이나 나쁜
처방을 피하기란 쉬운 일이 아니다. 나는 여러분들이 혁명으로부터
무엇을 얻을 수 있을지 회의적이다.

보다 인간적인 경제에 대한 하일브로너의 비전은 젊은이들 사이
에 특히 큰 영향을 미쳤다. 그러나 그가 좋아하는 경제학자는 자유시
장 제창자인 애덤 스미스였고, 그의 후기 저작들은 스스로의 표현에
따르자면 "우리 시대의 자본주의와 사회주의 모두에 존재하는 모순"
을 해명하는 데 집중되었다. 그는 경제가 심한 불황이나 높은 실업률
에 시달릴 때는 정부의 개입을 옹호했다. 그러나 자유를 지키기 위해
서는 시장과 국가가 분리되는 것이 중요하다고 주장했다.

하일브로너는 애덤 스미스나 마르크스 등 초기 경제철학자들의
사상으로부터 통찰력을 얻어 스스로 세속의 철학자 가운데 한 사람
이 되어 행동했다. 그는 보통의 경제학자들은 경제적 문제의 사회
적·정치적 배경을 무시한다고 믿었고 당연히 그들과 사이가 좋지
않았다.

"경제학자들은 모델 구축에 매혹을 느끼지만 내가 볼 때 그것은
지나치게 오만한 시도로 경제학을 수학적 서술로 격하시킬 뿐이다.
나는 기술적인 계수와 행위 방정식에 대해 회의적이다."

그는 경제학에는 두 가지 세계가 있다고 보았다. 경제정책이라는
실용적 세계가 있고, 학술지에 발표하기 위해 경제학자들이 지적 곡
예를 하는 이론적 세계가 있다는 것이다.

"만약 모든 경제이론이 사라지더라도 경제정책의 예리함은 조금

도 영향을 받지 않을 것이다. 경제이론은 실제 정책에는 별로 기여하지 못한다. 물가상승, 고용, 국제환율변동 메커니즘 등 우리가 이미 해결했다고 생각한 문제를 이제는 제대로 이해하지 못하고 있다고 생각하는 것을 보라."

하일브로너는 어떤 세계의 경제학에도 속하기를 거부했다.

"나는 정말로 모델 구축과 같은 신학을 짜내는 데는 흥미가 없다. 그리고 경제정책은 내 취미가 아니다. 내 취미는 알기 쉬운 글을 쓰는 것이다."

하일브로너는 《세속의 철학자들》이외에도 20여 권의 저서를 냈고 합쳐서 1000만 권 이상이 팔렸다. 그가 낸 책은 과도한 기업 권력의 위험성(《The Limits of American Capitalism》), 자본주의사회와 사회주의사회가 급격한 사회적·생태적 변화에 얼마나 잘 적응할 수 있는가(《An Inquiry into the Human Prospect》), 자본주의의 미래(《Twenty-First Century Capitalism》), 수학적 모델을 경제학에 적용하는 것의 한계(《Behind the Veil of Economics; The Crisis of Vision in Modern Economic Thought, with William Milberg), 마르크스주의의 장점과 한계(《Marxism: For and Against》) 그리고 경제성장을 위한 적자재정의 중요성(《The Debt and the Deficit, with Peter Bernstein》) 등 여러 가지 문제를 다루었다. 그의 학술논문들은 주로 슘페터와 애덤 스미스의 업적이 오늘날의 문제를 이해하는 데 적절한가 하는 문제에 집중되었다.

하일브로너는 2005년 1월 4일 85세의 나이에 뇌질환으로 세상을 떠났다. 『뉴욕타임스』기자는 "그와 갤브레이스 두 사람은 다른 경제학자들이 해낸 것보다 더 많은 경제학 서적을 팔았을지 모른다. 그러나 그들은 경제학 자체보다는 쓰는 쪽에 더 재능이 있었다."고 평가했다.[5] 그에 대한 주류 경제학계의 견해를 나타내는 표현이라고 할 만하다.

고전 경제학의 전통—자본 축적에 대한 관심

경제사상사 연구에서 하일브로너가 주로 기여한 것은 비판적 경제학 방법론 및 경제철학을 정립한 것이다. 하일브로너는 경제학이란 "진화하는 경제체제의 문제점을 개선하기 위한 정책을 고안하는 학문", 다시 말해 "우리가 살고 있는 세계를 개선하기 위해 경제체제의 본질과 논리에 대한 분석적이면서 철학적인 분석을·하는 학문"이라고 파악했다. 이것은 고전 경제학자들의 생각에 바탕을 둔 것이라할 수 있다.

하일브로너는 고전 경제학자들의 경제학 개념을 분명하게 정립해서 오늘의 세대에 전달했다. 위대한 경제학자들은 각자가 처한 시대적 조건에 따라서 주된 관심사가 달랐다. 초기 자본주의시대에 살았던 애덤 스미스는 중세적 특권과 규제로부터 자유롭고 이기적인 영업활동이 가져올 긍정적 결과를 강조했다. 기술발전은 느린데 인구증가는 두드러진 시대에 살았던 맬서스는 인구폭발의 문제에, 곡물법을 둘러싼 논쟁 속에 있던 리카도는 분배이론, 특히 지대이론을 정립해서 지주의 힘을 억제하는 데 관심을 가졌다. 산업혁명 이후 자본가와 노동자의 대립이 본격화되던 혁명의 시대를 살았던 마르크스는 자본과 노동의 계급적 대립의 원천으로서 잉여가치이론을 발견했고, 케인스는 지속되는 자본주의적 불황의 원인을 '불균형이론'을 기반으로 규명하고 재정금융정책 등의 처방을 내놓았다. 하일브로너는 이렇게 각 경제학자의 '시대'와 '생애'를 각자의 '사상'과 밀접하게 연결시켜 설명했다.

고전 경제학자들에게 공통적인 것은 경제학을 자본주의사회에서 역사 진보의 추진력을 분석하는 학문으로 이해한 점이다. 자본주의사회에서는 자본의 축적이 사회운영과 모든 변화의 원동력이고 추진력이다. 그러나 전달기구는 시장이 작동하는 사회적 제도다. 이것은 자본 축적 못지않게 중요하지만 자본 축적과는 다르다. 따라서 경제학의 임무는 두 가지라 할 수 있다. 하나는 자본 축적의 논리를 이해하는 것이고 다른 하나는 시장의 본질을 파악하고 양자 사이의 관계가 어떠한가를 보여주는 것이다. 스미스는 후자의 문제는 잘 포괄했지만 전자에 관해서는 큰 실수를 했다. 그는 일단 필요한 만큼의 자본이 사용되면 언젠가는 축적이 중단될 것이라고 생각했다. 그는 기술혁신이 중요하고 어느 곳에서든 이루어진다는 사실을 헤아리지 못했다. 반면에 시장이 여러 경제활동을 조정할 뿐만 아니라 분업, 따라서 작업방식의 전환을 촉진하는 역할을 한다는 사실을 잘 이해하고 있었다. 마르크스는 시장관계 속에 숨겨진 노동력의 상품화와 노자(勞資)간의 계급적 대립관계를 파헤쳐서 드러냈다.

이 책은 경제동학의 내재성을 강조했다. 경제성장을 좌우하는 이윤율과 투자율은 사회계급 사이의 권력관계, 당대의 정치적 경향, 도덕과 이기심에 영향을 미치는 심리적 힘, 국제관계 등에 의해 영향을 받는다고 본 것이다. 또한 내생적인 자본주의의 발전 모델은 자본의 축적만이 아니라 경제성장의 침체, 실업과 빈곤의 증가, 도덕적 타락, 사회혁명 등 여러 부수효과도 고려해야 한다는 것이다. 예컨대 애덤 스미스는 자본주의의 전개가 유례없는 부의 창조와 완전한 자유의 가능성을 가져다주지만 경기침체, 빈곤, 비효율, 체계적인 부패, 도덕적 타락 등의 부수효과도 초래한다고 말했다.

"몇 가지 단순한 업무만 수행하는 노동자는 이해력을 발휘할 기회가 없다. 그는 그러한 능력 발휘의 습관도 상실하고 결국은 아주 우둔하고 무식한 인간이 되어버린다."

애덤 스미스는 정치적 영향력과 독점적 경제권력의 영향 때문에 경쟁에 의한 가격변동의 효율성이 저해될 수 있다고 주장했고, 노동

자의 자녀교육과 독점규제를 위한 정부의 역할도 강조했다.[6]

반면에 오늘날 주류 경제학의 입장은 위에서 말한 두 가지 가운데 한 가지에 대해서만 초점을 맞추고 있고, 경제학의 목적은 주어진 조건 하에서 시장이 어떻게 작동하는가를 분석하는 것이라고 본다. 시장은 희소한 자원을 사회적으로 배분하는—시장이 경쟁적일수록 더욱더 적절하게 배분하는—역할을 한다고 생각한다. 만약 시장이 정말로 자원을 효율적으로 배분한다면 하일브로너와 주류의 견해 사이에는 갈등이 꼭 존재할 필요가 없을지도 모른다. 시장기능의 성공과 실패는 정치적·사회적 영역에 영향을 미치고 결국은 역사의 변화에 영향을 미칠 것이다. 자본 축적은 단순히 다른 하나의 희소성 문제로, 즉 저축의 배분문제로 취급될 수 있다. 주류 경제학자들이 특정한 문제에 집중한 반면 하일브로너는 장기적 견해를 취하면서 일반적 함축을 고려했다는 차이가 있을 뿐이다. 그러나 만약 시장이 기본적으로 희소한 자원을 배분하는 것이 아니라면 또는 시장이 다른 기능 또한 수행한다면, 시장이 자원의 배분문제에 집중하게 될 때는 체제의 작동 특히 잉여의 창출과 분배에서 시장이 수행하는 역할을 제대로 설명하지 못하게 될 것이다. 그 결과 시장체제의 진정한 전개과정을 잘못 해석할 가능성이 커진다.

더욱더 큰 문제는 이러한 접근방식이 역사의 발걸음 속에서 시장에 잘못된 역할을 부여할 수도 있다는 것이다. 왜냐하면 하일브로너의 견해로 시장은 자본 축적이 이루어지는 매개수단이기는 하지만 시장을 아무리 연구해봐야 잉여의 생산도 축적에 내재하는 창조적 파괴의 물결도 제대로 설명할 수 없기 때문이다. 저축과 배분에 관심을 집중하는 것은 빈약한 그림만 얻을 수 있을 뿐으로 이것으로는 자본에 내재한 권력구조나 축적의 변혁적 동학에 대해서 아무것도 알 수 없다.[7]

신고전파 경제학 비판

하일브로너는 주류 신고전파 경제학에 대해 아주 비판적이었다. 우선 경제학이란 무엇인가에 대해서 하일브로너의 견해는 신고전파와 다르다. 신고전파의 주류 경제학자인 그레고리 맨큐는 "경제학(economics)이란 사회가 희소한 자원을 어떻게 관리하는가를 연구하는 학문"이라고 정의한다. "경제학은 사람들이 어떻게 결정을 내리는가를 연구하는 학문이라고도 할 수 있다. 즉 얼마나 일하고 무엇을 구입하고, 얼마나 저축하고 그 저축을 어떻게 투자하는가 등과 같은 사람들의 의사결정 과정을 연구하는 학문"이라는 것이다. 이것은 조지프 스티글리츠도 마찬가지다. 주류 경제학자들은 또한 경제학을 과학으로 파악한다.

경제학자들이 경제현상을 연구하는 것은 물리학자들이 물질을 연구하고 생물학자들이 생명체를 연구하는 것과 다르지 않다. 경제학자들도 먼저 이론을 만들고, 자료를 수집하고 그리고 이 자료를 분석하여 그 이론이 맞는지를 검증한다. 과학의 핵심은 이 세상이 어떻게 되어 있는지에 대한 엄정한 관찰과 검증, 다시 말해 바로 과학적 방법론이다. 이런 방법론은 지구중력에 대한 연구, 생명체의 진화에 대한 연구나 나라경제에 대한 연구 모두에 적용된다.[8]

그러나 하일브로너는 "경제학의 핵심은 우리가 경제라고 부르는 복잡한 사회단위의 작동, 따라서 그 문제와 전망에 대한 설명체계"라고 경제학을 정의한다. 관습에 의한 경제나 명령경제에서는 경제학이 존재하지 않았으며, **자본주의**사회 질서에서 물질적 생활을 조직하는 수단이 **경제**이고, 이에 대한 해석체계가 바로 **경제학**이라는 것이다.

이러한 입장에서 하일브로너는 오늘날의 주류 경제학이 자본주의에 대한 관심과 인식은 사라지고 있는 반면 과학적 방법론에 지나치게 매달리고 있다고 비판한다. 그는 경제학을 과학으로 간주하는 경향이 심해지는 것을 우려하고 그에 반대해야 할 두 가지 이유를 든다. 하나는 경제주체로서의 인간은 물리학의 대상과 달리 스스로 판단하고 행동하는 존재이기 때문이다. 둘째로는 인간의 사회생활이 본질적으로 정치적이기 때문이다.

경제학자는 경제이론을 평가하면서 과학적으로 초연한 입장에 서지 않는다. 또한 모든 사회과학자들처럼 그들이 속해 있는 사회에 대해 감정적 개입을 하지 않을 수 없다. 모든 사회과학자는, 자신이 의식하건 의식하지 않건 그가 탐구하는 사회질서가 작동 가능한지를 입증하고 싶다는 소망을 가지고 자기 일에 임한다. 가치판단의 유혹에 아주 약하기 때문에 경제학자들은 비편파적이나 무관심할 수가 없다. 따라서 가치판단은, 부분적으로는 사회학적 종류이고 또 부분적으로는 행위와 관련을 갖는 것으로서, 초기의 주장으로부터 가장 최근의 매우 복잡한 설명에 이르기까지 모든 경제학에 스며들어 있다.

하일브로너는 경제학 연구가 케인스주의적 견해가 무너진 뒤로 위기 상황에 처해 있다고 믿는다. 그리고 '모두를 망라하는(all-encompassing)' 비전을 개발하지 않고는 위기를 극복할 수 없다고 생각한다. 하일브로너는 밀버그와 공동 저작한 《현대경제사상에서 비전의 위기(The Crisis of Vision in Modern Economic Thought)》에서 이렇게 말한다.

분석이란 초기 조건으로부터 결과를 추론하고, 연쇄적 추리과정을 꼼꼼하게 살피며, 지적 대화를 선동행위로 대치하려는 끈질긴 유혹을 떨쳐버리는 과정이다. **비전**이란 모든 사회사상에 깃들어 있는 정치적 희망과 공포, 사회적 고정관념 그리고 가치판단을 의미한다. 비전과 관련된 이 모든 감정은 분명하지 않으며 순박한 영역에 불법적으로 비집고 들어오는 것이 아니라 심리적 필연성, 아마도 존재에서 비롯되는 필연성 때문에 분석에 깃들게 된다. 비전과 분석의 두 가지는 우리가 알고 있다고 믿고 있는 모든 것의 기초를 이룬다. 우리가 집단적 생활의 조건을 이해하고 또 가능하다면 변화시키려고 애쓰는, 제한된 그러나 아주 중요한 지식영역, 즉 경제학 분야에서는 특히 그렇다. 이것이 바로 경제적 탐구가 노력을 집중할 영역이고, 따라서 우리의 비판이 주로 겨냥할 부분이다.[9]

21세기에 대한 전망을 분석하는 데 왜 최근의 경제이론과 20세기 후반에 이루어진 신고전파 경제학자들의 방대한 과학적 업적에 의존할 수 없는 것일까? 하일브로너의 스승 아돌프 로웨는 경제학이 과학의 역사에 대한 사람들의 예상과는 정반대의 길을 걸었다고 지적한다.

과학의 역사적 발전과정을 추적할 경우 우리는 과학이 초기의 단편적인 통찰에서부터 더욱 포괄적인 지식체계로 꾸준히 진전해왔음을 확인할 수 있다. 처음에는 경험적인 규칙성, 다음에는 이것을 설명하는 법칙과 더욱 포괄적인 이론, 최종적으로는 모든 특수이론의 종합이 이루어진 것이다. 현대 경제학의 역사는 이와는 정반대의 길을 걸어왔다. 초기에 고전경제학은 웅장한 구도를 가지고 있었는데 그 특징은 광활한 소재와 엄격한 연역적 논리였다. 그 후 이단적인 고전파 경제학자였던 마르크스만이 이것을 한 단계 더 발전시켰다.

그 이후로 이론적 발전은 초기 이론체계가 점차 침식되는 기이한 모습으로 전개되었다.[10]

하일브로너는 신고전파 경제학이 경제체제의 사회적 측면을 전혀 인식하지 못하고 있다고 비판했다. 1990년대 후반에 출판되어 경제학 학부과정의 유명 교재로 널리 사용되고 있는 맨큐의 800쪽에 이르는 방대한 교과서와 937쪽에 이르는 스티글리츠의 두 권짜리 책은 자본주의라는 용어를 단 한 번도 사용하지 않는다고 지적한다.[11] 그리고 미국 경제학회가 발행하는 『미국경제평론(American Economic Review)』과 영국에서 나오는 『이코노믹저널』의 1950년 이전 치와 최근 10년 치를 비교해보면 두번째 그룹에서 과학의 방법에 대한 참고문헌은 두드러지게 증가하는 반면 **자본주의**라는 용어의 출현빈도는 급격히 감소한다고 지적한다. 신고전파적 시각으로 경제를 묘사할 경우 사회적 조직체제로서의 자본주의는 사라져버린다는 것이다. 하일브로너는 신고전파 경제학에서 이러한 사회적 측면이 결여된 것은 경제학에서의 더욱 깊은 문제, 즉 자본주의를 순수하고 단순한 시장과 동일시하고 제도적 복잡성, 권력관계 및 인간 심리 대신에 수학적 분석기법을 강조하는 경향을 반영하는 것이라고 주장한다. 20세기 후반에 경제학은 기법이 분석의 범위를 결정하는 지점에까지 이르렀다. 경제문제란 정확히 한계주의 기법으로 처리할 수 있는 문제가 되어버린 것이다.

그러나 경제학을 주어진 기술, 소비자 기호, 부의 분배에서의 '제약 하의 합리적 선택'의 문제로 축소시키는 것은 현재의 여러 문제를 설명하지 못하는 결함을 낳는다. 하일브로너는 현대 경제학이 "정확하고 우아하지만 무의미한 중세 스콜라 철학이 되어간다."고 지적했다. 경제학이 과학적으로 될수록 불평등, 빈곤, 환경오염 등 자본주의사회의 근본적인 사회문제를 통제하거나 개선하기 위해 경제의 의미를 파악하는 능력은 떨어진다는 것이다. 자본주의의 미래상을 밝히려고 노력한 하일브로너는 현대 경제학에는 방법론의 면에서 다음과 같이 최소한 네 가지의 한계가 있다고 주장했다.[12]

첫째, 개인적 행동, 즉 제약 하의 효용극대화 모델은 동어반복으로 모든 개인적 선택을 설명하지만 인간 행동의 복잡성과 사회성을 별로 포착하지 못한다. 외부적으로 주어진 선호함수는 이것을 파악하는 데는 부적절하다. 왜냐하면 사회적 규범, 광고 기술, 사회적 지위, 교육 및 정보수집 비용 등 모든 요인이 개인적 선택에 영향을 미치기 때문이다.

둘째, 신고전파 경제학자들은 자본주의를 비인격적이고, 효율적이며, 합리적이고, 최적이며 과학 같은 존재인 시장과 동일시했다. 과거 50년 동안 경제학은 이를 정당화하기 위해 계속 노력해왔다. 그들은 소비자 행동을 주어진 것으로, 즉 사회적·정치적·심리적 요인의 영향을 받지 않는 것으로 간주했다. 반면 정치는 경제와는 달리 합리적일 수가 없는 것으로 생각했다. 그리고 소득분배는 기술적으로 결정되는 것으로, 즉 교섭력이나 정치적 힘의 고려와는 관계없이 결정되는 것이라고 이해했다.

셋째, 신고전파의 분석은 정태적이어서 주로 주어진 조건 하에서의 효율적인 결과에만 관심을 가졌다. 그들은 심지어 경제성장도 '정상 상태' 분석이라는 좁은 틀 안에서 이해했다. 이렇게 되면 경제는 움직이기는 하되 변화는 별로 없게 된다. 슘페터가 강조한 것과 같은 여러 가지 교란을 고려하지 않으면 시장교환이 초래할 수 있는 부정적 효과를 놓치게 된다. 더구나 이러한 시각을 가지면 기술적 진보 및 그 확산과 관련되는 시장의 동학 또한 고려하지 못하는 치명적 결과를 낳게 된다.

넷째, 신고전파 경제학자들은 스스로의 분석에 있어 규범적 판단으로부터 거리를 두려고 했다. 따라서 사회복지를 평가하면서도 주로 파레토 최적(모든 사람이 타인의 불만을 사는 일 없이는 자기만족을 더 이상 증가시킬 수 없는 상태―옮긴이) 모델에 의거하거나 아니면 요즘처럼 단일한 '대표적' 경제주체의 복지 모델에 의거하고 대체로 분배와 정의의 문제를 무시한다.

이러한 여러 가지 한계는 서로 관련이 있다. 제약 하의 선택이라는 정태적 문제에 초점을 맞추면 과거와 미래라는 개념은 설 자리가 없다. 과거는 명제처럼 주어진 것이고 현재는 변화의 가능성을 품을 수 없다. 경제학이 사용하는 어휘에서 '자본주의'를 없애버리면 마르크스주의에서 말하는 자기증식하는 가치라는 뜻에서의 자본개념을 잃어버리게 된다. 자본은 물론 모델 안에 포함되기는 하지만 노동, 토지 등의 다른 생산요소와 같은 생산요소로서 등장한다. 경제적 변화의 기초가 되는 자본 축적은 더욱 넓은 차원의 사회적 · 심리적 고려사항에서 분리된다. 특히 자본 축적과 부의 획득에 대한 충동, 즉 자본을 위한 충동간의 고전적인 연결이 사라지게 된다.

하일브로너는 신고전파 주류 경제학이 아주 야심적이고 대부분의 경우 '작은 사회적 변화'를 설명하는 데 성공했음을 인정한다. 그러나 이러한 성공과 함께 하일브로너가 활동하는 동안 주류 경제학자들이 개발한 많은 기법에도 불구하고, 그가 보기에 정통 주류 경제학자들은 '넓은 차원의 사회관계'를 설명하는 데 실패했다. 하일브로너는 주류 학계가 다국적 기업의 등장, 혼합자본주의와 관련된 만성적 문제인 물가상승문제의 발생, 경제적 세력으로 등장했다가 최근에 비틀거리게 된 일본, 1970년대 초반 이후 생산성 증가에서 후퇴하는 미국, 소련의 붕괴 등 40년 동안의 대규모 경제적 변화 가운데 어느 것도 예상하지 못했다고 주장한다.[13]

하일브로너는 1999년 『챌린지(Challenge)』와의 인터뷰에서, 세속의 철학자들은 정치적·사회학적·심리적·도덕적·역사적인 것 등 경제체제의 모든 복잡한 측면을 모형 속에 포함시키려 한 반면, 현대 경제학자들은 그렇게 복잡한 비전을 원하지 않았다고 평가했다. 그들은 과학적이기 위해 너무나 많은 것을 고려에서 제외하는 이차원 모델을 만드는 것을 선호하고 이 때문에 체제가 어떻게 작동하는지를 제대로 이해할 수 없게 되었다는 것이다.

하일브로너는 현대 신고전파 경제학의 분석능력이 자본주의를 이해하는 데 도움이 되었지만 반면에 바로 그러한 능력 때문에 자본주의의 본질적인 특징을 은폐할 수 있게 되었다고 비판한다. 시장기구가 중요한 것은 바로 자본주의가 하나의 사회질서이고 시장은 사회질서가 아니라는 사실을 애매하게 흐려놓은 데 있다. 시장의 구성요소들—최적 소득을 추구하는 개인, 경쟁, 계약이라는 법적 틀 등—은 축적이라는 자본주의의 역사적 사명이 수행되는 데는 꼭 필요하지만 사명 그 자체는 시장에서 고려된 것은 아니다. 그것은 상하 위계질서, 권력, 지배, 영광, 명예 등 시장체제로서는 전혀 알 수 없는 원초적인 힘에서 나온다. 이러한 힘이 제거된 경제체제가 합리적 선택이라는 공론(空論)을 앞세우고 일반균형을 그 체제의 내재적인 경향이라고 확언하는 것은 당연하다. 그 결과 경제학은 만능과학이 되기에는 치명적 한계를 가지고 있고, 지고(至高)의 원리가 되기에는 너무나 약한 결과를 초래한다는 것이다. 한 걸음 더 나아가 경제학은 자본주의에 대해 논쟁적이 아니라 중립적인 설명체계로 나타나고, 또한 자본주의의 역사적 위치와 발전 가능성에 대해 좁고 정태적인 시각만 제공하게 된다고 비판한다.[14]

이러한 하일브로너의 비판에 대해서 신고전파 주류 경제학자들은 그를 경제학을 대중에게 보급하는 사람 내지 역사가로 볼 뿐이며 그의 통찰이 경제학 연구에 별로 기여한 것이 없다고 평가한다. 로버트 머튼 솔로(Robert Merton Solow)는 하일브로너의 주장에 일부는 동의하고 일부는 동의하지 않는다. 그는 경제학이란 기본적으로 희소성을 다루는 학문으로서 자본주의사회 이외에도 적용될 수 있으며, 설사 자본주의체제라 하더라도 모두 동일한 것이 아니라 여러 유형이 있다고 반박한다. 그리고 체계수립자(system-builders)와 문제해결자(problem-solvers) 사이에는 긴장이 있으며 "체계수립자는 문제해결자가 원리적으로 분리할 수 없는 것을 분리하고 무시할 수 없는 상호관계를 무시하는 반면 문제해결자는 체계수립자가 그들의 우아한 이론을 현실의 흥미 있는 문제해결에 사용하지 못하는 것을 본다."고 지적한다. 하일브로너는 문제해결자 입장에 서 있지만 이를 위해서는 "경제가 어떻게 작동하는가"라는 것을 우선 이해해야 한다고 말한다. 또한 솔로는 현대의 주류 경제학이 지나치게 과학에 경도되고 있다는 하일브로너의 지적에 대해 기본적으로 동의한다면서 이 문제는 '과학(Science)'과 '과학적인(scientific)'의 차이를 생각하면 해결될 수 있다고 말한다. 과학적인 자세란 편견에 빠지지 않고 객관적 입장을 견지하는 것으로서 그 핵심은 논리(logic)와 사실(fact)을 존중하는 것이다. 주류 경제학이 자연과학과 같아져서는 안 되지만 과학적이고자 하는 것은 인정받아야 한다는 것이다. 결론적으로 그는 경제가 어떻게 돌아가는가를 다루는 근대경제학은 세속의 철학자에게 적이 아니라 동맹자가 되어야 한다고 주장한다.[15]

신고전파 경제학은 방법론적 개인주의, 논리실증주의, 고전물리학의 기계론적 분석방법, 자유주의 시장경제사상의 옹호라는 특징을 가지고 성장하여 현재의 지배적 위치를 차지했다.[16] 신고전파는 방법론적 개인주의(methodological individualism)를 중핵으로 하고 적극적 해법을 발견하는 장치로서 균형모형을 사용하는 경제학 방법론이다.

방법론적 개인주의는 경제현상을 개별적 경제주체들의 행동이 낳은 집합적 결과로 설명하려고 한다. 개별 경제주체들의 행동은 자신의 목표와 상황에 비추어서 계획성 있게 그리고 적절하게 행동한다는 점에서 합리적이라고 본다. 따라서 경제현상의 인과관계에 대한 설명력은 사회심리나 사회제도와 같은 사회적 범주보다는 자신이 처한 여러 조건에 비추어서 적절한 행동을 선택하는 개인에게서 찾아야 한다고 주장한다. 신고전파의 적극적인 해법 발견장치는 균형모형, 균형모형의 논리적 모작을 위한 수학적 기법, 해당 모형을 적용한 분석 등으로 구성된다. 신고전파는 새로운 사태를 설명해나가는 이론적 진화과정에서 실업 등과 같은 이변의 원인을 특정한 사회제도보다는 인간생존의 보편적인 제약이라고 말할 수 있는 여러 요인에서 구하려고 노력했다. 예컨대 실업의 존재를 설명하기 위해서 고안된 정보탐색, 장기 고착적 계약 등의 개념을 고안해낸 것이다.[17] 사실 신고전파는 근본적으로 실업과 공황을 제대로 설명하지 못했다.

이러한 신고전파의 경제학이 제2차 세계대전 후 미국에서 지배적 위치를 차지하게 된 것은 위와 같은 기본적 시각과 이론전개가 당시의 시대상에 적합했기 때문이다. 신고전파가 뿌리를 내리던 시절은 사회주의사상이 자본주의의 존립을 위협하던 시절이었다. 경제와 사회현상을 집단이나 계급에 근거하여 대립적 시각에서 분석하는 사회주의와 제도주의의 경제학 방법론은 지배계층인 보수주의자들의 입장에서 보면 커다란 위협이었다. 각 개인의 성공과 실패의 요인을 각자 책임으로 돌리는 신고전파의 방법론적 개인주의는 지배세력에게는 훌륭한 논리였다. 또한 신고전파가 내세우는 가치중립성 명제는 과학의 명분 아래 보수주의자들이 기존질서를 정당화하는 데 도움이 되었다. 거기에 분배문제를 자본, 노동, 토지 등 각 생산요소가 생산에 기여한 만큼 가져간다는 식으로 기능적으로 정당화하는 논리는 자본가계급에게는 아주 편리한 것이었다. 하일브로너는 기존 체제를 변호하는 신고전파의 이러한 성격을 비판하고 자본주의체제의 모순과 동학을 설명하지 못하는 무능력을 예리하게 지적했다고 할 수 있다.

창조와 파괴의 양면을 가진 자본주의

하일브로너는 세속 철학자들의 연대기 작가에 머무르지 않고 그들의 시각을 수용하여 스스로 세속의 철학자 가운데 한 사람이 되었다. 그는 자본주의체제에 관심을 가지고 자본주의가 어떤 논리로 움직이는지 알아내려 애썼다. 《세속의 철학자들》 이외에 그가 저술한 뛰어난 책으로는 1985년에 출판한 얇은 책 《자본주의의 본질과 논리(The Nature and Logic of Capitalism)》가 있다. '자본주의의 장래' 는 하일브로너가 크게 관심을 가지고 연구한 영역이었다. 《역사로서의 미래(The Future as History)》(1959) 《인류의 전망에 대한 연구(An Inquiry into the Human Prospect)》(1974) 《21세기 자본주의(21st Century Capitalism)》(1993) 《미래를 위한 비전(Visions for the Future)》(1995) 등의 저서와 뉴스쿨대학교 발행의 학술지 『사회연구(Social Research)』와 잡지 『뉴요커(The New Yorker)』 『뉴욕 서평(New York Review of Books)』 등에 게재한 다수의 논문을 통해 하일브로너는 20세기 후반의 자본주의를 앞장서서 다루었다.

하일브로너는 마르크스(하일브로너는 마르크스를 지적으로 사랑하면서 동시에 미워했다)와 마찬가지로 자본주의를 단순한 교환이 아니라 사회관계와 정치권력의 체제로 이해했다. 그는 "속류 마르크스주의자의 환원주의(복잡한 데이터·현상을 기본적인 범주로 설명하려고 하는 과도한 단순화 이론)"나, 자본주의를 단순히 재산권의 중립적 영역으로 파악하는 "현대 이론경제학의 속류적인 환원주의" 등 어떤 종류의 과도한 단순화도 수용하지 않았다. 하일브로너는 역사상 존재했던 모든 경제체제를 네 가지로 분류했다. 전통경제(주로 농업에 기반을 두는 원시적인 경제), 명령경제(중앙계획경제, 국가의 역할이 크다), 시장경제(자유시장 자본주의), 혼합경제(위 세 가지의 혼합경제)가 그것이다. 하일브로너는 자본주의를 인류의 보편적 경제체제가 아니라 창조적 경향과 파괴적 경향을 겸비한 역사상 특수한 경제체제로 간주했다. 사회적 개선을 추구하거나 참화를 피하려면 자본주의의 이러한 모순적 경향을 잘 이해하고 지혜롭게 관리해야 한다는 것이다. 그는 자본주의의 역사적 동학을 중요시한 고전 경제학자의 '위대한 전통'을 수용하고 이것을 발전시켜서 자본주의의 미래에 대한 가능성 있는 시나리오를 그리는 데 투영했다. 하일브로너는 《21세기 자본주의》에서 이렇게 말한다.

자본주의 질서를 옹호한 애덤 스미스나 슘페터 등과 같은 철학자들조차 왜 자본주의의 미래가 순탄하지 않을 것이라고 예견했는가? 여기에 대한 대답은 간단하다. 자본주의를 유지하는 것이 대단히 어렵기 때문이다. 자본주의의 정치적 · 도덕적 정당성은 계속 도전받을 수밖에 없다. 자본주의체제를 유지하려면 다양한 형태의 치명적 난관에 봉착할 수밖에 없다. 투자와 기술개발에는 불확실성이 지배하고 있다. 부의 불평등한 분배…… 인간노동을 필요 없게 만드는 자동화, 과학기술의 독점적 경향, 경기호황의 인플레이션 경향, 경기침체의 디플레이션 경향 등이 바로 이런 난관들이다. 자본주의는 자동적으로 변화를 계속 도모하는 특성을 지니고 있다. 그러나 바로 이 특징이 이제 자본주의의 가장 위협적인 적이 되었다. 자본주의는 조만간 해결할 수 없는 문제에 봉착할 것이며 새로운 후계체제에 길을

내주어야 한다.[18]

하일브로너는 《자본주의의 본질과 논리》의 첫 장을 '자본주의란 무엇인가'라는 의욕적인 질문으로 시작한다. 그는 자본주의를 단순히 '경제체제(economic system)'로서가 아니라 하나의 '사회조직(regime)'으로 파악할 것을 제안한다. 경제체제라는 개념으로는 전달할 수 없는 정치적·심리적 의미를 부각시키고 싶어했기 때문이다. 그렇다면 정치적·심리적 차원이란 무엇인가?

하일브로너는 마르크스와 마찬가지로 '자본'이 공장이나 기계, 유가증권 또는 기타 물리적 단위를 단순히 조립한 것은 아니라고 생각했다. 자본은 사회적 관계다. 이 자본이라는 사회적 관계에는 두 가지 특징이 있다. 하나는 부를 소유하는 형식이고, 다른 하나는 부를 전개하는 방식이다. 하일브로너는 생산을 통해 얻어지는 상당한 양의 잉여가 봉건사회나 다른 전통사회 또는 명령경제에서도 존재하고 이 잉여가 바로 그 체제의 부를 이룬다고 주장한다. 이들 전자본주의체제에서 사회적 부는 명예와 사치재의 형식을 취하고 사회적 지위는 얼마나 풍족한 소비수준을 유지할 수 있는가에 따라 결정된다. 그런 사회에서 지배계급은 그 사회의 잉여에 대한 통제를 통해서 명예스러운 재화 가운데 큰 몫을 모은 사람들이라고 쉽게 말할 수 있었다.

그러나 자본주의사회로 오면 달라진다. 자본주의사회에서도 부는 동일한 기능을 한다. 그러나 동시에 자본주의가 다른 사회와 구별되는 특징은 호화로운 재화의 소유와 과시가 부의 점유와 전개의 주된 형식이 아니라는 점이다. 자본주의체제에서 부는 주로 생산수단의 형식을 취한다. 다시 말해 자본가 지배계급은 사회에 필요한 물자의 공급에 필요한 생산수단을 소유함으로써 자신의 지위를 획득한다.

하일브로너는 자본주의사회 특유의 권력은 그러한 소유로부터 나온다고 주장한다. 이 권리를 바탕으로 생산수단의 소유자는 자신들이 원할 경우 사회가 자신이 소유한 재산을 사용하지 못하도록 할 수 있다. 자본가계급이 이윤을 얻는 것은 바로 이러한 권력을 통해서다. 왜냐하면 생산수단의 사용을 보류시킬 수 있는 능력이 있기 때문에 자본가들은 노동시장에서 노동자를 대할 때 결정적으로 우월한 교섭력을 가질 수 있고, 그 결과 사회의 잉여 대부분을 차지할 수 있기 때문이다. 하일브로너는 만약 자본가들에게 이처럼 불균등하게 유리한 교섭력이 없다면, 전체적인 결과를 볼 때 자본가들 사이의 경쟁 때문에 이윤은 제로 수준으로 감소할 것이라고 주장한다.

이러한 주장은 마르크스가 말한 잉여가치이론의 핵심과 같다. 실제로 하일브로너는 이 정식화를 마르크스의 위대한 업적 가운데 하나로 간주한다. 하일브로너는 마르크스의 잉여가치이론으로부터 또다른 두 가지의 근본적 통찰이 도출된다고 주장한다. 첫째는 생산요소—토지, 노동, 자본—는 사회의 부를 생산하는 데 서로 협력하는 비교가능한 단위로 간주될 수 없다는 것이다. 자본과 토지는 노동자가 그것을 가지고 일을 해야만 부를 생산할 수 있다. 나아가서 하일브로너가 지적하듯이 토지와 자본에 대한 대가는 사회관계, 즉 토지와 자본의 소유주가 생산에 자신들의 생산요소가 기여한 것을 기초로 생산의 일정 몫을 요구할 수 있도록 부여받은 권리의 표현일 뿐이다. 마르크스의 두번째 통찰은 상품의 본질에 대한 그의 이해, 다시말해 그 유명한 '상품의 물신성' 이다. 마르크스는 상품을 '자본주의 사회사의 담지자이면서 포장물' 로 보았다. 그 속에 은폐된 계급투쟁의 요소를 담고 있기 때문이다. 하일브로너는 이것을 탁월한 업적으로 간주했다. 유사 이래 가장 뛰어나고 빛나는 통찰로 플라톤이나 프로이드의 업적에 견줄 수 있을 정도라고 했다.[19]

그러나 자본주의의 본질과 논리에 대한 하일브로너의 이해는 마르크스와 상당히 차이가 나는 측면도 있다. 첫째는 국가를 보는 시각의 문제다. 마르크스는 자본주의사회에서 국가는 부르주아계급의 집행위원회에 불과하다고 주장했다. 그러나 하일브로너는 자본주의 발전의 결정적인 특징 가운데 하나는 자본가계급이 폭력수단을 독점한 국가의 통제로부터 독립된 사회적 권력을 가지게 된 것이라고 주장한다. 봉건사회나 전통 또는 명령에 의해 운영되는 다른 사회에서는 국가가 기본적으로 정치권력과 경제권력을 독점했다. 그러나 봉건적 질서의 공간 속에서 상업자본가계급이 성장함에 따라 상인의 재산이 국왕에게 몰수되는 것을 막기 위해 재산권이 서서히 확립되어갔다. 그리고 자본주의가 발전함에 따라 국가는 여전히 폭력수단을 독점하지만 자본가들이 생산수단을 통제하는 식으로 권력의 공식적인 양분화가 이루어졌다. 마르크스는 이것이 표면적인 양분화일 뿐이고 부르주아는 생산수단을 소유함으로써 행사하는 경제적 권력을 통해 실제로 국가기구를 통제할 수 있다고 주장했다. 하일브로너도 자본주의 하에서 두 권력이 강력한 수렴 경향을 갖는다는 것을 인정한다. 예컨대 국가의 폭력수단은 대부분 노동자들과 맞서는 자본의 권리를 지키기 위해 행사된다. 그러나 한편으로 하일브로너는 마르크스의 주장에 반대하면서 정치권력과 경제권력으로의 양분화가 결코 단순한 환상은 아니라고 주장한다. 반대로 이러한 양분화는 자본주의사회에서 정치적·경제적 자유가 출현하고 지속되는 데 결정적으로 중요한 역할을 한다고 본다.

두번째 주된 차이는 진보적인 정치적 변화의 가능성을 결정하는 데 있어서 심리적 요소의 역할에 관한 것이다. 하일브로너는 마르크스와 마찬가지로 자본주의가 이전의 생산양식과 다른 결정적인 차이는 부의 추구가 자본 축적이라는 특유의 형태로 행해지는 데 있다고 본다. 그러나 하일브로너는 이 분석을 더욱 깊이 파고들면서 문제를 제기한다. 자본가에게 축적을 하도록 만드는 것은 무엇인가? 이 질문에 대해 일정 범위에서는 마르크스의 대답만으로도 충분하다. 자본가는 축적해야만 한다. 그렇게 하지 않으면 시장에서의 지위를 경쟁자에게 잃을 것이기 때문이다. 그러나 이 대답은 한 단계 더 나아간 질문, 즉 왜 처음부터 자본가는 경쟁적 싸움에서 이기는 데 그렇게 비정상적일 정도로 집착하는가는 설명하지 못한다. 하일브로너는 자본주의 하에서 생산수단의 축적을 향한 충동은 궁극적으로 다른 사회구성에서 나타나는 권력과 명예에 대한 갈망과 본질적으로 같다고 주장한다. 그러한 욕구는 모든 사회구성에 두드러진 특징이다. 인간의 본성(human nature)에는 권력과 지배에 대한 보편적인 충동이 깃들어 있으며 그러한 충동은 그것이 발현되는 제도적 특질과는 관계없이 모든 사회구조 속에서 나타난다고 주장하는 면에서 하일브로너는 프로이드의 주장을 따른다고 할 수 있다. 권력과 지배의 욕구—그리고 그 동반물인 묵종과 종속—은 오랜 기간의 유아적 의존성(infantile dependency)이라는 보편적 경험에서 나오는 것이기 때문이다. 보편적인 유아적 의존성에 대한 경험은 모든 사람들에게 위계질서를 지향하는 자연적 경향을 갖게 한다. 어떤 사람은 지배의 역할을 추구하고, 다른 사람들은 종속의 역할을 감수하는 것이다. 하일브로너는 이러한 충동이 인간의 본성처럼 근본적이고, 그 사회적 · 정치적 의미는 극적이라고 본다. 이렇게 되면 사회주의자들이 추구하는 사회로 평등주의적인 전환을 이루는 데는 엄청난 장애가 따를 것이라는 것이다.

이러한 주어진 조건의 산물인 인간의 본성은 그것이 오로지 사회적 조건의 산물인 경우처럼 빨리, 그리고 완전하게는 변할 수 없다. 한편 이것을 승인하게 되면 사회 변화에 대한 마르크스주의자의 기대를 크게 제약하게 된다. 왜냐하면 그것은 드러난 행동이 아무리 크게 변하더라도 잠재적인 인간적 특징이 끈질기게 존속한다는 사실을 인정하는 것이기 때문이다.[20]

하일브로너는 자본주의체제에 대해 회의적이었다. 그는 자본주의의 주장뿐만 아니라 자본주의의 근거와 실제적 작동에 대해서도 신뢰하지 않았다. 하일브로너는 자본주의체제가 체제의 정당성을 뒷받침하는 주장을 지식인의 도움을 받아 형성했다고 보았다. 그는 물질적 동기의 효력을 믿었다. 학계와 출판인들은 자신들을 먹여주는 손을 물지는 않는다. 만약 그렇게 하는 자가 있다면 그는 굶주리기 십상이다. 그리고 이런 것조차도 겉모습으로는 잘 드러나지 않는다. 그가 보기에 자본주의체제는 일단 정당성을 확립하는 데 성공했다. 이것은 오늘날 거의 소멸한 사회주의체제가 결코 이룩하지 못한 것이었다. 그리고 대공황이라는 큰 실패를 초래한 요소를 수정한 후, 자본주의체제의 성과는 그런대로 괜찮았다. 체제는 개인적 선택과 책임을 혼합한 대안을 제시했고, 이것은 상당한 호소력을 보여주는 듯했다. 그러나 그것은 분명히 불유쾌하고 압제적인 측면도 가지고 있었다. 모든 것을 상품화하고 상업화하며 문명화된 가치도 뒤집어버리기 때문이다. 불확실성과 공포를 내장한 자본주의체제는 극소수에게 과분한 포상을 하고 다수에게는 부당한 처벌을 내리며, 부와 권력의 분배를 체계적으로 왜곡한다. 또한 사적인 소비재를 대량생산해내는 반면 값을 치를 능력이 없는 사람들의 절박한 요구는 무시한다.

자본주의체제에서 시장이 무엇인지는 무척 정의하기 어렵다. 모든 경제이론의 핵심부분을 이루고 있기 때문이다. 경제학의 성격은 시장을 어떻게 정의하는가에 따라 달라진다. 하일브로너는 시장을 자본주의와 동일시하지 않았다. 우선 시장은 일상생활에 쓰이는 물자를 생산하고 분배하는 방식을 조직한다. 이것은 각자가 할 일을 결정하므로 결국은 직업구조도 결정하게 된다. 시장은 경쟁을 바탕으로 이 직업구조를 확립한다. 또한 시장은 부가 축적될 수 있도록 해준다. 잉여는 자유시장에서 고용한 노동자에게 일을 시키는 속에서 생산된다. 마르크스의 정식에 따라 자본은 '화폐자본-상품자본-생산자본-커진 상품자본-커진 화폐자본'의 순환을 한다. 이 순환구조는 상층 자본가-중간관리자-하층 육체노동자라는 계급구조도 창출한다.

하일브로너는 자본주의사회의 유지를 위한 국가의 역할을 중시했다. 그는 자유시장(free market)이라는 용어를 좋아하지 않았다.

"시장은 자유롭지 않다. 시장은 정부에 의존한다. 시장은 국가 없이는 하루도 존속할 수 없다."

그는 미국과 선진 자본주의국가에서 공공부문과 적자재정의 역할을 강조했다. 오랫동안 케인스주의적 거시경제관리정책을 옹호했고 이 과정에서 연방 부채와 적자재정을 둘러싼 공개적 논쟁에 기여했다. 1963년에 그는 피터 베른슈타인과 함께 《정부 지출 독본(A Primer on Government Spending)》을 저술하여 케인스주의적 입장에서 적자재정지출을 방어했다. 당시에는 경제학계의 대부분이 케인스적인 주장을 지지했지만 『뉴욕타임스』, 의회 등의 여론주도층은 그렇지 않았다. 1989년에도 그는 베른슈타인과 함께 《채무와 적자(The Debt and the Deficit)》를 출판했는데 이번에도 적자문제에 대한 케인스적 시각을 펼쳤지만 학계나 일반독자로부터 적대적 반응을 얻었을 뿐이다. 이 책을 통해서 하일브로너는 단순히 케인스의 생각을 대중화한 것에 그치지 않았다. 케인스는 재정지출의 용도는 고려하지 않고 경기에 대처하기 위한 적자재정지출의 필요성을 강조했다. 그러나 하일브로너는 정부가 무엇을 구입하느냐가 고용문제 해결에 있어서도 결정적으로 중요하다고 주장했다. 그들은 경제의 장기적인 생산능력—

사회간접자본, 연구개발, 교육 등—을 향상시키기 위한 차입재정은 궁극적으로는 적자가 아닐 수 있다고 주장했다. 왜냐하면 그러한 성격의 적자재정지출은 장기적으로 생산성을 높여서 부채를 갚을 수 있을 것이기 때문이다. 이러한 입장에서 하일브로너는 재정지출을 할 때에도 기업회계의 경우처럼 경상지출인지 투자지출인지를 구별할 것을 제안했다.[21]

나아가서 하일브로너는 공공부문의 확대를 옹호했다. 연방 적자재정이 민간소비를 구축한다(crowd out)는 주류의 견해는 경제의 금융자원을 배분하는 데 있어서 정부가 민간부문보다 못하다는 것을 전제하고 있다. 그러나 하일브로너는 민간소비지출의 많은 부분은 낭비적인데 정부지출의 상당 부분은 경제적 복지를 위해 긴요하다고 주장했다. 이러한 시각을 견지했기 때문에 하일브로너는 세계경제가 더욱 빠른 속도로 통합되고 대규모 초국적 기업이 생산과정을 전지구로 확장하는 것에 대해 강한 우려를 표했다. "자본의 경제적 범위는 그 자본이 출발했던 국민국가의 정치적 범위를 훨씬 능가한다."[22]

현실 사회주의 비판

하일브로너는 거의 일생동안 자신을 사회주의자라고 공언했다. 대학과 대학원 과정에서 그를 지도했던 스위지와 로웨 그리고 진보적 대학인 뉴스쿨대학교의 영향 아래 그는 마르크스주의에 매혹되었다. 그는 19세기 초부터 역사의 진보가 좌측으로, 즉 봉건사회에서 자본주의사회로, 다시 사회주의, 공산주의로 향하는 것으로 간주되었던 데에는 두 가지 이유가 있었다고 진단한다. 첫째로 사회의 구성과 변화가 특정인물에 의해서 이루어지는 것이 아니라 비인격적인 힘의 산물이었다는 것이다. 둘째로 그 변화의 내용도 진보라고 말할 수 있는 것이 많았기 때문이다. 즉 신앙 대신에 이성으로, 자본주의의 숨겨진 비합리성에서 의식적으로 계획된 사회의 투명한 합리성으로 대체된다는 사회주의 사상의 호소력 등이 바로 그러했다는 것이다. 또 자본주의에서는 노예적 속박으로부터 개인적 자유를 보장해주었고 사회주의는 임금 노동과 민족주의를 종식시킬 것을 약속했다는 것이다.[23]

그러나 하일브로너는 소련을 비롯한 동유럽 국가의 현실 사회주의에 대해서는 비판적이었다. 사회주의가 자유와 갈등을 일으킬 수 있음을 일찍부터 인식하고 있었다. 그는 애덤 스미스처럼 국민경제와 국민국가가 분리되는 것이 중요하다고 보았다. 자유의 기초가 되기 때문이라는 것이다.

사회주의는 경제적 운용을 해나가기 위해서는 어떤 형식의 계획에 의존해야만 하고 사회의 문화를 위해서는 의식적인 집단주의 사상에 대한 헌신에 의존하지 않을 수 없다. …… 만약 전통이나 시장이 사회주의 질서를 떠받치지 않는다면 사회주의를 유지하고 변용시켜나갈 수단으로서 어떤 형태의 명령을 고려하지 않을 수 없다. 그것이 바로 계획이 의미하는 바다. 사회주의적 사회경제구성체의 공장과 상점, 농장 등은 조정되어야 하고 이 조정은 중앙계획에 대한 복종을 내포해야 한다. 제임스 밀이 주장한 것과 같은 완전한 개인의 자유(Mllian Liberties)는 의식적으로 설정된 집단주의적인 도덕적 목표와 바로 대립된다. …… 사회주의 하에서 모든 반대의 목소리는 민주주의 하에서 반민주주의를 설교하는 사람이 야기하는 것과 마찬가지의 위협을 야기한다.[24]

하일브로너는 현실 사회주의가 운영되기 위해서는 계획과 사회주의 이데올로기를 필수적 요소로 했지만 양자 모두 모순을 안고 있었다고 진단한다. 우선 계획은 사회주의의 핵심요소이지만 계획으로 해결할 수 없는 문제가 커짐에 따라 시장의 요소를 도입해야만 했다고 진단한다. 그리고 과학기술의 중요성이 높아짐에 따라 계획을 운영하는 엘리트 관료에 의한 지배가 강화될 위험을 안고 있음을 지적한다. 그리고 사회주의는 이데올로기의 면에서는 인간을 사회적인 동시에 생물학적이며, 영웅적이면서 동시에 비극적이고, 융통성 있는 동시에 제한적인 존재로 파악하는 데 실패했다고 본다. 그 결과 단기적으로는 동기(incentive)의 문제를 해결하지 못했다고 지적한다. 즉 사회주의는 물질적 동기를 대체할 다른 동기의 성질과 결과에 대해 검토하는 데 실패했다는 것이다. 만약 다른 노동자가 상점주인이라는 불안정한 지위로 격상하는 것이 사회주의가 기반으로 하고 있는 감정과 제도를 위험에 빠뜨리기에 충분하다면 사회주의는 항상 인민들의 은밀한 타락이라는 배반의 두려움 속에서 존재해야 한다는 것이다. 하일브로너는 기술 발전과 인간 개성의 완고한 타성이 사회주의의 미래를 어둡게 하겠지만 소련과 미국에서 보이는 권력과 특권의 존재는 사회주의 운동의 좋은 토양이 될 수 있다고 보았다. 그리고 사회주의가 인류의 희망을 표현한 것이라면 사회주의 불꽃이 더 이상 타오르지 않을 때 인류는 희망을 잃고 그 이상을 포기한 것이라고 주장했다.[25]

하일브로너는 현실 사회주의의 실패를 냉정하게 평가했다.

정부가 모든 생산수단을 통제하는 중앙계획경제로 정의되는 사회주의는 20세기의 비극적 실패였다. 자본주의의 경제적·도덕적 결점을 치유하기 위해 탄생한 사회주의는 경제적 작동 불량과 도덕적 잔인성 면에서 자본주의를 훨씬 능가했다. 그러나 사회주의의 사상과 이상은 좀처럼 없어지지 않는다. 어떤 형태의 사회주의가 인간의 일상사를 조직하는 주된 힘이 될지는 알 수 없지만 현실 사회주의의 성공과 실패의 극적인 이야기를 고려하지 않고서 미래를 정확히 전망할 수는 없을 것이다.

레닌은 1917년 러시아 혁명 이후 덧셈, 뺄셈, 곱셈, 나눗셈만 할 줄 아는 사람들이 기장과 영수증 발급만 제대로 하면 경제가 잘 돌아갈 것이라고 주장했지만 4년이 지난 1921년에 생산이 혁명 전의 14퍼센트 수준으로 급감했기 때문에 일시적으로 시장동기를 허용하는 신경제정책을 도입했고, 결국 1927년 스탈린에 의해 중앙계획경제가 확립되었다. 사회주의 계획은 중앙계획위원회-정부 각 부처와 지방계획당국-공장, 광산 농장 등으로 연결되는 명령의 피라미드로서 최종계획은 방대한 주문서를 닮았다. 이론적으로 그 주문서에 따라서 작업을 하면 되었다. 그러나 이론과 실천 간의 괴리는 컸다. 괴리는 1960년대까지는 표면화되지 않았다. 혁명 이후 레닌과 스탈린이 직면한 과제는 경제적인 과제라기보다는 농민을 동원해서 도로와 철도, 댐과 고압 송전선망, 철강공업단지와 트랙터공장 등을 건설하는 준군사적인 과제였다. 이것은 엄청난 숙제였지만, 50년 후 사회주의가 직면하게 될 숙제에 비하면 훨씬 가벼운 것이었다. 이제 과제는 엄청난 사업을 창출하는 것이기보다는 상대적으로 독립적인 사업을 창출하고 모든 생산물을 전체에 꼭 들어맞도록 하는 것으로 그 성격이 바뀌었다. 1960년대에 경제성장률은 미국보다 두 배에 달했지만 문제가 나타나기 시작했다. 하나는 국민의 복지를 극대화하는 조건으로 생산물을 자세히 지정하는 것이 어려웠다는 점이다. 문제는 생산물을 물리적 단위로 지정했다는 것이다. 그 결과 경영자들은 제품의 질은 생각하지 않고 양만을 극대화했다. 생산이 막히고 엉키게 됨에 따라 연말과 분기말에 생산이 집중되는 현상이 나타났고, 여기에 필요한 자재를 확보하는 데 어려움을 겪는 경영자의 필요에 따라 비공식 자재공급 담당자(tolkachi)가 생겨났다. 이러한 제반 비효율 때문에 1970년대에는 전반적인 생산이 둔화되기 시작했고, 1980년대에 들어가서는 소련 정부도 성장의 종료를 공식적으로 인정했다. 1987년에 페레스트로이카(재건)를 추진함으로써 70년에 걸친 사회주의의 융성은 종말을 고했다. 1930년대에 루트비히 폰 미제스(Ludwig von Mises, 1881~1973)와 프리드리히 하이에크가 계획당국이 가격을 계산할 수 없기 때문에 사회주의경제는 존립할 수 없다고 주장했지만 이에 대해 오스카 랑게(Oscar Lange, 1904~1965)는 계획당국은 물자의 재고량을 관찰하고 자본주의경제의 경영자들과 마찬가지로 가격을 오르내림으로써 수급을 맞출 수 있다고 반박했다. 랑게의 대답은 너무도 간단하고 명확했기 때문에 당시 사람들은 미제스와 하이에크의 주장이 무너진 것으로 믿었지만 사실은 그들의 주장은 너무나 선견지명이 있는 것이었다. 미제스와 하이에크가 옳았지만 실은 랑게가 사태를 정확히 봤다. 랑게는 "사회주의의 진정한 위험성은 경제생활의 관료화로 인한 위험이다."고 말했다. 그런데 랑게는 "불행하게도 독점자본주의 하에는 그와 같거나 그보다 더한 위험이 나타날지도 모른다."라는 구절을 첨가함으로써 위의 말이 가진 중요성을 약화시켰다는 것이다. 실제로 소련에서는 과소생산을 해결하기 위해 가격을 올렸더니 과잉생산이 되었는데 다시 가격을 내려 이를 조정하는 속도는 너무 느렸다. 중앙계획위원회 관리들이 조정해야 할 품목이 너무 많았기 때문이다. 결여된 것은 정보가 아니라 정보에 따라 행동할 동기, 즉 변화되는 재고량의 신호에 대응할 자발적 의지였다는 것이다.[26]

하일브로너는 1989년에 발표한 글에서 사회주의의 패배와 자본주의의 승리를 공언했다.

> 자본주의와 사회주의 간의 경쟁이 공식적으로 개시된 후 75년이
> 지난 지금 경쟁은 끝이 났다. 자본주의가 이겼다. 자본주의는 사회주
> 의보다 더욱 만족스럽게 인간의 물질적 작업을 조직한다.[27]

그리고 사회주의체제 붕괴 후에는 더욱 분명하게 말했다.

> 20세기에 사회주의는 큰 비극이었다. 그러나 이제 무너졌다. 누구
> 도 붕괴를 예측하지 못했다. 붕괴는 경제적 의미에서 모델이 끝났음
> 을 의미한다. 미제스와 랑게 사이의 논쟁도 재검토되어야 하는데, 물
> 론 미제스가 옳았다.[28]

하일브로너의 대안─스웨덴 모델과 민주적 사회주의

그러나 하일브로너는 자본주의체제를 넘어서는 사회주의에 대한
희망을 포기하지 않았다. 하일브로너는 결국은 붕괴로 끝난 소련의
경험을 단순히 사회주의의 높은 이상을 배반한 결과로는 생각하지
않았다. 하일브로너는 자본주의 하에서 정치적·경제적 지배의 분리
가 대단히 중요하고, 소련 지도자들이 이 두 영역을 하나로 융합해버
렸다는 것을 충분히 감안했을 때 비로소 소련의 역사를 설명할 수 있
다고 보았다. 현실 사회주의체제의 붕괴를 어디에서든 열광적으로
대하지만 하일브로너는 여전히 그것은 인간적 열망의 패배이기도 하
다고 주장했다.[29] 하일브로너는 사태를 일으킨 사람들의 용감한 정신
을 모욕할 뜻은 없지만 소련과 동유럽의 붕괴는 혁명적이라기보다는
반혁명적인 것이라고 보았다. 근본주의적 마르크스주의자들이 가한

기형적 모습에 대한 거역이고, 사회주의의 소박한 정신에 의해 주입된 치명적인 유토피아주의에 대한 거역이라는 것이다. 반공산주의 지도자들이 미래가 어디로 향하는지를 모르고 자유자본주의라는 과거로 돌아가고 있는 것이 그 반혁명성을 잘 보여준다는 것이다. 하일브로너는 이제 좌파와 우파의 정치적 구분은 공산주의를 설명하는 데 전혀 타당하지 않게 되었다고 주장했다. 이제부터는 자유나 해방과 함께 규율과 필요, 한계와 범위라는 개념을 담보할 수 있는 사회적 재건작업이 요구된다고 했다.[30]

그는 사회주의를 '자본주의의 가장 뚜렷한 역사적 특징인 경제적 결정론, 즉 인간의 행위를 경제적 명령에 종속시키는 사상에서 벗어난 사회'로 간주했다. 경제에 의해 좌우되는 행위가 모든 질서를 만들어내는 사회에 사회주의라는 이름을 달 수 없는 이유는 두 가지다. 첫째, 자본 축적의 필요성에 끌려가고 시장의 압력에 의해 지배되는 사회는 과도한 상품화, 과도한 분업으로 인한 인간성 파괴, 과도한 이기주의 등 심한 타락에 빠질 것이기 때문이다. 둘째, 행위를 시장에 종속시킬 경우 진보는 의식적으로 의도된 사회적 목표가 아니라 행위의 의도하지 않은 결과가 됨으로써 결국은 도덕적 내용이 빠져버리게 되기 때문이다. 비자본주의사회가 성립할 수 있는가에 대해 하일브로너는 두 가지 문제를 검토했다. 첫째, 노동력을 적절히 배분하고 투입과 산출을 맞추어서 경제체제가 존속될 수 있도록 할 수 있을 것인가의 문제다. 변화가 별로 없고 전통에 따라 움직이는 경제라고 한다면, 특히 환경재난에 직면한 경우라면 그것은 충분히 가능할 것이지만, 현재로서는 진지하게 고려할 대안이 될 수 없다. 둘째, 중앙계획에 집착하는 사회는 실패하기 쉬운 것으로 간주되고 있지만 꼭 그런지는 확실하지 않다. 현실 사회주의체제의 붕괴는 중앙계획에 최악의 관료적 과두지배 전통의 결합, 낙후된 커뮤니케이션 기술,

냉전의 압력 등의 결과일 수 있다는 것이다. 자본주의도 그러한 가혹한 환경 속에서 출발했더라면 실패했을지 모른다는 것이다.[31]

향후 수십 년에 걸쳐 사회주의가 현실적이고 환영할만한 목표가 될 수 있는가라는 문제에 대해 하일브로너는 유보적이었다.

> 오랜 세월동안 민주적 사회주의의 이념과 목표에 대해서 찬성해온 나로서는 말하기 어려운 주장이지만 20세기 형태의 사회주의 경험을 기초로 판단해본다면 다가올 세기에 사회주의의 멋진 재탄생을 기대하기는 어렵다. 향후 수십 년 동안 겪게 될 긴장과 시련을 고려한다면 장래의 사회주의는, 특히 사회주의가 등장할 가능성이 상당히 높은 저개발지역에서는, 다시금 정치적 과대망상증, 관료적 타성 그리고 이데올로기적 불관용의 경향을 키울 가능성이 너무나 크다.[32]

대신 하일브로너는 일단 선진적이고 적응력을 가진 자본주의, 즉 그가 말하는 "약간 상상적인 스웨덴(slightly imaginary Sweden)"은 출현할 수 있다고 보았다. 하일브로너는 스웨덴 모델이 자본주의 경제구조(사적 소유와 생산수단 통제)이면서 동시에 사회주의적 요소(복지국가와 노동자의 현장 의사결정권)가 접목된 체제라고 설명했다. 이 체제는 높은 수준의 제반 사회복지, 교육의 강조, 시민적 자유와 시민권의 철저한 추구, 매력적인 문화예술활동 프로그램, 소득 격차의 축소 등을 달성했다. 그러나 이것은 자유민주주의적 자본주의의 "힘의 경기장(force field)" 내에 머무는 사회다.

하일브로너는 그러한 선진적 체제의 경계를 넘어서 나아가는 움직임을 예견하기는 어렵다고 보았다. 우선 이러한 체제 전환으로 인해 손해를 볼 상류층과 상위 중산층의 반대에 직면할 것이기 때문이다. 나아가서 하일브로너는 자본주의 이후의 사회에서 어떤 가치가 현재 사회에서 진보라는 가치가 차지하는 위치를 대신할 것인가에 진정한 문제가 있다고 보았다. 그는 인종과 광신 대신에 상향과 전진을 축으로 하는 진보가 사회주의의 지도적 이념으로 역할을 할 것이라고 예상했다. 자본주의 이후, 문명은 사람들이 반응하는 그 사회의 동기구조, 그들이 수용하는 제약조건, 그들이 설정하는 목표 등에 달려 있다고 할 수 있다. 그러한 사회가 출현할지는 알 수 없지만 우리가 인간의 본질적 특징을 어떻게 파악하는가에 따라서 사회주의 사상이 고무적인 전망을 낳을 것이냐 공포스러운 전망이 될 것이냐가 좌우된다. 하일브로너는 앞에서 본 바와 같이 인간은 다른 동물들과 달리 부모의 보호를 받는 기간이 길기 때문에 온갖 형태의 유아적 의존성을 체화하게 된다고 보았다. 그래서 인간 행위를 전망할 때는 마르크스가 말한 바와 같이 "인간은 자신의 역사를 만들지만 즐거워할 모습으로 만들지는 않는다."는 주장에서 벗어나기 어려울 것이라고 보았다. 이것은 역사의 주인공은 예외없이 태형을 가하고 또한 매질을 당하게 될 것임을 의미한다. 지배와 복종이라는 자세나 비합리적 행동으로 나타나는 유아적 의존성은 결코 극복될 수 없고, 다만 위장된 형태로 표현될 뿐이라는 것이다.[33]

하일브로너가 보기에 사회주의 운동에 있어서 가장 어려운 문제는 평등의 우선성과 효율성의 필요를 모두 충족시킬 수 있는 경제정책을 개발할 수 있느냐의 여부가 아니다. 오히려 가장 큰 어려움, 즉 그가 '사회주의의 아킬레스건'이라고 말하는 것은 사회주의사회 역시 자본주의사회나 다른 사회에서 나타나는 것과 같은 지배와 종속의 심리적 충동을 재생산할 것이라는 점이다. 뿐만 아니라 이러한 충동은 사회주의사회에서는, 예컨대 독재 정치인이 평등주의의 대변인인 것처럼 행동하듯이, 특히 병리적인 모습을 취하기 쉽다. 왜냐하면 독재자들이 비관용적인 사회적 이데올로기 환경 속에 뿌리를 박고 있을 것이기 때문이다. 사회주의 사회의 모습에 대한 이러한 하일브로 너의 우려는 북한의 경우를 보면 충분히 이해가 될 수 있을 것이다.

그리하여 하일브로너는 '중앙집권화된 계획경제의 명령도 아니 고, 시장의 압력과 보이지 않는 손에 따르는 것도 아닌 참여의 논리 에 의해 움직이는 경제체제'를 대안으로 제시했다. 그는 개량주의적 이고 비혁명적인 사회주의라고 할 수 있는 스웨덴 모델에 대해 지적 되는 세 가지 한계를 검토했다. 첫째, 스웨덴은 자본주의체제 속의 선진국에 속해 있는데 선진국은 개도국으로부터 잉여가치를 흡수하 는 처지에 있으므로 자본주의체제가 무너진다면 스웨덴 모델도 더 이상 존립할 수 없을 것이라는 지적이다. 하일브로너는 이에 대해 스 웨덴 사회주의 개념에 대한 핵심적인 반대가 되기는 어렵다고 주장 한다. 왜냐하면 중심 주변의 관계는 짧은 기간 내에 사라지지는 않을 것이기 때문이라는 것이다. 따라서 스웨덴 모델은 오랜 기간 존속하 는 사회구성은 되기 어려울 터이지만 사회주의의 대체물은 될 수 있 을 것이고, 이러한 스웨덴 모델의 존재는 더욱 야심적인 사회주의 개 념이 성장하기 어렵도록 만들 것이라고 보았다. 둘째, 자본주의의 특 징인 불안정이 사회주의적 중심을 지탱하기 위해 필요한 지속적 번 영을 보장하기 어려울 것이라는 지적이다. 하일브로너가 말하길 문 제는 국제적 메커니즘을 구축하는 어려운 과제인데 영국 제국주의의 주도 하에서도 이것이 가능했으므로 오늘날에도 충분히 가능할 것이 라고 보았다. 셋째, 가장 중요한 문제제기로서 생산의 양과 질을 환 경이라는 엄한 제약 하에 적응시키는 것이 과연 가능하겠는가 하는 지적이다. 식량 부족, 위험 수준의 대기오염, 개도국에서 특히 심한 인구과잉 등의 문제를 해결하는 것은 더욱 비타협적인 엄격한 조치 가 없이는 불가능할 것이라는 것이다. 이에 대해 하일브로너는 화석 연료 사용의 감축, 개인적 소비의 효과적인 배제, 자원 사용과 생산방식에 대한 엄격한 감시, 경제성장을 상당히 제한함으로써 발생될 수 있는 사회적 긴장을 완화시키기 위한 국내외적인 부의 이전 등이 요구되는데 이것은 자본주의체제 내에서는 달성되기 어려울 것이라고 보았다.[34]

하일브로너는 '약간 상상적인 스웨덴'은 현실의 스웨덴 모델이 안으로 무너지지 않는다면 더욱더 실현가능한 비전으로서, 민주적 정치와 평등의 목표를 극한까지 전개시켜 취득본능사회, 즉 자본주의사회를 넘어설 수 있을 것이라고 기대했다. 이것이 바로 하일브로너가 지향하는 민주적 사회주의다. 국가의 계획을 통해 지속가능한 수준으로 생산이 이루어지도록 조절함과 동시에 관료적 통제체제가 성장하는 것을 최대한 억제하기 위해 시장을 활용하는 체제다. 하일브로너는 이것을 왼쪽이 아니라 전진과 상향의 움직임이라고 불렀다. 하일브로너는 그런 민주적 사회주의 구상의 예로 마이클 앨버트 (Michael Albert)의 '참여경제'[35]를 들었다. 앨버트의 계획은 구성원간의 적대관계보다는 참여관계를 극대화하는 사회를 그린다. 그 핵심은 구성원들의 투표에 의해서 물자의 생산과 분배 등 중요한 결정을 하는 것이다. 따라서 경제적 계획의 사회주의적 성격은 계획 과정보다는 투표자의 선택에 영향을 미치는 사회적 규제에 더 큰 비중을 두게 된다. 또한 연대의 감정을 고취시키기 위해 모든 구성원들에게 자신의 주된 업무 이외의 것을 시도해보도록 요구하고, 누구에게나 적용되는 전반적 소비규범을 마련함으로써 남의 비위를 거스르지 않는 생활을 하도록 장려한다. 그리고 기술적·조직적 혁신의 가능성을 격려하되 모든 제안된 변화에 대한 정교한 형식의 검토와 투표를 통해서 규제한다. 이러한 전혀 다른 사회조직의 형태는 그 나름의 사회적 기능에 장애가 있을 터이지만 하일브로너는 그 체제가 충분히 작동할 것으로 믿었다.[36]

외환위기 후 한국사회는 대기업과 중소기업 간, 수출산업과 내수산업 간, 정규직과 비정규직 간 등 여러 분야에서의 과도한 양극화와 빈부격차 확대 등 자본주의적 모순이 격화되고 있다. 비정규직 노동자 소득의 상대적 저하, 소득재분배와 사회보장 확충의 지연으로 출산율(1.16퍼센트)이 OECD 국가 가운데 최하위로 떨어지는 극단적 현상까지 나타나고 있다. 이러한 추세가 지속될 경우 한국사회는 어디로 향할지, 소득분배의 악화가 성장과 성장잠재력에 미치는 영향과 노동시장 양극화가 노동생산성과 노동력 재생산에 미치는 영향은 어떠할지 등 국민경제 전반에 나타나는 제반 현상 간의 상호관계에 대한 깊이 있는 연구가 절실히 필요하다. 자본주의 발전의 동태적 이론을 가지고 한국경제를 이해할 필요성이 커지고 있는 것이다.

그러나 우리나라 대학에서의 경제학 연구와 경제학 교육은 거의 신고전파 경제학 일색이라고 할 수 있다. 경제학의 미국화가 크게 진전되었고, 이것은 1997년 경제위기의 해석과 오늘날 한국경제의 위기 장기화에 대해 제대로 된 진단과 처방을 내놓지 못하고 있는 원인으로 작용했다. 예컨대 양극화를 심화시키는 주된 요소인 신자유주의적 구조조정의 급진전에 대해서 주류 신고전파는 시장경제의 정착이라는 측면에서 대체로 환영하고 있는 편이다. 특히 외환위기에 대한 인식조사에서는 정리해고제의 조기도입에 대해 일반국민들은 절반 정도만 찬성했는데 경제전문가는 84퍼센트나 찬성(주한 외국 기업인은 94퍼센트 찬성)하여 괴리가 크다.[37] 기본적으로 부분적·정태적 분석을 위주로 하는 신고전파 경제학은 한국의 현재 자본주의 경제 발전의 단계, 대외적 환경 등을 종합적으로 고려한 가운데 원인을 진단하고 정책대안을 제시하지 못하고 있는 것이다.

한국의 경제학에 대해 다양성이 결여되고 현실적합성이 부족하다, 공리공론이 많고 사실에 바탕을 둔 깊이 있는 연구가 적다, 너무

수학적이고 분석적이며 어려워서 실제 생활에 별 도움을 주지 못한다, 자유주의 이념에 너무 편향되어 있다는 등 경제학계가 수용하고 해결해 나가야할 비판이 적지 않다. 경제학 교육에 대해서도 가르치는 이론이 너무 서구적이고 현실과 동떨어져 있다, 이기적 인간만 배출한다는 등의 비판이 제기되고 있다.[38] 또한 경제학은 너무나 어렵고 딱딱한 학문으로 받아들여지고 대학의 경제학 비전공자나 일반 국민들에게 친근하게 다가가지 못하고 있다. 요컨대 한국에서도 하일브로너가 지적하는 것과 같은 경제학의 비전 상실 위기가 나타나고 있다고 할 수 있다.

이제는 신고전파 경제이론이 가진 문제점을 해결하고 한계를 보완하기 위해서 마르크스주의 경제학, 제도주의 경제학, 포스트케인스주의 경제학 등 다양한 입장의 경제학도 가르치고 배울 필요가 있다. 경제학자들은 시장경쟁의 장점을 이야기하고 독점의 문제점을 잘 지적한다. 그런데 경제학이라는 학문 시장에서 신고전파의 독점 문제에 대해서는 별로 문제를 제기하지 않는다. 이것은 논리적으로 모순이다.

읽기 쉬울 뿐만 아니라 위대한 경제학의 전통을 유지하고 현대 주류경제학에서도 전체 사회를 조감하는 비전을 강화할 것을 요구하는 하일브로너의 이 책이 경제와 경제학에 관심을 가진 많은 분들에게 읽혀, 오늘날 어려운 경제현실과 경제학 간의 괴리를 메우는 데 다소라도 기여할 수 있기를 진심으로 바란다.

| 주석 |

__Chapter 1

1 John Maynard Keynes, *The General Theory of Employment, Interest, and Money* (New York: Har-court, Brace & World, 1964), p.383.

__Chapter 2

1 Elizabeth Marshall Thomas, *The Harmless People*(New York: Vintage, 1958), p.50.

2 Adam Smith, *An Inquiry into the Nature and Causes of the Wealth of Nations* (New York: Modern Library, 1937), p.62.

3 Henri Pirenne, *Economic and Social History of Medieval Europe* (New York: Harcourt, Brace: n.d.), pp.102-103.

4 Pirenne, ibid., p.145.

5 Miriam Beard, *A History of the Business Man* (New York: Macmillan, 1938), p.83.

6 Pirenne, op. cit., p.35, n.1; Beard, op. cit., p.83.

7 Beard, op. cit., p.83.

8 Eli Hecksner, *Mercantilism* (London: George Allen & Unwin, 1935), Vol.I, pp.57, 118.

9 John Winthrop, *Winthrop's Journal* (New York: Charles Scribner's Sons, 1908), Vol.I, pp.315-317.

10 W. E. lingelbach, *The Merchant Adventurers of England* (New York: Longmans, Green, 1902), pp.47-52; also Sylvia Tnrupp, *The Merchant Class of Medieval London* (Chicago: University of Chicago Press, 1948), pp.165, 169.

11 Hecksher, op. cit. pp.160, 164.

12 *The Economic Writings of Sir William Petty*, C. H. Hull, ed. (New York: Augustus Kelley, 1963), p.274.

13 Lewis Mumford, *The Condition of Man* (New York: Harcourt, Brace & World, 1944), p.168.

14 Henri Pirenne, *Medieval Cities* (Princeton, N.J.: Princeton University Press, 1925), pp.120-121.

15 W. M. Flinders Petrie, *Syria and Egypt* (London: Methuen, 1898), Ch. 2, esp. pp.44-48.

16 Raymond Firth, *Primitive Economics of the New Zealand Maoris* (New York: E. P. Dutton, 1929), p.340.

17 Sir William Ashley, *An Introduction to English Economic History and Theory*. 4th ed. (London: Longmans, Green, 1925), pp.229-237.

18 Hecksher, op. cit., p.171.

19 Paul Mantoux, *The Industrial Revolution in the XVIII Century* (New York: Harcourt, Brace, 1927), p.196.

20 Hecksher, op. cit., p.173.

21 Karl Marx, *Capital* (New York: International Publishers, 1967), Vol.I, p.721.

22 Mantoux, op cit., p.159.

23 ibid.

24 Marx, op. cit., pp.729-730.

25 Mantoux: op. cit., p.278.

26 John Boyd Thacher, *Christopher Columbus* (New York and London: G. P. Putnam's Sons, 1903), Vol.II, p.645.

27 John Maynard Keynes, *A Treatise on Money* (London: Macmillan, 1953), Vol.II, pp.156-157.

28 Hecksher, op. cit., p.301.

29 Beard, op. cit., pp.416-419.

30 *Aristotle's Politics*, trans. Benjamin Jowett (New York: Modern Library, 1943), p.58.

31 *Leviathan*, Oxford University Press, 1967, pp.41, 97

32 see R. Heilbroner, *Teachings from the Worldly Philosophy*. W.W. Norton, N.Y., pp.24-28.

33 Bernard Mandeville, *The Fable of the Bees* (Oxford: Clarendon Press, 1966), pp.287, P.288.

__Chapter 3

1 biographical details from John Rae, *Life of Adam Smith* (1895) with an introduction by Jacob Viner (New York: Augustus Kelley, 1965); Dugald Stewart, *Biographical Memoir of Adam Smith* (1793; (New York: Augustus Kelley, 1966): William Scott, *Adam Smith as Student and Professor* (Glasgow; Jackson, Son & Co., 1937).

2 Elie Halevy, *England in 1815* (New York: Peter Smith, 1949), pp.259-265.

3 Halevy, ibid., p.242.

4 Paul Manto'ux, op. cit., p.199, n.1.

5 Halevy, op. cit., pp.279-280.

6 James Bonar, *Library of Adam Smith* (London: Macmillan, 1894), pp.viii-ix.

7 Percy Fitzgerald, *Charles Townshend: Wit and Statesman* (London: R. Bentley, 1866), pp.359-360.

8 ibid., p.334.

9 Ronald Meek, *The Economics of Physiocracy* (Cambridge, Mass.: Harvard University Press, 1963), p.375. n.2.

10 quoted in Adam Smith; *The Wealth of Nations* (New York: Modern Library, 1937), p.643; hereafter cited as Wealth.

11 Rae, op. cit., p.156.

12 Max Lerner, Introduction to Wealth.

13 Smith, *Wealth*, p.578.

14 ibid., p.16.

15 ibid., p.605.

16 ibid., p.423.

17 ibid., pp.594-595.

18 ibid., p.651.

19 ibid., p.14.

20 Beard, op. cit., p.493.

21 from Gregory King, *Two Tracts* (1696) (Baltimore: Johns Hopkins Press, 1936), p.31.

22 Bernard Mandeville, The Fable of the Bees (Oxford: Clarendon Press, 1929), Vol. I, p.194.

23 Smith, *Wealth*, p.79.

24 ibid, pp.4-5.

25 ibid., pp.11-12.

26 Adolph Lowe, "The Classical Theory of Economic Growth," *Social Research*, Summer 1954, pp.132-141.

27 Mantoux, op. cit, p.238.

28 ibid., p.311.

29 ibid., p.386.

30 Smith, *Wealth*, p.322.

31 ibid., p.80.

32 ibid., p.79.

33 ibid., pp.94-95.

34 *Wealth*, p.394.

35 ibid., p.460.

36 ibid., p.625.

37 ibid., pp.734-735.

38 ibid., p.128.

39 ibid., p.172.

40 ibid., p.900.

41 Adam Smith, *The Theory of Moral Sentiments* (1759), in R. Heilbroner, *The Essential Adam Smith* (New York: W. W. Norton, 1986), p.78.

42 Rae, op. cit., p.405.

__Chapter 4

1 King, op. cit., p.18.

2 ibid., p.24.

3 Wesley Mitchell, *Types of Economic Theory* (New York: Augustus Kelley, 1967), Vol. I, p.47.

4 James Bonar, *Malthus and His Work*. 2nd ed., (1924) (New York: Augustus Kelley, 1967), pp.6, 30. The quote from Paley comes from his *Principles of Moral and Political Philosophy* (London: R. Fauler, 1790), Vol.II, p.347.

5 Bonar, *Malthus and His Work*, p.15.

6 Halevy, op. cit., p.229.

7 ibid., pp.227-228.

8 Mitchell, op. cit., p.279.

9 ibid., pp.279-280

10 David Ricardo, *Works and Correspondence*, ed. Piero Sraffa (Cambridge University Press, 1965), Vol.IV, p.21.

11 ibid., Vol.X, pp.95-106.

12 Bonar, *Malthus and His Work*, pp.1, 2.

13 Thomas Robert Malthus, (first) *Essay on Population* (1798) (New York: Macmillan, 1966), p.65.

14 quoted in Bonar, *Malthus and His Work*, p.305. The quotation appears only in the second edition of the (first) *Essay*. It was subsequently withdrawn.

15 William Godwin, *Of Population* (1820) (New York: Augustus Kelley, 1964), p.616.

16 Ricardo, op. cit., Vol.XIII, p.21.

17 Mitchell, op. cit., Vol.I, pp.306-307.

18 quoted in John Maynard Keynes, *Essays in Biography* (London: Macmillan, 1937), p.134.

19 Harriet Martineau, *Autobiography*, Maria Weston Chapman, ed. (Boston: James R. Osgood, 1877), p.247.

20 ibid., p.248.

21 For Edgewortn see article by J. P. Croshaw, *The New Palgrave Dictionary of Economics*, (New York, MacMillan, 1987), Vol.II, p.99.

22 Ricardo, op. cit., Vol.X, p.171.

23 ibid., p.6.

24 ibid., pp.73-74.

25 ibid., Vol.VI, p.229.

26 ibid., p.233.

27 ibid., Vol.IX, p.382.

28 Keynes, *Essays in Biography*, p.134.

29 Joseph Townshend, *A Dissertation on the Poor Laws* (1786) (London: Ridgways, 1817), p.45.

30 Malthus, (first) *Essay*, pp.25, 26.

31 ibid., p.iv.

32 ibid., pp.139, 140.

33 Robert Heilbroner, in Just Faaland, ed., *Population and the World Economy* (Oxford: Basil Blackwell, 1982), p.237.

34 pp. 93-94, Population projections, *U.S. Statistical Abstract*, Dept of Commerce, 1997; U.S. Table 3, World Table 13317

35 Mitchell, op. cit., p.47.

36 Keynes, *Essays*, p.111.

37 Ricardo, op. cit., Vol.II, p.222.

38 ibid., p.449.

39 ibid., pp.98-99.

40 ibid., pp.376-377.

41 ibid., p.12.

__Chapter 5

1 Mantoux, op. cit., pp.411-413.

2 J. L. and Barbara Hammond, *The Skilled Labourer* (London: Longmans, Green, 1920), pp.257-301.

3 For Owen's life see *The Life of Robert Owen written by himself* (London: Chas. Knight & Co., 1971); Frank Podmore, *Robert Owen: A Biography* (New York: D. Appleton, 1924); G. D. H. Cole, *The Life of Robert Owen* (Hamden, Conn.: Archon, 1966).

4 Owen, *A Life*, p.27.

5 For Ricardo's views see *Works and Correspondence*, Vol.V, pp.30, 467.

6 Podmore, op. cit., p.240.

7 William Cobbet, *Cobbett's Political Works* (London: n.d.), p.230.

8 quoted in Alexander Gray, *The Socialist Tradition* (London: Longmans, Green, 1946), p.202.

9 Robert Dale Owen, *Threading My Way: An Autobiography* (New York: Augustus Kelley, 1967), pp.57, 58.

10 see Gray, op. cit., pp.136-138, and Frank Manuel, *The New World of Henri Saint-Simon* (Cambridge, Mass.: Harvard University Press, 1956).

11 Manuel, op. cit., p.13.

12 ibid., p.40.

13 ibid., p.112.

14 Gray, op. cit., p.138.

15 ibid., pp.151-152.

16 ibid., pp.156-196.

17 see Mill's *Autobiography* in *Collected Works of John Stuart Mill* (Toronto: University of Toronto Press, 1981), Vol.I.

18 ibid., pp.17, 19.

19 ibid., p.39.

20 ibid., p.265.

21 ibid., Vol.II, pp.199, 200.

22 ibid., p.207.

23 ibid., Vol.III, p.754.

24 ibid.

25 ibid., Vol.II, p.209.

26 ibid., Vol.XVI, p.1146.

27 ibid., Vol.I., p.226.

___Chapter 6

1 Karl Marx and Friedrich Engels, "The Manifesto of the Communist Party," *Collected Works* (Moscow: Progress Publishers, 1976), Vol.VI, p.481.

2 see Priscilla Robertson, *Revolutions of 1848: A Social History* (Princeton, N.J.: Princeton Univ. Press, 1948).

3 ibid., p.519.

4 I cannot find the source but am advised by Mr. Fred Wliitehead that it is probably Heine's introduction to *Lutetia* (1854).

5 see Edmund Wilson, *To the Finland Station* (New York: Farrar, Strauss & Giroux, 1940, 1972); .Franz Mehring, *Karl Marx* (Ann Arbor, jMich.: University of Michigan Press, 1962); David McLellan, *Karl Marx: His Life and Thought* (New York: Harper & Row, 1973).

6 Wilson, op. cit., p.157.

7 ibid., p.163.

8 Elie Halevy, *Imperialism and the Rise of Labour* (London Ernest Benn, 1951), p.18.

9 F. Engels, *Anti-Dührung* (New York: International Publishers, 1970), p.292.

10 "The Eighteenth Brumaire of Louis Napoleon, in Marx, *Works*, Vol.II, p.103.

11 "The Poverty of Philosophy, " ibid., Vol.VI, p.166.

12 ibid., p.496.

13 see Yvonne Kapp, *Eleanor Marx* (London: Lawrence and Wishart, 1972), Vol.I, Appendix I, pp.289-297.

14 David McLellan, *Karl Marx: Interviews and Recollections* (Totowa, N.J.: Barnes and Noble, 1981), p.165.

15 Wilson, op. cit., p.365.

16 ibid.

17 Marx, Works, Vol.XXXIX, p.181.

18 Kapp, op. cit., p.112.

19 McLellan, *Karl Marx: His Life and Thought*, p.443.

20 "Theses on Feuerbach," in Marx, *Works*, Vol.V, p.8.

21 see Paul Padover, *Karl Marx: An Intimate Biography* (New York: McGraw-Hill, 1978), p.166-170.

22 McLellan, supra cit., pp.156-157.

23 ibid., p.159.

24 *The Communist International, 1019-1943.* Jane Degras, ed. (London: Oxford University Press, 1961), p.475.

25 ibid., p.245.

26 Marx, *Capital* (Moscow: Progress Publishers, 1954), p.712.

27 ibid., p.715.

28 see Thomas Palley, *Journal of Post-Keynesian Economics*, Spring 1998, p.338, Table 1; p.343, Table 8.

29 Padover, op. cit., p.591.

__Chapter 7

1 Sir Robert Giffen, *Economic Inquiries and Studies* (London: George Bell & Sons), Vol.I, 1909, p.394.

2 see Sir John Clapham, *An Economic History of Modern Britain, 1850-1886* (Cambridge: Cambridge University Press, 1963), pp.448-449. The citation in the text does not follow Clapham exactly.

3 Marx, *Works*, Vol.XL, p.344.

4 from Keynes, *Essays*, p.273.

5 F. Y. Edgeworth, *Mathematical Psychics* (1881) (New York: Augustus Kelley, 1961), p.128.

6 J. A. Schumpeter, *History of Economic Analysis* (New York: Oxford University Press, 1954), p.467.

7 W. Stanley Jevons, *The Theory of Political Economy* (London: Macmillan, 1879), pp.vii, 3.

8 for Bastiat's life see Charles Gide and Charles Rist, *A History of Economic Doctrines* (London: George A. Harrap, 1915); *International Encyclopedia of Social Sciences*, 1968; and *Encyclopaedia Bri-tannica*, 11th ed., 1910. See also essay by de Fontenay *in Oeuvres Complètes de Frédéric Bastiat* (Paris, 1855), Vol.I.

9 Bastiat, *Economic Sophisms* (New York: G. P. Putnam, 1922), pp.101-102.

10 Bastiat, *Oeuvres Complètes*, pp.26, 27.

11 Gide and Rist, op. cit., p.329n. The text citation differs slightly.

12 ibid., pp.60-65.

13 freely adapted from Bastiat, *Selected Essays in Political Economy* (Princeton, N.J.: Van Nostrand, 1964), p.111.

14 ibid., p.135.

15 Bastiat, *Oeuvres Complètes*, pp. 205, 206.

16 ibid., p.xxxii.

17 in Mitchell, op. cit., Vol.II, p.30.

18 *Complete Works of Henry George* (National Single Tax League, 1900), Vol.I, p.557.

19 ibid., p.549.

20 Henry George, Jr., *Life of Henry George*, in ibid., Vols.IX, X.

21 ibid., Vol.IX, p.149.

22 ibid., pp.277-278.

23 ibid., pp.311-312.

24 ibid., Vol.I, pp.291, 292.

25 ibid., p.188.

26 C. A. Barker, *Henry George* (New York: Oxford University Press, 1955), p.318; see Henry George Scrap-book, no.24; New York Public Library, p.7.

27 I cannot locate this source.

28 Stephen B. Cord, *Henry George: Dreamer or Realist?* (Philadelphia: University of Pennsylvania Press, 1965), p.39.

29 J. A. Hobson, *Imperialism*. 2nd ed. (Ann Arbor, Mich.: University of Michigan Press, 1965), p.160.

30 ibid.

31 ibid.

32 ibid., p.51.

33 R. Palme Dutt, *Britain's Crisis of Empire* (New York: International Publishers, 1950), p.18.

34 J. A. Hobson, quoted in *Confessions of an Economic Heretic* (London: George Allen & Unwin), 1938, p.59.

35 Hobson, *Imperialism*, p.50.

36 Hobson, *Confessions*, p.15.

37 ibid., p.30.

38 ibid., p.30.

39 ibid., p.62.

40 Dutt, op. cit., p.22.

41 Hobson, *Imperialism*, p.85.

42 *The Communist International, 1919-1943*, ed. Jane Degrad (London: Oxford University Press, 1960), pp.480-481.

43 Dutt, op. cit., p.18.

44 see Halevy, *Imperialism and the Rise of Labour*, pp.13-14; also Eric Hobsbawm, *Industry and Empire* (New York: Pantheon, 1968), p.125.

45 *Memorials of Alfred Marshall*, ed. A. C. Pigou (London: Macmillan, 1925), pp.74, 75.

46 Keynes, *Essays in Biography*, p.223.

47 Alfred Marshall, *Principles of Economics*, 9th variorum ed. (London: Macmillan, 1961), p.348.

48 ibid., p.719.

49 ibid., p.19.

50 ibid., p.43.

___Chapter 8

1 Matthew Josephson, *The Robber Barons*(New York: Harcourt, Brace, 1934), p.15.

2 ibid.

3 ibid., p.398.

4 ibid., p.312.

5 ibid., p.441.

6 biographical data from Joseph Dorfman, *Thorstein Veblen and His America* (New York: Viking, 1947).

7 "Salesmanship and the Churches," in *The Portable Veblen*, ed. Max Lerner (New

York, 1950), p.504.

8 Thorstein Veblen, *The Theory of the Leisure Class* (New York: Modern Library, 1934), p.265.

9 Dorfman, op. cit., p.12-13

10 op. cit,, p.56,

11 Dorfman, op. cit., p.517.

12 ibid., p.118.

13 ibid., p.249.

14 ibid., p.316.

15 ibid., p.194

16 Veblen, *Theory of the Leisure Class*, p.43.

17 ibid., p.156.

18 "Christian Morals," in *The Portable Veblen*, p.489.

19 Vevlen, *Theory of the Leisure Class*, p.30.

20 Dorfman, op. cit., p.220.

21 Josephson, op. cit., p.136n.

22 ibid., p.245.

23 "The Captain of Industry" from *Absentee Ownership and Business Enterprise*, in *The Portable Veblen*, p.385n.

24 Thorstein Veblen, *The Theory of Business Enterprise* (New York: Scribner's, 1932), p.310.

25 Thorstein Veblen, *The Engineers and the Price System* (New York: Harcourt, Brace, 1963), p.151.

26 "The Case of Germany," in *The Portable Veblen*, p.555.

27 Dorfman, op. cit., p.492.

28 ibid., p.456.

29 ibid., p.504.

30 Veblen, *Theory of the Leisure Class*, pp.131-132.

31 ibid., p.134.

32 Dorfman, op. cit., p.423.

33 Thorstein Veblen, *The Place of Science in Modern Civilization* (New York: Capricorn Press, 1918), p.193.

34 Dorfman, op. cit., p.505.

__Chapter 9

1 Dorfman, op. cit., pp.485-486.

2 Frederick Allen, *Only Yesterday* (New York: Bantam Books, 1931), p.345.

3 Roy Harrod, *The Life of John Maynard Keynes* (New York: Augustus Kelley, 1969), p.135.

4 Keynes biographical details from Harrod, ibid., and Robert Skidelsky, *John Maynard Keynes* (New York: Viking, 1986).

5 Harrod, op. cit., p.26.

6 Skidelsky, op. cit., p.xxiii.

7 Harrod, op. cit., p.121.

8 ibid., p.203.

9 ibid., p.206.

10 ibid., p.364.

11 ibid., p.249.

12 John Maynard Keynes, *The Econoinic Consequences of the Peace* (New.York: Harcourt, Brace, 1920), p.32.

13 ibid., p.40.

14 ibid., pp.226-2l7.

15 ibid., p.228.

16 Harrod, op. cit., pp.297, 298.

17 ibid., p.388.

18 ibid., p.20.

19 ibid., p.137.

20 cited in John Maynard Keynes, *Essays in Biography*, New York: W. W. Norton, 1963, p.273, 277.

21 *U.S. Statistical Abstract*, 1997, U.S., p.9, Table 3; World, p.828, Table 1331.

22 Smith, Wealth, p.424.

23 John Maynard Keynes, *A Treatise on Money*, Vol.II, pp.148, 149.

24 Harrod, op. cit., p.462.

25 John Maynard Keynes, *The General Theory of Employment, Interest, and Money* p.131.

26 ibid., p.129.

27 *New York Times*, June 10, 1934.

28 Keynes, *General Theory*, p.374.

29 Harrod, op. cit., p.436.

30 Charles Hession, *John Maynard Keynes* (New York: Macmillan, 1984), p.224.

31 I cannot rediscover the source.

32 Harrod, op. cit., pp.477, 488.

33 Keynes, *Economic Consequences*, p.235.

34 Harrod, op. cit., p.577.

35 ibid., p.584.

36 ibid., p.617.

37 John Maynard Keynes, "Economic Possibilities for Our Grandchildren," in *Essays in Persuasion* (New York: W. W. Norton, 1963), p.373.

38 op. cit., p.222.

39 Keynes, *Essays in Biography*, pp.140-141.

40 Blinder, R. Heilbroner and W. Milberg, *The Crisis of Vision in Modern Economic Thought* (New York, Cambridge University Press, 1995), p.46.

__Chapter 10

1 Keynes, *Economic Possibilities for Our Grandchildren*, p.367.

2 Joseph A. Schumpeter, *Capitalism, Socialism and Democracy* (New York: Harper & Bros., 1942, 1947), p.163.

3 ibid., p.61.

4 For biographical details see Arthur Smithies, "Memorial," *American Economic Review*, 1950, pp.628-645; Gottfried Haberler, "Joseph Alois Schumpeter," *Quarterly*

Journal of Economics, August 1950, pp.333-384; Christian Seidl, "Joseph Alois Schumpeter: Character, Life and Particulars of the Craz Period," in *Lectures on Schumpelerian Economics*, Christian Seidl, ed. (Berlin: Springer Verlag, 1984), pp.187-205; Seymour Harris, ed., *Schumpeter: Social Scientist* (Cambridge, Mass.: Harvard University Press, 1951).

5 Haberler, op. cit., p.340.

6 J. A. Schumpeter, *The Theory of Economic Development* (Cambridge, Mass.: Harvard University Press, 1949), p.84.

7 ibid., pp.89-90.

8 ibid., pp.93-94.

9 Haberler, op. cit., p.345.

10 Robert Loring Allen, *Opening Doors* (New Brunswick, N. J., Transactions Publishers, 1991), p.193.

11 J. A. Schumpeter, *Business Cycles* (New York: McGraw-Hill, 1939), Vol.II, p.1050.

12 "Review of Keynes's General Theory," *Journal of the American Statistical Association*, December 1936.

13 Schumpeter, *Capitalism, Socialism and Democracy*, p.126.

14 ibid, p.117.

15 ibid., pp.84, 87.

16 ibid., p.143.

17 ibid., p.163.

18 ibid., p.167.

19 ibid., p.58.

20 ibid., p.101.

21 ibid., pp.128-129.

22 Schumpeter, *Theory of Economic Development*, p.81, n.2.

23 ibid.

24 ibid.

25 Schumpeter, *Capitalism, Socialism and Democracy*, p.156.

26 ibid., p.204.

27 J. A. Schumpeter, *History of Economic Analysis* (New York: Oxford University Press, 1954), p.41.

28 ibid., p.42.

29 *Principles*, p. 64.

30 see discussion by Smithies, op. cit, 634-637.

31 Seidl, op. cit, p.197, n.55.

__Chapter 11

1 Mankiw, *Principles of Economics* (Ft, Worth, Tex.: Dryden Press, 1997), p.18.

2 Stiglitz, *Economics* 2nd ed. (New York: W.W. Norton, 1996).

3 Marshall, "human nature" *Principles,* p.32.

4 Comparative management compensation, *The State of Working America*, 1998-1999, Economic Policy Institute (New York, Cornell University Press, 1999), p.213; upward mobility of the poor, *Business Week*, Feb. 26, 1996, p.90.

__역자후기

1 "The End of the Worldly Philosophy-Interview with Robert Heilbroner," *Challenge*, May/June 1999.

2 Allen, "Best book I've read about economists and theories," Amazon online review, January 27, 2002.

3 하일브로너의 생애에 대해서는 Robert Pollin. "Robert Heilbroner: Worldly Philosopher-Leftist Economist" (*Challenge*, May/June 1999)을 주로 참고했다.

4 Robert Pollin, 위의 글에서 재인용.

5 Holcomb. Noble, "Robert Heilbroner, Writer and Economist, Dies at 85", *New York Times*, January 12, 2005.

6 Robert Heilbroner, "The Paradox of Progress: Decline and decay in the Wealth of Nations", *Essays on Adam Smith*. Eds. A. Skinner and T. Wilson, Oxford University Press, 1975.

7 Edward Nell, "Introduction: History and Vision in Economics," Blackwell R., Chatha, J. and E. Nell.(eds), *Economics as Worldly Philosophy: Essays in Political* *and Historical Economics in Honor of Robert L. Heilbroner*, St. Martin's Press. 1993.

8 Gregory Mankiw, *Principles of Economics*, 1998 (김경환·김종석 역, 『맨큐의 경제학』, 교보문고, 1999, 4, 20쪽).

9 Robert Heilbroner, *The Crisis of Vision in Modern Economic Thought*, with W.S. Milberg, Cambridge University Press, 1996.

10 Adolph Lowe, "Adam Smith's System of Equilibrium Growth." *Essays on Adam Smith*. Eds. A. Skinner and T. Wilson, Oxford University Press, 1975, p.415.

11 Robert Heilbroner, *The Worldly Philosophers: The Lives, Times and Ideas of the Great Economic Thinkers*, Simon & Schuster, 7th ed., 1999, pp.314-315.

12 William Millberg, "The Robert Heilbroner Problem," *Social Research*, Vol. 71. Issue 2, Summer 2004.

13 Robert Heilbroner, *21st Century Capitalism*, W.W. Norton, 1993.

14 Robert Heilbroner, "Economics as Universal Science," *Social Research*, Vol.58, Issue 2, Summer 1991(Reprinted in *Social Research*, Vol.71, Issue 3, Fall 2004).

15 Robert Solow, "Even a Worldly Philosopher Needs a Good Mechanic", *Social Research*, Vol. 71. Issue 2, Summer 2004.

16 심상선?이재민, "전통 신고전파 이론체계에 내재된 균형원리-의사결정체계에 의한 파라다임", 『전북대학교 논문집』, 제41집, 인문사회과학편, 1996. 183-198쪽.

17 송현호, "신고전파 경제이론의 방법론적 제연구에 대한 비판적 검토." 『경제논집』 제1집, 충남대학교 경영경제연구소. 1985.

18 Robert Heilbroner, *21st Century Capitalism*, W.W. Norton, 1993, p.130.

19 Robert Heilbroner, *Marxism: For and against*, W.W. Norton, 1980(신정현·장달중 역, 『맑시즘: 이론적 분석과 현실적 비판』, 한울, 1983, 137쪽).

20 Robert Heilbroner, 위의 번역본 165쪽

21 Robert Pollin. "Robert Heilbroner: Worldly Philosopher-Leftist Economist", *Challenge*, May/June 1999.

22 Robert Heilbroner, *21st Century Capitalism*, W.W. Norton, 1993.

23 Robert Heilbroner, "History's Lessons," *Social Research*, Vol.59, Issue 4, Winter 1992.

24 하일브로너가 1978년에 Dissent에 기고한 글, David Boaz, "The Man Who Told the

Truth", Resononline, January 21, 2005에서 재인용.

25 Robert Heilbroner, *Marxism: For and against*, W.W. Norton, 1980(신정현·장달중 역, 『맑시즘: 이론적 분석과 현실적 비판』, 한울, 1983, 제5장 사회주의의 미래에 대한 고찰).

26 Robert Heilbroner, "Socialism," *The Concise Encyclopedia of Economics*. Ed. David R. Henderson. Library of Economics and Liberty, Liberty Fund, Inc., 1993.

27 Robert Heilbroner, "Reflections on the Triumph of Capitalism," *The New Yorker*, January 23, 1989.

28 Robert Heilbroner, "Reflections After Communism," *The New Yorker*, September 10, 1990.

29 Robert Heilbroner, *21st Century Capitalism*, W.W. Norton, 1993, p.130.

30 Robert Heilbroner, "Rethinking the Past, Rehoping the Future", *Social Research*, Vol.57, Issue 3, Fall 1990.

31 Robert Heilbroner, "Does Socialism Have A Future?" *The Nation*, Vol.257 Issue 9, September 27, 1993.

32 Robert Heilbroner, *The Worldly Philosophers: The Lives, Times and Ideas of the Great Economic Thinkers*, Simon & Schuster, 7th ed, 1999, p.319.

33 Robert Heilbroner, "Does Socialism Have A Future?" *The Nation*, Vol.257 Issue 9, September 27, 1993.

34 Robert Heilbroner, "Rethinking the Past, Rehoping the Future", *Social Research*, Vol.57, Issue 3, Fall 1990.

35 Michael Albert and Robin Hahnel, *Looking Forward: Participatory Economics for the Twenty-First Century*, South End Press, 1991.

36 Robert Heilbroner, "History's Lessons," *Social Research*, Vol.59, Issue 4, Winter 1992.

37 홍기현, "경제발전과 한국경제학계: 역사와 전망", 『경제학의 역사와 사상』 제3호, 한국경제 학사학회, 2000.

38 이지순, "한국의 경제학: 반성과 진로", 『경제학의 역사와 사상』 제4호, 한국경제학사학회, 2001.

하일브로너의 저작

저서

The Worldly Philosophers: The Lives, Times and Ideas of the Great Economic Thinkers, Simon & Schuster, 1953(1999, 7th ed.)(이덕형 역, 《경제학의 거인들》, 한국방송사업단, 1983; 김영록 역, 《세계를 움직인 경제학자들》, 시민, 1990).

Quest for Wealth: A Sudy of Acquisitive Man, Simon & Schuster, 1958.

The Future as History: The Historic Currents of Our Time & the Direction in Which They are Taking America, Harper, 1959.

The Making of Economic Society, later editions with James K. Galbraith, Prentice Hall, 1962(11th ed. 2001) (박광호 역, 《경제의 구조와 역사의 진화》, 종로서적, 1982).

The Great Ascent: The Struggle for Economic Development in Our Time, Harper & Row, 1963.

A Primer on Government Spending, with P. L. Bernstein, Random House, 1963.

Understanding Macroeconomcs, later editions with James K. Galbraith, Prentice-Hall, 1965.

The Limits of American Capitalism, Harper & Row, 1966.

The Economic Problem, with James K. Galbraith, Prentice-Hall, 1968.

Between Capitalism and Socialism : Essays in Political Economics, Random House, 1970.

Is Economics Relevant?, with A.M. Ford, Goodyear, 1971.

In the Name of Profit, Doubleday, 1972.

An Inquiry into the Human Prospect, W.W.Norton, 1974.

Business Civilization in Decline, W.W.Norton, 1976.

Beyond Boom and Crash, W.W.Norton, 1978.

Marxism: For and against, W.W.Norton, 1980(신정현 · 장달중 공역, 《맑시즘: 이론적 분석과 현실적 비판》, 한울, 1983).

Five Economic Challenges, with Lester C. Thurow, Prentice Hall, 1981(최금판 역, 《현대경제의 5대 도전》, 홍신문화사, 1981).

Economics Explained, with Lester C. Thurow, Simon & Schuster, 1982(조윤수 역, 《경제를 어떻게 이해할 것인가》, 까치글방, 1994).

The Nature and Logic of Capitalism, W.W. Norton, 1985.

Behind the Veil of Economics: Essays in the Worldly Philosophy, W.W.Norton, 1988.

The Debt and the Deficit : False Alarms/Real Possibilities, with P. Bernstein, W.W.Norton, 1989.

The Economic Transformation of America: 1600 to the Present, with A. Singer, Harcourt Brace Jovanovich, 1993.

21st Century Capitalism, W.W. Norton, 1993(강철규 감역, 《21세기 자본주의》, 현대정보문화사, 1993).

Visions of the Future : the distant past, yesterday, today, tomorrow, Oxford University Press, 1995.

Teachings from the Worldly Philosophy, W.W.Norton, 1996(김정수·이현숙 공역, 《고전으로 읽는 경제사상》, 민음사, 2001).

The Crisis of Vision in Modern Economic Thought, with W.S. Milberg, Cambridge University Press, 1996.

논문

"The Paradox of Progress: Decline and decay in the Wealth of Nations", *Essays on Adam Smith*. Eds. A. Skinner and T. Wilson, Oxford University Press, 1975.

"The Swedish Promise", *New York Review of Books*, Vol. 27, No. 19, December 4, 1980.

"Was Schumpeter Right?", *Social Research*, Vol. 48, Issue 3, 1981.

"The Socialization of the Individual in Adam Smith", *History of Political Economy*, 1982.

"Economics and political economy: Marx, Keynes, and Schumpeter", *Journal of Economic Issues*, 1984.

"Reflections on the Triumph of Capitalism", *The New Yorker*, January 23, 1989.

"Reflections After Communism", *The New Yorker*, September 10, 1990.

"Analysis and Vision in the History of Modern Economic Thought", *Journal of Economic Literature*, Vol.28, No.3, September 1990.

"Rethinking the Past, Rehoping the Future", *Social Research*, Vol.57, Issue 3, Fall 1990.

"Economics as Universal Science", *Social Research*, Vol.58, Issue 2, Summer 1991(Reprinted in Social Research, Vol.71, Issue 3, Fall 2004).

"History' s Lessons", *Social Research*, Vol.59, Issue 4, Winter 1992.

"Was Schumpeter Right, After All?" *Journal of Economic Perspectives* Vol.7, No. 3, Summer 1993c.

"Socialism", *The Concise Encyclopedia of Economics*. Ed. David R. Henderson. Library of Economics and Liberty, Liberty Fund, Inc., 1993.

"Does Socialism Have A Future?" *The Nation*, Vol. 257 Issue 9, September 27, 1993.

"Vision in Economic Thought: Remarks upon Receipt of the Veblen-Commons award", *Journal of Economic Issues*, Vol.28, No.2 June 1994.

"Putting Economics in Its Place", *Social Research*, Vol. 62, Issue 4, Winter 1995.

"The End of the Worldly Philosophy- Interview with Robert Heilbroner", *Challenge*, May/June 1999.